LE TRAITÉ RUSTICA
des Plantes d'intérieur

© 2004, Editions Rustica, Paris
ISBN : 2-84038-494-9
N° éditeur : 48417
Dépôt légal : août 2004 - 1re édition

LE TRAITÉ RUSTICA

des Plantes d'intérieur

Le *Traité des plantes d'intérieur* a été dirigé par Alain Delavie.

LES AUTEURS :
- **Michel Beauvais** est passionné de jardinage. Il a écrit et traduit de nombreux ouvrages dans ce domaine.

- **Philippe Bonduel** est journaliste horticole depuis plus de vingt ans. Il collabore à de nombreuses revues spécialisées et a contribué à plusieurs ouvrages de référence sur le jardin.

- **Alain Delavie** est agronome de formation. Après avoir exercé plusieurs métiers en relation avec le monde végétal et le jardinage, il est aujourd'hui responsable des rubriques jardin de *Rustica l'hebdo jardin* et auteur de nombreux ouvrages dans ce domaine.

- **Annie Lagueyrie** a fait des études de biologie et d'écologie. Auteur de plusieurs ouvrages, elle collabore en tant que journaliste à différentes revues spécialisées.

Collaboration rédactionnelle / **Nelly Tourmente**

RÉDACTION DES CHAPITRES :
Chapitre 1, 5 : Alain Delavie
Chapitre 2, 3, 6, 13 : Philippe Bonduel
Chapitre 4 : Annie Lagueyrie
Chapitres 7, 8, 9, 10, 11 : Michel Beauvais, Philippe Bonduel, Alain Delavie
Chapitre 12 : Michel Beauvais, Philippe Bonduel

ONT PARTICIPÉ À L'OUVRAGE :
Illustrations / **Joël Bordier**
Conception graphique / **Sarbacane Design**
Mise en pages / **Pascaline Charrier, Sarbacane Design**
Couverture / **Sarbacane Design**
Relecture / **Nathalie Barthès et Anne Cantal**
Fabrication / **CPE Conseil**
Photogravure / **SNO**
Édition / **Sylvie Blanchard-Bretagne**
Direction éditoriale / **Fabienne Chesnais**

Avant-propos

Les plantes d'intérieur, j'aime, non pas un peu, mais beaucoup, passionnément, à la folie. Au point d'avoir transformé mon appartement en jungle, de la cuisine au salon, de la chambre à la salle de bains, sans oublier l'entrée ni les recoins les plus sombres, que les technologies modernes permettent maintenant de planter de façon un rien extraordinaire, presque magique tant les résultats sont époustouflants. Eh oui, je l'avoue et le proclame : je suis un jardinier d'intérieur !

Jardinier d'intérieur, le terme fait souvent sourire et prête même à quelques moqueries, fort heureusement plutôt sympathiques, quoique parfois teintées d'un soupçon d'ironie ou de dédain. Pourtant, que de qualités et de mérites possède celle ou celui qui a l'heureuse idée de se lancer un jour dans la culture des plantes en pots, dans sa maison ou son appartement, oui, là, à même la moquette ou le parquet, sur le coin d'une commode ou d'un buffet, sur le rebord d'une fenêtre ou en haut du réfrigérateur.
Il lui faut composer avec un environnement souvent peu approprié aux végétaux et toujours trop exigu, déployer des trésors de diplomatie et de charme avec un entourage que les plantes agacent, gênent, dérangent ou, pire, indiffèrent. Sans parler des conflits inévitables avec le chat ou le chien de la maison ! Maître absolu du devenir de ses plantes, qui dépendent totalement de lui ou d'elle, la jardinière ou le jardinier d'intérieur se fait à la fois décorateur, metteur en scène, styliste, véritable paysagiste d'intérieur, bricoleur, horticulteur et artiste. C'est un vrai jardinier, à l'égal de celles et ceux qui jardinent dehors.

Mais oublions ces petites tracasseries, assez faciles à surmonter. Parlons plutôt de cet immense plaisir à vivre avec et parmi ces plantes qui, tout en contribuant à l'assainissement de l'air des pièces où nous vivons, nous transportent d'un simple regard dans les contrées les plus lointaines, au fin fond de l'Asie, de l'Afrique ou de l'Amérique du Sud.
Les plantes de la maison restent belles semaines après semaines, mois après mois, et, pour un grand nombre de celles que nous vous présentons dans ce traité, année après année ! De la plante cadeau qui dure parfois à peine plus qu'un bouquet de fleurs coupées, aux increvables que l'on se transmet de génération en génération, vous n'avez que l'embarras du choix. Pour notre plus grand plaisir, les horticulteurs enrichissent un peu plus chaque année la gamme des plantes vertes et fleuries pour la maison avec des nouvelles créations ou en remettant des variétés au goût du jour. Et il en reste encore beaucoup à découvrir dans les forêts tropicales !
Ne dites plus que vous n'avez pas la main verte ou que toutes les plantes meurent chez vous. Après avoir parcouru ces pages rédigées par une équipe d'experts et de passionnés, je suis certain que vous trouverez celles qui vous conviennent le mieux et que tous vos efforts seront alors couronnés de succès. Ce sera une plante, puis deux, trois… Attention, le virus de la collection vous guette !

Alain Delavie

Sommaire

Partie I
Connaître et cultiver les plantes d'intérieur

Chapitre 1
Mieux connaître les plantes d'intérieur
Alain Delavie

Qu'est-ce qu'une plante d'intérieur ?	12
Les besoins des plantes en lumière	13
Les besoins des plantes en température	18
Les besoins des plantes en humidité	21
Les plantes et l'aération	24
Les besoins des plantes en terre	26

Chapitre 2
De bonnes conditions pour les plantes
Philippe Bonduel

Acheter une plante	30
Vos plantes et la lumière	32
L'éclairage d'appoint	36
Les problèmes dus à la lumière	38
Respecter les besoins climatiques	39
Respecter les besoins en eau	42
Améliorer l'hygrométrie dans la maison	44
Du coup de soif à la noyade	46
Quel substrat pour vos plantes ?	47
Quel pot choisir ?	50

Chapitre 3
Les plantes dans la maison
Philippe Bonduel

Les endroits déconseillés	54
Les bons petits coins	56
À la conquête de l'espace	58
Les terrariums	60
Les murs végétaux	62

Chapitre 4
Jardins d'hiver et vérandas
Annie Lagueyrie

Un lieu voué aux plantes	66
Un milieu spécifique	68
Dix critères pour une véranda facile à vivre	72
La véranda chauffée	74
Les plantes de véranda chauffée	76
La véranda tempérée	82
Les plantes de véranda tempérée	84
La véranda conservatoire	94
Les plantes de véranda conservatoire	96

Chapitre 5
Le coin des collectionneurs
Alain Delavie

Passion bégonias	108
Une forêt de bonsaïs	110
De sympathiques carnivores	112
Les hibiscus à la folie	114
Délire d'orchidées	116
Des amours de palmiers	118

Partie II
Les bons gestes

Chapitre 6
Soigner et entretenir les plantes
Philippe Bonduel

Douze mois avec vos plantes	122
Rempoter	126
Surfacer	128
Bien arroser	129
Nourrir les plantes	130
Nettoyer	132
Tailler	134
Tuteurer et palisser	136
Multiplier ses plantes	138
Les plantes en vacances	150
La fragilité des plantes d'intérieur	152
Les maladies courantes	154
Les ravageurs	156
Les erreurs de culture	160

Partie III
Les plantes de la maison

Chapitre 7
Des arbres et des arbustes dans la maison
Michel Beauvais, Philippe Bonduel et Alain Delavie

Abutilon	167
Araucaria	168
Ardisia	169
Brachychiton	170
Caoutchouc	172
Clérodendron de Java	173
Clusia	174
Figuier pleureur	176
Hibiscus	178
Malvaviscus	181
Pachira	182
Pavonia	183
Schefflera	184
Solanum	186
Tilleul d'appartement	187

Chapitre 8
Des feuillages qui en imposent
Michel Beauvais, Philippe Bonduel et Alain Delavie

Alocasias	192
Aralia du Japon	193
Aréca	194
Beaucarnéa	195
Cycas	196
Figuier-lyre	198
Kentia	199
Licuala	200
Livistona	201
Pandanus	202
Papyrus	204
Philodendron	206
Phœnix	207

Chapitre 9
Des feuillages « déco »
Michel Beauvais, Philippe Bonduel et Alain Delavie

Aglaonéma	213
Asparagus	214
Aspidistra	216
Asplénium	217
Bambou d'appartement	218
Bégonias à feuillage décoratif	219
Blechnums	222
Calathéas	223
Canne chinoise	224
Capillaires	225
Cardamome	226
Cocotier	227
Cordylines	228
Croton	230
Cryptanthes	232
Cténanthes	233
Cypérus	234
Dieffenbachia	236
Dizygothéca	237
Dracænas	238
Fatshédéra	240
Fougère-houx	241
Fougère patte-de-lapin	242
Helxine	243
Hypoestès	244
Lééas	245
Marantas	246
Néphrolépis	248
Nertéra	249
Palisota	250
Palmier nain	251
Patchouli	252
Pelléa	253
Pépéromias	254
Piléas	256
Pléomèle	258
Poinsettia	259
Polyscias	260
Polystichums	261
Ptéris de Crète	262
Radermachera	263
Rhapis	264
Sansevière	265
Sélaginelles	266
Strobilanthe	267
Stromanthes	268
Tolmiea	269
Yucca	270
Zamioculcas	271

Chapitre 10
Cascades et grimpantes
Michel Beauvais, Philippe Bonduel et Alain Delavie

Achimènes	277
Æschynanthus	278
Chaîne-des-cœurs	279
Clérodendron	280
Codonanthe	281
Columnéas	282
Corne-d'élan	283
Dipladénia	284
Ficus rampant	285
Fittonia	286
Gynura	287
Hoyas	288
Hypocyrta	290
Jasmin de Madagascar	291
Mikania	292
Misères	293
Népenthès	296
Passiflore bleue	297
Pellionias	298
Phalangère	299
Philodendrons	300
Pothos	303
Rhipsalis	304
Rhoéo	306
Saxifrage-araignée	307
Séneçon-lierre	308
Syngonium	309
Tillandsia	310
Vigne-marronnier	311
Vignes d'appartement	312

Chapitre 11
Des fleurs toute l'année
Michel Beauvais, Philippe Bonduel et Alain Delavie

Æchméa	319
Ananas	320
Anthuriums	321
Azalées	322
Bégonias à fleurs	324
Billbergias	327
Cactus de Noël	328
Cactus de Pâques	330
Calathéa crocata	331
Clivias	332
Crossandra	333
Épiscias	334
Gardénia	335
Guzmanias	336
Impatientes de Nouvelle-Guinée	338
Ixora	340
Jacobinia	341
Jatropha	342
Kalanchoé	343
Kohlérias	344
Médinilla	345
Néorégélia	346
Nidulariums	347
Pachystachys	348
Pentas	349
Phalænopsis	350
Plante-crevette	352
Plante-zèbre	353
Plectranthus	354
Reinwardtia	355
Ruellias	356
Sabots-de-Vénus	357
Saintpaulias	358
Scutellaire	360
Smithianthas	361
Spathiphyllums	362
Streptocarpus	364
Vriéséas	365

Chapitre 12
Les bonsaïs d'intérieur
Michel Beauvais et Philippe Bonduel

Banian de Malaisie	368
Carmona	369
Murraya	370
Pourpier en arbre	371
Sagérétia	372
Sérissa	373

Chapitre 13
Les fausses plantes d'intérieur
Philippe Bonduel

Des plantes de passage	376
Un séjour dans la maison	377
Des bouquets longue durée	381
Belles mais éphémères	384

Bibliographie	388
Adresses utiles	389
Lexique	390
Index	392
Classement des plantes par difficulté de culture	399
Crédits iconographiques	400

LÉGENDE DES PICTOGRAMMES (CHAPITRES 7 À 12)

 Plein soleil

 Lumière tamisée

 Lumière indirecte

 Faible lumière

 Arrosage en automne/hiver — Arrosage au printemps/été

○ Arrosage faible

○○ Arrosage modéré

○○○ Arrosage abondant

min. 2 °C / max. 20 °C — Températures minimale et maximale supportées par la plante dans la maison (les températures indiquées au chapitre 4 correspondent aux vérandas et serres)

* Très facile
** Facile
— Pour débutants

*** Assez difficile
**** Difficile
— Pour jardiniers expérimentés

Chapitre 1

Mieux connaître les plantes d'intérieur

Les plantes que nous cultivons dans la maison sont des végétaux exotiques vivant dans des conditions très diverses selon leur biotope. Acclimatées à nos intérieurs, elles requièrent des soins continus pour pouvoir bien se développer et fleurir. Quelques informations sur leurs milieux naturels vous permettront de mieux appréhender leurs besoins.

Qu'est-ce qu'une plante d'intérieur ?

Les plantes que nous cultivons dans nos maisons sont le plus souvent des variétés horticoles, améliorées par l'homme. La plupart proviennent d'espèces poussant à l'état sauvage dans les régions tropicales ou équatoriales du globe, aux climats chauds et humides.

Des végétaux exotiques

La majorité des plantes d'intérieur sont originaires d'Amérique du Sud et d'Asie, comme le figuier pleureur (*Ficus benjamina* et ses multiples variétés) et le schefflera, actuellement les plantes vertes d'intérieur les plus vendues en France. Mais l'Afrique recèle des petites merveilles végétales encore inconnues de nous.

Vraies ou fausses plantes d'intérieur ?

Il n'existe pas de définition précise de la plante d'intérieur. Tous les végétaux cultivés en pots et pouvant supporter un séjour plus ou moins long dans la maison ont droit à cette appellation un peu galvaudée. Or certains ne peuvent y subsister que quelques semaines ou y dépérissent rapidement. Malgré un réel intérêt décoratif, ce ne sont pas à proprement parler des plantes d'intérieur.

Ces dernières, les « vraies », doivent avoir la faculté de se développer, et éventuellement de fleurir et de fructifier dans une pièce, pendant une période qui peut aller de plusieurs mois à de nombreuses années, selon le désir du propriétaire de garder la plante. Il faut signaler que certaines espèces peuvent battre des records de longévité, tels le clivia, l'aspidistra et le cycas (des dizaines d'années). Parmi les végétaux introduits à la fin du XXe siècle, le zamioculcas s'affirme comme une des nouvelles plantes d'intérieur les plus faciles à cultiver, et d'une rare élégance.

Que cultivaient nos grands-mères ?

Il est amusant de constater que certaines plantes présentées aujourd'hui comme des nouveautés par les professionnels de l'horticulture figuraient déjà dans les vieux traités de jardinage datant du XIXe siècle ou du début du XXe siècle. En 1900, *Les Plantes de serre*, de G. Bellair (jardinier en chef des parc et orangerie du palais de Versailles) et L. Saint-Léger (jardinier en chef de la Ville et du Jardin botanique de Lille), constituait la bible des jardiniers d'intérieur. Son inventaire des végétaux cultivés sous abri était déjà impressionnant. On y trouve l'avocatier, le baobab, le capillaire, l'æchméa à bandes (*Aechmea fasciata*), de nombreux æschynanthus, l'alocasia de Sander (*Alocasia sanderiana*), l'ananas à feuilles panachées, les anthuriums, l'araucaria, l'aréca, les asparagus, l'aspidistra, la fougère nid-d'oiseau (*Asplenium nidus*), le beaucarnéa, un nombre incroyable d'azalées, de bégonias, de caladiums, de cordylines et de crotons, des calathéas, le caoutchouc, le clivia, le cycas, le cyclamen de Perse, le dieffenbachia, le dracæna odorant de Massange, la fougère corne-d'élan, le gardénia, le kentia, le médinilla, les misères, le nertéra, le palmier nain (*Chamaedorea elegans*), le patchouli, la phalangère à feuilles panachées, le phœnix, le pothos, la rose de Chine, le saintpaulia, le spathiphyllum, le yucca et même l'étrange *Tacca chantrieri*, vendu à prix d'or depuis peu.

Chap. 1 : Mieux connaître les plantes d'intérieur

LES BESOINS DES PLANTES EN LUMIÈRE

Tous les végétaux chlorophylliens ont besoin de lumière pour assurer leur croissance. Une nécessité d'autant plus cruciale pour les plantes d'intérieur, installées dans un milieu qui n'a pas été conçu pour leur bien-être.

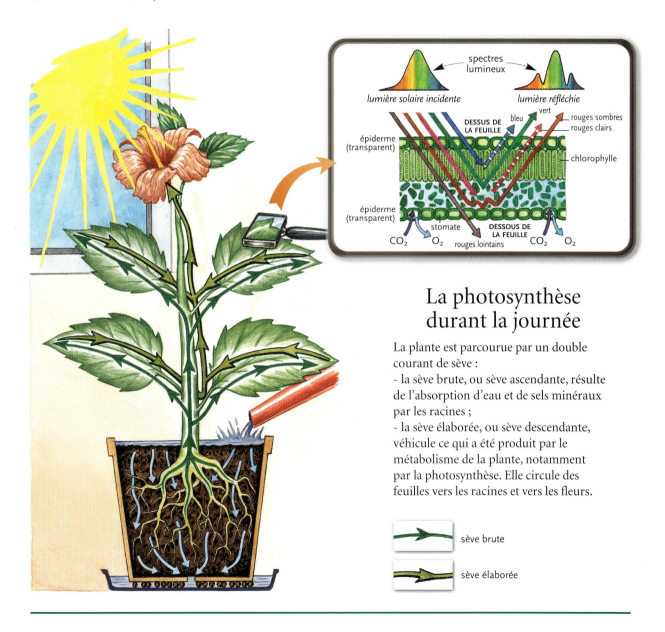

La photosynthèse durant la journée

La plante est parcourue par un double courant de sève :
- la sève brute, ou sève ascendante, résulte de l'absorption d'eau et de sels minéraux par les racines ;
- la sève élaborée, ou sève descendante, véhicule ce qui a été produit par le métabolisme de la plante, notamment par la photosynthèse. Elle circule des feuilles vers les racines et vers les fleurs.

→ sève brute

→ sève élaborée

PAS DE PLANTE SANS LUMIÈRE

LES DIVERSES ACTIONS DE LA LUMIÈRE

Grâce aux molécules de chlorophylle qu'elles contiennent, les feuilles des plantes captent l'énergie des rayons lumineux et l'utilisent pour synthétiser des sucres. Ces derniers sont ensuite mis en réserve ou utilisés pour le développement et la reproduction de l'espèce.

La vitesse ou l'intensité de la photosynthèse s'accroît avec l'augmentation de l'éclairement – jusqu'à un certain seuil, variable d'une espèce à l'autre. La croissance des plantes de la maison est donc stimulée par la lumière. L'absence d'éclairement les ferait mourir par manque de fonction chlorophyllienne des feuilles.

À l'inverse, une lumière trop intense provoque une décoloration du feuillage, résultant de l'oxydation de la chlorophylle. Passé un certain stade, la conséquence est irréversible. La plante a reçu un « coup de soleil » : son épiderme est brûlé.

La lumière joue aussi un rôle dans le développement des végétaux, car elle détruit les hormones de croissance (auxines) contenues dans les tiges sur le côté éclairé. Elle provoque alors indirectement une croissance plus importante des parties non éclairées. Ceci explique pourquoi les plantes ont tendance à se pencher vers la lumière et à s'étioler (les tiges s'allongent démesurément, les feuilles rapetissent) quand l'intensité lumineuse est trop faible.

Enfin, les besoins en lumière varient en fonction du stade de végétation. Certaines plantes fleurissent quand les jours allongent (abutilon, jasmin de Madagascar, roses de Chine, saintpaulias, etc.), d'autres quand les jours se mettent à raccourcir (*Begonia solananthera*, cactus de Noël, *Kalanchoe blossfeldiana*, poinsettia, etc.).

QUE SE PASSE-T-IL DANS LA NATURE ?

DES LUMIÈRES DIFFÉRENTES SELON LES MILIEUX

Les plantes qui poussent dans nos intérieurs proviennent le plus souvent des forêts tropicales, où l'intensité lumineuse varie selon les zones.

- Dans la couche inférieure de leurs sous-bois, jusqu'à 5 m du sol, quel que soit le type forestier et la latitude, la luminosité représente le plus souvent 1 % de la lumière mesurée en milieu découvert, là où le rayonnement du soleil est direct.

- Aux endroits où le couvert est moins dense (abords des rivières et des ruisseaux suffisamment larges, clairières créées par la chute d'un ou plusieurs arbres, grandes zones rocheuses chaotiques), la luminosité est plus forte, mais elle ne dépasse pas 3 à 4 % de la lumière en milieu découvert.

Monstera deliciosa, *spathiphyllum et cordyline prospèrent côte à côte dans ce sous-bois tropical.*

Le saviez-vous ?

Le nom de « chlorophylle » a été donné en 1818 par P.-J. Pelletier et J.-B. Caventou aux pigments verts contenus dans les feuilles. La chlorophylle absorbe les rayons bleus (longueurs d'onde de 420 à 480 nanomètres) et les rouges clairs (longueurs d'onde de 640 à 680 nm) situés dans la partie visible du spectre lumineux. Ainsi, les feuilles absorbent les rouges clairs, mais laissent passer les rouges lointains et réfléchissent les rouges sombres. Ces rayons réfléchis stimulent l'allongement des tiges de la plante et provoquent l'éloignement des nouvelles feuilles par rapport aux plus âgées. Ce phénomène d'évitement explique la croissance harmonieuse des végétaux.

Chap. 1 : Mieux connaître les plantes d'intérieur

- Dans les espaces où des rayons de soleil arrivent à percer les feuillages de la canopée (taches lumineuses plus ou moins larges sur le sol), l'intensité lumineuse peut atteindre 30 % du rayonnement solaire direct.

En outre, la qualité de la lumière reçue dans les sous-bois est profondément différente de celle de la lumière solaire blanche. En effet, les rayons réfléchis par les feuillages, les branches et les troncs, ainsi que ceux qui diffusent à travers les feuilles, contribuent à modifier le spectre de la lumière. Celui-ci devient de moins en moins riche en longueurs d'onde dans les rouges et les bleus au fur et à mesure que l'on se rapproche du sol.

Bien accroché à ce tronc d'arbre, ce hoya reçoit toute la lumière dont il a besoin pour fleurir généreusement.

Rhipsalis baccifera ssp. baccifera.

❧ DE REMARQUABLES ADAPTATIONS DES PLANTES

Ces conditions d'éclairement ont conduit les végétaux à mettre en place des modes de développement leur permettant de bénéficier au maximum de la lumière. Par exemple, les grandes feuilles percées de trous de certains philodendrons, ou les feuilles très découpées que présentent les néphrolépis, les schefflèras et le gros philodendron (*Monstera deliciosa*) ne retiennent pas les débris qui tombent du haut des arbres et qui pourraient empêcher, à la longue, une bonne réception des rayons lumineux.

Dans le même but, certaines plantes de la famille des Marantacées redressent leurs feuilles à la verticale pendant la nuit. Si vous achetez un jour un pied de *Ctenanthe setosa*, vous pourrez observer quotidiennement ce phénomène, particulièrement spectaculaire chez cette belle plante à feuillage zébré. Dans leur milieu naturel, certaines espèces de la même famille en profitent pour enrichir le sol en humus, en accumulant les débris à leur pied.

Les feuilles aux limbes plissés, cloqués, gaufrés (fréquentes chez de nombreux bégonias, pépéromias, piléas, etc.) ou ondulés (palisotas, *Geogenanthus undatus*) sont des adaptations pour mieux capter la lumière diffuse, par augmentation de la surface foliaire. Les tiges et les pétioles peuvent, eux aussi, remplir la fonction photosynthétique du feuillage : c'est le cas chez l'*Asparagus setaceus*, le *Cissus quadrangularis*, les cactus de Noël et de Pâques, et chez de nombreux rhipsalis quasi dépourvus de feuilles. Pour capter l'énergie lumineuse maximale, un certain nombre d'espèces des sous-bois tropicaux très sombres utilisent les couleurs de leurs feuillages : très foncés (rouges à presque noirs), ou au contraire à reflets moirés ou iridescents (*Ludisia discolor*, hæmarias, certains bégonias et quelques sélaginelles).

LA LUMIÈRE DANS LA MAISON

Bien que faible, l'intensité lumineuse qui éclaire les sous-bois tropicaux est toutefois supérieure à celle qui règne dans la majorité des maisons. En effet, dans une pièce, elle décroît très vite au fur et à mesure que l'on s'éloigne des fenêtres.

Feuilles de Geogenanthus undatus.

❧ DE NOMBREUX CRITÈRES D'ÉCLAIREMENT

• **Des variations diurnes et saisonnières**

L'intensité du soleil est moins forte le matin que le soir. Et, au cours de la journée, l'éclairement varie selon le passage des nuages et le déplacement du soleil sur l'horizon. Ce dernier éclaire plus fort en été, mais il pénètre mieux dans les maisons et les appartements en hiver : pendant la mauvaise saison, il est plus bas sur l'horizon, et les feuillages des arbres, gênants pendant l'été pour certaines habitations, ne lui font plus obstacle à partir de l'automne.

Pour la plupart des plantes d'intérieur, le soleil direct n'est pas nécessaire. Il est même souvent dangereux en été, où il provoque très vite des brûlures du feuillage à travers le verre des fenêtres. En hiver par contre, il faut penser à ouvrir les rideaux et à rapprocher les potées des ouvertures pour qu'elles bénéficient d'un maximum de clarté.

• **La déperdition de luminosité à l'intérieur**

Une plante installée à 2 m d'une source de clarté naturelle reçoit quatre fois moins de lumière qu'une plante placée tout contre cette source. Sans présence d'obstacles, l'intensité lumineuse diminue d'une valeur égale au carré de la distance entre la plante et la source lumineuse.

❧ DES PLANTES AUX BESOINS DIFFÉRENTS

Pour prévoir la disposition des végétaux par rapport aux sources lumineuses, il faut également tenir compte des besoins spécifiques de chaque plante en éclairement (pour des

exemples précis d'emplacements selon les plantes, voir aussi chap. 2 p. 32 et 34).
• Les plantes qui ont besoin d'une lumière vive (cycas, ficus, palmiers, roses de Chine, saintpaulias, etc.) seront installées dans des pièces exposées à l'ouest ou au sud-ouest.
• Celles qui apprécient une lumière plus douce (cactus de Noël ou de Pâques, *Dracaena marginata*, fougères d'intérieur, impatientes, phalangère, philodendrons, spathiphyllum, etc.) seront placées dans les pièces exposées à l'est ou au nord-est.
• L'exposition sud sera réservée aux végétaux les plus exigeants en lumière et en chaleur (*Adenium obesum*, hoyas, jatrophas, kalanchoés, yuccas, etc.).
• Une pièce exposée au nord pourra accueillir les moins avides de lumière (aspidistra, fougère-houx, etc.), à la condition de les disposer près des fenêtres ou des baies vitrées car, au fond de la pièce, la lumière est en général insuffisante.

La luminosité en intérieur

Les angles morts, de part et d'autre de la fenêtre, et les zones d'ombre derrière les meubles sont généralement trop sombres pour les plantes.

Les besoins des plantes en température

Si elles ne supportent pas nos grands froids hivernaux, les plantes exotiques apprécient en général des ambiances modérément chauffées et redoutent surtout les écarts brusques de température. De la chaleur, ni trop, ni trop peu, là est toute la difficulté.

Que se passe-t-il dans la nature ?

Les plantes d'intérieur originaires des régions tropicales et équatoriales, de plaine ou de moyenne montagne, ont besoin d'une chaleur permanente mais pas forcément constante tout au long de l'année. Mais cela ne veut pas dire des températures de 30 à 35 °C, comme il est possible d'enregistrer parfois en été dans les villes ou à la campagne.

❧ DES BESOINS DIFFÉRENTS SELON LES BIOTOPES

- **Les plantes qui proviennent des sous-bois de plaine** et, encore plus, de moyenne montagne (notamment les bégonias, les impatientes, les épiscias, les azalées, etc.) vivent dans une douce moiteur : dans ces milieux, les valeurs diurnes ne dépassent pas 27 °C.
- **Par contre, les plantes qui poussent aux abords des grandes lisières forestières**, dans les chablis (zones où les arbres ont été abattus) ou dans les taches de soleil, sont régulièrement soumises à des températures diurnes qui peuvent atteindre 30 °C, et même 40 °C dans la canopée, avec des écarts importants entre le jour et la nuit (jusqu'à 20 °C).

Dans les zones tropicales et équatoriales, les différences thermiques sont peu marquées

L'Adenium obesum supporte des températures élevées pendant sa période de végétation.

entre les saisons, la température étant un peu plus élevée quand les régions subissent une saison sèche.

Quelle que soit la localisation géographique, la température baisse en moyenne de 0,5 à 0,6 °C quand le relief s'élève de 100 m.

Selon leur biotope originel, les plantes d'intérieur sont donc plus ou moins frileuses et tolérantes aux écarts de température. D'où l'importance de connaître leurs origines. Les roses de Chine, par exemple, périclitent quand les températures sont inférieures à 10 °C, alors qu'un aspidistra, un asparagus et une fougère-houx peuvent supporter des températures voisines de 0 °C si la baisse a été progressive.

Les philodendrons prospèrent dans un environnement où la température reste stable, sans coup de froid ni canicule.

Chap. 1 : Mieux connaître les plantes d'intérieur

Variations de la température en sous-bois tropical, en plaine

La température dans la maison

❧ DES VARIATIONS NOTABLES

À l'intérieur, la température n'est pas constante. Elle varie beaucoup moins qu'à l'extérieur, mais, dans les maisons mal isolées, les écarts entre le jour et la nuit peuvent atteindre quelques degrés, surtout dans les pièces les moins bien chauffées. Dans la journée, la température varie plus fortement dans une pièce très ensoleillée, notamment au cœur de l'été.

Entre le sol et le plafond, il existe aussi une différence non négligeable, la chaleur s'accumulant dans le haut de la pièce. Le simple fait d'ouvrir une fenêtre ou une porte et de créer un courant d'air, aussi faible soit-il, a pour effet de faire varier la température, entraînant parfois des chutes brutales en hiver, peu appréciées par les plantes exotiques habituées à des ambiances plus stables.

❧ DES EMPLACEMENTS À RISQUE

Si la plupart des plantes d'intérieur apprécient une température assez chaude, il faut toutefois leur éviter la proximité des radiateurs quand le chauffage est en marche, les abords de la cheminée si vous y faites du feu ou un voisinage d'un four, que ce soit à côté ou au-dessus. Évitez de suspendre une plante retombante au-dessus d'une cuisinière, et encore plus à l'aplomb d'un grille-pain, car lorsqu'il fonctionne, la chaleur dégagée est très forte sur 30 à 40 cm au-dessus, et elle provoque la brûlure des rameaux qui pénètrent dans cette zone.

L'expérience a montré que les végétaux supportent mal le chauffage par le sol en hiver, et les courants d'air d'un ventilateur ou l'air froid de la climatisation pendant la belle saison. Éloignez vos plantes des portes et des fenêtres que vous êtes amenés à ouvrir fréquemment, vous leur éviterez des chocs thermiques, notamment quand la température est inférieure à 0 °C dehors.

Contrôler la température

Il est préférable de ne pas trop se fier à nos propres sensations de froid ou de chaud. Pour suivre les variations de la température entre le jour et la nuit et d'un jour à l'autre, l'idéal est d'accrocher un thermomètre à *minima* et *maxima* dans chaque pièce accueillant des plantes d'intérieur. Celui-ci doit être suspendu à hauteur d'homme pour permettre une lecture rapide et facile de la température ambiante. Il doit être aussi à l'abri des rayons du soleil et loin de toutes les sources de chaleur (radiateur, cheminée, four, grille-pain, etc.). Consultez-le une fois par jour, en début de matinée, pour connaître les températures minimale (en générale celle de la nuit) et maximale de la veille.

En été, faites attention aux plantes proches des portes et des fenêtres laissées ouvertes. Certaines supportent mal les courants d'air.

Fenêtres : attention danger !

Ne collez jamais le feuillage de vos plantes contre la vitre. En effet, quand il gèle, la température de la vitre peut atteindre des valeurs négatives. Les parties des feuilles qui touchent le carreau gèlent, même si la pièce est bien chauffée. Un double vitrage limite considérablement ce risque, car le verre intérieur ne refroidit plus autant que le verre au contact avec l'extérieur. Par mesure de prudence, éloignez toujours les plantes de quelques dizaines de centimètres.

Chap. 1 : Mieux connaître les plantes d'intérieur

Les besoins des plantes en humidité

Les plantes d'intérieur sont constituées en majeure partie d'eau. Quelle que soit leur origine, elles ont besoin d'être arrosées ou bassinées, et doivent aussi bénéficier d'une hygrométrie suffisante pour se développer correctement.

Que se passe-t-il dans la nature ?

L'eau, un élément vital

Les plantes ont des besoins importants en eau. Les végétaux exotiques poussant dans des milieux ouverts sont constitués d'environ 50 % d'eau. Ce pourcentage augmente chez les plantes de sous-bois, qui ont une teneur en eau de 70 à 80 %. Celles qui vivent dans des milieux en permanence très humides comme les sous-bois de moyenne montagne, les berges de ruisseaux ou de rivières, la proximité d'une cascade ou les bas-fonds marécageux, contiennent jusqu'à 90 % d'eau, leurs tiges et feuilles ne comprenant presque pas de tissus de soutien. C'est le cas notamment pour de nombreux bégonias, chiritas, impatientes, pépéromias, piléas et sonérilas. En général, ces espèces ne supportent pas l'air trop sec de nos intérieurs, et dépérissent au moindre coup de soif. Si vous oubliez d'arroser un pied d'impatiente de Nouvelle-Guinée ou d'hybride d'*Impatiens walleriana*, vous verrez ses belles feuilles se flétrir et s'effondrer, ainsi que les tiges les plus jeunes. Arrosez sans tarder, et les tissus reprendront leur turgescence et leur splendeur (à la condition de ne pas avoir trop attendu, car au-delà d'un certain stade, le dépérissement est inévitable).

Le cycle de l'eau

transpiration — guttation — capillarité — évaporation — évaporation par porosité — O_2 — CO_2

sève brute — sève élaborée

UN ARROSAGE EN FONCTION DU BIOTOPE

Dans les milieux naturels, l'eau provient des pluies, des brouillards, de la rosée matinale, mais aussi de la transpiration et de la « guttation » des végétaux environnants. Sous les climats équatoriaux et tropicaux, les précipitations sont très importantes : la forêt dense humide ne s'installe que lorsqu'elles dépassent 1,50 m par an (soit trois fois plus qu'à Brest ou Paris) et que la saison sèche n'est pas trop marquée. Et dans certaines régions, comme le mont Kinabalu à Bornéo, réputé, entre autres, pour ses népenthès géants, il peut tomber jusqu'à 10 m de pluie par an. Mais ces fortes précipitations ne sont pas forcément également réparties tout au long de l'année et elles n'empêchent pas des périodes temporaires de sécheresse, qui se traduisent souvent par une mise en repos des végétaux.

Lorsqu'une pluie suffisamment forte arrose la canopée, un tiers environ de la quantité d'eau atteint le sol forestier, après avoir ruisselé sur les feuilles et les branches (ce qui permet d'ailleurs un enrichissement en éléments minéraux et organiques) ; une bonne moitié s'écoule le long des troncs ; Le reste n'atteint pas le substrat et s'évapore par les feuilles des plantes qui constituent la canopée.

Ces écoulements justifient en partie la prolifération des lianes aux racines adventives sur les troncs des arbres (et permettent de comprendre pourquoi les pothos, les philodendrons et les syngoniums poussent mieux dans nos intérieurs quand ils sont palissés sur des tuteurs en mousse maintenus humides). Ils expliquent aussi l'abondance des plantes de sous-bois sur le sol dans les forêts très arrosées de moyenne montagne, alors qu'elles sont plus rares sur le sol peu arrosé des forêts de plaine. Avec une petite pluie, les plantes de sous-bois ne sont pratiquement pas arrosées si elles sont éloignées des zones de ruissellement. Ainsi, selon son habitat, chaque végétal bénéficie plus ou moins des précipitations, qui ne font que ruisseler sur une branche verticale ou oblique, un tronc, une pente, un rocher ou dans un sol très perméable, et qui s'accumulent dans le creux des branches d'arbres, dans les bas-fonds ou sur un sol imperméable.

UNE HYGROMÉTRIE VARIABLE

L'humidité relative de l'air est une autre composante importante des forêts tropicales : en moyenne comprise entre 70 à 85 % (saison sèche) et 95 % (saison des pluies) dans les sous-bois pendant la journée, elle approche de la saturation pendant la nuit. Par contre, elle est plus faible au niveau de la canopée, où elle peut descendre à 40 % durant la saison sèche.

La forte hygrométrie favorise le développement des plantes épiphytes et des racines aériennes. S'il n'y a pas de vent, elle peut provoquer une réduction importante de la transpiration des végétaux.

S'ADAPTER POUR SURVIVRE

Pour capter l'eau et résister à des périodes plus ou moins prolongées de sécheresse, les végétaux ont élaboré différentes adaptations :
- les lianes qui grimpent sur les troncs ont développé des racines adventives tout au long de leurs tiges (ficus rampants, philodendrons, pothos, syngoniums, etc.) ;
- certaines espèces ont des tiges ou des feuilles succulentes gorgées d'eau (péperomias, saintpaulias, streptocarpus, etc.) ;
- d'autres présentent des nœuds renflés (impatientes, bégonias, misères, etc.) ou des tubercules (achimènes, alocasias, amorphophallus, globbas, kolhérias, etc.) ;
- d'autres encore développent des rosettes de feuilles qui forment un réservoir (æchméas, billbergias, guzmanias, néorégélias, vriéséas, etc.) ;
- enfin, certaines plantes ont réduit ou éliminé leur feuillage et épaissi leurs tiges (cactus de Noël et de Pâques, *Cissus quadrangularis*, rhipsalis, etc.).

Cissus quadrangularis est une sorte de vigne succulente. Ses feuilles sont de courte durée et ses tiges sont gorgées d'eau.

L'HUMIDITÉ DANS LA MAISON

ADAPTER L'HYGROMÉTRIE

À températures égales, l'humidité relative de l'air ambiant (ou hygrométrie) dans une maison ou un appartement est beaucoup plus faible que dans un sous-bois tropical, une serre ou une véranda. Pour notre confort, mais aussi pour la bonne conservation du mobilier et de la décoration, nous essayons de garder une hygrométrie comprise entre 50 et 60 % pour une température de 18 à 20 °C.

Quand le pourcentage descend à 40 % et moins, nous avons l'impression que l'air est « sec ». Au-delà de 70 %, nous ressentons une désagréable impression de moiteur. Cependant, en hiver, quand le chauffage fonctionne, et même parfois en été quand le temps très chaud et sec se prolonge, le pourcentage d'humidité relative chute souvent terriblement pour descendre, dans les pires conditions, à 30 ou 40 %. Or la plupart des végétaux exotiques cultivés comme plantes d'intérieur ont besoin d'une hygrométrie supérieure à 70 %, les plus tolérants ne pouvant pas supporter moins de 50 % (asparagus, caoutchoucs, clivias, jatrophas, kalanchoés, sansevières, yuccas…).

L'idéal est de maintenir une hygrométrie constante comprise entre 60 et 70 % pour une température de 20 °C. Et, pour le bien-être des végétaux, il faut veiller à augmenter l'humidité de l'air au fur et à mesure que la température augmente.

DES CONDITIONS SUR MESURE

Cultivées en pot, en jardinière ou en suspension dans un milieu clos abrité de toutes les précipitations naturelles (pluie, neige, brouillard et rosée), les plantes d'intérieur dépendent totalement de nous pour leur approvisionnement en eau. Celui-ci est effectué le plus souvent par arrosage, pour les plantes cultivées dans un sol, mais aussi par bassinage, pour les épiphytes ou hémi-épiphytes. La fréquence de ces apports est conditionnée par les besoins spécifiques de la plante, ses dimensions, la température ambiante, les dimensions du contenant, ainsi que la nature du sol (plus ou moins compacte, qui se dessèche plus ou moins vite).

Autant dire qu'avec tous ces facteurs, il est difficile de donner pour une plante des règles générales valables pour tous les intérieurs. Vous devez apprendre à connaître le « micro-climat » de vos pièces et à gérer au quotidien les arrosages selon les besoins particuliers de chaque plante.

Avec les perpétuelles « assoiffées » (cypérus, papyrus, scirpes, etc.) et les plantes « chameaux » (clivias, kalanchoés, sansevières, etc.), il n'y a guère de doute et de problème. Les choses sont plus compliquées avec les végétaux qui ont besoin d'une certaine fraîcheur, sans pour autant supporter une humidité stagnante. Et ce sont les plus nombreux…

Comme le papyrus, le Scirpus cernuus est perpétuellement assoiffé.

Mesurer l'hygrométrie

N'attendez pas qu'une armée d'araignées rouges partent à l'assaut de vos plantes ou que les feuilles se crispent, brunissent sur les bords ou se développent mal.

Pour mesurer l'hygrométrie d'une pièce, il suffit d'installer un hygromètre, petit appareil que vous trouverez chez tous les fournisseurs de baromètres et de thermomètres et dans les magasins de terrariophilie ou d'aquariophilie.

Il existe des appareils analogiques, à cheveux ou à fibres hygroscopiques, et des appareils électroniques, souvent couplés avec un thermomètre ou un baromètre (les petites stations météorologiques indiquent en général l'hygrométrie des pièces où elles sont installées). Tous les hygromètres proposés sont très simples à utiliser et permettent une lecture directe, avec une précision amplement suffisante pour un jardinier.

Vous accrocherez votre appareil sur un mur de la pièce, en évitant les emplacements ensoleillés, le dessus d'un radiateur ou d'une cheminée, ainsi que la proximité d'un humidificateur, pour ne pas fausser la mesure.

Les plantes et l'aération

La plupart des sous-bois tropicaux sont caractérisés par une absence quasi totale de vent. Dans les maisons, la climatisation, l'aération en été et le chauffage en hiver offrent de tout autres conditions aux plantes, et les perturbent.

L'absence ou la faiblesse du vent dans les sous-bois tropicaux permet aux plantes de vivre suspendues dans les airs, comme ici ce superbe philodendron.

Chap. 1 : Mieux connaître les plantes d'intérieur

QUE SE PASSE-T-IL DANS LA NATURE ?

En dehors des périodes d'orages ou d'ouragans, le milieu forestier près du sol est peu perturbé par les mouvements de l'air. La vitesse du vent n'excède pas 0,2 km/h dans la journée, pour devenir quasi nulle la nuit. Dans la ramure des arbres, au niveau de la canopée, elle peut atteindre 10 km/h en plein jour, de plus fortes turbulences étant fréquentes au moment du lever et du coucher du soleil.

Plus près du sol, l'absence de vent se traduit par une faible variabilité de la teneur en humidité et en gaz carbonique de l'air, ainsi que par une relative stabilité de la température. La teneur en dioxyde de carbone est presque deux fois supérieure à la normale près du sol, ce qui a pour effet de stimuler fortement la croissance des végétaux, l'activité photosynthétique augmentant de façon proportionnelle à la teneur en CO_2 pour une intensité lumineuse donnée.

L'absence de vent a provoqué chez certaines espèces végétales l'apparition de formes peu stables d'un point de vue mécanique, par exemple une tige très fine pouvant s'élever sur 1 à 2 m, surmontée par un bouquet de feuilles (petits palmiers, didymocarpus). Ces conditions particulières ont aussi permis le développement de larges feuilles à la structure assez molle, qui se déchirent facilement quand elles sont secouées trop violemment.

L'AÉRATION DANS LA MAISON

ATTENTION AUX DIVERS COURANTS D'AIR

Milieu clos par excellence, la maison est pourtant parcourue par de nombreux mouvements d'air. Du mince filet d'air froid qui s'infiltre insidieusement par l'encadrement des fenêtres ou des portes en hiver à la violente rafale due à l'ouverture de plusieurs fenêtres ou d'une porte, les plantes d'intérieur sont souvent soumises à des brassages d'air, qu'elles n'apprécient pas toujours. Sans oublier les colonnes d'air chaud et desséchant qui émanent des radiateurs ou d'une cuisinière, et qui montent à l'aplomb vers le plafond de la pièce.

En hiver, il faut être particulièrement vigilant avec les plantes installées près des ouvertures et éviter l'aération prolongée d'une pièce. Mais en été, il faut aussi penser à préserver les végétaux des zones de courants d'air plus importants (fenêtres ouvertes) : il suffit que le vent devienne plus puissant pour que les potées chutent et que certains feuillages volumineux soient emportés.

PLANTES OU CLIMATISATION, IL FAUT CHOISIR

La climatisation est nuisible pour les plantes d'intérieur à plusieurs titres : d'une part, elle crée un environnement souvent trop froid pour les végétaux ; d'autre part, elle occasionne des mouvements d'air plus ou moins violents selon que la plante est installée ou non à proximité des bouches d'aération. De plus, ces courants d'air tendent à dessécher fortement l'atmosphère. Les plantes provenant des sous-bois tropicaux très humides, où le vent est absent, y sont le plus sensibles : bégonias, petites Gesnériacées (chiritas, épiscias...), sélaginelles, etc.

Chirita sinensis.

Indésirables dans les chambres ?

Une rumeur prétend que les plantes d'intérieur ne devraient jamais être installées dans une chambre à coucher : elles absorberaient tout l'oxygène de la pièce et pourraient provoquer la mort par asphyxie des personnes qui y dorment. C'est faux !
Vous pouvez mettre autant de potées que vous voulez et fermer la porte de la chambre, il ne vous arrivera rien. De très sérieuses études menées par des chercheurs de la Nasa aux États-Unis démontrent même que certaines espèces (spathiphyllum, sansevière, palmier nain, dragonnier, etc.) absorbent des substances volatiles polluantes (benzène, toluène, etc.), et ont donc plutôt une fonction de purificateurs.

Les besoins des plantes en terre

À LA FOIS SUPPORT ET RÉSERVE DE NOURRITURE ET D'EAU, LA TERRE JOUE UN RÔLE IMPORTANT DANS LE BON DÉVELOPPEMENT DES PLANTES D'INTÉRIEUR. PLUS QUE LA QUANTITÉ, IL FAUT RECHERCHER LA QUALITÉ ET ADAPTER LA NATURE DU SUBSTRAT AUX BESOINS DE CHAQUE ESPÈCE.

Que se passe-t-il dans la nature ?

DES BIOTOPES TRÈS DIVERS

Les plantes que nous cultivons dans nos intérieurs disposent rarement, dans leur milieu naturel, d'une épaisse couche de sol meuble et fertile. Un grand nombre de plantes de sous-bois ne sont enracinées qu'à une très faible profondeur (souvent les dix premiers centimètres).
La plupart d'entre elles poussent sur des sols acides ou neutres, pauvres en calcaire. Elles bénéficient d'un apport régulier d'humus, résultant de la décomposition rapide des feuilles et autres débris organiques qui tombent en grande quantité de la canopée.
• Certaines espèces (plantes carnivores) poussent dans des tourbières ou sur des sols humides très pauvres, entièrement lessivés par les eaux de pluie.
• Il existe aussi des végétaux qui s'accrochent aux rochers, avec un enracinement superficiel. Certains ne sont protégés par aucune couche de terre, d'autres se fixent dans une anfractuosité ou une fissure, où l'eau et quelques déchets organiques peuvent s'accumuler en faible quantité. C'est le cas des nertéras et de certains saintpaulias (ils se plaquent à leur support et peuvent former un tapis), de certains chiritas, bégonias, impatientes et streptocarpus.
Les plantes vivant dans ces biotopes particuliers sont très exposées à la sécheresse, aussi se fixent-elles plus fréquemment dans les zones très humides (forêts de moyenne montagne, bords de ruisseaux et de cascades).

Urne d'un *Nepenthes villosa*.

Nertera granadensis se plaque au sol, des racines poussant tout le long des tiges.

• Les plantes hémi-épiphytes, comme le clusia, certains schefflèras et ficus, germent dans des poches d'humus accumulé au creux des fourches de grands arbres. Elles développent leur ramure tout en s'agrippant au tronc de l'arbre porteur par un ensemble de racines étrangleuses, et elles émettent vers le bas des racines qui puiseront l'eau et les éléments nutritifs dans le sol.
• Fixées à différentes hauteurs sur le tronc ou les branches des grands arbres, les espèces épiphytes poussent sans aucun sol. Plus fréquentes dans les zones très humides, avec un système racinaire plus ou moins développé qui ne va pas au sol, elles tirent leur nourriture de

Chap. 1 : Mieux connaître les plantes d'intérieur

De nombreuses plantes de la famille des Broméliacées vivent en épiphytes, fixées au creux des branches.

Neoregelia carolinae : une plante épiphyte très décorative.

la rosée, de l'eau enrichie en éléments nutritifs qui ruisselle le long des branches et des feuilles, et des débris organiques qui tombent de la canopée.

LE SOL, UN SUPPORT ET UNE RÉSERVE

DES RESSOURCES NATURELLES CONSTANTES

Pour la plupart des végétaux, le sol joue un rôle non négligeable de support : il leur permet de s'ancrer et de se stabiliser par l'intermédiaire de leurs racines, plus ou moins développées selon l'âge de la plante et l'espèce. Il les pourvoit aussi en eau et en éléments nutritifs, indispensables à leur croissance et à leur reproduction. C'est un milieu complexe et instable, très fragile, composé, selon les régions, de proportions différentes de matières organiques, d'argiles, de composantes siliceuses ou calcaires, d'éléments métalliques (fer, aluminium, etc.), d'eau et d'air.

Dans sa couche la plus superficielle, le sol abrite également de nombreux micro-organismes. Ils contribuent à transformer des éléments non assimilables par les plantes en éléments facilement et directement assimilables. La composition physico-chimique du sol étant très variable, les éléments nutritifs y seront présents en plus ou moins grande quantité.

DES SOINS SUPPLÉTIFS À DISPENSER

La majorité des plantes s'alimentent généralement par leurs racines. Mais, dans un pot, la quantité de substrat est très limitée, et vite appauvrie à mesure que la plante se développe et que les substances nutritives sont lessivées par les eaux d'arrosage.

Certaines plantes recueillent les éléments nutritifs dissous dans l'eau sur leur surface foliaire (réservoir d'eau au creux de la rosette des æchméas, guzmanias, néorégélias, vriéséas, etc.). Quel que soit le mode d'alimentation des plantes cultivées en intérieur, il faut veiller à approvisionner régulièrement leur sol ou leur eau en nutriments, grâce à des fertilisants.

Chapitre 2

De bonnes conditions pour les plantes

Dans le domaine des plantes d'intérieur, le choix n'est pas qu'affaire de goût ; d'autres critères comptent pour réussir leur culture. Avant même l'achat, il faut vous poser les bonnes questions : quelles sont vos attentes ? Quels sont les besoins de la plante ? Trouvera-t-elle un milieu adapté chez vous ? Quelques connaissances de base vous permettront d'éviter grosses erreurs ou petites déceptions.

Acheter une plante

Des plantes d'intérieur, il y en a partout, ou presque. Chez les pépiniéristes et les fleuristes, bien sûr, mais également dans les jardineries et les grandes surfaces, et parfois jusque chez l'épicier du coin ! Reste à faire un choix judicieux et à rapporter vos achats dans de bonnes conditions.

Des fournisseurs variés

LES PÉPINIÉRISTES

Le meilleur fournisseur de plantes exotiques est souvent le pépiniériste. Très différent du producteur industriel, qui n'élève qu'une ou deux espèces mais par milliers d'individus, le fournisseur idéal est le pépiniériste collectionneur, qui propose une gamme choisie de plantes diverses, ou bien un vaste éventail dans une spécialité donnée (bégonias, hibiscus…). On ne trouve alors que quelques exemplaires de chaque espèce ou variété, mais cultivés avec amour, à l'ancienne, dans une terre digne de ce nom, par quelqu'un qui sait de quoi il parle.

Cette figure autrefois obligée du paysage horticole tend, hélas, à disparaître chez nous, conditions économiques obligent. Raison de plus pour privilégier les rares survivants, chez qui vous ne serez jamais déçu et qui vous fourniront des conseils judicieux. C'est lors des expositions spécialisées que vous aurez le plus de chance de les rencontrer. Leurs prix sont généralement un peu plus élevés que la moyenne, mais le vrai « plus » du service le vaut bien.

LES JARDINERIES

Un temps décriées, les jardineries se sont beaucoup améliorées, du moins pour les plus dynamiques d'entre elles. Les prix sont souvent intéressants et vous trouverez le meilleur choix là où la clientèle est abondante et l'écoulement assuré.

Peut-être devrez-vous un peu courir après les vendeurs. En revanche, le choix de végétaux mérite largement le détour, et vous pourrez en dénicher de très rares.

Sachez que les plantes que vous achèterez sont issues de cultures industrielles et nourries au goutte-à-goutte. Une transplantation rapide dans un milieu plus riche permettra la bonne adaptation de vos nouvelles pensionnaires.

LES FLEURISTES

Pour la plupart, les fleuristes proposent un choix plus restreint et aléatoire de végétaux de provenance semi-industrielle, car ils privilégient – c'est leur fonction – la fleur coupée. Choisissez donc un fleuriste qui ne vous donnera pas l'invariable et unique conseil : « Arrosez-la deux fois par semaine », mais vous fournira des conseils pertinents en fonction de vos plantes. Pour le reste, comptez sur votre propre savoir et chinez pour saisir l'occasion. Les prix, imprévisibles, sont parfois très avantageux.

LES MARCHÉS

Les plantes vendues sur les marchés ont l'avantage de la fraîcheur. Il est prudent, dans tous les cas, de n'acheter que quand il fait doux. Par ailleurs, le choix est forcément très réduit, les conseils rares et les prix très variables. C'est l'occasion qui fait le larron !

Faire « le » bon cadeau

Pour offrir une plante, appliquez la formule qui convient pour tout cadeau : fondez-vous sur les goûts du destinataire, et non sur les vôtres. De plus, assurez-vous que ce dernier dispose des meilleures conditions pour accueillir la nouvelle pensionnaire.

Si vous ne connaissez pas les lieux, optez pour une plante de petite taille et peu exigeante. Faites de même pour un amateur peu averti, ou choisissez une plante éphémère (voir chap. 13).

Pour les destinataires plus expérimentés, pensez à l'espace et à la lumière dont ils disposent, ainsi qu'à leur mode de vie, sans oublier les enfants et animaux familiers.

Chap. 2 : De bonnes conditions pour les plantes

Vérifiez sans tarder l'état des plantes expédiées. Ce mode d'achat, qui peut les abîmer, est cependant souvent le seul moyen d'obtenir une rareté.

❧ LA VENTE PAR CORRESPONDANCE

L'achat par correspondance est le plus aléatoire, car vous achetez à l'aveugle. Cependant, si vous souhaitez obtenir les plantes d'un pépiniériste éloigné de votre domicile, vous aurez affaire à un spécialiste qui vous enverra la bonne plante, dans une qualité précise, et restera à l'écoute en cas de difficulté.

Dans les catalogues des grosses maisons polyvalentes, proposant toutes sortes de végétaux, les variétés restent assez limitées, et souvent imprécises, ainsi que les indications de taille. Généralement, vos interlocuteurs éventuels sont des commerciaux, et non des pépiniéristes ; et les fiches fournies dans les envois ne donnent que de rudimentaires conseils, pas toujours très fiables. Enfin, les prix, autrefois très intéressants, semblent s'aligner sur les plus élevés du marché.

❧ LES GRANDES SURFACES ALIMENTAIRES

On y trouve de plus en plus souvent des plantes d'intérieur, au gré des saisons, bien que ce lieu d'achat soit un peu inattendu. Comme les vendeurs n'y sont pas spécialisés, vous devez savoir précisément ce que vous voulez. Faites une inspection régulière et achetez le jour de l'arrivage. Vous n'aurez jamais grand choix, mais les prix seront souvent très compétitifs.

SAVOIR ACHETER

Quel que soit l'endroit, ouvrez l'œil : même si vous n'êtes pas un spécialiste, la différence entre une plante saine et une plante chétive reste visible. Utilisez votre bon sens, comme vous le feriez pour l'achat de légumes au marché, et refusez les plantes dégingandées, dégarnies, aux feuilles malades ou ternes. Dans tous les cas, le pot doit être raisonnablement proportionné à la taille de la plante, et la terre légèrement fraîche.

❧ LE BON MOMENT

Les plantes à fleurs, sauf exception, ont des saisons de pointe. Les plus populaires (azalées, cyclamens…) sont faciles à repérer, car elles envahissent les étals. C'est à ce moment-là qu'il faut acheter, les prix comme la qualité étant alors les meilleurs.

Dans les grandes surfaces et chez les fleuristes, passez souvent afin de vous trouver là au moment des arrivages (vous pouvez demander à l'avance quand ils ont lieu). D'une part, vous bénéficierez du meilleur choix dans la gamme ; d'autre part, les plantes n'auront pas séjourné dans un milieu inadéquat pour elles.

TRANSPORTER SANS DOMMAGE

Le transport n'est pas anodin ; il peut même s'avérer fatal à des plantes jusqu'alors en pleine santé.

Toutes les plantes charnues et branchues (*Plectranthus*, par exemple), à la fois lourdes et cassantes, doivent être tuteurées et maintenues dans un emballage qui empêchera le balancement, la prise au vent et les accrochages.

Les grandes plantes, susceptibles de dépasser par le toit ou une fenêtre de la voiture, seront entièrement emballées dans une toile ou un plastique étanche, pour éviter que le vent de la course ne produise un effet « sèche-cheveux » désastreux.

Une fois chargées dans la voiture, les plantes ne doivent pas rester exposées au soleil plus d'une demi-heure, car elles risquent de « cuire », quelle que soit la saison. Un plastique métallisé ou un papier blanc pourront jouer les écrans.

En hiver, cinq minutes d'exposition à un froid même modeste peuvent suffire à endommager ou tuer une plante tropicale, surtout si elle est en fleurs. Multipliez les couches isolantes (papier, plastique, tissu) autour du sujet avant de le sortir et limitez la promenade au strict minimum.

Vos plantes et la lumière

Si la lumière naturelle d'un appartement est toujours limitée, elle varie, en plus, selon l'exposition des pièces et l'éloignement des fenêtres. Choisissez les bonnes plantes pour les bons endroits et sachez recourir aux lumières d'appoint.

Les performances des végétaux (tonus, couleur, durée de vie, floraison), même issus de milieux peu éclairés, varient avec l'intensité aussi bien que la quantité de lumière reçue. Au fur et à mesure qu'on s'éloigne des fenêtres, la luminosité diminue de façon exponentielle et les plantes adaptées ne sont pas les mêmes à 50 cm et à 1 m de distance.

L'exposition nord

Contrairement à une idée reçue, si le soleil manque au nord, la lumière y est intense et uniforme, surtout en ville, où une façade en vis-à-vis fait souvent office de réflecteur. Voilà pourquoi les peintres apprécient cette exposition dans leurs ateliers. Vous pouvez placer une majorité de plantes à feuillage à 50 cm de la fenêtre, où, de surcroît, elles ne risqueront aucune brûlure. En revanche, la gamme de plantes à fleurs est plus réduite. À 1 m, la luminosité plus faible limite le choix aux moins exigeantes : les plantes de sous-bois profonds.

Originaire de sous-bois clairs, la primevère de Chine apprécie une lumière douce.

Notre sélection

- **Jusqu'à 50 cm :** bégonias divers, breynia, calathéas, clivia, columnéas, fatsia, ficus, fittonias, fougères, gloxinia, gynura, hypoestès, marantas, paphiopédilums, pléomèles, primevère de Chine, rhapis, saintpaulias, scheffléras, schlumbergéra, spathiphyllums.
- **À 1 m :** aglaonéma, aspidistra, certains bégonias, fatshédéra.

L'exposition sud

À l'opposé, le sud est l'exposition la plus ensoleillée, avec une lumière forte, mais parfois dure, source de brûlures et de coups de soif. Ne placez à proximité immédiate des fenêtres que les végétaux accoutumés au plein soleil, issus de lieux dégagés plutôt que de forêts. À 50 cm, mettez des plantes de lisières, à fleurs. À 1 m, optez pour une majorité de plantes de sous-bois, qui ne craindront pas l'insolation à cette distance. Avec cette exposition, vous ne serez pas obligé de faire appel aux espèces des recoins les plus sombres.

Notre sélection

- **Jusqu'à 50 cm :** caféier, cocotier, cycas, dipladénia, *euphorbe tirucalli*, ficus, hibiscus, kalanchoés, malvaviscus, manettia, mégasképasma, papyrus, passiflores, phœnix, tilleul d'appartement, yuccas.
- **À 1 m :** achimènes, alocasias, bégonias-bambous, calathéas, clérodendrons, dieffenbachias, kalanchoés, médinilla, orchidées, philodendrons, tillandsias.

Sans se gêner mutuellement, ces plantes peuvent recevoir la même dose de lumière.

L'exposition est

L'est apparaît comme le cousin du nord, en plus brillant. Exposé au soleil du matin, qui s'avère paresseux en hiver, il reste moyennement lumineux. L'insolation n'est pas à craindre, quelle que soit la saison, mais les choix sont infiniment plus vastes qu'au nord, en privilégiant les moyens termes : pas de plantes trop exigeantes en soleil près des fenêtres, pas de plantes demandant une ombre dense à l'arrière-plan.

Notre sélection

- **Jusqu'à 50 cm** : achimènes, alocasias, bégonias-bambous, calathéas, clérodendrons, croton, dieffenbachias, gardénia, helxine, médinilla, nertéra, orchidées, philodendrons, tillandsias.
- **À 1 m** : ardisia, calathéas, fougères, gloxinia, impatientes, néorégélia, paphiopédilums, primevère de Chine, schlumbergéra, spathiphyllums.

Quelques heures de soleil matinal suffisent au breynia pour garder son beau feuillage.

Les palmiers de sous-bois, tel le kentia, apprécient un ensoleillement réduit.

L'exposition ouest

Comme au jardin, on y a un succédané du sud, en moins brûlant : une exposition longuement ensoleillée, ou, au pire, très lumineuse durant la mauvaise saison. C'est le domaine de prédilection d'une majorité de plantes à fleurs, dans les coins les plus proches de la fenêtre. Évitez le ras de celle-ci, cependant, où les risques de brûlure sont réels. À 1 m, vous aurez le choix dans la même gamme qu'au sud.

Notre sélection

- **Jusqu'à 50 cm** : billbergia, caféier, crossandra, cycas, dipladénia, ficus, hibiscus, ixoras, jacobinia, malvaviscus, manettia, mégasképasma, papyrus, passiflores, pentas, phœnix, poinsettia, tilleul d'appartement, yuccas.
- **À 1 m** : alocasias, anthuriums, bégonias, gloxinia, hoyas, orchidées, pachystachys, philodendrons, ruellias, saintpaulias.

Chap. 2 : De bonnes conditions pour les plantes

Des fleurs à volonté ?

Comme les plantes de nos climats, les plantes tropicales ont des saisons privilégiées pour fleurir. Ce n'est pas l'alternance chaud-froid qui détermine le moment, mais la qualité de la lumière. Servez-vous de cet état de fait et donnez-leur un coup de pouce si nécessaire.

Leur horloge biologique

Les plantes ne fleurissent pas pour notre seul plaisir, mais avant tout pour émettre des graines et se reproduire. Au cours de millénaires d'adaptation, elles ont développé des mécanismes qui leur permettent de s'épanouir au moment le plus favorable : celui où les pollinisateurs sont les plus nombreux et où les graines auront raisonnablement le temps de mûrir, puis de se disperser. Certaines espèces ont ainsi élu des « créneaux » temporels bien particuliers, et ce n'est qu'en les reproduisant que vous obtiendrez leur mise à fleurs.

Les poinsettias et les cactus de Noël, par exemple, ne forment de boutons que quand les jours raccourcissent et que les températures (dans leur milieu d'origine) deviennent plus clémentes. Ce sont des plantes dites « de jours courts ». Rien d'étonnant à ce que les uns et les autres soient devenus populaires pour les fêtes de fin d'année. À l'inverse, les hibiscus et les saintpaulias ne donneront rien en hiver, car ils exigent un long ensoleillement. Ce sont des végétaux « de jours longs ».

On trouve cependant les plantes des deux catégories presque toute l'année, car les professionnels modulent la longueur des jours : ils mettent les unes dans le noir quelques heures par jour et ils suréclairent les autres. Un placard ou une cave chaude, d'une part, et des lumières d'appoint, de l'autre, permettront à l'amateur de faire presque aussi bien.

Comme la plupart des arbustes à fleurs, l'abutilon s'épanouit surtout à la belle saison, quand la lumière est abondante.

L'éclairage d'appoint

La faible luminosité naturelle ou le désir de floraisons prolongées peuvent vous amener à modifier l'éclairement à l'aide de lumières artificielles. Ne vous trompez pas de matériel et apprenez à en connaître les qualités et les défauts pour les adapter aux besoins des plantes et aux vôtres.

Capter la lumière

Pour augmenter la lumière dans un intérieur trop sombre et le rendre apte à accueillir des plantes un peu gourmandes, commencez par utiliser ou créer un maximum de surfaces réfléchissantes. Peignez, pour le confort des plantes comme pour le vôtre, les murs en blanc, ou du moins en couleurs très claires. Des tentures blanches feront également l'affaire. L'emploi de miroirs de grande taille aura le même effet, en plus efficace. Leur surface totalement réfléchissante permet de doubler, à peu de chose près, la luminosité dans la zone située devant eux.

Moduler l'éclairage

Si les conditions d'éclairement ne sont toujours pas satisfaisantes, reste le recours aux lumières d'appoint. N'achetez pas n'importe quoi. Il existe des ampoules et des tubes très spécialisés, dont le spectre correspond à celui de la lumière du jour. Leur éclat étant rarement très plaisant à l'œil, faites-les fonctionner la nuit, en les branchant sur une minuterie. Si vous bénéficiez pour l'électricité d'un régime d'heures creuses, faites coïncider le déclenchement avec ces horaires pour réaliser des économies.

La difficulté consiste à évaluer le nombre de lampes et la durée d'utilisation nécessaires pour

Les plus gros réflecteurs sont utiles pour éclairer de grands volumes.

Chap. 2 : De bonnes conditions pour les plantes

rétablir l'équilibre dans un milieu très obscur. Pour un résultat subtil, prenez conseil auprès d'un fournisseur spécialisé, qui vous indiquera les calculs à effectuer, assez minutieux et variables cas par cas.

Si le besoin d'un éclairage d'appoint ne se fait sentir que devant un manque de fleurs ou un étiolement marqué, par exemple, quelques heures par jour suffiront le plus souvent. Observez le comportement de vos plantes après deux semaines. Selon les résultats, vous diminuerez ou augmenterez le nombre de lampes et la longueur de l'éclairement, qui doit varier, de toute façon, en fonction des saisons et de la longueur du jour.

Les halogènes permettent un éclairage à la demande.

PAS DE FANTAISIES !

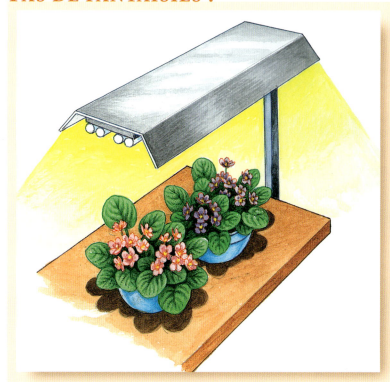

Ne pensez pas créer un éclairage adéquat en multipliant les ampoules domestiques classiques. Tous les modèles à incandescence (filament) possèdent un spectre faible, riche en infra-rouges seulement, qui ne convient pas aux végétaux. Par ailleurs, ces résistances consomment beaucoup d'électricité et chauffent considérablement.

Les néons sont plus économiques et chauffent peu. Suivant leur qualité, ils peuvent avoir un spectre plus équilibré mais leur effet est encore insuffisant, surtout à plus de 50 cm de distance.

Les néons, peu chauffants et à rayonnement limité, seront placés près des plantes. Ils conviennent également aux terrariums.

Les problèmes dus à la lumière

Quels que soient l'exposition et le type d'intérieur, l'absence, la présence ou l'excès de lumière entraînent de la part des plantes des réactions physiques souvent indésirables. Apprenez à les identifier pour les prévenir ou les corriger.

Repérer les problèmes

Tous les végétaux réagissent à la quantité et à la qualité de la lumière reçue, dans leur milieu naturel comme dans nos appartements. Mais dans cette dernière situation, leurs capacités d'adaptation restent limitées. Ouvrez l'œil pour reconnaître les signes d'étiolement, de déformation ou de brûlure.

L'étiolement

Le manque de lumière provoque l'étiolement des plantes. Dans un premier temps, celles-ci cherchent à augmenter la surface de leurs capteurs en agrandissant leurs cellules, et donc leurs feuilles. En gagnant de la surface, cependant, ces dernières perdent en fermeté, deviennent flasques et pâlissent. La grande taille des feuilles de vos pensionnaires, si elle n'est pas accompagnée d'une coloration vive et d'une belle robustesse, est donc signe de faiblesse.

Dans les cas extrêmes, la plante, épuisée par le manque de photosynthèse, produit au contraire des feuilles réduites, mais surtout rares, limitées à la pointe des pousses. Les classiques philodendrons (*Monstera*), par exemple, émettent de petites feuilles entières, dénuées de leurs échancrures caractéristiques.

La solution réside évidemment dans l'amélioration de l'éclairage de la plante, soit en la changeant de place, soit en augmentant l'éclairage artificiel.

Le phototropisme

Même en quantité suffisante, la lumière n'arrive jamais de tous les côtés à la fois. Et la plante, dans sa quête incessante, se dirige vers la source principale, en se déformant au point de se déséquilibrer. Tous les tuteurages du monde n'y changent rien. Le seul vrai remède consiste à tourner périodiquement le pot, plus ou moins souvent suivant la vitesse de croissance du sujet : tous les jours pour une amaryllis en fleurs, tous les trois mois pour une plante verte, tous les six mois pour un arbuste.

Les brûlures

L'excès de lumière se traduit, comme chez les humains, par des coups de soleil. Les feuilles, aux cellules inadaptées, se couvrent de taches beiges ou brunes, voire, dans les cas extrêmes, se dessèchent entièrement. L'accident est très fréquent avec les plantes d'intérieur sorties au jardin ou sur la terrasse pour l'été. Il peut également se produire avec les plantes placées soudainement près d'une fenêtre orientée au sud, ou quand on oublie de tirer un voilage.

Souvenez-vous qu'il faut acclimater vos plantes en les amenant par étapes au soleil pour que leurs cellules se transforment progressivement. Couvrez-les de voiles horticoles aux heures les plus chaudes. Si elles attrapent un coup de soleil, éloignez-les de la source de lumière, supprimez les feuilles mortes et… attendez la repousse !

En cas de coup de soleil (ici, sur une orchidée), ne coupez rien avant que la feuille brûlée ne soit entièrement sèche.

Chap. 2 : De bonnes conditions pour les plantes

Respecter les besoins climatiques

La gamme des plantes que vous pouvez inviter chez vous est très vaste. Venues du monde entier, elles sont adaptées à des atmosphères et des climats divers. Certaines supportent des régimes variés, à condition qu'ils ne soient pas trop différents de celui de leur milieu naturel.

À chaque plante son climat

Si à chaque plante correspondent des conditions de culture idéales, certaines plantes possèdent une bonne faculté d'adaptation à des conditions variables : ce sont les plus tolérantes, que vous retrouverez, parmi les sélections suivantes, dans deux catégories. Elles constituent, de ce fait, les meilleurs candidates comme plantes d'intérieur.

Un peu de fraîcheur, sans plus

Quantité de plantes, autrefois populaires à l'intérieur, sont désormais mieux adaptées à la véranda ou à la serre froide, depuis l'apparition du chauffage. Dans leur milieu d'origine, elles prospèrent sous des climats allant du méditerranéen tempéré au tropical frais (12-16 °C). Elles ne subissent que de très occasionnelles gelées, mais ne tolèrent pas un ensoleillement brûlant. Amateurs de lumière, elles détestent la chaleur sèche.

Notre sélection

Abutilons, aralia du Japon, araucaria, ardisia, asparagus, azalées, capillaires, clivia, cycas, dipladénia, fatshédéra, ficus rampant, fougère-houx, fougère patte-de-lapin, kalanchoés, misères, nertéra, cypérus (*Cyperus alternifolius*), passiflores (*P. mollissima*, *P. violacea*), patchouli, phalangère, phœnix, plante-crevette, rhapis, rhoicissus, saxifrage-araignée, sélaginelles, tétrastigma, tilleul d'appartement, tolmiea, yuccas.

Parmi les centaines d'espèces de passiflores, P. violacea aime une relative fraîcheur.

DE LA DOUCEUR POUR PROSPÉRER

Une autre catégorie est représentée par des plantes de climats doux, assez uniformes, sans gelées mais sans pointes de chaleur. Les plantes tropicales de moyenne montagne et les insulaires sont typiques de ces climats sans à-coups (16-18 °C). À elles les coins lumineux mais pas trop ensoleillés, loin des sources de chaleur et des courants d'air.

NOTRE SÉLECTION

Aphélandras, bégonias, billbergia, cactus de Pâques et de Noël, cissus, cryptanthe, gardénia, guzmania, hibiscus, jacobinia, misères, nidularium, pachira, pachystachys, passiflores (*P. coccinea, P. mollissima* et *P. violacea*), pelléa, pellionias, pépéromias, phalangère, philodendrons, poinsettia, pothos, ruellias, saintpaulias, spathiphyllums, tillandsias, vriéséas.

Une température de saison encore douce aux Maldives pour ces hibiscus.

L'Aechmea fasciata a besoin d'un climat constamment chaud.

VIVE L'ÉTUVE !

Les forêts tropicales et équatoriales, à forte hygrométrie (dites « pluviales »), dans lesquelles les données climatiques varient peu, sont le domaine de quelques privilégiées, mises à l'abri des coups durs. Plantes vivant à 18 °C ou plus, ce sont également les plus difficiles à maintenir dans nos appartements, car leur métabolisme ne les prépare pas à faire face à de brutales variations de régime, même mineures.

NOTRE SÉLECTION

Æchméa, aphélandras, bégonias, billbergia, cryptanthe, fittonias, gardénia, guzmania, hibiscus, jacobinia, misères, népenthès, nidularium, pachira, pachystachys, passiflores (*P. coriacea, P. quadrangularis*), pelléa, pellionias, pentas, pépéromias, phalænopsis, philodendrons, poinsettia, pothos, rhoéo, ruellias, saintpaulias, séneçons, spathiphyllums, sonérila, tillandsias, vriéséas.

Chap. 2 : De bonnes conditions pour les plantes

Du « coup de froid » au coup de soleil

On pense trop souvent qu'il suffit que les plantes exotiques soient abritées du gel pour prospérer, ou du moins survivre sans problème. Il n'en est rien, et l'excès de chaleur ne leur convient pas mieux. Il importe de connaître les limites inférieure et supérieure acceptables pour ne pas les perdre.

BAISSE DE TEMPÉRATURE

Le gel n'est pas le seul ennemi des plantes tropicales. Si elles restent trop longtemps au-dessous de leurs limites de température, elles risquent de mourir : comme tous les êtres vivants, elles souffrent en effet d'hypothermie et leur métabolisme cesse de fonctionner. Ainsi, il suffit à une plante de forêt équatoriale de passer quelques semaines à 7-10 °C pour disparaître, tandis qu'une gelée légère de quelques heures laissera souvent la souche intacte, quelques soins attentifs lui permettant alors de repartir.

Naturellement, les effets des basses températures varient selon l'origine des végétaux. Leur résistance est d'autant plus grande qu'ils sont issus de milieux frais.

En d'autres termes, une plante de véranda fraîche (12-16 °C) se moquera de températures tout juste positives : elle stagnera seulement pour redémarrer dès le redoux. Une plante de milieu tempéré (16-18 °C) marquera le pas et ne supportera pas ce régime plus d'un mois à un mois et demi, au plus. Quelques jours suffiront à perturber une plante de milieu chaud et quelques semaines lui seront fatales. Le cas échéant, un chauffage d'appoint électrique, relié à un thermostat, permet de pallier ces petits ennuis.

Chute des feuilles d'un Ficus ryandi *qui vient d'être rentré.*

POUSSÉE DE FIÈVRE

Le mieux est l'ennemi du bien et la chaleur excessive, même accompagnée d'une hygrométrie élevée, n'est pas plus bénéfique aux plantes que le froid. Bien entendu, il existe des exceptions, mais retenez dans l'ensemble qu'une plante peut tout au plus « sauter » une catégorie, pas deux.

Ainsi, une plante de milieu frais (véranda à 12-16 °C) pourra accepter le régime de chaleur supérieur (16-18 °C), tandis qu'une plante de milieu tempéré survivra en ambiance chaude (18 °C et plus). En revanche, exposer une plante de milieu frais à une forte chaleur constante équivaudrait à la passer au four.

Un autre phénomène atteint toutes les plantes placées subitement dans un milieu chauffé. C'est ce qui arrive à celles qui séjournent au jardin en été et que l'on rentre en automne. Si elles ne se dessèchent pas (voir p. 38), leurs feuilles ternissent et s'amollissent. Aidez-les à s'acclimater en les bassinant deux fois par jour, pendant au moins un mois.

Comme durant tous les cas de faiblesse, gardez-vous d'effectuer le moindre apport d'engrais que ces plantes amoindries seraient incapables d'assimiler. Cela reviendrait à gaver de nourriture riche un estomac fragile, au risque d'entraîner des conséquences fatales.

Respecter les besoins en eau

La forte teneur en eau des végétaux suffit à faire comprendre à quel point celle-ci est essentielle à leur survie. Leurs adaptations très diverses aux milieux dont elles sont issues impliquent cependant des régimes d'arrosage et d'hygrométrie très variés.

Des besoins différents

Les sobres

Les plantes les plus accommodantes se contentent d'arrosages peu fréquents et peu copieux. Ne vous avisez pas de les tremper et, si cela se produit par accident, laissez la terre sécher avant tout nouvel apport d'eau. La plupart des plantes faibles buveuses sont reconnaissables à leurs feuillages coriaces et résistants à l'évaporation, ou charnus et gorgés de réserves.

Notre sélection

Araucaria, chaîne-des-cœurs, cordylines, cycas, dipladénia, euphorbe tirucalli, hoya, langue-de-belle-mère, manettia, phœnix, plectranthus, *Portulacaria afra*, tilleul d'appartement, yucca.

Les petites buveuses

Cette catégorie, la plus répandue, réunit des végétaux moyens buveurs, mais surtout amateurs d'ambiance humide. Le cas le plus typique est celui de la majorité des bégonias, qui supportent mieux une absence d'arrosage qu'un air sec. Il est d'ailleurs préférable, pour la plupart de ces végétaux, de laisser sécher la terre parfaitement entre deux arrosages.

Notre sélection

Aglaonéma, ardisia, aréca, asplénium, azalée, bégonias, billbergia, blechnum, caféier, capillaire, cardamome, croton, cryptanthe, dieffenbachias, épiscias, ficus, fittonias, gardénia, helxine, hypoestès, kentia, lééa, malvaviscus, marantas, mégasképasma, misères, nertéra, pellionias, pépéromias, phalænopsis, phalangère, poinsettia, scheffléras, sonérila, spathiphyllums, streptocarpus, tillandsias.

Ne baignez jamais les poinsettias, vous feriez tomber toutes leurs feuilles.

Chap. 2 : De bonnes conditions pour les plantes

Les assoiffées

Venues de marais, ou du moins de terrains très humides, certaines espèces consomment beaucoup d'eau. Tremper ne leur fait pas peur et leur est même indispensable. Certaines, tels les hibiscus et les papyrus, sont capables en pleine activité (l'été) de vider deux ou trois fois par jour la cuvette dans laquelle elles trempent. Maintenez-les au frais sans plus en hiver, quand leur métabolisme est ralenti et qu'elles transpirent moins.

Notre sélection

Cyperus de toute nature, hibiscus, impatiente de Nouvelle-Guinée, *Monstera* et espèces du genre *Philodendron*, népenthès, pachira, pandanus, pothos.

Le Nepenthes madagascariensis *vit dans les marais.*

De vrais « chameaux »

Certaines plantes ont un régime fortement alterné. Honnêtes buveuses en pleine végétation, elles exigent le régime sec, à la manière des cactées, durant leur repos (en hiver, généralement). Les faire boire alors serait les condamner à l'étiolement et à la pourriture.

Notre sélection

Bowiea, brachychiton, jatropha, pachypodium, pied-d'éléphant, plante-tortue, rose du désert.

Dans son désert natal, le bowiea se met au repos si la pluie tarde.

Améliorer l'hygrométrie dans la maison

Arroser les plantes au pied ne suffit pas. La plupart des végétaux boivent autant avec leurs feuilles qu'avec leurs racines, et l'atmosphère de nos intérieurs est souvent trop sèche. Mettez en place une stratégie efficace pour y remédier.

Les dommages du chauffage

Quoi qu'on fasse, et même en l'absence de chauffage, l'hygrométrie d'un intérieur ne peut atteindre celle d'un sous-bois tropical. Si l'usage a consacré les végétaux les plus robustes comme plantes d'intérieur, ils résistent mal en dessous d'un certain taux d'humidité : les pousses se ratatinent, les feuilles tombent, les fleurs sèchent.

Bien qu'il existe des plantes de milieux à la fois frais et très humides, retenez que, en moyenne, l'hygrométrie doit augmenter avec la température. Tout se passe à peu près bien entre mai et octobre, mais dès que le chauffage est en route, l'humidité atmosphérique, qui était comprise entre 60 et 70 % (ce qui est acceptable), passe à 40 %, voire moins. Un hygromètre vous indiquera mieux qu'un discours quand il faut agir.

Des solutions diverses

Vous pouvez tenter d'améliorer l'atmosphère de tout l'appartement, mais, outre la difficulté technique d'un tel travail, vous aurez l'impression de vivre dans une étuve et votre confort s'en ressentira. Le plus simple

Support pour les lianes, les tuteurs en mousse permettent aussi d'entretenir une hygrométrie élevée près de la plante.

Chap. 2 : De bonnes conditions pour les plantes

consiste à traiter l'environnement immédiat de vos plantes. Plusieurs techniques, parfaitement cumulables, sont à votre disposition.

• **Commencez par rassembler les végétaux**, surtout les plus petits et les plus sensibles à la sécheresse. **Ce simple regroupement créera déjà un microclimat bénéfique.** Par ailleurs, vous augmenterez très confortablement l'hygrométrie en plaçant vos plantations sur des plateaux emplis de graviers maintenus trempés, qui produiront une évaporation constante.

• **Ne vous privez pas de bassiner** (c'est le terme technique pour la brumisation) les feuillages aussi souvent que possible, au minimum deux fois par jour. Toutefois, n'abusez pas de ce traitement sur les feuillages soyeux (tilleul d'appartement, saint-paulia…), car ils retiennent fortement l'eau, qui peut les faire pourrir.

• **Les évaporateurs**, qui diffusent l'humidité dans un grand volume, fournissent une solution très efficace. Les modèles à buvard, que l'on pose sur les radiateurs et qui agissent par simple évaporation, ont une action très limitée. Les appareils à moteur, de capacité variable, s'avèrent très performants. Ils sont dotés d'un ventilateur et provoquent, sans chaleur, un fort dégagement de vapeur d'eau. Leur seul inconvénient vient de leur coût, relativement élevé, mais ils consomment peu d'électricité. Notez au passage qu'une augmentation de l'hygrométrie sera aussi bénéfique pour votre santé que pour celle de vos plantes.

Un humidificateur électrique augmentera l'hygrométrie d'un vaste volume.

Plus décorative, cette vasque contenant un brumisateur améliore aussi l'hygrométrie.

Régime sans sels

Ne bassinez pas vos plantes avec n'importe quelle eau. Évitez les eaux calcaires et, généralement, chargées en sels minéraux, car elles tachent les feuillages. L'eau du robinet, souvent chlorée, doit reposer quelques jours à l'air libre avant emploi, pour éliminer ce chlore. En revanche, vous pouvez utiliser sans réserve les eaux acides ou déminéralisées. Dans tous les cas, pour éviter les chocs thermiques, laissez l'eau atteindre la température ambiante avant de procéder au bassinage.

Du coup de soif à la noyade

Un accident d'arrosage est toujours possible, qu'il s'agisse d'un manque brutal ou d'un excès, facteur de pourritures. Ces défauts ne laisseront que peu de traces, à condition de réagir vite et bien.

Eau, ombre et fraîcheur

Spectaculaire, le coup de soif peut atteindre tous les végétaux, à des degrés divers. Les plus sensibles sont évidemment les plus gros buveurs et les amateurs d'ombre.

Les plantes, soumises soudain à une température anormalement élevée ou à un ensoleillement brutal, mollissent et fanent. Vous avez beau les arroser, les laisser tremper dans l'eau, rien ne change. C'est tout simplement qu'elles transpirent plus vite qu'elles ne boivent.

Un seul remède : arroser, certes, mais surtout les placer à l'ombre dense, et si possible au frais. Elle récupéreront en quelques heures.

Régime sec

Conséquence d'un arrosage excessif, la pourriture est plus sournoise. Si votre plante fane et jaunit malgré un substrat frais, alerte : c'est qu'elle s'asphyxie. Examinez le cœur des plantes en rosette ou la tige des plantes à tronc épais. Si vous y trouvez des zones noires et molles, il risque d'être trop tard. Sinon, retirez les parties abîmées et placez la malade au régime sec.

Quant aux plantes de petite taille sensibles à la pourriture du cœur (saintpaulias…), posez-lez sur des soucoupes emplies de graviers et n'arrosez que ces derniers, sans laisser l'eau stagner plus de deux heures.

Affaissement généralisé chez un spathiphyllum : un signe évident de manque d'eau.

Alerte à la chlorose

Les chloroses de divers types se traduisent par une décoloration du feuillage (les nervures restant vertes) et une croissance limitée. Ce sont les signes d'une carence sévère en oligoéléments (principalement en fer et en manganèse), souvent liés à des substrats lessivés ou à une eau d'arrosage trop calcaire. Vous pouvez rempoter, bien sûr, mais il est plus simple d'apporter des engrais foliaires riches en ces éléments. Faciles à appliquer, ils donnent des résultats rapides et spectaculaires.

Chap. 2 : De bonnes conditions pour les plantes

Quel substrat pour vos plantes ?

La terre des pots joue un rôle essentiel dans la vie des plantes. Elle ancre leurs racines, les rend stables et leur fournit les éléments nutritifs et l'eau. Le substrat idéal n'existant pas, il faut recourir à des mélanges.

Des plantes fragilisées

À de rares exceptions près, les plantes en pot sont vendues dans une terre qui présente une étonnante uniformité, surtout quand on songe qu'elles proviennent d'habitats variés. En moyenne, il s'agit de milieux noirs, fibreux, très légers une fois secs et difficiles à réhumidifier.

Ces substrats industriels, d'un emploi pratique pour les producteurs, sont composés à partir de matériaux organiques où dominent la tourbe blonde et l'écorce broyée fin et compostée. Ces milieux sont, par nature, extrêmement pauvres, et de surcroît, très vite lessivés. En culture, ce détail est sans importance, chaque pot étant irrigué et alimenté au goutte-à-goutte avec des solutions nutritives. Mais à son arrivée chez vous, la plante ne dispose pas de beaucoup de réserves. Par ailleurs, la légèreté du substrat menace la stabilité des grandes plantes, d'autant que leurs racines, n'ayant pas besoin de partir à la recherche d'eau et de nourriture, se développent peu ou restent superficielles. Vous serez donc amené assez rapidement à changer ou à améliorer leur substrat de culture.

❧ Les mélanges prêts à l'emploi

Si vous optez pour un mélange du commerce « pour plantes d'intérieur », regardez bien sa composition. Vous n'échapperez certainement pas à l'écorce, mais veillez à ce que le substrat contienne d'autres éléments (sable, tourbe), et surtout de la terre de jardin, intéressante parce qu'elle renferme de l'argile. L'ancrage des racines s'en trouvera amélioré.

❧ Les mélanges « maison »

La plupart des amateurs en viennent vite à effectuer leur propre mélange. Ne vous compliquez pas trop la vie et sachez qu'un mélange à parts égales de terreau, de sable grossier et de terre

Les compositions « maison » de substrat, aisées à varier selon les plantes, sont les meilleures.

Essentiel, le drainage

Quel que soit le milieu de culture, veillez à ce qu'il soit parfaitement drainé en permanence. Certes, le drainage commence au fond du pot, qui doit comporter une couche drainante composée de graviers, de billes d'argile ou de tessons. Mais celle-ci ne servira à rien si le substrat lui-même se colmate aisément. C'est l'un des défauts des mélanges à base d'écorces broyées finement, qui se chargent fortement en eau, se décomposent puis se carbonifient. Le résultat est une sorte de colle noire à travers laquelle l'eau ne passe plus. C'est pourquoi le substrat doit inclure des éléments filtrants tels que sable ou perlite, à raison d'un tiers environ.

L'écorce : oui mais...

Très employée dans la plupart des substrats du marché, pour amateurs comme pour professionnels, l'écorce broyée est cependant regardée avec méfiance par un certain nombre de phytopathologistes (les médecins des plantes) : elle serait le véhicule privilégié de certains champignons pathogènes tels que la redoutable armillaire et, pense-t-on, de phytophtoras. Rien d'officiel pour l'instant, mais la question est assez importante pour avoir justifié, outre-Manche, une étude, encore en cours, commandée par la très sérieuse RHS (Société royale d'horticulture).

de jardin convient à une majorité de végétaux. Il est toujours prudent de tamiser la terre de jardin puis de la stériliser dans un sac de toile exposé à la vapeur (surtout pas au four : l'odeur tenace laissée par l'opération vous dégoûterait d'y cuisiner). Si vous préparez votre mélange à l'avance, conservez-le dans des sacs étanches, bien identifiés. Évitez de le stocker plus de six mois avant emploi.

LES MÉLANGES SPÉCIFIQUES

Certains types de végétaux, comme les orchidées ou les plantes carnivores, demandent des milieux très spécifiques, étonnamment pauvres, dont il faut respecter la composition. Ne vous avisez surtout pas, pensant les « améliorer », d'y ajouter de la bonne terre ou du terreau : vous condamneriez vos plantes à l'asphyxie.

EN CAS DE DOUTE

Pour les plantes plus classiques, ne vous en faites pas trop si vous n'êtes pas sûr de votre mélange. Il existe dans le commerce des engrais parfaits, très riches et équilibrés, qui vous permettront de faire aussi bien que les professionnels, quel que soit le milieu de culture.

Divers matériaux peuvent entrer dans la composition des substrats pour plantes d'intérieur, chacun possédant des propriétés particulières. En comparant les avantages et les inconvénients des uns et des autres, vous serez à même de préparer un mélange efficace, dosé avec raison.

Terreau

Matériau d'origine organique, issu de la décomposition de feuilles, écorces ou branches. Toujours léger, il permet une bonne pénétration des racines et équilibre les échanges air/eau dans le sol. En excès, il retient beaucoup l'eau et peut provoquer des pourritures, voire le colmatage du substrat.

Tourbe blonde

Issue de la décomposition anaérobie (carbonique) de plantes de marais, parmi lesquelles figurent de nombreux roseaux, c'est un matériau fibreux, de couleur rousse, très aéré, capable de retenir à la fois beaucoup d'eau et beaucoup d'air, ce qu'apprécient les radicelles en formation. Très pauvre, acide, elle se décompose assez vite à l'air libre. On doit la renouveler une fois l'an, environ.

Tourbe brune

Également originaire de marais, elle est avant tout le produit de la très lente décomposition anaérobie de sphaignes (sphagnum). De couleur brun sombre ou presque noire, elle est grumeleuse, à peu près stérile et acide. Elle retient assez bien l'eau et sert avant tout à équilibrer les milieux trop alcalins.

Chap. 2 : De bonnes conditions pour les plantes

Sphagnum

De couleur vert clair, cette mousse particulière provient de milieux marécageux très spécifiques. Elle retient beaucoup d'air et jusqu'à quarante fois son poids en eau. On l'emploie seule pour les orchidées et les tillandsias. Peu écologique, son exploitation, ainsi que celle de la tourbe qu'elle génère, se ralentit par suite de la destruction du milieu.

Fibre de coco

Ce sous-produit de l'exploitation du coprah provient de l'enveloppe externe des coques. Très fibreux, aéré, c'est un matériau neutre, mais qui s'acidifie vite. En l'état, la fibre de coco convient aux tillandsias ; concassée, c'est un bon milieu pour les orchidées ; broyée, elle constitue un acceptable succédané de la tourbe blonde.

Terre de jardin

Milieu variable par essence, elle est constituée d'un mélange d'argile, de sable et de divers autres minéraux, ainsi que d'humus. S'y ajoutent des oligoéléments divers et des nutriments essentiels à la vie des plantes. Consistante et assez lourde, elle stabilise les pots. Mais elle reste inégale en qualité et peut provoquer des colmatages, donc asphyxier le milieu.

Sable

Minéral issu de la décomposition de roches variées. On n'utilise guère, en horticulture, que des quartz ou des granites de granulométrie moyenne et chimiquement neutres. Stériles, ils accentuent notablement le drainage. Proscrivez les sables les plus fins, qui colmatent les pots aussi sûrement que l'argile.

Écorce broyée

Matériau d'origine évidente (écorce de pin, dans le commerce), retenant assez bien l'eau, disponible en calibres très variés, de la grosseur d'un grain de sable à celle d'une noix. Les plus grosses n'entrent guère dans les mélanges. Les plus fines ont tendance à gonfler en s'agglomérant. Le bon choix se situe donc entre les deux. Bien que partiellement décomposées, elles ont tendance à consommer tout l'azote du sol à leur profit, pour achever cette décomposition.

Perlite

Matériau blanc issu d'une roche volcanique broyée proche de la pierre ponce. Poreuse, stérile, elle retient remarquablement l'air, l'eau et une partie des engrais, dont elle régule la diffusion. C'est un bon élément de drainage. Son coût reste assez élevé. Elle est malheureusement très visible dans les substrats, d'autant qu'elle a tendance à flotter.

Vermiculite

Matériau provenant de mica expansé à la chaleur et se présentant comme de minuscules mille-feuilles gris. Ces derniers retiennent bien l'eau et les engrais, un peu moins bien l'air. Stérile, moyennement filtrante, la vermiculite doit être employée sans excès, car elle a tendance à se déliter et à colmater le milieu.

Quel pot choisir ?

Le contenant dans lequel vous allez loger vos plantes est aussi important que leur environnement et que les soins à leur prodiguer. Quelle que soit sa matière, les plantes doivent pouvoir y tenir debout sans tomber, et y développer à l'aise leurs racines.

L'embarras du choix

Choisir un pot est évidemment une affaire de goût, puisqu'il s'agit d'un objet qui participe du décor et qui ne doit pas y jurer.

CÔTÉ FORMES

Ne vous laissez pas tenter par des modèles trop fantaisistes. Le type « amphore », à col fortement resserré, par exemple, peut sembler très joli. Mais que ferez-vous, sinon le casser, le jour où il vous faudra rempoter la plante ? Choisissez, dans tous les cas, un contenant dont l'ouverture est égale ou supérieure à la base. Une fois ce point acquis, cylindres, troncs de cônes classiques ou cubes ont tous leurs avantages. Notez que ces derniers, souvent plus coûteux car plus difficiles à produire, présentent l'intérêt de se renverser plus difficilement (surtout si vous devez les sortir en été).

CÔTÉ TAILLES

Choisissez toujours des pots proportionnés aux dimensions de la plante qu'ils accueillent. Vous feriez de même pour un piédestal et sa statue, un abat-jour et son socle, un bouquet et son vase. Un coup d'œil et un peu de bon sens suffiront à faire le tri.

CÔTÉ MATÉRIAUX

Tous ont leurs bons et leurs moins bons côtés.
- **La terre cuite.** Traditionnelle, elle est belle et chaleureuse. Poreuse, elle laisse respirer les racines, et le substrat peut y être consistant sans risque d'asphyxie. En revanche, elle pèse lourd, casse, et se marque, à terme, d'auréoles disgracieuses, dues aux sels minéraux, qu'il faut brosser. Les plus beaux modèles sont assez coûteux, ce que la qualité, liée à la finition et à une bonne cuisson, justifie.
- **Les résines de synthèse.** On en trouve de toutes couleurs, mais les plus heureuses imitent désormais la terre à s'y méprendre. Légères, incassables, elles sont étanches et ne se marquent donc pas. En revanche, le substrat n'y respire guère et il faut améliorer le drainage pour éviter l'asphyxie. Leur prix est à peu près égal à celui des plus belles poteries.
- **Le bois.** Il a l'avantage du naturel. On peut également le teinter ou le lasurer à son goût. Peu sensible aux chocs, il est relativement étanche et demande, lui aussi, un surcroît de drainage. Même traité et de très bonne qualité, il a tendance, du fait de sa nature « organique », à se décomposer avec le temps. L'intérieur de certains modèles de bacs est enduit d'une couche de résine protectrice (de type Blackson®) qui prolonge nettement leur vie, mais rend les parois parfaitement étanches.

L'élégance épurée de la terre cuite.

Les bacs à réserve

Pour l'amateur débutant, les divers bacs à réserve d'eau semblent résoudre tous les problèmes d'arrosage. L'expérience prouve qu'ils peuvent être très utiles à certaines conditions, notamment que leur usage intensif soit limité en durée (voir p. 150).

Chap. 2 : De bonnes conditions pour les plantes

- **Les céramiques.** De formes très diverses et de coût variable, elles sont souvent ornées de reliefs fantaisie. Plus fines – parce que plus cuites –, donc plus légères que la terre cuite traditionnelle, elles sont cependant tout aussi cassantes et à peu près étanches. Là encore, il faut y accentuer le drainage, tant dans le substrat qu'au fond du pot.
- **Les terres vernissées.** Elles séduisent par leurs couleurs variées, mais elles sont fragiles, lourdes et étanches. Toutes les terres peuvent être vernissées, mais la qualité du résultat dépend de la bonne tenue du matériau, du soin apporté à la réalisation et à la cuisson de l'émail. Les prix s'en ressentent.

Pots et cache-pot en céramique.

Grandeur et misère des cache-pot

Tous les pots n'étant pas esthétiques, l'emploi du cache-pot s'avère parfois indispensable. Pour qu'ils ne se transforment pas en cache-misère, employez-les à bon escient.
- Les produits putrescibles et non étanches (vanneries diverses, bois...) s'abîment vite au contact de l'eau. Si vous disposez une soucoupe sous le pot, vous n'échapperez sans doute pas pour autant à l'inondation, faute de voir ce qui se passe. Mieux vaut doubler intérieurement le cache-pot de plusieurs feuilles de plastique épais, que vous pourrez agrafer sur le bord. Un rembourrage en mousse servira d'éponge pour les excédents éventuels. Une inspection mensuelle s'impose cependant pour le changer.
- Les produits étanches (céramique...) ont tendance à rendre l'arroseur trop confiant et trop généreux, faute de dégâts apparents. Le fond se transforme alors en marécage où pourrissent les racines, jusqu'à ce que la plante « s'évanouisse ». Là encore, graviers ou mousse vous seront utiles. Inspectez les pots chaque semaine au début de leur usage, puis chaque mois. Dans tous les cas, n'employez pas de matériaux trop fragiles tels que carton, feuillages tressés ou fer, qui rouille et qui tache tout.

Et les suspensions ?

Quelle que soit la plante cultivée en suspension, vous avez intérêt à lui donner un contenant aussi léger que possible, tant pour soulager le support que pour la manipuler aisément. Le point sensible concerne le drainage ; pour ne pas transformer la potée en douche portative, prévoyez toujours une soucoupe de grande taille (plutôt de type « bol ») et privilégiez les pots plus larges que hauts, pour dégager le sujet. Notez au passage que les suspensions toutes prêtes du commerce sont souvent inadaptées aux intérieurs. Peu décoratifs, les pots ne disposent que de soucoupes insignifiantes – quand il y en a ! Ceci vous amène le plus souvent à les rempoter dès l'achat.

Chapitre 3

Les plantes dans la maison

La présence des plantes en pot dans la maison peut être très limitée dans le temps puisqu'il suffit de les jeter quand elles montrent des signes de faiblesse ou deviennent encombrantes. Mais en choisissant des espèces adaptées à vos goûts et aux conditions offertes par votre intérieur, vous les ferez pousser et fleurir à l'envi. Mieux qu'un simple décor, ces plantes resteront belles et de bonne compagnie.

Les endroits déconseillés

MALGRÉ LEUR FONCTION DÉCORATIVE, LES PLANTES NE SONT PAS DES OBJETS : ELLES PROSPÉRERONT SI VOUS SATISFAISEZ LEURS BESOINS. ET, POUR DONNER LEURS MEILLEURS ATOUTS À CES CULTURES, CHOISISSEZ DES ENDROITS OÙ ELLES ONT DE BONNES CHANCES DE POUSSER, MAIS AUSSI OÙ ELLES NE GÊNERONT PAS LA VIE DE LA MAISON.

Le point de vue des plantes

Mal placées, vos pensionnaires vont péricliter puis mourir, car elles n'ont pas d'autre moyen de protester. Voici quelques endroits sans espoir, encore trop souvent utilisés.

LES COINS SOMBRES

Le manque de lumière est l'obstacle le plus fréquemment rencontré.

• **Les coins de chambre.** Le dessus de la cheminée, loin de toute source lumineuse naturelle, et même avec l'arrière-plan éventuel d'un miroir, reste largement insuffisant. Il en va de même des pièces en soupente éclairées par une seule lucarne. L'intensité lumineuse y est réduite, et la lumière reçue, exclusivement zénithale, donc limitée dans la journée.

• **La cage d'escalier.** Ah ! le pied d'escalier qu'il faut « habiller » et où s'affaisse un philodendron étique ! Là encore, sauf exception, ce coin est trop noir, exposé de surcroît à la poussière et aux courants d'air.

• **La salle de bain.** L'architecture des maisons individuelles évolue et tend à lui donner plus de lumière, mais en immeuble, elle se situe souvent au cœur de l'appartement. Si l'hygrométrie y est satisfaisante – ce n'est pas toujours le cas, normes d'aération obligent –, la luminosité est restreinte. **En résumé, faute de lumière naturelle, mieux vaut renoncer.** Le recours à la lumière artificielle (voir p. 36-37) ne peut y suppléer totalement qu'avec de gros moyens techniques.

LES COINS FROIDS

Les « chauds et froids » peuvent être fatals. Ainsi, les couloirs à courant d'air, les entrées de locaux professionnels fréquemment ouvertes, par exemple, sont-ils fermement déconseillés, même s'il n'y gèle pas.

LES COINS TROP CHAUDS

À l'inverse, les sources de chaleur, non seulement à flamme vive, mais aussi rayonnantes (radiateurs de chauffage central, four), provoquent un dessèchement brutal de l'atmosphère, voire causent aux plantes des brûlures directes.

Le point de vue de l'utilisateur

Évitez de placer les végétaux là où ils gênent ou peuvent, directement ou non, provoquer des dégâts.

LES LIEUX DE PASSAGE

Renoncez-y : les plantes y souffriront. Si elles ont prospéré là et sont devenues trop grosses, taillez-les ou déplacez-les.

La guttation du dieffenbachia risque de tacher les meubles ou le parquet.

Enlever des taches

Si les plantes ont laissé des traces, enlevez-les sans tarder. **Gardez-vous des traitements brutaux.** *Passez de l'eau claire sur les parquets et meubles cirés, puis frottez à la paille de fer fine, et redonnez un coup de cire. La mousse d'entretien pour tapis, à étaler à l'éponge, fait merveille sur les tissus (tapis, mais aussi velours, par exemple). Diverses marques proposent également des détachants spécifiques, efficaces et peu agressifs. Dans le cas d'un meuble verni, il est sage de prendre conseil auprès d'un spécialiste.*

Chap. 3 : Les plantes dans la maison

୨୧ LE MOBILIER FRAGILE

Les tissus des fauteuils ou des rideaux, les parquets non vitrifiés et les meubles en général n'apprécient pas les bassinages et traitements au pulvérisateur. Le nectar abondant, celui des hoyas par exemple, les feuilles transpirantes de dieffenbachia marquent le sol. Le pollen est également une cause de taches, parfois indélébiles (les amateurs de lis en bouquets et de spatiphyllums en savent quelque chose).

୨୧ LES PLANTES DANGEREUSES

Méfiez-vous des plantes diversement dangereuses, piquantes, toxiques par ingestion ou par contact. Placez-les hors de portée des enfants, en particulier, et des animaux familiers.

BLESSURE OU INTOXICATION PAR UNE PLANTE

- **Une plante peut être dangereuse sans que vous le sachiez.** Sur l'étiquette, qu'il est toujours sage de lire, certains producteurs signalent des risques ; si ce n'est pas le cas, renseignez-vous auprès du vendeur. Il vous faut connaître les précautions à prendre en cas de problème, car la rapidité d'action est souvent déterminante.
- **Ne mettez rien sur les lésions,** ne tentez surtout pas de faire vomir la personne ou l'animal intoxiqué. En revanche, ayez à disposition, écrit en gros, dans la cuisine par exemple, le numéro du centre antipoison le plus proche (variable d'un département à l'autre) et celui des pompiers (18).

Vous suivrez strictement les conseils donnés. L'immobilité, dans tous les cas, ralentit notablement la diffusion des produits toxiques.

Le contact de la primevère de Chine peut causer des allergies.

Le spathiphyllum produit un pollen blanc très abondant.

Les bons petits coins

Les endroits où pousseront vos plantes doivent être confortables à la fois pour elles et pour vous. Ainsi vous tirerez de ces « bons petits coins » le maximum d'avantages.

Les sources lumineuses

La lumière étant essentielle, exploitez avant tout la proximité des fenêtres.
- **L'idéal est d'assembler vos pensionnaires** à 1 m environ de la vitre, et de manière à ce qu'une surface réfléchissante (mur ou rideau blanc, miroir) se trouve derrière elles.
- **Si la taille des pièces n'autorise pas cette disposition** contraignante, placez les plantes juste derrière les vitres, avec, éventuellement, un voilage pour tamiser le soleil le plus fort. Devant une baie vitrée, vous les installerez plutôt du côté du dormant (la partie fixe).

Si les deux côtés sont mobiles, comme dans une fenêtre classique, prévoyez un support doté de roulettes robustes et stables. Il vous permettra de déplacer les végétaux pour faire le ménage sans provoquer de chutes. Privilégiez des modèles de grande taille munis de bloqueurs.

Les plantes isolées peuvent prendre place à terre ou sur les meubles environnants.

Des groupements d'intérêts

L'effet décoratif est supérieur lorsqu'on regroupe les végétaux. Mais ce critère ne doit pas nuire aux besoins des plantes. Quelle que soit l'harmonie recherchée, ne regroupez que des espèces aux exigences comparables. En outre, assembler des végétaux facilite leur entretien. Et cette contiguïté leur est bénéfique car elle crée un microclimat propice à leur développement.

Les plantes à fleurs, comme l'abutilon, aiment la lumière.

Attention, chute de plantes !

Fini, l'aspidistra installé dans sa lourde potiche sur guéridon enjuponné... dont la chute était certaine. Ne retenez pour supports de plantes que des meubles stables, placés hors des passages.

Chap. 3 : Les plantes dans la maison

- **Pas de problèmes avec les plantes basses**, qui acceptent de se côtoyer sans souffrir. Faites-en des compositions comme on assemble un bouquet.
- **Le modèle plate-bande ou photo d'école** constitue la solution « mixte » : placez les petits devant, les grands derrière.
- **Si vous ne voulez pas d'un rangement en ligne**, réunissez des végétaux de tailles et d'aspects divers, en variant formes et couleurs des feuillages.
- **Les arbres ou arbustes et les plantes hautes** (yuccas, ficus, palmiers, etc.) de taille comparable peuvent être rassemblés, mais en les disposant en ligne, pour qu'aucun ne « mange » la lumière des autres.

Trois plantes avides de lumière : de gauche à droite, Pogonatherum 'Buxus', Juncus spiralis, Cyperus alternifolius.

Jouer sur les niveaux permet d'accroître la profondeur de la pièce.

À LA CONQUÊTE DE L'ESPACE

LES EMPLACEMENTS CONVENANT À LA FOIS AU MÉTABOLISME DES VÉGÉTAUX ET À UNE VIE FAMILIALE NORMALE S'AVÈRENT RÉDUITS. AUSSI AVEZ-VOUS INTÉRÊT À LES SUREXPLOITER EN GAGNANT EN HAUTEUR CE QUI VOUS MANQUE AU SOL. QUELQUES DISPOSITIFS ASTUCIEUX VOUS ÉVITERONT UN SURPLUS DE CORVÉES.

LES PLANTES JOUENT LES FILLES DE L'AIR

LES SUSPENSIONS

Les suspensions, un temps très en vogue, refont timidement surface, avec le retour de la mode des années 1970. **Pour éviter les écoulements, elles doivent être doublées de cache-pots vraiment étanches.** Si ceux-ci sont laids, placez un tapis de mousse naturelle entre eux et le filet. Par ailleurs, il existe des suspensions en grillage fin ou en bambou tressé, à un ou plusieurs étages.

Placez les suspensions loin des passages pour ne pas vous y cogner. **Deux bonnes solutions pour accéder facilement à leur contenu :**

- **les accrocher sur une poulie** *a*, avec un long fil pour pouvoir les descendre à volonté.

Le prix à payer, ce sont les trous engendrés par les fixations des suspensions ;

- **les fixer sur une tringle à rideaux** du type tringle à voilages *b*, très robuste, ce qui permet de les déplacer latéralement.

Pensez à varier les formes, couleurs et matières des feuillages pour créer un effet de profusion et de diversité.

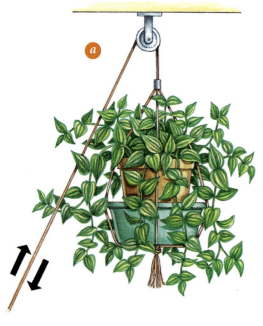

LES ÉTAGÈRES

Les étagères se placent plutôt le long des murs. **Pour les fixer, vous pouvez recourir aux vérins** *c*, **qui laissent peu ou pas de traces.** Si les tablettes ne sont pas équipées pour pouvoir recevoir de l'eau, veillez à les couvrir de plateaux afin d'éviter les inondations. Pensez aussi que des étagères mobiles se nettoieront aisément.

Enfin, **n'oubliez pas que les plantes installées en hauteur peuvent apporter de l'ombre** à la pièce et aux autres plantes : mieux vaut prévoir les effets de ce changement.

Chap. 3 : Les plantes dans la maison

Disposez les suspensions de telle façon que les plantes reçoivent suffisamment de lumière et qu'elles ne vous gênent pas. Ces deux pothos et le lierre panaché apprécient la même lumière douce.

Les terrariums

Si votre appartement n'offre pas les conditions nécessaires à la culture des plantes les plus délicates, vous pouvez créer un milieu conforme à toutes les exigences et facile à intégrer.

Bien qu'habitués à la lumière faible des sous-bois, les pépéromias et les pelléas ont besoin de quelques heures d'obscurité par jour.

Un monde en vase clos

Éclairés artificiellement, les terrariums peuvent être placés n'importe où, sauf en plein soleil. Qu'il s'agisse de bonbonnes ou d'aquariums recyclés, **leur parfaite étanchéité vous met à l'abri des fuites** et protège leur contenu des variations du milieu environnant.

Une fois l'équilibre hygrométrique atteint, les terrariums peuvent rester fermés longtemps. Plus le volume est grand, plus vaste est le choix de plantes acclimatables. **Évitez les espèces envahissantes** ou trop grandes.

Méfiez-vous également des « fausses petites plantes », en l'occurrence les jeunes sujets qui deviendront hauts à l'âge adulte. En revanche, ce milieu offre aux passionnés la possibilité d'accueillir des joyaux très sensibles à la sécheresse atmosphérique, tels certains bégonias et gloxinias nains, qui trouveront là un abri idéal.

Installation et entretien

• **Employez un substrat humifère**, granuleux, modérément riche, et d'une épaisseur proportionnelle à la gourmandise des plantes installées. Des fougères, peu exigeantes, se contenteront d'une couche mince ; en revanche, toutes les Aracées, aux racines conquérantes, demanderont de 10 à 15 cm d'épaisseur au moins.

• **Humidifiez le substrat à l'arrosoir ou au vaporisateur, fermez et observez :** si les parois ruissellent, laissez ouvert une journée et recommencez si nécessaire. Quand elles restent à peine humides, vous pouvez installer vos plantes.

• **Terminez par une couche de graviers fins**, de 2 à 3 cm d'épaisseur, qui limitera la prolifération des algues. Dans un magasin d'aquariophilie, vous trouverez **les tubes d'éclairage adaptables sur les aquariums**, et dotés d'un bon spectre lumineux, ainsi qu'un tampon de nettoyage en feutre imputrescible, monté sur un manche, pour purger les parois qu'envahiront les algues vertes. Dans tous les cas, et si bien tenu soit-il, **votre terrarium devra être nettoyé et replanté à neuf tous les deux ans au minimum.**

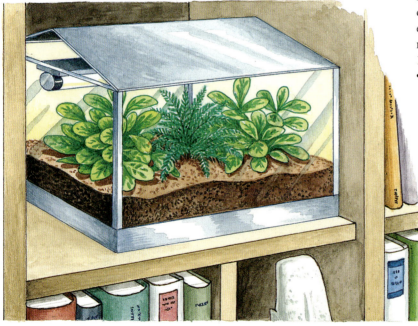

Les valeurs sûres

Les orchidées adorent les terrariums (attention à la hauteur des hampes), mais leur culture est plutôt réservée aux amateurs avertis. **Parmi les autres plantes adaptées à ce milieu :** les cryptanthes, les fittonias de toutes variétés, les Pipéracées (espèces grimpantes exceptées), les pépéromias, tous les bégonias nains, en particulier les espèces épiphytes, et toutes les fougères rases (tropicales).

Chap. 3 : Les plantes dans la maison

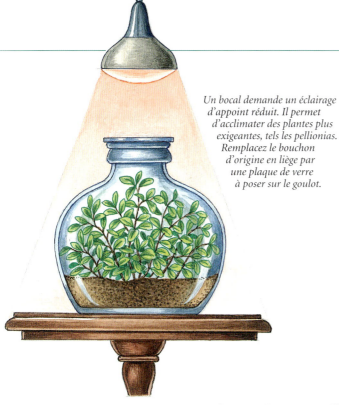

Un bocal demande un éclairage d'appoint réduit. Il permet d'acclimater des plantes plus exigeantes, tels les pellionias. Remplacez le bouchon d'origine en liège par une plaque de verre à poser sur le goulot.

AVANTAGES ET INCONVÉNIENTS

• **Les bons côtés :** une fois installé, un terrarium demande peu de soins pour assurer la vie de ses pensionnaires. Vous pouvez vous absenter un mois et plus sans les mettre en péril. Doté d'un bon éclairage, il prendra place partout et la corvée d'arrosage – ainsi que les accidents qu'elle peut entraîner – sera réduite à de rares interventions.

• **Les mauvais côtés :** les parasites et maladies prospèrent dix fois plus vite dans ce milieu douillet. Le risque de surpopulation est élevé, et il faut bien choisir ses pensionnaires.

Les plantes carnivores, très sensibles à l'air sec, sont à l'aise dans un terrarium.

Les murs végétaux

Apparus depuis quelques années, les murs végétaux, très divers, représentent une nouvelle conquête de l'espace : une simple toile irriguée tendue verticalement permet d'accueillir une population variée, aux allures de jungle.

Le principe des murs végétaux s'inspire du milieu naturel offert par des parois rocheuses humides. Bien irriguées et bien oxygénées, les racines des plantes y sont constamment alimentées par les éléments contenus dans les eaux de ruissellement. Sur un mur d'intérieur, l'eau contient les éléments adaptés aux besoins des espèces présentes.

La nappe d'irrigation qui forme le support des végétaux doit rester constamment humide. Une pompe de faible ampleur (pour aquarium) suffit pour la plupart des compositions d'amateur. Elle prend l'eau enrichie dans le bac du fond et la redistribue le long de la partie supérieure. Mieux vaut procéder par tâtonnements pour bien régler le ruissellement, qui doit rester faible afin de ne pas éclabousser alentour. **Le mur sera exposé à la lumière, mais pas au soleil direct.**

Pour fixer les plantes, agrafez de simples poches de feutre horticole sur la toile de fond. Les algues et mousses qui se développeront donneront rapidement une allure naturelle à l'ensemble.

Les murs végétaux créés par le botaniste Patrick Blanc sont alimentés en circuit fermé par une pompe (en bas), reliée à une rampe (en haut). L'eau utilisée pour la mise à niveau (pour compenser l'évaporation) est aussi peu minéralisée que possible. Pour une répartition uniforme, les engrais sont appliqués par un diffuseur au niveau du bac.

Chap. 3 : Les plantes dans la maison

AVANTAGES ET INCONVÉNIENTS

• **Les bons côtés**
- Vous pouvez juxtaposer des plantes aux exigences très diverses.
- L'enracinement étant extrêmement réduit, la densité de plantes peut être élevée.
- L'encombrement au sol est très faible.

• **Les mauvais côtés**
- Le dosage en engrais et en oligoéléments doit être très sûr pour éviter les brûlures par surdosage.
- Les circuits risquent d'être bouchés par les sels minéraux. Une fois par mois, rincez-les et brossez-les à l'eau claire.
- Il faut un arrière-plan qui ne craigne pas l'humidité. Prenez les mêmes précautions que pour une paroi de douche, soit en faisant poser un enduit hydrofuge, soit en doublant la cloison d'une plaque étanche (divers matériaux disponibles en magasins de bricolage).
- La panne est interdite !

Mur conçu par Patrick Blanc pour le magasin Au bon génie, à Genève. Pelléa, Ficus repens, violettes du Cap, cactus malgaches, et prêles dans le bac.

Mur conçu par Patrick Blanc (collection privée). Tradescantias, saxifrage-araignée, fougères diverses, capillaires, Begonia bowerae et autres bégonias, impatientes, etc.

Chapitre 4
Jardins d'hiver et vérandas

À mesure que votre passion pour les plantes d'intérieur grandit, les problèmes – de luminosité, d'aération, d'hygrométrie ou de place – posés par leur culture dans la maison ou l'appartement se multiplient. La véranda, claire, spacieuse et pratique, apparaît alors comme une solution miracle. Elle accueillera certaines plantes toute l'année, mais la plupart passeront l'été au jardin.

Un lieu voué aux plantes

La véranda constitue le lieu idéal pour conserver hors gel les plantes fragiles et pour créer un microclimat adapté aux espèces végétales provenant de contrées plus clémentes que les nôtres. Dans la plupart des régions de France, un système de chauffage s'avère nécessaire pendant la mauvaise saison.

Température à la demande

À vous de décider de l'ambiance qui va régner dans la véranda : bien chauffée même en hiver, modérément chauffée ou simplement abritée du gel.

De ces conditions dépendront votre fréquentation de la pièce et le choix des espèces à y conserver, qui devront avoir les mêmes besoins en température. En effet, celle-ci est sensiblement homogène dans tout le volume, à moins de cloisonner la véranda, avec un rideau plastique par exemple, comme dans une serre, mais cette solution n'est pas très esthétique.

LA VÉRANDA CHAUFFÉE

Un chauffage fonctionnant comme dans le reste de la maison, à 18 °C ou plus en hiver, peut vous offrir un paradis tropical où tout pousse et fleurit… Sa conception (exposition, isolation, matériaux) demande alors un soin tout particulier si l'on souhaite éviter de grosses dépenses d'énergie.

C'est aussi la meilleure solution si vous disposez d'un espace extérieur réduit. Les plantes concernées, redoutant le soleil chaud, seront souvent plus à l'aise dans la maison en été que dans la serre ou le jardin.

LA VÉRANDA TEMPÉRÉE

Un chauffage d'appoint, en complément du rayonnement solaire, vous permettra de profiter de la pièce au printemps et en automne. En hiver, il y fera entre 8 et 15 °C, ce qui suffit pour des plantes au repos mais pas pour vous… Prévoyez un séjour extérieur en été pour la plupart des plantes.

LA VÉRANDA CONSERVATOIRE

Un chauffage au minimum (1 à 5 °C en hiver) vous offrira une simple protection contre le gel et une température juste plus douce qu'à l'extérieur. C'est le système le moins coûteux, correspondant davantage à une serre froide qu'à une véranda confortable. Vos séjours y seront réduits aux périodes bien ensoleillées. Les plantes appréciant ces conditions devront pour la plupart être sorties durant toute la belle saison. Vous devez donc disposer d'un jardin ou d'une grande terrasse.

Lumière et humidité garanties

LE BÉNÉFICE DE LA LUMIÈRE

Une forte luminosité, ajoutée à une température contrôlée, est la meilleure garantie de très longues floraisons. Celles-ci sont plus précoces au printemps, et se prolongent tard en automne, certaines étant quasiment ininterrompues toute l'année.

Vous pouvez faire cohabiter dans la véranda des plantes dont les besoins

---

Attention à l'effet « four » !

La chaleur concentrée du soleil représente vite un gros problème pour les plantes. L'air chaud s'accumulant peu à peu en partie haute, vous l'évacuerez en ouvrant une lucarne de toit. Pour une ambiance toujours saine, vous ferez entrer de l'air frais par une aération réglable, en partie basse. On aère surtout en été, mais aussi en hiver durant les périodes ensoleillées. Retenez un principe simple : si vous étouffez dans la véranda, les plantes risquent fort de ressentir la même chose. Tirez les stores et aérez, sans créer de brusques courants d'air.

Chap. 4 : Jardins d'hiver et vérandas

en lumière sont différents. Les plantes de plein soleil seront placées près des vitres. Leurs feuillages ombreront des plantes moins exigeantes. Stores et voilages constituent autant d'écrans complémentaires, à doser selon la saison.

SACHEZ DOSER LA LUMIÈRE

Elle est toujours largement plus abondante que dans un appartement. Les plantes dites d'ombre sont donc à abriter sous des plantes plus hautes ou au fond de la véranda, toujours à l'abri du soleil direct. Parmi les autres, les plantes de soleil supportent même les rayons directs, sauf quand ils brûlent en plein été. Abritez toutes celles de mi-ombre derrière un voilage à partir de midi ou même dès le matin en été.

HYGROMÉTRIE À VOLONTÉ

L'air trop sec des appartements chauffés limite fortement la culture des plantes tropicales. Dans une véranda bien étudiée, les brumisations régulières suffiront à entretenir une bonne hygrométrie autour de ces plantes, dont les feuillages seront d'autant plus luxuriants.

Disposer les plantes près des vitres ou, au contraire, en retrait sous d'autres plus hautes : la véranda permet de satisfaire au mieux les divers besoins en luminosité.

DES PLANTES BIEN INSTALLÉES

UN ÉQUIPEMENT ADAPTÉ

Pensez autant à votre confort qu'à celui de vos végétaux. Pour les rempoter, les traiter ou les bassiner à loisir, choisissez un environnement de circonstance. Optez pour un sol carrelé, facile à entretenir, que vous n'hésiterez pas à mouiller largement. Privilégiez le mobilier de jardin conçu pour résister à l'humidité, et installez les plantes sur des étagères et des suspensions réservées à cet effet. Elles y seront bien exposées et à portée de main. Regroupez les sujets ayant les mêmes besoins : les soins en seront simplifiés.

DES ARBRES GRANDEUR NATURE

Si la conception de la véranda s'y prête, vous pouvez aménager de grands bacs maçonnés assortis au décor du carrelage : les racines des plantes y disposeront de beaucoup de place, un peu comme dans la terre d'un jardin. Leur croissance sera alors spectaculaire ; ficus ou palmiers prendront des allures de véritables arbres ; les lianes s'aggriperont en tous sens et pourront former un ombrage sous le toit.

Vos bacs doivent être équipés d'un système de drainage pour que l'eau excédentaire puisse s'évacuer sans problèmes.

Un milieu spécifique

La véranda est un milieu qui se réchauffe très vite au moindre rayon de soleil. Cependant, vous pouvez moduler ce phénomène en choisissant son exposition, les matériaux de construction (toit translucide ou opaque) et la forme de la véranda. Mais attention : sans soleil, plus de chauffage naturel et gare au gel en hiver.

Que se passe-t-il dans une véranda ?

L'EFFET DE SERRE

Le soleil émet plusieurs types de rayons dont la majeure partie traverse les surfaces vitrées, réchauffant l'intérieur de la véranda ainsi que tout ce qui s'y trouve : sol, parois, mobilier. À leur tour, ces éléments renvoient la chaleur sous forme de rayons infrarouges qui ne peuvent traverser le verre vers l'extérieur (rayons réfractés). Piégées dans la véranda, les calories s'accumulent et la température augmente rapidement durant la journée.

CHALEUR PRÉSERVÉE

Quand le soir tombe, l'apport naturel de chaleur cesse et la température chute d'autant plus vite que la véranda est constituée d'une très grande surface vitrée. Cette déperdition est plus lente quand on augmente la proportion de surface bâtie, formée de matériaux capables d'accumuler et de conserver plus longtemps la chaleur (mur d'appui à la maison, soubassement, surfaces de carrelage aux murs).

Où construire la véranda ?

Vous choisirez l'emplacement d'autant plus librement que vous concevrez la véranda en même temps que la maison, lors d'une construction neuve. Si la maison existe déjà, les possibilités sont réduites mais prenez le temps de réfléchir, en fonction de votre objectif, aux intérêts des différentes solutions et à leurs avantages économiques respectifs.

L'EXPOSITION IDÉALE

Elle varie d'une région à l'autre. Même si la lumière entre par plusieurs côtés, c'est orientée vers le sud que la véranda recevra un ensoleillement maximal.

• **Pour les régions bien ensoleillées**, une exposition sud-est est conseillée : la véranda se réchauffera dès le matin mais vous n'y cuirez pas l'après-midi… Notez à ce propos que les vérandas ne sont guère recommandées dans le Midi, car elles deviennent vite étouffantes. On leur préfère souvent une pergola ou un patio à l'abri du vent.
Néanmoins, sans pallier totalement l'inconvénient d'une exposition trop chaude dans ces contrées, on peut recourir à une toiture opaque composée d'une couche de mousse de polyuréthane entre deux feuilles d'aluminium. Cette structure constitue une isolation à la fois contre la chaleur en été, et contre le froid en hiver. La couche extérieure du toit est celle de la feuille d'aluminium, d'apparence mate, et teintée.
La proximité d'un grand arbre à feuilles caduques peut ombrer agréablement la véranda en été dans les régions chaudes et laisser passer la

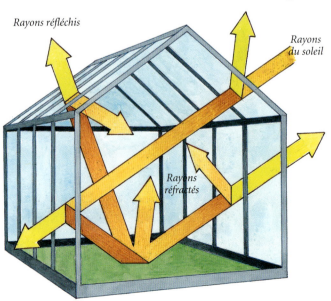

Chap. 4 : Jardins d'hiver et vérandas

lumière en hiver. En revanche, selon le sens du vent, la chute des feuilles en automne risque d'encombrer le toit…
• **Dans les régions fraîches**, souvent brumeuses le matin, envisagez une exposition sud-ouest qui bénéficiera plus sûrement du soleil l'après-midi. Évitez les façades exposées aux vents dominants (notamment au bord de la mer, mais aussi dans les régions venteuses), à la pluie, ou à la neige en montagne.

L'IMPLANTATION

Trois configurations existent, selon le nombre de parois en commun avec la maison :
- ❶ à ❸ : **la disposition en épi** (une seule paroi) ;
- ❹ à ❻ : **la disposition en appui** (deux parois) ;
- ❼ : **la véranda encastrée** (trois parois).

La première configuration, bien qu'elle fasse souvent pièce rapportée, est souvent la seule possible quand on construit la véranda après la maison. Les deux autres sont cependant plus faciles à intégrer d'un point de vue esthétique et sont également plus performantes sur le plan thermique, car elles conservent mieux la chaleur, et coûtent moins cher en chauffage et en construction.

Très souvent tournée vers le jardin, la véranda offre alors une vue imprenable et paisible, propice à un coin salon. En liaison avec la cuisine, elle devient salle à manger conviviale. Si l'exposition y est plus favorable, n'hésitez pas à l'édifier entre la rue et la maison. Elle constituera un agréable vestibule qui vous isolera du mauvais temps et éventuellement du bruit de la circulation.

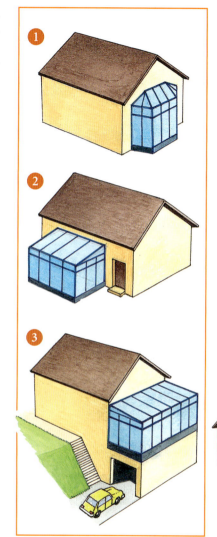
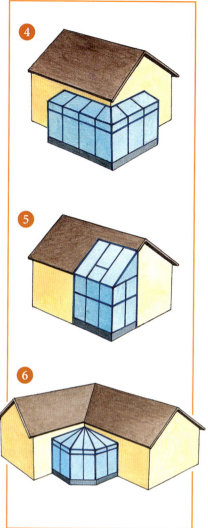
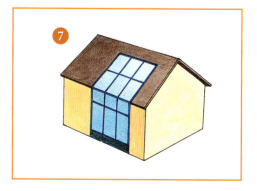

Quel modèle choisir ?

Les modèles de vérandas, conçus industriellement pour des raisons de coût, sont de plus en plus standardisés. L'esthétique et l'originalité, apanage des hommes de l'art (architecte, ferronnier, menuisier), se paient très cher. Et construire soi-même sa véranda requiert des compétences dans tous les secteurs du bâtiment. En fait, c'est le matériau utilisé pour la charpente qui s'avère déterminant. Il conditionne le style de la véranda et, en général, le choix du modèle.

LES MATÉRIAUX

• **Le bois**
On en fait des charpentes assez lourdes qui s'intègrent dans un style rustique et traditionnel. Il présente l'avantage d'une bonne isolation. Un traitement à cœur le rend assez résistant aux intempéries, mais ne vous dispense pas d'un entretien régulier (peinture ou lasure). Assez récent, le lamellé-collé autorise des formes nouvelles, plus légères.

• **L'aluminium**
Liberté de formes et de couleurs, bon rapport qualité/prix et entretien négligeable expliquent son utilisation accrue. Il est rendu isolant par l'emploi de joints en matière plastique (technique dite « à rupture de ponts thermiques »).

• **L'acier**
Peu cher à la base, mais isolant mal du froid, il se prête à des réalisations très ouvragées, et finalement coûteuses, surtout réservées à la réalisation de serres de tradition.

• **Le PVC**
Économique, très isolant, sans entretien et assez résistant pour réaliser portes ou fenêtres, il doit cependant être associé à d'autres matériaux (acier galvanisé ou aluminium) pour supporter de grandes baies vitrées. Cela donne des profilés parfois assez épais et moins esthétiques. Son emploi étant relativement récent (25 ans), on connaît mal sa tenue à très long terme.

Législation et assurance

Constituant une extension de votre maison, la véranda est soumise aux mêmes règles d'urbanisme que celle-ci.
• Vous devez effectuer une **déclaration préalable de travaux** dans votre mairie. Et, **pour une véranda supérieure à 20 m²**, un permis de construire est exigé.
• À sa construction, vous payez une taxe d'équipement. De plus, cette pièce supplémentaire aura **des répercussions à la hausse sur la taxe** d'habitation et la taxe foncière de votre maison.
• Il faut également **signaler sa construction à votre assureur** car elle peut entraîner une modification des garanties contre le vol.

Cette conception très particulière de toiture, dans une véranda exposée au nord, permet de capter aussi la lumière du sud.

Chap. 4 : Jardins d'hiver et vérandas

Dix critères pour une véranda

Lors de la conception et de la réalisation de la véranda, ces dix points doivent retenir toute votre attention. Faites-les préciser dans les devis que vous demanderez : vous aurez ainsi des documents plus faciles à comparer.

❶ TOITURE
Un vitrage synthétique est plus léger, bien isolant, et résiste mieux aux chocs (chute de branches, grêle). Il n'est pas transparent, mais translucide. Sensible aux variations de température, il se dilate en produisant des craquements, normalement sans conséquence.

❷ PROTECTIONS CONTRE LE SOLEIL
C'est indispensable en été. Une protection extérieure est toujours plus efficace qu'à l'intérieur, car elle fait écran à la chaleur avant qu'elle ne traverse les vitres. Ce peut être un volet roulant métallique ou, moins cher, en toile. Vous pouvez ôter ou rouler certaines protections pour les préserver durant l'hiver. Des voilages coulissants procurent rapidement une ombre légère à moindre coût. Contre le froid, des rideaux intérieurs coulissants et assez épais sont efficaces et pratiques durant la nuit.

❸ VITRAGE
L'emploi d'un double vitrage est fortement conseillé dans les vérandas chauffées. Selon les régions, il existe des modèles plus ou moins performants. Certains vitrages sont par ailleurs conçus pour davantage de sécurité. En cas de casse, le verre feuilleté se fendille mais n'éclate pas. Il est obligatoire en toiture. Le modèle 44/2/12/4 est agréé par les assurances car il est considéré comme un retardateur d'effraction (1 minute, ce qui suffit à ameuter tout le quartier…). Cela permet d'étendre votre garantie contre le vol à la véranda.

❹ JOINTS ET LIAISONS
C'est un point crucial à bien détailler avec l'entreprise afin de garantir la meilleure étanchéité possible entre le vitrage et les armatures, mais aussi à la jonction de la véranda et de la maison.

❺ FONDATIONS
Elles sont indispensables pour une assise stable. Construire la véranda sur une simple terrasse n'est pas envisageable. Il faut couler une dalle de béton au préalable isolée de l'humidité par une sous-couche de drainage en gravier et un film polyane.

Chap. 4 : Jardins d'hiver et vérandas

FACILE À VIVRE

❻ AÉRATIONS
Pour obtenir un flux d'air réglable – qui évite l'ouverture des fenêtres en hiver –, prévoyez des aérations à différents niveaux. Certaines lucarnes de toit s'ouvrent automatiquement selon l'intensité du soleil, et sont donc théoriquement fermées en cas de pluie… En bas des parois, l'installation d'une ou deux grilles à ouverture réglable est simple et peu coûteuse.

❼ CHARPENTE
Le choix du matériau (bois, aluminium, PVC) conditionne l'esthétique de la véranda. Pour trancher, tenez compte aussi de l'entretien, nécessaire ou non, de la résistance aux variations de températures et aux UV, des propriétés isolantes.

❽ TABLETTES ET ÉTAGÈRES
Abusez-en si vous souhaitez collectionner les plantes et choisissez des matériaux faciles à nettoyer (résine, aluminium, verre, bois verni) et résistants à l'humidité et aux salissures. Si le toit est vitré, vous pouvez disposer des plantes partout. S'il est couvert de tuiles, placez les étagères à plantes près des vitres.

❾ SOUBASSEMENT
Un muret de soubassement assorti aux murs de la maison favorise l'intégration visuelle de la véranda et améliore l'isolation. De faible hauteur (30 à 60 cm), il ne gêne pas l'ensoleillement, et protège le bas de la paroi des éclaboussures et des chocs. À l'intérieur, son rebord constitue une parfaite étagère à plantes.

❿ PORTE D'ACCÈS
Ce qui distingue une véranda d'une serre de jardin est l'existence, chez la première, d'une porte permettant d'y accéder depuis la maison. Pour un moindre coût, réservez les baies coulissantes pour les fenêtres. Pour préserver votre garantie contre le vol, la porte de communication de la maison avec la véranda doit être sécurisée par des volets ou une serrure agréée, sauf si la véranda est équipée de verre agréé, de volets roulants ou éventuellement d'un système d'alarme. Renseignez-vous auprès de votre assureur.

La véranda chauffée

Durant la journée, ce type de véranda devient une « vraie » pièce si elle est chauffée entre 18 et 20 °C. Elle sert de jardin d'hiver pour les plantes tropicales (certaines orchidées et autres fleurs de bouquets exotiques), qui demandent des températures douces toute l'année (de 15 à 25 °C).

Pour un paradis tropical

Un minimum de 15 à 16 °C est nécessaire en permanence pour constituer un décor dépaysant de grandes plantes vertes, d'orchidées et de toutes les espèces qu'il est impossible de réussir en appartement, par manque de lumière et à cause du chauffage qui assèche l'air.

Moiteur obligatoire

Entretenir une humidité atmosphérique élevée sera votre priorité absolue. Achetez un hygromètre et ne le laissez pas descendre en dessous de 60 à 70 %. Investissez dans un pulvérisateur électrique, ou à pression préalable, qui évite les pressions répétées sur une gâchette. Ainsi vous vaporiserez aisément et largement toutes les plantes qui le demandent, une à deux fois par jour, avec de l'eau douce (de pluie ou filtrée) à température ambiante. Mouillez aussi le sol sous et entre les pots (hors des zones de circulation) et placez des plateaux de gravillons humides sous les pots.

Un ardisia, des crotons, des dieffenbachias, des pépéromias et un acalypha : autant de plantes qui souffrent généralement de l'air trop sec des appartements.

Philodendron melanochrysum *(haut)*, Schefflera actinophylla *(bas gauche)*, Philodendron ornatum *(bas droite)* : l'effet de jungle est garanti.

Les plantes de véranda chauffée

LES PLANTES DE SOLEIL

	Dalechampia (Dalechampia dioscoreifolia)	*Ixora* (Ixora coccinea)	*Mussaenda* (Mussaenda erythrophylla)
Aspect	Plante grimpante mesurant jusqu'à 2 m. De mars à novembre, petites fleurs blanches parfumées, entourées de bractées rose vif évoquant deux ailes de papillon.	Arbrisseau atteignant 60 cm à 1 m de hauteur. Feuilles persistantes ; fleurs tubulaires de différentes couleurs groupées en boule s'épanouissant plusieurs fois par an.	Petit arbuste de 60 cm à 1 m en pot. Feuilles persistantes duveteuses à nervures rouges. De mai à octobre, inflorescences pendantes, rouges, roses, blanches ou jaunes, évoquant celles de l'hortensia.
Temp. minimale en hiver	10 °C.	10 °C à 15 °C.	15 °C.
Arrosage	Arrosez une à deux fois par semaine en été, et toutes les trois semaines en hiver.	Maintenez le terreau frais.	Arrosez quand le terreau est sec en surface.
Engrais	Engrais pour plantes fleuries d'avril à fin août.	Engrais pour plantes fleuries d'avril à septembre.	D'avril à fin août, donnez un engrais pour plantes fleuries.
Taille	La taille n'est pas nécessaire.	Raccourcissez les rameaux de moitié après la floraison.	Raccourcissez les rameaux défleuris.
Difficulté et particularités de culture	**	** Maintenez une chaleur constante, évitez les courants d'air.	*** A besoin d'une importante humidité atmosphérique ; attention aux baisses de température.
Longévité	20 ans.	La plante reste belle de 2 à 5 ans.	3 à 5 ans.

Chap. 4 : Jardins d'hiver et vérandas

Lecture : Les indices de difficulté de culture (* à ****) sont donnés pour des plantes cultivées en pot et dans une véranda.

* Très facile ** Facile pour débutants   *** Assez difficile **** Difficile pour jardiniers expérimentés

	LES PLANTES DE SOLEIL		LES PLANTES DE MI-OMBRE
	Papayer (Carica papaya)	**Tillandsias** (Tillandsia ionantha, T. usneoides...)	**Alocasias** (Alocasia macrorrhiza, A. sanderiana Hort.)
ASPECT	Arbre fruitier longiligne non ramifié, atteignant 2 m en pot. Grandes feuilles groupées en toupet au sommet du tronc et floraison en grappes jaunes de mai à août. Les variétés 'Red Lady' et 'Waimanolo' produisent des papayes dès 80 cm à 1,20 m de hauteur.	Plantes épiphytes poussant dans les arbres, de dimensions très variables. Feuilles grises, retombantes, jusqu'à 1 m de longueur, évoquant une barbe de vieillard *(T. usneoides)*. T. ionantha est orné de bractées colorées de très longue durée.	Touffe évasée, jusqu'à 2 m de hauteur, surtout décorative par ses feuilles géantes et vernissées aux nervures très marquées. Inflorescences en spathe blanc crème.
TEMP. MINIMALE EN HIVER	15 °C.	10 °C.	10 °C à 15 °C.
ARROSAGE	Maintenez le terreau frais.	Par brumisation : vaporisez les feuilles deux fois par jour.	Arrosage copieux pour garder le terreau humide.
ENGRAIS	Engrais organique pour arbres fruitiers ou agrumes d'avril à septembre.	De mars à septembre, engrais foliaire tous les quinze jours dans l'eau de pulvérisation, à la moitié de la dose indiquée.	Un engrais liquide assez fortement dosé en potasse assure une meilleure tenue des grandes feuilles.
TAILLE	La taille n'est pas nécessaire.	La taille est inutile.	Pas de taille.
DIFFICULTÉ ET PARTICULARITÉS DE CULTURE	** Nécessite chaleur et vaporisations régulières. Pas d'exposition brûlante en été.	De * à *** Ne les plantez pas en pot, mais suspendez-les dans d'autres plantes.	De * à *** Exigent une ambiance humide en permanence. À leur aise, au soleil tamisé, ils acceptent aussi de pousser en situation plus ombragée si on manque de place.
LONGÉVITÉ	Arbre productif durant 4 à 5 ans (on le cultive surtout pour ses fruits, qui peuvent se consommer dans les variétés citées).	3 à 5 ans.	Plus de 15 ans.

Les plantes de véranda chauffée

LES PLANTES DE MI-OMBRE

	Alpinias (Alpinia purpurata, A. tonkinensis, A. zerumbet)	**Balisiers** (Heliconia sp.)	**Costus** (Costus barbatus, C. lucanusianus, C. speciosus)	**Épiscias** (Episcia hyb.)
Aspect	Forte touffe de cannes atteignant 1,50 m de hauteur et de largeur. Fleurs en épis spectaculaires roses, jaunes ou rouges, du printemps à l'automne, très utilisées dans les bouquets tropicaux.	Plantes en touffe de 1,20 à 1,50 m de hauteur. Feuillage évoquant le bananier ; grands épis floraux spectaculaires dressés ou retombants, à bractées rouges, orange ou jaunes de très longue durée pour bouquets tropicaux.	Plantes en touffe atteignant 1,50 m de hauteur. Feuilles charnues disposées en spirale sur la tige. Fleurs très exotiques de juillet à octobre, à bractées imbriquées rouges, blanches ou roses.	Touffes de 20 cm de hauteur et de largeur. Feuilles en rosette rappelant celles du saintpaulia, mais plus colorées. Fleurs en clochette rouge vif ou jaunes du printemps à l'automne.
Temp. minimale en hiver	15 °C.	15° C.	10 à 15 °C.	15 °C.
Arrosage	Arrosez quand le terreau est sec en surface.	Conservez le terreau frais sans excès d'humidité.	Arrosage abondant, surtout en été.	Maintenez le terreau frais, arrosez moins en hiver si la température est inférieure à 16 °C.
Engrais	Engrais spécial pour alpinias et costus, d'avril à septembre.	Engrais pour *Heliconia*, d'avril à septembre.	Engrais spécial pour alpinias et costus, d'avril à septembre.	Toute l'année, engrais liquide complet.
Taille	La taille n'est pas indispensable.	La taille n'est pas indispensable.	La taille n'est pas indispensable.	Pas de taille.
Difficulté et particularités de culture	** Ils supportent des températures plus basses en hiver. On peut alors les mettre au repos en coupant toutes les tiges.	**** Ils ont besoin d'un terreau riche, bien drainé ; chaleur et atmosphère humide sont indispensables toute l'année.	** Un maintien hors gel peut suffire en hiver.	De ** à *** Exigent une ambiance très humide et sont plus faciles à réussir en bonbonne ou en terrarium.
Longévité	5 ans et plus.	5 à 10 ans.	4 ans et plus.	3 ou 4 ans.

Chap. 4 : Jardins d'hiver et vérandas

LES PLANTES DE MI-OMBRE

	Liane de jade (*Strongylodon macrobotrys*)	**Vanillier** (*Vanilla fragrans*)	**Xanthosoma** (*Xanthosoma violaceum*)
Aspect	Plante grimpant jusqu'à 2 m en pot mais beaucoup plus haut en pleine terre. Feuillage persistant et, de janvier à mai, étonnantes grappes retombantes de fleurs bleu-vert en forme de petites cornes.	Orchidée. Liane de 3 m et plus. Feuilles persistantes de forme allongée, vernissées. En été et en automne, des fleurs jaune-vert à l'aspect cireux, très éphémères, précèdent la formation des célèbres gousses de vanille.	Plante herbacée en touffe évasée ; jusqu'à 2 m de hauteur. Très larges feuilles vertes rappelant celles des alocasias, veloutées à reflets violets, tiges violettes. Tubercule comestible, plante vivrière aux Antilles (chou caraïbe).
Temp. minimale en hiver	15 °C.	12 à 15 °C.	15 °C.
Arrosage	Arrosez quand le terreau est sec en surface.	Arrosage léger.	Arrosage copieux, pour maintenir le terreau humide.
Engrais	Engrais pour plantes fleuries d'avril à août.	Engrais complet toute l'année, mais à doses réduites en hiver.	De mars à octobre, engrais pour plantes vertes assez fortement dosé en potasse.
Taille	Il n'est pas nécessaire de la tailler.	Raccourcissez si nécessaire.	Pas de taille.
Difficulté et particularités de culture	★★★★ Nécessite d'abondantes vaporisations et un solide palissage.	★★★ Exige une hygrométrie de 70 à 80 %. Faire monter et descendre cette liane sur un tuteur en fibre de coco freine la croissance et favorise la floraison.	★★ A besoin d'une ambiance très humide.
Longévité	5 à 10 ans.	Plus de 10 ans.	Plus de 15 ans.

Les plantes de véranda chauffée

LES PLANTES D'OMBRE

	Bégonias tubéreux (Begonia x tuberhybrida)	Impatiente (Impatiens niamniamensis)
Aspect	Vivaces à port variable en touffes compactes, à tiges dressées ou retombantes. Tiges charnues, fleurs diversement colorées, tantôt grosses et doubles tantôt groupées en grappes pendantes du printemps à l'automne, parfois toute l'année.	Plante vivace à tiges charnues de 60 à 100 cm de hauteur environ. Feuillage persistant et curieuses fleurs bicolores rouge et jaune en bec de perroquet, pouvant s'épanouir toute l'année.
Temp. minimale en hiver	Hors gel.	15 °C pour que la plante reste en fleur.
Arrosage	En période de végétation, de mars à octobre, maintenez le terreau frais mais surtout pas détrempé ; gardez les tubercules au sec de novembre à début mars.	Arrosage copieux, pour conserver le terreau humide mais pas détrempé.
Engrais	Engrais pour plantes fleuries d'avril à août.	Engrais liquide pour plantes fleuries d'avril à août.
Taille	Coupez les fleurs fanées et raccourcissez une fois par an les tiges défleuries et desséchées.	Raccourcissez les tiges quand elles défleurissent pour conserver un port dense.
Difficulté et particularités de culture	* Demandent une ambiance humide, sans vaporisations sur le feuillage et une exposition à l'ombre claire.	* Les tiges se brisent facilement lors des manipulations. Renouvelez la plante par bouturage tous les trois ans, car elle a tendance à se dégarnir si on néglige la taille.
Longévité	3 à 5 ans.	Plus de 15 ans.

Chap. 4 : Jardins d'hiver et vérandas

	Poivrier (Piper nigrum)	**Strobilanthe** (Strobilanthes dyeriana)	**Tacca** (Tacca chantrieri)
ASPECT	Liane de 2 à 3 m, plus décorative par ses larges feuilles nervurées vert foncé que par ses grappes retombantes de très petites fleurs blanches produisant des baies de poivre. Récolte très rare sous nos climats.	Touffe étalée de 60 à 90 cm de hauteur et de largeur. Feuillage persistant vivement coloré de rose argenté.	Plante vivace rhizomateuse pouvant atteindre 1 m de hauteur. Larges feuilles lancéolées et, de juin à novembre, fleurs très originales presque noires, campanulées, portant de longs appendices filiformes et entourées de quatre bractées rappelant des ailes de chauve-souris déployées.
TEMP. MINIMALE EN HIVER	7 à 15 °C.	12 °C.	13 °C.
ARROSAGE	Arrosage léger.	Arrosez quand le terreau est sec en surface.	Maintenez le terreau frais.
ENGRAIS	Engrais pour plantes vertes d'avril à août.	Engrais pour plantes vertes d'avril à août.	Engrais pour plantes fleuries d'avril à août.
TAILLE	Raccourcissez si nécessaire en février.	Pincez régulièrement l'extrémité des tiges.	Coupez les tiges et les hampes florales fanées.
DIFFICULTÉ ET PARTICULARITÉS DE CULTURE	✱✱✱ Le poivrier aime être palissé sur un tuteur en fibre de coco.	✱ Des vaporisations quotidiennes sur le feuillage sont nécessaires. Attention : sans être exposée au soleil direct, la plante doit recevoir assez de lumière pour ne pas perdre les belles nuances de ses feuilles.	✱✱✱ Rempotez tous les deux ou trois ans, en éliminant les rhizomes desséchés.
LONGÉVITÉ	5 à 10 ans.	Renouvelez par bouturage au bout de 2 ou 3 ans.	5 à 6 ans.

La véranda tempérée

En hiver, elle permet de conserver des températures minimales entre 8 et 15 °C. C'est trop peu pour que vous y séjourniez constamment. En revanche, cela suffit pour prolonger les floraisons en automne et pour les avancer au printemps.

Repos marqué

Ce type de véranda conviendra à de nombreuses plantes frileuses, mais qui ont besoin d'un repos bien marqué. Comme dans la nature, elles doivent bénéficier d'un hiver plus frais. Cette baisse de température conjuguée à une faible luminosité stoppe pour un temps la croissance, provoquant la chute des feuilles chez les espèces naturellement caduques. Cela permet de les conserver de nombreuses années (contrairement à ce qui se passe dans les appartements), et c'est souvent indispensable pour assurer une floraison régulière d'une année à l'autre.

Culture facilitée

L'abaissement des températures pendant la mauvaise saison réduit considérablement les besoins des plantes en engrais, en arrosage et surtout en hygrométrie. Il y a donc beaucoup moins de travail et de surveillance que dans une véranda chauffée. Moins chaude, l'ambiance est également moins favorable au développement de maladies et de parasites, sauf si vous arrosez trop : fraîcheur et humidité font rarement bon ménage dans les vérandas en hiver ! Attention, alors, à l'oïdium et au botrytis.

Le tibouchina peut être sorti au jardin durant l'été.

L'air étant plus chaud près du toit, placez en suspension les plantes les plus exigeantes en chaleur.

Les plantes de véranda tempérée

LES PLANTES DE SOLEIL

	Arbre à tomates *(Cyphomandra betacea)*	**Bananier nain** *(Musa velutina)*	**Baobab** *(Adansonia digitata)*
Aspect	Bel arbuste tropical mesurant jusqu'à 2 m de hauteur. Grandes feuilles veloutées en forme de cœur ; belle floraison blanche à odeur de caramel ; fruits rouges en automne, à chair pulpeuse, de la grosseur d'un œuf. Appelés « tomates en arbre », ces derniers sont comestibles crus mais sont meilleurs cuits.	Plante herbacée de forme évasée, de 1 à 2 m de hauteur. Longues feuilles entières de forme ovale, entourant la tige à leur base ; inflorescences roses spectaculaires suivies de nombreuses petites bananes roses et veloutées purement décoratives.	Arbre de 2 m au plus en pot (gigantesque dans son milieu d'origine), au tronc renflé. En été, très belles fleurs blanches à étamines violettes formant un toupet.
Temp. minimale en hiver	5 °C.	5 à 10 °C.	10 °C.
Arrosage	Maintenez la terre fraîche en été, réduisez en hiver.	Conservez la motte humide en été, laissez-la sécher en surface en hiver.	Arrosage très léger (bonne résistance à la sécheresse). Tenez le substrat presque au sec en hiver.
Engrais	Engrais pour tomates d'avril à août.	Engrais spécial pour bananiers d'avril à août.	Engrais pour plantes vertes d'avril à août.
Taille	La taille est recommandée après la récolte.	Pas de taille.	Cette plante est bien mise en valeur par une formation en bonsaï. Vous pouvez l'acheter déjà formée, ou bien très jeune, et la former vous-même.
Difficulté et particularités de culture	****** Enrichissez le terreau à l'aide de compost.	***** Sortez-le en été, dans un endroit abrité du vent et recevant une lumière tamisée.	****** A besoin de terreau bien drainé. Est très sensible aux araignées rouges.
Longévité	3 à 4 ans.	Le bananier meurt après la floraison, mais produit de nouvelles pousses près du pied.	S'il est conduit en bonsaï, plus de 100 ans.

Chap. 4 : Jardins d'hiver et vérandas

Lecture : Les indices de difficulté de culture (∗ à ∗∗∗∗) sont donnés pour des plantes cultivées en pot et dans une véranda.

∗ Très facile   ∗∗ Facile   pour débutants   ∗∗∗ Assez difficile   ∗∗∗∗ Difficile   pour jardiniers expérimentés

LES PLANTES DE SOLEIL

	Cæsalpinias (Caesalpinia gilliesii, C. pulcherrima)	**Caladiums** (Caladium bicolor et hybrides)	**Calamondin** (Citrus madurensis)
Aspect	Petit arbre ou arbuste mesurant jusqu'à 2 m en pot. Fin feuillage très décoratif et, en été et en automne, superbes fleurs aériennes jaunes ou rouges portant de très longues étamines.	Plantes tubéreuses vivaces, formant une touffe de 30 à 50 cm de hauteur et de largeur. Feuilles superbement colorées de vert, blanc et rose vif. Caduques, elles tombent en automne.	Arbuste de forme arrondie atteignant 1,20 m en pot. Petites feuilles coriaces persistantes, vertes ou panachées de blanc ; fleurs blanches parfumées toute l'année, suivies de petits agrumes sphériques au goût amer mais de longue tenue.
Temp. minimale en hiver	5 °C.	10 °C.	5 à 8 °C.
Arrosage	Arrosage modéré, surtout en hiver (une fois par mois).	Arrosage modéré au printemps, plus abondant en été, nul en hiver.	Conservez la motte humide (pas détrempée), même en hiver (un à trois arrosages par semaine).
Engrais	Engrais pour plantes fleuries d'avril à août.	Engrais pour plantes vertes de mars à août.	Dès le début de la chute des fruits, donnez-lui un engrais liquide spécial agrumes deux fois par mois.
Taille	Raccourcissez les gros sujets après la floraison.	Pas de taille.	Pincez régulièrement pour conserver une silhouette arrondie.
Difficulté et particularités de culture	De ∗ à ∗∗∗ Planté à l'extérieur, *C. gilliesii* résiste jusqu'à – 5 °C, voire davantage si le gel est de courte durée. Sortez les pots en été.	∗∗ Après avoir rempoté le tubercule, reprenez les arrosages et placez au chaud en fin d'hiver pour assurer une nouvelle pousse.	∗∗ C'est l'agrume le plus adapté à la culture en intérieur.
Longévité	5 à 6 ans.	3 ans.	5 ans minimum.

Les plantes de véranda tempérée

LES PLANTES DE SOLEIL

	Dentelaire du Cap (Plumbago capensis)	**Érythrine** (Erythrina crista-galli)	**Faux hibiscus** (Alyogyne huegelii)
Aspect	Arbuste sarmenteux, souvent palissé, mesurant jusqu'à 1,50 m. Branches très ramifiées portant, d'avril à octobre, d'abondantes fleurs bleu clair groupées en bouquets.	Arbuste très vigoureux atteignant 2 m en pot. Tronc épineux et feuillage caduc ; superbe floraison en longues grappes rouges au printemps et à l'automne.	Arbuste buissonnant à croissance rapide, de 1 m de hauteur et de largeur. Feuilles persistantes, velues et palmées. Durant tout l'été, larges fleurs en coupes de couleur mauve à reflets nacrés portées à l'extrémité des tiges.
Temp. minimale en hiver	1 à 5 °C.	5 °C.	5 °C.
Arrosage	Arrosage moyen, très réduit en hiver.	Arrosage modéré, nul à partir de la chute des feuilles.	Arrosage léger, presque nul en hiver.
Engrais	Engrais pour plantes fleuries d'avril à août.	Engrais pour plantes fleuries d'avril à août.	Engrais pour plantes fleuries d'avril à août.
Taille	Taillez après la floraison ou en fin d'hiver.	Taillez l'arbuste très court fin février.	Taillez court après la floraison.
Difficulté et particularités de culture	* Est d'un bel effet dans un bac équipé d'un treillage.	* Nécessite un repos hivernal entre 5 °C et 10 °C.	* Un séjour extérieur lui est bénéfique en été. Supporte le plein soleil.
Longévité	5 ans et plus.	7 à 10 ans.	5 ans minimum en véranda.

Chap. 4 : Jardins d'hiver et vérandas

LES PLANTES DE SOLEIL

	Frangipanier (Plumeria rubra)	**Gloriosa** (Gloriosa rothschildiana)	**Greyia** (Greyia sutherlandii)
Aspect	Arbuste mesurant jusqu'à 1 m en pot. Longues feuilles coriaces caduques et branches charnues ; presque toute l'année, fleurs simples très parfumées, blanches, jaunes ou roses, portées en bouquets à l'extrémité des tiges.	Plante volubile grimpant jusqu'à 2,50 m. Grandes fleurs remarquables, de forme étoilée, aux pétales retroussés rouges bordés de jaune.	Arbuste épanoui de 1 m à 1,50 m en pot. Feuilles caduques dentées teintées de rouge en vieillissant ; superbes fleurs rouges campanulées, groupées en grappes, apparaissant dès le mois de mars, en même temps que les nouvelles feuilles.
Temp. minimale en hiver	8 à 10 °C.	10 °C.	8 °C.
Arrosage	Arrosage modéré pendant la belle saison, réduit en hiver.	Conservez le terreau frais, sans excès d'eau. Aucun arrosage en hiver.	Arrosage modéré.
Engrais	Engrais spécial pour frangipanier (riche en phosphore) d'avril à fin août.	Engrais pour plantes fleuries de mai à août.	Engrais pour plantes fleuries de février à août.
Taille	La taille favorise un port plus dense.	Pas de taille.	Taillez si nécessaire.
Difficulté et particularités de culture	* Peut fleurir en hiver, dans une pièce fraîche et très lumineuse de la maison.	** En automne, la végétation fane et disparaît. Rempotez les longs tubercules en mars pour une nouvelle pousse.	*
Longévité	7 ans et plus.	3 ans et plus.	15 ans et plus.

Les plantes de véranda tempérée

LES PLANTES DE SOLEIL

	Jatropha (Jatropha multifida)	**Leonotis** (Leonotis leonurus)	**Manettia** (Manettia luteorubra)
Aspect	Arbuste à fleurs atteignant 1 m de hauteur en pot. Tige légèrement renflée, très beau feuillage succulent extrêmement découpé, caduc en hiver ; petites fleurs rouges en été, semblables à du corail.	Arbuste dressé d'environ 1 m à 1,20 m, surnommé « queue de lion » en raison de ses fleurs tubulaires orangées réunies en touffes entre mai et octobre. Feuillage duveteux, semi-persistant selon la température.	Petite plante volubile grimpant jusqu'à 1,50 ou 2 m. Feuillage persistant plutôt coriace, vert foncé ; de mars à novembre, petites fleurs tubulaires très lumineuses, bicolores rouge et jaune.
Temp. minimale en hiver	10 °C.	2 °C.	2 à 7 °C.
Arrosage	Arrosage copieux et régulier durant l'été, mais très réduit en hiver.	Conservez le terreau frais en été, presque sec en hiver.	Arrosage modéré, surtout en hiver.
Engrais	Engrais pour plantes fleuries d'avril à fin août.	Engrais pour plantes fleuries de mai à fin août.	Engrais pour plantes fleuries de fin avril à fin août.
Taille	La taille est inutile.	Taillez juste pour réduire les dimensions de la plante en automne, après la floraison.	Taillez en fin d'hiver, pour favoriser la floraison.
Difficulté et particularités de culture	* Nécessite un repos complet en hiver, au frais et au sec.	** Rempotez tous les ans au printemps dans un pot à peine plus grand.	* À palisser sur un treillage ou à laisser retomber en suspension.
Longévité	15 ans et plus.	4 à 5 ans.	3 ans.

Chap. 4 : Jardins d'hiver et vérandas

LES PLANTES DE SOLEIL

	Maurandya (Asarina erubescens, syn. Maurandya erubescens)	Passiflores (Passiflora racemosa, P. vitifolia)	Plante-corail (Russelia equisetiformis)
Aspect	Plante volubile grimpant jusqu'à 2 ou 3 m. Feuilles triangulaires duveteuses gris-vert possédant des vrilles ; en été et en automne, fleurs roses en trompettes pendantes.	Plantes grimpantes volubiles de 2 à 3 m en pot. Feuilles persistantes découpées, larges fleurs très originales rouge vif.	Plante buissonnante à tiges frêles retombantes, mesurant jusqu'à 80 cm. Feuilles réduites à l'état d'écailles ; très longue floraison en tubes écarlates d'avril à octobre. 'Alba' est une variété à fleurs blanches.
Temp. minimale en hiver	1 °C.	7 à 10 °C.	5 °C.
Arrosage	Arrosage modéré.	Conservez le terreau frais en été, laissez sécher la surface en hiver.	Arrosage modéré, réduit en hiver.
Engrais	Engrais pour plantes fleuries de mai à fin août.	Engrais pour plantes fleuries de mai à fin août.	Engrais pour plantes fleuries de mai à fin août.
Taille	La taille n'est pas indispensable, sauf si on souhaite réduire les dimensions.	Taillez beaucoup au printemps pour favoriser la floraison.	La taille n'est pas indispensable.
Difficulté et particularités de culture	* Préfère le soleil du matin.	De ** à **** Plantes à palisser sur un treillage et à rempoter tous les deux ans, juste après la taille.	* Cultivez la plante en suspension et sortez-la en été à un emplacement très ensoleillé.
Longévité	3 ans.	8 à 10 ans et plus.	3 à 5 ans.

Les plantes de véranda tempérée

LES PLANTES DE SOLEIL

	Protéas (Protea cynaroides, P. eximia, P. neriifolia, P. repens)	Solandras (Solandra grandiflora, S. longiflora, S. maxima)
Aspect	Arbustes dressés à port rigide atteignant 1 m en pot. Feuilles persistantes portées serrées autour des rameaux ; énormes inflorescences rouges ou roses très originales et de très longue tenue, jusqu'à 20 cm de diamètre.	Arbustes sarmenteux pouvant être palissés, atteignant 3 m en pot. Feuillage persistant vert brillant ; tôt au printemps et tout l'été, grosses fleurs jaunes en cloches de 15 cm de diamètre, prenant l'aspect du cuir en fin de floraison. *S. longiflora* a un feuillage plus velouté et des fleurs très parfumées.
Temp. minimale en hiver	2 à 5 °C.	2 °C.
Arrosage	Maintenez le terreau juste frais ; réduisez l'arrosage en hiver.	Arrosage modéré en été et très réduit en hiver.
Engrais	Engrais faiblement dosé en phosphore de mai à fin août.	Engrais pour plantes fleuries de mai à fin août.
Taille	Après la floraison, taillez assez court les tiges ayant fleuri.	Raccourcissez les branches de moitié après la floraison ou en automne.
Difficulté et particularités de culture	★★★★ Apprécient une ambiance sèche. Les bassinages sont à proscrire.	★ Bassinez en été, mais la plante a besoin d'être au sec en hiver pour bien fleurir ensuite. *S. longiflora* se comporte mieux en pot. Les autres sont plus beaux en pleine terre.
Longévité	Jusqu'à 15 ans.	5 à 10 ans.

Chap. 4 : Jardins d'hiver et vérandas

LES PLANTES DE SOLEIL

	Streptosolen (*Streptosolen jamesonii*)	**Suzanne-aux-yeux-noirs** (*Thunbergia alata*)	**Tibouchina** (*Tibouchina urvilleana*)
Aspect	Arbuste sarmenteux mesurant jusqu'à 1,30 m de hauteur en pot. Petites feuilles persistantes vert foncé ; grappes de fleurs tubulaires orangées d'avril à septembre.	Plante grimpante légère et volubile, mesurant jusqu'à 3 m de hauteur. Feuilles triangulaires à bords dentés ; très longue floraison de corolles jaune orangé à centre noir.	Arbuste à port souple étalé, atteignant 1,50 à 2 m en pot. Feuilles veloutées aux nervures marquées ; grandes fleurs bleu-violet à étamines crochues, de l'été à l'automne.
Temp. minimale en hiver	5 °C.	10 °C.	2 °C à 10 °C.
Arrosage	Arrosage modéré, très réduit en hiver.	Conservez le terreau frais en été, arrosez moins en hiver.	Arrosage modéré (pour garder le terreau frais), mais très réduit en hiver.
Engrais	Engrais pour plantes fleuries d'avril à fin août.	Engrais pour plantes fleuries d'avril à fin août.	Engrais pour plantes fleuries de mai à fin août.
Taille	On peut raccourcir les tiges de 3/4 en fin d'hiver.	Taillez pour contenir la longueur des tiges, si nécessaire.	Taillez court en fin d'hiver.
Difficulté et particularités de culture	* Taillée court, la plante forme un buisson, sinon elle développe des tiges souples pouvant être palissées ou retomber en suspension.	** Guidez les tiges en éventail sur un treillage pour discipliner le port.	** Les tiges, souples, doivent être soutenues par un tuteur. Sortez la plante au soleil en été.
Longévité	2 à 5 ans et plus.	3 à 5 ans.	5 à 10 ans.

Les plantes de véranda tempérée

LES PLANTES DE MI-OMBRE

	Bouvardia (Bouvardia ternifolia)	**Browallie** (Browallia speciosa)	**Cymbidiums** (Cymbidium sp.)
Aspect	Plante herbacée devenant ligneuse, de 50 à 70 cm de hauteur. Feuilles persistantes ovales ; grappes de longues fleurs tubulaires rouges de l'été à l'automne. 'Rosea Odora' a des fleurs roses et parfumées.	Plante vivace de 30 à 50 cm de hauteur, souvent cultivée comme une annuelle. Feuilles persistantes ovales et pointues ; fleurs estivales étoilées, blanches, violettes ou bleues, selon la variété.	Orchidées généralement terrestres pouvant atteindre 1 m de hauteur. Feuilles persistantes rubanées et arquées ; superbes fleurs diversement colorées, groupées en épis à l'extrémité des tiges durant deux à trois mois entre novembre et avril.
Temp. minimale en hiver	2 à 5 °C.	5 à 10 °C.	5 °C.
Arrosage	Arrosage modéré, et réduit en hiver.	Arrosage deux fois par semaine en été. Les besoins de la plante sont réduits en hiver.	Arrosage abondant au printemps et en été, réduit dès l'automne.
Engrais	Engrais pour plantes fleuries de mai à août.	Engrais pour plantes fleuries de mai à fin août.	Engrais liquide pour plantes vertes de mars à juillet, engrais pour plantes fleuries jusqu'au début de la floraison.
Taille	Rabattez les rameaux défleuris en hiver.	Pincez les jeunes tiges pour densifier la touffe.	Coupez rapidement les tiges défleuries à leur base.
Difficulté et particularités de culture	** Rempotez dans un pot juste plus grand chaque printemps, après la taille.	*** Les bassinages sont inutiles.	** À cultiver absolument à l'extérieur à partir de fin mai jusqu'en fin d'été.
Longévité	3 ans.	Difficile à conserver plus de 1 an.	5 à 7 ans.

Chap. 4 : Jardins d'hiver et vérandas

	LES PLANTES DE MI-OMBRE		LES PLANTES D'OMBRE	
	Dombeyas (Dombeya burgessiae, D. x cayeuxii)	**Épiphyllums** (Epiphyllum hyb.)	**Azalées des fleuristes** (Rhododendron hyb.)	**Lapageria** (Lapageria rosea)
Aspect	En pot, ils forment des arbustes, atteignant 1,50 m de hauteur. Grandes feuilles persistantes ; inflorescences roses très parfumées en automne ou au printemps (à gros pompons chez D. x *cayeuxii*).	Cactées sans épines, à port dressé ou retombant, mesurant de 50 cm à 1 m. Les feuilles persistantes sont en fait des tiges aplaties portant d'énormes fleurs assez éphémères mais se renouvelant souvent.	Petit arbuste buissonnant de 25 à 80 cm de hauteur. Feuilles persistantes vert très foncé ; fleurs en coupes, simples ou doubles, roses, blanches ou rouges, de septembre à mai, selon les variétés.	Plante grimpante sarmenteuse à croissance lente, atteignant 2 m de hauteur. Feuilles persistantes vert foncé d'aspect cireux sur des tiges sinueuses ; entre mai et octobre, fleurs très élégantes en longues cloches roses, blanches ou rouges, selon les variétés.
Temp. minimale en hiver	5 °C.	5 à 10 °C.	5 à 7 °C.	5 °C.
Arrosage	Arrosage abondant pour maintenir la terre humide en été, moindre en hiver.	Arrosage modéré en été et réduit en hiver.	Le terreau doit rester bien humide durant la floraison et la période de pousse des feuilles.	Demande un arrosage modéré, mais une forte humidité ambiante.
Engrais	Engrais pour plantes fleuries de mai à fin août.	Engrais pour cactées ou orchidées d'avril à fin août.	Engrais pour plantes de terre de bruyère de fin avril à fin août.	Engrais pour plantes fleuries de mai à fin août.
Taille	Taillez pour limiter le développement si nécessaire.	La plante supporte bien la taille mais le résultat est peu esthétique.	Pincez l'extrémité des tiges pour conserver un port en boule.	Raccourcissez les tiges après la floraison si nécessaire.
Difficulté et particularités de culture	* Leur croissance est rapide.	* Le bouturage, très facile, permet de renouveler souvent les plantes au port rapidement désordonné.	** Pas plus de 18 °C durant la floraison. L'hivernage au frais est obligatoire pour une bonne conservation.	**** La plante apprécie la fraîcheur (10 à 15 °C) toute l'année.
Longévité	5 ans et plus.	5 ans et plus.	10 ans et plus.	5 ans et plus.

La véranda conservatoire

Elle ne sera chauffée en hiver que pour maintenir la pièce hors gel, entre 1 et 5 °C, comme c'est le cas dans une serre froide.

Pour y séjourner agréablement, vous ne compterez que sur la chaleur fournie par le soleil, totalement gratuite.

Soins minimums en hiver

Vous devrez essentiellement régler le chauffage et prendre soin d'aérer aussi souvent que possible durant les plus belles journées. Votre véranda sera l'abri idéal pour toutes les plantes méditerranéennes qui doivent avoir froid en hiver, comme dans leur milieu naturel.

Sauf exceptions (mimosa, agrumes), les apports d'eau sont alors réduits au minimum, juste pour éviter le dessèchement complet de la motte. Les brumisations sont inutiles.

Tout le monde dehors en été

La plupart des plantes hivernées en serre froide (agrumes, lauriers-roses, palmiers, datura…) devraient passer la belle saison (de mai à septembre), à l'extérieur, au jardin ou sur la terrasse. Acclimatez-les en leur faisant faire des séjours, d'abord à l'ombre totale, puis en situation plus lumineuse, selon leurs besoins. Leur croissance y sera plus importante, les pousses solides et la floraison éclatante. C'est aussi la seule façon de faire fructifier orangers et citronniers.

La fraîcheur hivernale est indispensable à de nombreuses plantes, notamment les méditerranéennes.

Prolongez la floraison de vos géraniums, fuchsias et tabacs d'ornement en les abritant dans votre véranda conservatoire.

Les plantes de véranda conservatoire

LES PLANTES DE SOLEIL

	Amaryllis (Hippeastrum hyb.)	Angélonia (Angelonia gardneri)	Bougainvillées (Bougainvillea hyb.)
Aspect	Plantes vivaces bulbeuses de 40 cm de hauteur environ. Feuilles vert clair, rubanées et épaisses, poussant après les larges fleurs en trompette. La floraison des fleurs sur la hampe s'étale sur deux à trois semaines.	Arbrisseau à port souple de 50 cm à 1 m de hauteur. Feuillage duveteux parfumé ; fleurs roses ou blanches réunies en grappes d'avril à octobre.	Vigoureuses plantes sarmenteuses, atteignant 3 m de hauteur en bac. Feuilles persistantes ovales et pointues ; fleurs jaunes minuscules entourées de grandes bractées diversement colorées et très décoratives.
Temp. minimale en hiver	5 à 10 °C.	Hors gel.	Hors gel.
Arrosage	Arrosage moyen en période de végétation car l'excès d'eau fait pourrir le bulbe. Cessez d'arroser en période de repos de la plante.	Arrosage modéré, très réduit en hiver.	Arrosage modéré, très réduit en hiver.
Engrais	Engrais pour plantes bulbeuses, de la formation des boutons au début du jaunissement des feuilles.	Engrais pour plantes fleuries de mai à fin août.	Engrais pour plantes fleuries de mai à fin août.
Taille	Coupez les hampes défleuries.	Rabattez de moitié, chaque année, au printemps.	Si nécessaire, on peut raccourcir les pousses de moitié après la floraison.
Difficulté et particularités de culture	* Quand les feuilles jaunissent, placez le pot au frais et au sec pendant au moins trois mois.	*	** À palisser en éventail sur un solide treillage.
Longévité	3 à 4 ans dans le même pot.	En pot, la plante reste belle 2 à 3 ans.	10 ans et plus.

Chap. 4 : Jardins d'hiver et vérandas

Lecture : Les indices de difficulté de culture (* à ****) sont donnés pour des plantes cultivées en pot et dans une véranda.

* Très facile   ** Facile   pour débutants   *** Assez difficile   **** Difficile   pour jardiniers expérimentés

LES PLANTES DE SOLEIL

	Callistémons (Callistemon laevis, C. viminalis)	**Cassias** (Cassia corymbosa, C. didymobotria)	**Citronnier** (Citrus limon)
Aspect	Arbustes d'environ 1 m de hauteur et d'envergure. Tiges noueuses, feuilles coriaces persistantes ; inflorescences rouges en forme de goupillons plusieurs fois par an.	Arbustes à port dressé et rigide pouvant atteindre 1,50 m à 2 m en bac. Feuilles composées semi-persistantes ; en été, spectaculaire floraison en longues grappes jaunes. Le feuillage de *C. didymobotria* sent la cacahuète.	Arbre de port érigé à croissance rapide, mesurant jusqu'à 2 m. Grandes feuilles persistantes, coriaces et aromatiques ; floraison blanche remontante très parfumée, suivie de fruits comestibles pouvant rester longtemps sur la plante.
Temp. minimale en hiver	Hors gel.	Hors gel.	Hors gel.
Arrosage	Arrosage moyen en été et réduit en hiver.	Laissez le terreau sécher en surface entre deux arrosages.	Le terreau doit rester toujours frais, jamais détrempé.
Engrais	Engrais pour plantes fleuries d'avril à août.	Engrais pour plantes fleuries de mai à fin août.	Engrais complet (NPK 15-15-15) de mars à septembre.
Taille	Raccourcissez d'un tiers les rameaux défleuris en fin de saison.	Pincez régulièrement pour équilibrer la silhouette, taillez court au besoin en fin d'hiver.	La taille est indispensable entre mai et septembre.
Difficulté et particularités de culture	* Sortez la plante en été et régénérez les vieux sujets en les rabattant sévèrement en fin d'hiver.	De * à ***	** Rempotez tous les deux ou trois ans dans un pot deux à quatre fois plus grand. Chaque année, surfacez les grands bacs. Sortez la plante en été.
Longévité	5 à 7 ans.	5 à 10 ans.	8 à 10 ans, voire plus dans un bac spécial à parois amovibles.

Les plantes de véranda conservatoire

LES PLANTES DE SOLEIL

	Clérodendron (Clerodendrum ugandense)	Datura arborescent (Brugmansia hyb.)	Galant-de-nuit (Cestrum nocturnum)
Aspect	Buisson ample ou plante grimpante, jusqu'à 2,50 m. Feuilles persistantes légèrement gaufrées ; grappes de fleurs aux étamines proéminentes évoquant des papillons bicolores, bleu pâle et bleu cobalt, entre mai et octobre. Nombreuses autres espèces.	Grand arbuste à croissance rapide, atteignant jusqu'à 2 m de hauteur en bac. Grandes feuilles luxuriantes et très grosses fleurs parfumées en forme de trompettes, du printemps à l'automne.	Arbuste à port lâche, mesurant jusqu'à 2 m de hauteur en pot. Feuillage mince semi-persistant, fleurs blanc ivoire groupées en bouquets et très parfumées à la tombée de la nuit.
Temp. minimale en hiver	Hors gel.	1 °C.	Hors gel.
Arrosage	Arrosage modéré, très réduit en hiver.	Arrosage abondant en été, très réduit en hiver.	Arrosage copieux en été sans excès, réduit en hiver.
Engrais	Engrais pour plantes fleuries de mai à fin août.	Engrais pour tomates de mai à fin août.	Engrais pour plantes fleuries de mai à fin août.
Taille	Taille d'entretien en mars.	Taillez court les rameaux qui ont porté des fleurs.	Raccourcissez les tiges de moitié après la floraison.
Difficulté et particularités de culture	* Les bassinages sont inutiles.	* Rempotez tous les ans les sujets jeunes et sortez les bacs en été. Traitez contre les chenilles.	** Pincez régulièrement l'extrémité des tiges pour densifier le port.
Longévité	5 à 10 ans.	3 à 7 ans.	7 ans et plus.

Chap. 4 : Jardins d'hiver et vérandas

LES PLANTES DE SOLEIL

	Géranium de Madère (Geranium maderense)	Géraniums zonales, à feuilles de lierre ou à feuillage odorant (Pelargonium sp., Pelargonium hyb.)	Grenadier (Punica granatum)
Aspect	Robuste vivace très spectaculaire, pouvant dépasser 1 m de largeur et de hauteur. Grandes feuilles découpées très décoratives ; de février à septembre, fleurs plates rose vif groupées en imposants bouquets aux tiges pourprées.	Plantes vivaces à port dressé ou retombant, de 50 cm à 1 m de hauteur en pot. Feuilles semi-persistantes rondes, lisses ou très veloutées, parfois parfumées ; fleurs simples ou doubles regroupées en bouquets ronds, du printemps à l'automne.	Petit arbre souvent taillé en arbuste, atteignant 1 à 2 m. Petites feuilles caduques d'un vert lumineux, qui deviennent jaunes en automne ; fleurs rouge vermillon à pétales chiffonnés, suivies de fruits décoratifs ou comestibles.
Temp. minimale en hiver	Hors gel.	Hors gel.	Hors gel.
Arrosage	Arrosage régulier en été et très réduit en hiver.	Arrosage modéré en été, quasiment nul en hiver.	Arrosage modéré, presque nul en hiver.
Engrais	Engrais pour plantes fleuries de mai à fin août.	Engrais pour plantes fleuries de mai à fin août.	Engrais pour plantes à fleurs ou pour arbres fruitiers d'avril à fin août.
Taille	Coupez les fleurs fanées et les vieilles feuilles.	Taillez beaucoup en fin d'hiver, supprimez les fleurs fanées en saison.	Raccourcissez les rameaux d'un quart à un tiers au printemps.
Difficulté et particularités de culture	** Divisez les touffes au printemps pour réduire l'envergure.	* Renouvelez les plantes par bouturage en fin d'été.	* Dans un espace réduit, essayez les variétés 'Nana Gracillissima' et 'Chico'.
Longévité	2 à 3 ans.	3 ans.	7 ans et plus.

Les plantes de véranda conservatoire

LES PLANTES DE SOLEIL

	Iochromas (Iochroma coccinea, I. cyanea)	**Jasmin** (Jasminum polyanthum)	**Lantanas** (Lantana camara et hybrides)
Aspect	Arbustes à croissance rapide, mesurant jusqu'à 1,50 m en bac. Feuilles semi-persistantes ; belles fleurs tubulaires réunies en grappes rouges ou bleu foncé de mars à octobre.	Plante volubile grimpant jusqu'à 2 m en pot. Feuilles semi-persistantes ; boutons floraux roses et grappes de fleurs étoilées blanc rosé de février à avril, parmi les plus parfumées.	Petits arbustes dressés, étalés ou même rampants, de 50 cm à 1 m de hauteur ou d'étalement en bac. Feuillage persistant rugueux au toucher ; fleurs groupées en petits bouquets ronds aux couleurs changeantes très lumineuses, blanches, rouges, roses, jaunes ou orangées.
Temp. minimale en hiver	Hors gel. Les feuilles sont caduques en dessous de 10 °C.	Hors gel.	Hors gel.
Arrosage	Arrosage copieux en été, réduit en hiver.	En été, laissez la terre sécher en surface avant d'arroser. Les besoins en eau sont très réduits en hiver si la température est proche de 0 °C.	Arrosage modéré, très réduit en hiver.
Engrais	Engrais pour plantes fleuries de mai à fin août.	Engrais pour plantes fleuries de janvier à fin août.	Engrais pour plantes fleuries de mai à fin août.
Taille	Pincez régulièrement les tiges pour éviter que la base ne se dégarnisse.	Taille légère d'entretien en fin d'hiver.	La taille est supportée mais pas indispensable.
Difficulté et particularités de culture	** Placez-les sur la terrasse en été.	* Rempotez chaque printemps les plantes encore jeunes.	* Les lantanas doivent absolument être dehors en été.
Longévité	3 à 5 ans, voire plus si la plante est bien taillée.	10 ans et plus.	5 ans environ.

Chap. 4 : Jardins d'hiver et vérandas

LES PLANTES DE SOLEIL

	Laurier-rose (Nerium oleander)	Mimosas (Acacia dealbata, A. retinodes)	Oiseau-de-paradis (Strelitzia reginae)	Oranger (Citrus sinensis)
Aspect	Arbuste dressé à port arrondi, mesurant jusqu'à 1,50 m en bac. Feuilles étroites coriaces et persistantes ; entre mai et octobre, fleurs simples ou doubles regroupées en bouquets à l'extrémité des tiges, parfois parfumées. Coloris très variés.	Arbres ou arbustes atteignant 2 m en bac. Phyllodes (qui tiennent lieu de feuilles) persistantes, entières ou finement découpées ; petites fleurs en boules (glomérules) jaune d'or, assez souvent parfumées, en hiver ou au printemps, parfois remontantes (A. retinodes, le « mimosa des 4 saisons »).	Plante vivace formant une large touffe, jusqu'à 1 m de diamètre, sur 1 m à 1,20 m de hauteur. Feuilles persistantes en forme de lance ; fleurs remarquables vert, orange et bleu évoquant la tête d'un oiseau huppé.	Arbre au port arrondi, à croissance rapide, mesurant jusqu'à 2 m en pot. Feuilles persistantes, coriaces et aromatiques ; floraison blanche très parfumée, suivie d'oranges comestibles, mûrissant de novembre à avril, selon la variété.
Temp. minimale en hiver	Hors gel.	Hors gel.	Hors gel.	Hors gel.
Arrosage	Arrosage copieux en été, réduit en hiver.	Maintenez la motte toujours fraîche, même en hiver.	Conservez le terreau frais en été. Les besoins en eau sont réduits en hiver.	Le terreau doit rester toujours frais, jamais détrempé.
Engrais	Engrais pour plantes fleuries de mai à fin août.	Engrais liquide pour plantes fleuries de mai à fin août.	Engrais complet (NPK : 10-10-10) tous les quinze jours de mars à fin août.	Engrais complet (NPK 15-15-15) de mars à septembre.
Taille	Taillez en février.	Supprimez les rameaux défleuris.	Coupez les tiges défleuries à la base.	Taillez au printemps pour conserver un port en boule.
Difficulté et particularités de culture	* Pour la culture en pot, les variétés naines sont à rechercher ; 'Mrs Roeding' et 'Simie' sont, en plus, parfumées.	** Rempotez tous les ans dans un pot juste plus grand.	** Les jeunes plantes fleurissent peu, mais les sujets âgés, deux fois par an.	** Rempotez tous les ans dans un pot à peine plus grand.
Longévité	8 à 10 ans.	6 à 10 ans.	10 ans et plus.	8 à 10 ans, voire plus dans un bac spécial à parois amovibles.

Les plantes de véranda conservatoire

LES PLANTES DE SOLEIL

	Passiflore bleue (*Passiflora caerulea*)	**Phormiums** (*Phormium ssp.*)	**Plante-kangourou** (*Anigozanthos flavidus*)
Aspect	Plante grimpante volubile de 2 à 3 m en pot. Feuilles persistantes découpées ; larges fleurs très originales bleu, rose et blanc.	Plantes vivaces formant une touffe évasée aussi large que haute, jusqu'à 1 m. Feuilles décoratives partant de la base, en forme de sabre, vertes, pourpres ou diversement panachées ; haute inflorescence sur les sujets âgés.	Plante vivace en touffe érigée, atteignant 50 cm de hauteur, originaire d'Australie. Feuilles persistantes linéaires ; fleurs estivales veloutées aux coloris variés, de forme tubulaire, réunies à l'extrémité des tiges et pouvant évoquer des pattes de kangourou.
Temp. minimale en hiver	Hors gel.	Hors gel.	Hors gel.
Arrosage	Conservez le terreau frais en été. Réduisez l'arrosage en hiver.	Arrosage modéré en été, très réduit en hiver.	Arrosage copieux en été, très réduit en hiver.
Engrais	Engrais pour plantes fleuries de mai à fin août.	Engrais pour plantes vertes d'avril à fin août.	Engrais pour plantes fleuries de mai à fin août.
Taille	Taille courte au printemps pour favoriser la floraison.	Coupez simplement la tige fanée.	Pas de taille.
Difficulté et particularités de culture	** Plante à palisser et à rempoter tous les deux ans, juste après la taille.	** Il existe de nombreuses formes naines faciles à conserver en pot.	*
Longévité	10 ans et plus.	5 à 7 ans et plus.	4 ou 5 ans.

Chap. 4 : Jardins d'hiver et vérandas

	LES PLANTES DE SOLEIL	LES PLANTES DE MI-OMBRE	
	Solanum (Solanum rantonnetii)	**Campanule étoile-du-marin** (Campanula isophylla)	**Cyclamen des fleuristes** (Cyclamen persicum hyb.)
Aspect	Forme arbustive à port souple, mesurant jusqu'à 1 m en pot. Feuilles caduques ; abondante floraison bleu-violet de juin à octobre.	Plante vivace à tiges rampantes, atteignant 30 cm d'envergure. Feuilles dentelées vert bleuté ; de mai à octobre, grosses fleurs étoilées bleues ou blanches.	Plante vivace à tubercule, d'environ 30 cm de hauteur. Feuilles en forme de cœur, vert foncé à reflets argentés ; de novembre à mars, grandes fleurs aux pétales retournés vers le haut, roses, blanches ou rouges.
Temp. minimale en hiver	Hors gel.	Hors gel.	Hors gel.
Arrosage	Arrosage moyen en été, très réduit en hiver.	Arrosage copieux en été, très réduit en hiver.	Gardez le terreau toujours frais des premières feuilles à la fin de la floraison.
Engrais	Engrais pour plantes fleuries de mai à fin août.	Engrais pour plantes fleuries de mai à fin août.	Engrais liquide pour plantes fleuries dès le départ de la végétation et jusqu'à la floraison.
Taille	Rabattez d'un tiers les tiges en février ou en fin d'été, avant de rentrer la plante.	Rabattez les tiges en février, à 5 cm de hauteur.	Coupez les fleurs fanées.
Difficulté et particularités de culture	* Sans taille, le port devient pleureur et la plante plus encombrante.	* Bouturez les tiges taillées pour renouveler la plante car elle devient moins décorative au fil des ans. La base des tiges durcit et perd ses feuilles.	** Après la floraison, réduisez les arrosages, stoppez les apports d'engrais et laissez les feuilles jaunir. Tenez au sec au moins trois mois.
Longévité	7 à 8 ans et plus.	2 ou 3 ans.	5 ans et plus.

Les plantes de véranda conservatoire

LES PLANTES DE MI-OMBRE

	Fougères arborescentes (Dicksonia antarctica, D. fibrosa, D. squarrosa)	Fuchsias (Fuchsia hyb.)
Aspect	Bouquet de frondes au sommet d'un tronc à croissance très lente atteignant 2 m de hauteur en pot. Feuilles persistantes (s'il ne gèle pas) ; les jeunes frondes enroulées en crosse se développent au printemps et en été.	Arbustes à port dressé ou pleureur, de 30 cm à plus de 1 m en pot. Feuilles semi-persistantes ; de mai à octobre, fleurs simples ou doubles en clochettes tubulaires pendantes.
Temp. minimale en hiver	Hors gel.	Hors gel.
Arrosage	Nécessite un arrosage abondant et une forte humidité ambiante par temps chaud.	Maintenez le terreau toujours humide en été, réduisez l'arrosage en hiver.
Engrais	Engrais liquide pour plantes vertes pendant la belle saison.	Engrais pour plantes fleuries de mai à fin août.
Taille	Coupez éventuellement les frondes sèches.	Taillez assez court en fin d'hiver.
Difficulté et particularités de culture	★★★ Versez l'eau d'arrosage au sommet du stipe, l'idéal étant un goutte-à-goutte.	★ Placez-les dans un endroit frais en été (pas plus de 25 °C).
Longévité	Plusieurs dizaines d'années.	5 ans.

Chap. 4 : Jardins d'hiver et vérandas

LES PLANTES DE MI-OMBRE

	Haemanthus (Haemanthus albiflos, H. coccineus, H. sanguineus)	**Palmier de Californie** (Washingtonia filifera)	**Vallota** (Cyrtanthus elatus)
Aspect	Plantes vivaces bulbeuses de 20 à 30 cm de hauteur. Feuilles partant de la base sans être insérées sur des tiges, rondes ou rubanées, persistantes chez *H. albiflos* ; floraison de l'été à l'hiver (selon les espèces) ; fleurs blanches ou rouges en ombelles très originales (comme une brosse), parfois entourées de bractées colorées.	Palmier à croissance rapide, mesurant jusqu'à 4 m en pot. Palmes vert clair garnies de nombreux filaments blancs.	Plante vivace bulbeuse de 45 cm de hauteur. Feuilles persistantes dressées, rubanées ; en été, hampe de fleurs rouge vermillon rappelant celles du clivia.
Temp. minimale en hiver	Hors gel.	Hors gel.	Hors gel.
Arrosage	Arrosage modéré durant la période de végétation, repos au sec ensuite.	Arrosage copieux en période chaude, très réduit en hiver.	Arrosez deux fois par semaine en été, pratiquement pas en hiver.
Engrais	Engrais liquide pour plantes fleuries une fois par mois durant la période de végétation. *H. coccineus* et *H. sanguineus* sont au repos complet en été, sans arrosage ni engrais.	Engrais pour palmiers de mai à fin août.	Engrais liquide pour plantes fleuries de mai à fin août.
Taille	Pas de taille.	Coupez les palmes desséchées.	Coupez les hampes défleuries.
Difficulté et particularités de culture	* Rempotez en avril ou en automne selon les espèces (quand les plantes refont des feuilles), avec apport de poudre d'os.	* Ce palmier préfère les faibles hygrométries ; le feuillage peut jaunir en hiver si la plante est trop arrosée.	* Donnez-lui un terreau de bonne qualité (pas le moins cher) très perméable (contenant par exemple de la perlite ou de la vermiculite), comme pour les bulbes en général.
Longévité	Plus de 10 ans. Les bulbes se multiplient, formant une potée toujours plus belle.	Plus de 10 ans, à condition d'être dans un très grand pot.	5 à 10 ans.

Chapitre 5

Le coin des collectionneurs

Le feuillage chamarré d'un bégonia, la grâce sophistiquée d'une orchidée ou la fleur exotique d'un hibiscus vous a un jour « fait craquer ». Depuis, vous êtes atteint du virus de la collection, pour le meilleur et pour le pire. En quête de toutes les belles espèces ou variétés vues dans les livres, le collectionneur doit se faire fouineur, voyageur, voire explorateur pour satisfaire sa passion. Voici quelques pistes pour dénicher la perle rare…

Passion bégonias

Un peu d'histoire

Il faut remonter à 1651 pour trouver une description du premier bégonia – dénommé *Totocaxoxo coyollin* –, qui fut découvert au Mexique par Francisco Hernandez. En 1690, le moine Charles Plumier décrivait six autres espèces et créait le genre *Begonia*. Ce dernier fut introduit en Angleterre en 1777. Depuis, le genre s'est enrichi de nombreuses espèces, puisque les botanistes en ont recensé jusqu'à présent environ 1 400.
Tous les bégonias poussent dans les zones équatoriale et tropicale, en Asie, en Afrique, en Amérique centrale et du Sud et en Nouvelle-Zélande. Un grand nombre d'hybrides ont été créés presque dans le monde entier. Les bégonias cultivés en massifs ou en jardinières (*Begonia semperflorens* et *Begonia* x *tuberhybrida*) ont fait et font encore l'objet d'une sélection horticole importante. Il en est de même pour les bégonias Rieger et Hiemalis, proposés toute l'année en potées fleuries pour la maison.

Quelques conseils préliminaires

Le genre *Begonia* offre une très grande diversité de plantes, aux ports et aux feuillages souvent fort différents, puisqu'il existe des espèces grimpantes, retombantes ou érigées, tapissantes, touffues, buissonnantes ou monophylle, certaines n'excédant pas quelques centimètres de hauteur alors que les géantes peuvent dépasser… 2 m d'envergure !

Les espèces composant ce genre diffèrent au par leurs exigences de culture. Les bégonias c tivés à l'extérieur (*Begonia semperflore Begonia* x *tuberhybrida*, *B. grandis* ssp. ev siana) se montrent particulièrement robus et florifères, nécessitant peu de soins. contraire, certaines espèces n'arrivent à po ser que dans une serre chaude ou confinés d un terrarium bien chauffé et éclairé. Po installer une collection, vous devez dispo d'un espace très clair mais abrité du soleil dir et éviter les courants d'air et les brusq variations de température, souvent fatales à plantes.
En France, le commerce horticole propose choix très restreint d'espèces et d'hybrides plupart des potées étant vendues sans aucu identification. Seule solution pour augmen votre collection : rencontrer d'autres col tionneurs, en France ou à l'étranger, ou vo

RENCONTRER D'AUTRES PASSIONNÉS

Les foires aux plantes et les magazines de jardinage (les petites annonces d'échanges de végétaux) vous permettront sans doute de faire des rencontres intéressantes. Mais la meilleure façon d'entrer en contact avec un grand nombre d'amateurs est d'adhérer à une association.

• **American Begonia Society (ABS)** est réservée aux amateurs parlant l'anglais. Elle publie une revue bimestrielle, *The Begonian*, et propose un service de vente de graines.
Adhésion auprès d'Arlène Ingles, 157 Monument, Rio Dell Ca 95562-1617, États-Unis.

• **Association française des amateurs de bégonias (Afabégo)** a été créée en 1988. Elle compte environ 160 membres, répartis dans toute la France. Elle édite un bulletin trimestriel, *Le Petit Bégofil*, et propose un service de vente de graines.
3, rue du Puy-Lanté, Maisonneuve, 17100 Le Douhet.

• **Association of Australian Begonia Societies Inc. (AABS)** regroupe les sept associations d'amateurs de bégonias qui existent en Australie. Elle édite un journal trimestriel, *Begonia Australis*.
Adhésion auprès de Peter Carter, 807 Winter Street, Buninyong, Victoria, 3357, Australie.
E-mail : pcarter@netconnect.com.au

Dialoguer avec d'autres amateurs

Pour échanger des conseils de culture, des photos, des graines ou des plantes, connectez-vous.

• Certaines associations ont un site : http://www.begonias.org pour l'American Begonia Society (ABS), http://www.begonias.ca pour la Canadian Begonia Society et http://www.vicnet.net.au/~aabs pour l'Association of Australian Begonia Societies Inc. (AABS).

• Le groupe Begonias, fondé en 1998, rassemble des amateurs qui maîtrisent suffisamment l'anglais. L'adhésion à ce groupe de discussion est gratuite.
http://groups.yahoo.com/group/Begonias

• Créé en 2002, par Alain Delavie, le groupe de discussion PASSION_BEGONIAS est le seul groupe francophone exclusivement consacré à la famille des Bégoniacées, et aux bégonias en particulier. L'adhésion est gratuite.
http://fr.groups.yahoo.com/group/PASSION_BEGONIAS

Begonia 'Lospe-Tu'.

Les hybrides de Begonia rex *offrent une gamme infinie de coloris.*

Les grosses fleurs doubles de certaines variétés de Begonia Rieger *font penser à des roses.*

étant vendues sans aucune identification. Seule solution pour augmenter votre collection : rencontrer d'autres collectionneurs, en France ou à l'étranger, ou voyager dans les contrées où prospèrent les bégonias.

DÉFINISSEZ VOTRE COLLECTION

Pour ne pas risquer la surpopulation, vous devrez limiter vos acquisitions. Choisissez un thème particulier : les espèces botaniques ou les obtentions horticoles, les bégonias poussant dans un pays ou sur un continent, les miniatures ou les géants, les plantes à port particulier (retombant, buissonnant, bambusiforme, etc.), les plus florifères, ou les feuillages les plus bizarres (gaufrés, découpés, frisottés, spiralés comme la coquille d'un escargot, parfois doublement spiralés, panachés, etc.), présentant une texture particulière (cireuse comme du cuir ou très poilue, par exemple), une couleur de fleurs (le jaune et l'orange étant les plus rares) ou de feuillage (vert fluo comme *Begonia imperialis* 'Smaragdina', etc.).

➡ *Voir aussi p. 60 et fiches p. 80, 219 à 221, 324 à 326 et 381.*

Il existe des bégonias aux feuilles entièrement ou presque blanches, d'autres roses ou argentés. Encore plus original, *Begonia pavonina*, importé pour la première fois en France par le botaniste Patrick Blanc, présente de curieux reflets d'un bleu métallique et fluorescent. Vous pouvez aussi vous intéresser aux bégonias odorants (peu nombreux), même si leur parfum dépend beaucoup des conditions de culture.

POUR DÉBUTER

Sachez que toutes les espèces à fleurs jaunes sont en général très délicates et difficiles à conserver, même si vous les installez dans un terrarium ou dans une serre chaude. Moins fragiles mais souvent capricieux, les hybrides buissonnants ou bambusiformes à fleurs orangées sont plus exigeants en lumière et chaleur. Enfin, si vous vivez en appartement et que vous ne disposez pas d'une cave ou d'un garage non chauffé (mais hors gel), évitez de collectionner les bégonias tubéreux.

Pour un premier achat, essayez *Begonia* 'Erythrophylla', *B.* 'Northern Light' ou *B.* 'Comte de Miribel'. Mais si vous possédez une véranda chauffée en hiver, elle offrira des conditions favorables à la plupart des bégonias.

Begonia imperialis 'Smaragdina'.

DES COLLECTIONS À VISITER

Conservatoire du bégonia de Rochefort, 1, rue Charles-Plumier, 17300 Rochefort.
C'est la collection de bégonias la plus importante d'Europe ; elle regroupe environ 1 650 espèces et variétés.

Jardin des serres d'Auteuil, 3, avenue de la Porte-d'Auteuil, 75016 Paris. Tél. : 01 40 71 14 00.
La collection (250 espèces et 300 hybrides de bégonias) se trouve dans les chapelles 6 et 7 des serres chaudes. Depuis 1997, la collection d'hybrides de *Begonia rex* a obtenu l'agrément du Conservatoire des collections végétales spécialisées (CCVS) au titre de collection nationale.

Une forêt de bonsaïs

Un peu d'histoire

Ce sont d'abord les Chinois qui cultivèrent des arbres en pots, les premiers témoignages relatifs à des paysages miniatures datant approximativement du IIe siècle avant J.-C. Vers le XIIe siècle, la présence des bonsaïs au Japon est attestée. Les premières codifications des règles concernant leur formation sont établies dans ce pays aux XVIe et XVIIe siècles et, en 1873, l'empereur Meiji élève le bonsaï au rang d'art national. En Europe, la première apparition de bonsaïs japonais a lieu à l'Exposition universelle de Paris (1878). En France, la culture se développe véritablement à partir des années 1980.

Quelques conseils préliminaires

Sculptures vivantes, reflets de celui ou celle qui les cultive, les bonsaïs exigent attention et patience. Inutile d'envisager une telle collection si vous partez chaque année en vacances pendant une longue période sans personne à qui les confier.

Méfiez-vous aussi de vos animaux domestiques (chats, chiens), qui peuvent sérieusement abîmer vos bonsaïs en les bousculant dans un moment de frénésie.

❧ Définissez votre collection

Pour limiter votre collection, vous pouvez choisir de cultiver des bonsaïs d'une seule espèce d'arbre ou d'arbuste (par exemple, *Ficus retusa*) en déclinant différents styles, ou bien sélectionner des sujets d'âges ou de tailles très divers.

➡ *Voir aussi fiches p. 368 à 373.*

Autre solution, cultiver plusieurs espèces selon un style précis : Chokkan (forme verticale), Moyogi

Sageretia *de 45 ans, style Nesikan.*

(forme presque verticale), Shakan (forme inclinée), Han-Kengaï (forme en semi-cascade), Kengaï (forme en cascade), Fukinagashi (forme battue par les vents), Bunjingi ou Literati (forme dite « du lettré »), Hokidachi (forme en balai), Hishitzuki (arbre

Rencontrer d'autres passionnés

Vous pouvez adhérer à l'une des nombreuses associations d'amateurs (ou *bonsaï-ka*), en recherchant en priorité celles qui existent dans votre ville, votre département ou votre région. Voici quelques adresses nationales, qui pourront aussi vous indiquer des groupements de *bonsaï-ka* près de chez vous :

• **Association française des amateurs de bonsaï (AFAB)**
8, rue Simone, 91560 Crosne.
Site : http://membres.lycos.fr/afab/index.html
E-mail : afab.bonsai@wanadoo.fr

• **Fédération française de bonsaï (FFB)**
Parc oriental, 49360 Maulévrier.
Site : http://www.ffb-bonsai.org

Dialoguer avec d'autres amateurs

Pour échanger des conseils de culture, des photos, des graines ou des plantes, connectez-vous.

• Le Web Ring des *bonsaï-ka* francophones est un annuaire de sites Internet sur les bonsaïs qui vous donne accès à un nombre important d'adresses : http://www.ifrance.com/shizencom/shizen/bwrfmain.htm

• Le site Art bonsaï, créé par le Club des amis des bonsaïs de Plaisir (78) propose un forum, des conseils d'entretien, des techniques et des informations diverses relatives aux bonsaïs : http://artbonsai.free.fr

• Quinze forums sont proposés sur le site ParlonsBonsaï.com : http://www.parlonsbonsai.com/forum/

• Le site des bonsaïs pour rêver ou pour créer, avec un forum et une multitude d'informations destinées aux débutants et aux amateurs plus avertis : http://site.voila.fr/bonsai_nguyen/index.html

• Le site du guide mondial du bonsaï donne accès à un nombre important de liens : http://www.worldbonsaiguide.com

Chap. 5 : Le coin des collectionneurs

Serissa japonica *d'environ 10 ans*, style Sakei.

Ficus retusa *de 40 ans*.

Serissa japonica *de 30 ans, style Sokan*.

planté dans une roche), Seigikôju (les racines de l'arbre enserrent une roche avant de pénétrer dans le substrat), Neagari (forme à racines apparentes, qui convient très bien aux espèces exotiques comme les ficus et les sérissas), Bankan (forme trapue), Kabudachi (arbre à deux, trois ou plusieurs troncs), Yose-ue (forme en forêt, avec un groupe d'arbres de la même espèce en nombre impair), Ikada-Buki (forme en radeau), Sharimiki ou Shari (arbre à tronc partiellement écorcé), Uromiki (forme à tronc creusé), Sabamiki (bonsaï au tronc fendu) et Sôju (deux arbres plantés dans le même pot).

Si vous manquez de place, intéressez-vous aux bonsaïs miniatures : les *mame* mesurent moins de 7 cm de hauteur, les *shohin* ne dépassent pas 20 cm. Attention, ces plantes de taille vraiment très réduite réclament encore plus de soins et, surtout, très réguliers. Autre possibilité : la collection de *bonkei*, ces petits paysages constitués de bonsaïs de différentes espèces d'arbres ou d'arbustes, parfois associés à d'autres plantes (helxines, sélaginelles, mousses, etc.).

Pour débuter

Les espèces d'arbres ou d'arbustes cultivées en bonsaï et supportant une culture dans la maison sont assez peu nombreuses.

Si vous achetez un bonsaï déjà formé, il est préférable de commencer avec une plante de taille moyenne (de 30 à 60 cm de hauteur) plutôt qu'avec un sujet plus petit (*mame* ou *shohin*) qui ne tolérera pas le moindre oubli d'arrosage.

Pour un premier essai, évitez les sagérétias et les sérissas, trop délicats et exigeants. Préférez un *Ficus retusa*. C'est une excellente plante d'intérieur et certainement une des espèces les plus faciles à conserver et à cultiver en bonsaï. Vous pouvez aussi tenter la culture d'une des variétés de *Ficus benjamina*, encore plus résistant. Mais dans ce dernier cas, vous devrez former vos bonsaïs complètement, en partant d'une bouture.

DES COLLECTIONS À VISITER

Jardins du monde, 5, avenue des Fleurs-de-la-Paix, BP 77, 17204 Royan cedex. Tél. : 05 46 38 00 99.
Site : www.jardins-du-monde.com
Le pavillon des bonsaïs accueille une exposition permanente de bonsaïs tropicaux, dont certains ont plusieurs siècles. Tout au long de l'année, des stages d'initiation à la culture et à l'entretien des bonsaïs sont organisés.

Le « jardin des bonsaïs » du Parc floral de Vincennes, route de la Pyramide (métro Château de Vincennes), à Paris. Tél. : 08 20 00 75 75.

Parc oriental de Maulévrier (Maine-et-Loire). Tél. : 02 41 55 50 14.
Site : http://www.parc-oriental.com
E-mail : contact@parc-oriental.com

De mars à novembre, découvrez des expositions de bonsaïs et de plantes exotiques.

De sympathiques carnivores

Un peu d'histoire

Sous la dénomination « plantes carnivores » sont regroupés des végétaux très différents, appartenant à 8 familles et 18 genres. Il existe environ 600 espèces ayant développé cette « carnivorité ». Les premières traces de ces plantes curieuses (des Droséracées) datent du Crétacé supérieur, soit il y a environ 75 millions d'années.

Les plantes carnivores poussent dans le monde entier (même en France, mais ces espèces, souvent protégées, ne sont pas des plantes d'intérieur), à l'exception des zones désertiques et des pôles, depuis le niveau de la mer jusqu'à plus de 3 500 m d'altitude.

Un grand nombre d'entre elles ne supportent pas la culture en intérieur.

Quelques conseils préliminaires

Avant de vous lancer, sachez que, d'une manière générale, les plantes carnivores redoutent l'eau calcaire. À moins d'habiter dans une région où l'eau du robinet est naturellement douce, vous devrez soit recueillir les eaux de pluies (attention, dans les grandes agglomérations, elles sont souvent très polluées), soit vous munir de jerricans et acheter régulièrement de l'eau déminéralisée (en vente dans les magasins spécialisés en aquariophilie). De plus, un grand nombre d'espèces apprécient un séjour en plein air pendant la belle saison : il est préférable d'avoir un jardin, une terrasse ou un grand balcon.

Définissez votre collection

Si vous devez vous limiter, faute de place dans une maison, et même dans une serre ou une véranda, donnez un thème à votre collection. Par exemple, un continent ou un pays (d'où seront originaires vos plantes).

Vous pouvez aussi choisir des plantes appartenant à un genre parmi ceux actuellement connus : *Aldrovanda*, *Brocchinia*, *Byblis*, *Catopsis*, *Cephalotus*, *Darlingtonia*, *Dionaea*, *Drosera*, *Drosophyllum*, *Genlisea*, *Heliamphora*, *Ibicella*, *Nepenthes*, *Paepalanthus*, *Pinguicula*, *Sarracenia*, *Triphyophyllum* et *Utricularia*. Certains genres ne comportent qu'un très petit nombre d'espèces, voire une seule.

RENCONTRER D'AUTRES PASSIONNÉS

Vous pouvez adhérer à une des nombreuses associations d'amateurs, nationales ou régionales. Voici une sélection de groupements nationaux :

• Fondée en 1983, l'association française des amateurs de plantes carnivores **Dionée** a pour but de promouvoir et de protéger les plantes carnivores. Elle fédère plus de 350 membres français ou étrangers et coiffe plusieurs antennes régionales. Elle édite une revue trimestrielle et propose un service de bourse aux graines. Pour adhérer, contactez le trésorier de l'association par courrier, à l'adresse suivante : *Dionée, Jardin botanique de Lyon, Parc de la Tête-d'or, 69459 Lyon cedex 06*, ou par mail à l'adresse tresorier@dionee.org
Site : http://www.dionee.org

• **International Carnivorous Plant Society (ICPS)** est la plus grande association d'amateurs de plantes carnivores dans le monde. Elle édite une revue trimestrielle, *Carnivorous Plant Newsletter*. Elle est, hélas, réservée aux jardiniers qui maîtrisent l'anglais. Pour adhérer, écrivez à *ICPS, PMB 330, 3310 East Yorba Linda Blvd, Fullerton, CA 92831-1709, États-Unis*.
Site : http://www.carnivorousplants.org

Dialoguer avec d'autres amateurs

Pour échanger des conseils de culture, des photos, des graines ou des plantes, connectez-vous.

• Un site très détaillé, riche en informations pour tous les passionnés, avec notamment un agenda de manifestations, un « chat », un forum, des fiches sur de nombreuses espèces, des photos et un annuaire de liens :
http://www.plantes-carnivores.com

• Le site de Jean-Jacques Labat, pépiniériste collectionneur et producteur de plantes carnivores :
http://www.natureetpaysages.com

• Le site de CPZINE, magazine en ligne et en langue anglaise sur les plantes carnivores : http://www.cpzine.com

• Le premier groupe de discussion francophone sur Yahoo ! Groupes :
http://fr.groups.yahoo.com/group/plantes_carnivores

• Le WebRing francophone sur les plantes carnivores, pour vous promener sur le Web et avoir accès à de très nombreux liens concernant ces végétaux :
http://www.plantes-carnivores.com/webring

Chap. 5 : Le coin des collectionneurs

Dionaea muscipula : *jolie et facile.*

Drosera rotundifolia : *une des 140 espèces du genre.*

Les feuilles munies de tentacules gluants de Drosera aliciae *capturent des petits insectes.*

Cephalotus follicularis *est la seule espèce du genre. Elle a été découverte en 1791.*

Vous pouvez rechercher des plantes carnivores miniatures ou des végétaux à pièges actifs. Autre sélection possible : cultiver uniquement des espèces botaniques ou des hybrides naturels, ou encore des hybrides créés par l'homme.

Pour débuter

Les plantes carnivores sont de plus en plus fréquentes dans les points de vente de jardinage (jardineries, fleuristes…). Malheureusement, la plupart des potées ne sont pas étiquetées et vous risquez d'acheter une plante qui ne supporte pas les conditions de culture de votre intérieur. Vous devrez donc vous référer à des ouvrages spécialisés ou demander conseil à un pépiniériste sérieux afin d'identifier la plante. Ainsi, vous connaîtrez ses besoins spécifiques.

Pour un premier achat, vous pouvez retenir : la petite dionée (*Dionaea muscipula*) et ses variétés, *Brocchinia reducta* (une Broméliacée), *Drosera binata* et ses variétés, *Drosera capensis* et *Nepenthes* x *ventrata*.

➤ *Voir aussi p. 61 et fiche p. 298.*

DES COLLECTIONS À VISITER

Jardin botanique du Montet, 100, rue du Jardin botanique, 54600 Villers-lès-Nancy. Tél. : 03 83 41 47 47.
Site : http://www.cjbn.uhp-nancy.fr/montet.html
Dans les serres tropicales du jardin, vous pourrez admirer une collection de plantes carnivores comprenant des espèces rares.

Jardin carnivore, Nature et paysage, 32360 Peyrusse-Massas. Tél. : 05 62 65 55 44.
Agréé « collection nationale » par le Conservatoire français des collections végétales spécialisées (CCVS) depuis 1995, adhérent à la charte des Jardins botaniques de France, le Jardin carnivore a été ouvert par Jean-Jacques Labat en juillet 2003. Il regroupe plus de 450 taxons, répartis dans 17 genres sur les 18 connus.

Jardin des serres d'Auteuil, 3, avenue de la Porte-d'Auteuil, 75016 Paris. Tél. : 01 40 71 14 00.
La collection de plantes carnivores est abritée dans les serres du jardin.

Jardin botanique de Lyon, Parc de la Tête-d'or, 69459 Lyon.
Le jardin présente ses plantes carnivores dans un aménagement paysager.

Jardin botanique de Rouen, 114 ter, avenue des Martyrs-de-la-Résistance, 76100 Rouen.
Ce jardin présente une très belle collection de *Nepenthes*.

Les hibiscus à la folie

Un peu d'histoire

Le genre *Hibiscus* comprend environ 200 espèces annuelles, vivaces ou arbustives, mais ce sont surtout les roses de Chine (hybrides de l'*Hibiscus rosa-sinensis*) qui sont cultivées, pour leur grande valeur décorative. Ces dernières ont vraisemblablement été introduites en Europe au XVIIe siècle. Elles seraient originaires d'Asie, et plus particulièrement de Chine.
Leurs fleurs sont devenues, en 1923, l'emblème national des îles Hawaii.

Quelques conseils préliminaires

Dans les régions tropicales, ces arbustes de la famille des Malvacées sont cultivés dans les jardins, soit en pot, soit en pleine terre (isolément ou bien en haie ou massif). En Europe, ce sont d'excellentes plantes d'intérieur, de véranda ou de serre chaude, qui ne peuvent séjourner dehors que pendant la belle saison.
Hybrides européens ou tropicaux, le nombre des cultivars ne cesse de croître. L'Australian Hibiscus Society en a recensé plus de 8 000 ! Ce nombre étant en constante évolution, il est préférable de consulter régulièrement sur Internet le registre officiel des cultivars obtenus à partir de l'espèce *Hibicus rosa-sinensis*, à l'adresse : http://www.geocities.com/auhibsoc/ira/register.htm

Sans serre ou véranda, il est difficile d'envisager une collection importante dans une maison, car ces belles plantes sont très exigeantes en lumière et en chaleur (il leur faut une température toujours supérieure à 10 °C). De plus, elles occupent vite beaucoup de place : un sujet de quelques années peut dépasser 2 m de hauteur sur plus de 1 m de diamètre s'il n'est pas taillé régulièrement. Mais si vous manquez vraiment de place, vous avez toujours la possibilité de greffer plusieurs hybrides sur un porte-greffe robuste pour obtenir un seul arbuste portant autant de variétés de fleurs différentes qu'il y a de greffons différents.

Rencontrer d'autres passionnés

Une foire aux plantes ou les petites annonces d'échanges de végétaux, dans les magazines de jardinage, vous mettront en contact avec quelques amateurs, mais la meilleure façon d'en rencontrer un grand nombre est d'adhérer à une association.

- **American Hibiscus Society** regroupe des amateurs répartis dans les 40 États d'Amérique du Nord, mais aussi dans 45 pays étrangers. Elle publie une revue trimestrielle, *The Seed Pod*. L'adhésion annuelle peut être effectuée en se connectant sur le site de l'association (adresse ci-contre) ou en écrivant à : *Executive Secretary, AHS, 609 Apalachicola Road, Venice, FL 34285, États-Unis.*

- **Australian Hibiscus Society Inc.** a été créée en 1967 et est affiliée à l'American Hibiscus Society. En 1980, elle a été reconnue par l'International Society of Horticulture Science (ISHS) comme étant l'autorité internationale pour la reconnaissance des cultivars d'*Hibiscus rosa-sinensis*. Elle publie une revue trimestrielle, *The Hibiscus*. L'adhésion annuelle s'effectue en s'adressant à : *The Membership Secretary, Mrs Shirley Thomas, 23/129 Albany Creek Road, Aspley, 4034, Australie.*

- **International Hibiscus Society (IHS)** a la particularité de ne fonctionner que sur Internet. Elle a été créée en juin 2000 par Richard Johnson. L'inscription se fait directement sur le site (voir adresse ci-contre), l'adhésion étant gratuite. L'association édite une revue trimestrielle, *Hibiscus International*, imprimée sur papier et disponible par Internet (consultation gratuite).

Dialoguer avec d'autres amateurs

Pour échanger des conseils ou des astuces de culture, des photos, des graines ou des plantes, connectez-vous.

- Les sites des associations d'amateurs d'hibiscus citées ci-contre sont exclusivement en langue anglaise :
http://www.internationalhibiscussociety.org pour l'International Hibiscus Society ;
http://www.americanhibiscus.org pour l'American Hibiscus Society ;
http://www.australianhibiscus.com pour l'Australian Hibiscus Society Inc.

- Les groupes de discussion permettent des échanges dans le monde entier.
http://fr.groups.yahoo.com/group/hibiscusmania (créé par Françoise Levavasseur en 2002) est le premier groupe francophone entièrement consacré aux hibiscus (adhésion gratuite) ; http://groups.yahoo.com/group/InternationalHibiscusSociety est réservé aux amateurs d'hibiscus maîtrisant bien l'anglais (adhésion gratuite).

Chap. 5 : Le coin des collectionneurs

Comment ne pas « craquer » devant ces fleurs, plus séduisantes les unes que les autres ?

Pour un effet encore plus spectaculaire, regroupez des variétés différentes dans un grand pot.

👁 DES COLLECTIONS À VISITER

Difficile d'admirer des roses de Chine en France, car il n'existe pas de collections ouvertes au public. Seul moyen de voir un grand nombre de ces belles fleurs exotiques : se faire inviter chez un collectionneur ou une collectionneuse.
Au hasard d'une visite dans une serre chaude d'un jardin botanique, vous pouvez découvrir quelques sujets fleuris, comme dans la grande serre (palmarium) du Jardin des serres d'Auteuil (Paris).
Édouard Mazzola, pépiniériste à la retraite, a créé un étonnant jardin privé, le **Jardin de l'Esquinade**, situé à Menton (Alpes-Maritimes). Il y pousse plus de 90 variétés d'hibiscus, mais aussi une superbe collection de mimosas et d'agrumes.
Visite sur demande par téléphone : 04 92 10 33 66.

🌺 DÉFINISSEZ VOTRE COLLECTION

Choisissez un thème pour votre collection : les variétés à fleurs simples, petites, moyennes ou grandes. Ou bien, vous pouvez collectionner uniquement les hibiscus à fleurs doubles ou d'une couleur particulière.
➜ *Voir aussi fiche p. 178 à 181.*

POUR DÉBUTER

Comme la plupart des collectionneurs, vous commencerez tout simplement avec une ou plusieurs variétés proposées dans le commerce. L'offre est très limitée en France, mais avec un peu de chance, les plantes seront identifiées !
Ne vous lancez pas dans la culture des espèces botaniques du genre *Hibiscus* ou des hybrides tropicaux que vous pouvez découvrir sur les sites Internet ou dans certains ouvrages étrangers. Limitez-vous, dans un premier temps, aux hybrides européens, mieux adaptés à nos intérieurs et beaucoup moins exigeants en chaleur que les somptueuses roses de Chine créées en Polynésie, en Floride ou à Hawaii, par exemple. Les hibiscus à fleurs simples, rouges ou blanches, sont les plus faciles à cultiver.

Délires d'orchidées

Phalaenopsis 'Lady Amboin'.

Un peu d'histoire

La grande famille des Orchidacées comprend rien moins que 750 à 800 genres et environ 30 000 espèces réparties dans le monde entier, à l'exception de l'Antarctique et des zones désertiques les plus arides de l'Eurasie. Ces plantes mythiques sont apparues il y a environ 120 millions d'années, ce qui fait des Orchidacées une famille très jeune dans l'échelle de l'évolution des végétaux. Il faut leur ajouter quelque 120 000 hybrides créés par l'homme.

Le mot « orchidée » vient du grec *orchis*, qui signifie testicules. Elle fait référence à la forme des tubercules de certaines espèces. La première orchidée tropicale (un pied de *Brassavola nodosa*) fut introduite en France en 1768, mais la culture prit son essor au XIXe siècle (les collectionneurs s'arrachaient alors les sujets les plus rares à des prix faramineux, certains payèrent même de leur vie). Elle s'est démocratisée au XXe siècle avec le développement des méthodes de multiplication par cultures *in vitro*.

Quelques conseils préliminaires

Les orchidées ont déclenché les passions les plus vives et généré un commerce florissant, mais elles ont encore la réputation de plantes incultivables. Pourtant, un grand nombre d'hybrides sont maintenant bien adaptés à nos intérieurs et d'un prix de plus en plus raisonnable, qui les met à la portée de tous. En passant régulièrement chez votre fleuriste ou dans les jardineries les plus proches de chez vous, en adhérant à une ou plusieurs associations d'amateurs, vous aurez déjà une offre intéressante. Les orchidées voyagent très bien dans un colis, aussi ne vous privez pas et commandez-en aux grands spécialistes français ou européens, qui proposent des espèces plus rares ou des hybrides exceptionnels. Sachez qu'une orchidée défleurie peut être vendue à la moitié de son prix : un moyen économique d'augmenter sa collection.

Rencontrer d'autres passionnés

Si vous souhaitez adhérer à une association, vous n'aurez que l'embarras du choix car elles sont très nombreuses, la plupart disposant d'une revue et d'un site Internet. Voici une petite sélection d'associations nationales.

- **The American Orchid Society (AOS)**
  16700 AOS Lane, Delray Beach, Florida 33446-4351, États-Unis.
  E-mail : TheAOS@aos.org.   Site : http://orchidweb.org

- **Association des orchidophiles et épiphytophiles de France (AOEF)**
  Jardins de l'Esquinade, 2665, route de Super-Garavan, 06500 Menton.   Site : http://www.aoef.asso.fr

- **Association française de culture et protection des orchidées (AFCPO)**
  23, rue d'Alsace, 92300 Levallois-Perret.
  Tél. : 01 42 70 74 34.
  Site : http://www.afcpo.claranet.fr

- **Comité européen Orchidées (EOC)**
  Site : http://falco.elte.hu/eoc/EOC.htm

Dialoguer avec d'autres amateurs

Pour échanger des conseils de culture, des photos, éventuellement des graines ou des plantes, connectez-vous avec l'un de ces groupes de paroles.
http://orchidouxdingues.cjb.net
http://www.orchidees.fr/forums
http://fr.groups.yahoo.com/group/orchidee_fr
http://groups.msn.com/orchidofolie

- **Fédération française des amateurs d'orchidées (FFAO)**
  159 ter, rue de Paris, 95680 Montlignon.
  Tél. : 01 40 33 44 08.   Site : http://www.ffao-orchid.com

- **Les orchidophiles réunis de Belgique**
  Site : http://www.multimania.com/lesorb

- **Société française d'orchidophilie (SFO)**
  17, quai de la Seine, 75019 Paris.
  Tél. : 01 40 37 36 46.   Site : http://www.sfo-asso.com

Phalaenopsis hybride.

À Auteuil, les serres d'orchidées regroupent notamment des miltonias, des cattleyas et des paphiopédilums.

Phalaenopsis 'Lorraine Kenny'.

DÉFINISSEZ VOTRE COLLECTION

Limitez votre collection en choisissant un thème : les orchidées botaniques ou les hybrides, un genre ou un pays d'origine particulier, des plantes miniatures, des orchidées sans feuilles…

POUR DÉBUTER

Bien que fascinantes et d'une grande diversité, les orchidées sont, pour la plupart, très délicates. Si vous n'avez ni serre ni véranda, le choix se réduit nécessairement : toutes les espèces ayant des besoins de culture trop différents des conditions qui règnent dans votre logement doivent être écartées.

Dans la plupart des intérieurs modernes, les hybrides de phalænopsis restent les orchidées les plus faciles à conserver et à faire refleurir. Certains paphiopédilums sont aussi très faciles de culture, comme P. 'Pinocchio'.

➔ *Voir aussi fiches p. 92, 350-351 et 357.*

◉ DES COLLECTIONS À VISITER

■ Lisez régulièrement les pages d'agendas des magazines de jardinage. En effet, de très nombreuses expositions provisoires d'orchidées sont organisées chaque année un peu partout en France et en Belgique, par des associations ou des producteurs.

■ Certains horticulteurs ouvrent leurs serres, toute l'année ou lors de journées portes ouvertes. Avant de vous déplacer, renseignez-vous par téléphone pour être sûr des jours et horaires d'ouverture :

Marcel Lecoufle, 5, rue de Paris, 94470 Boissy-Saint-Léger.   Tél. : 01 45 69 12 79.
E-mail : mlecoufl@club-internet.fr

Les orchidées de Michel Vacherot, Le Pont d'Argens, 83520 Roquebrune-sur-Argens.
Tél. : 04 94 45 48 59.
E-mail : info@orchidees-vacherot.com   Site : http://www.orchidees-vacherot.com

Établissements Vacherot et Lecoufle, « La Tuilerie », 29, rue de Valenton, 94471 Boissy-Saint-Léger.   Tél. : 01 45 69 10 42.

Exofleur, chemin de Faudouas, 31700 Cornebarieu.   Tél. : 05 61 85 27 25.
E-mail : exofleur@worldonline.fr   Site : http://www.exofleurs.com

La Canopée Orchidées Production, Colette et Dominique Barthelemy, Penn an Neach Rozegad, 29470 Plougastel.   Tél. : 02 98 04 27 86.
E-Mail : d.barthelemy@wanadoo.fr   Site : http://lacanopeeorchidees.free.fr

■ Vous pouvez aussi admirer des orchidées toute l'année dans certains parcs et jardins botaniques. Les floraisons se succédant semaine après semaine, mois après mois, prévoyez plusieurs visites.

Jardin des serres d'Auteuil, 3, avenue de la Porte-d'Auteuil, 75016 Paris.
Tél. : 01 40 71 14 00.
Les serres chaudes hébergent une des plus importantes collections d'orchidées du monde, avec environ 4 000 espèces.

Jardins du monde, 35, avenue des Fleurs-de-la-Paix, BP 77, 17204 Royan Cedex.
Tél. : 05 46 38 00 99.   Site : www.jardins-du-monde.com.
Le parc accueille 700 espèces et variétés d'orchidées dans la plus grande serre d'Europe.

Jardin botanique « **Les Cèdres** », rue Dénis-Séméria, 06230 Saint-Jean-Cap-Ferrat.
Ce jardin tropical privé dispose de 25 serres et d'une fabuleuse collection d'orchidées.

Des amours de palmiers

Un peu d'histoire

Sans compter les hybrides créés par l'homme, la famille des palmiers (Palmacées ou Arécacées) regroupe environ 240 genres et 3 000 espèces tropicales ou subtropicales. Ces plantes très anciennes (les fossiles les plus vieux datent du Crétacé, soit il y a environ 100 millions d'années) ont survécu aux dinosaures. Elles sont utilisées depuis longtemps par l'homme (la culture du palmier-dattier est vieille d'au moins cinq mille ans). Symboles de fécondité et d'immortalité, véritables « arbres de vie », ces plantes sont cultivées en France depuis le XVIe et le XVIIe siècle. Dans la première moitié du XIXe siècle sont apparues les premières grandes serres abritant des jardins tropicaux, par exemple la Palm House du jardin botanique de Kew, en Angleterre, les serres royales de Laeken, en Belgique, puis, plus tardivement (1937), le jardin d'hiver du Jardin des plantes, à Paris.

Quelques conseils préliminaires

Pour collectionner les palmiers d'intérieur, il faut énormément de place et de la lumière. Si vous ne disposez pas d'une immense demeure ou d'un grand loft très clair, d'une serre chauffée ou d'une véranda large et haute, votre collection sera nécessairement réduite, car le moindre pied de palmier occupe très vite plus de 1 m² de surface au sol, sans parler de sa hauteur. Il n'est pas rare d'obtenir des sujets de 3 ou 4 m de hauteur sur autant de largeur dans un intérieur suffisamment vaste.

Rhapis excelsa.

RENCONTRER D'AUTRES PASSIONNÉS

Une foire aux plantes (où vous trouverez plutôt des palmiers rustiques pour les jardins) et les petites annonces d'échanges de végétaux, dans les magazines de jardinage, vous donneront l'occasion de rencontrer d'autres amateurs. Mais la meilleure façon d'entrer en contact avec un grand nombre d'entre eux est d'adhérer à une association.

- **European Palm Society** édite le magazine trimestriel *Chamaerops* et propose un forum sur Internet. Elle est réservée aux amateurs anglophones.
European Palm Society c/o The Palm Centre, Ham Central Nursery, Ham Street, Richmond, Surrey TW10 7HA, Royaume-Uni.
E-mail : info@palmsociety.org   Site : www.palmsociety.org

- **Fous de palmiers** a été créée en 1989. Cette association relie les amateurs francophones pour qu'ils puissent partager leurs connaissances, leurs expériences de culture, des graines, des plants et des adresses de pépiniéristes. Elle édite une revue trimestrielle, *Le Palmier*.
BP 6000, 83411 Hyères-les-Palmiers cedex.   Site : www.chez.com/palmiers

- **International Palm Society** édite une revue trimestrielle, *Principes*, et propose un forum sur Internet. Créée en 1956, cette association regroupe des amateurs du monde entier (81 pays environ). Pour adhérer, il est préférable de comprendre l'anglais. PO Box 368, Lawrence, Kansas 66044, États-Unis.
Site : http://www.palms.org

Dialoguer avec d'autres amateurs

Pour échanger des conseils de culture, des photos, des graines ou des plantes, vous pouvez aussi vous connecter.

- Le groupe de discussion http://fr.groups.yahoo.com/group/Palmiers s'intéresse aux palmiers, aux yuccas et à d'autres plantes exotiques : identification, techniques de germination, culture à l'intérieur, acclimatation à l'extérieur en zone tempérée, protection contre le froid, etc.

- La banque de graines http://palmae.free.fr offre des échanges gratuits ou payants de graines ou de plantules de palmiers.

La grande serre (palmarium) du jardin d'Auteuil héberge quelques splendides spécimens de palmiers âgés, qui poussent avec d'autres plantes exotiques.

Chrysalidocarpus lutescens (*et, près de la fenêtre, miltonias*).

DÉFINISSEZ VOTRE COLLECTION

Vous pouvez vous cantonner à un genre. Vous pouvez également choisir de cultiver les palmiers originaires d'un continent particulier ou seulement d'un pays.

➡ *Voir aussi fiches p. 105, 194, 199, 200, 201, 207, 227, 251 et 264.*
Et pourquoi ne pas suivre l'exemple des Japonais, qui se passionnent pour des formes naines du palmier japonais (*Rhapis excelsa*), nommées kannonchiku (consultez le site de la National Rhapis Palm Collection Anglesey http://www.kannonchiku.co.uk). Ces curiosités, qui ne dépassent pas 2 m de hauteur et poussent très lentement, diffèrent les unes des autres par de subtiles variations de forme, de couleur et de texture des feuilles, aux verts plus ou moins foncés ou panachés. Certaines atteignent des prix faramineux, de plusieurs centaines de dollars (avec le record de 10 000 dollars en 1975).

POUR DÉBUTER

Commencez avec les espèces proposées dans les jardineries et autres points de vente de jardinage pour voir celles qui poussent le mieux chez vous sans pour autant vous ruiner. Suivant la place dont vous disposez, vous pouvez acheter un palmier nain (*Chamaedorea elegans, C. metallica* et *C. seifrizii* sont les plus fréquents) ou, si vos pièces sont plus grandes, un kentia ou un aréca. Plus chers, les rhapis s'avèrent aussi d'excellentes plantes d'intérieur, notamment les espèces *Rhapis excelsa, R. humilis* ou *R. multifida*.

D'une manière générale, achetez plutôt des graines ou des jeunes plants, car les sujets adultes coûtent très chers et s'acclimatent plus difficilement.

DES COLLECTIONS À VISITER

Jardin des serres d'Auteuil, 3, avenue de la Porte-d'Auteuil, 75016 Paris. Tél. : 01 40 71 74 00.
La grande serre, ou palmarium, abrite des sujets exceptionnels qui laissent rêveur.

Conservatoire botanique national de Brest, 52, allée Bot, 29200 Brest. Tél. : 02 98 02 46 00.
La palmeraie est installée dans le parc de 20 ha et dans la grande serre.

Muséum national d'histoire naturelle, serres de Chèvreloup, 1, rue de Chèvreloup, Rocquencourt, 78150 Le Chesnay.
Visite sur rendez-vous par tél. : 01 39 54 79 06.

Parc Phœnix, 405, promenade des Anglais, 06200 Nice. Tél. : 04 92 29 77 00.
Le parc s'étend sur 7 ha et regroupe environ 2 500 espèces de plantes. La serre tropicale, d'une superficie de 7 000 m² et de 25 m de hauteur, met en scène 7 climats tropicaux.

Jardin Olbius-Riquier, avenue Ambroise-Thomas, 83400 Hyères-les-Palmiers.
Créé en 1872, ce jardin public occupe une superficie totale de 6,5 ha. Les palmiers sont en pleine terre.

Jardin botanique « Les Cèdres », rue Denis-Séméria, 06230 Saint-Jean-Cap-Ferrat.
Un jardin tropical privé unique, regroupant, suivant les périodes, entre 12 000 à 16 000 espèces végétales en plein air et dans les 25 serres.

Chapitre 6

Soigner et entretenir les plantes

*Choisies avec soin, disposées chez vous aux endroits les plus propices, vos plantes n'en comptent pas moins sur votre vigilance et votre savoir-faire pour se développer. De l'entretien quotidien aux remèdes à leurs pathologies, en passant par les pratiques pour les multiplier, apprenez les bons gestes d'arrosage, de rempotage, de taille…
Belles et en bonne santé, elles vous donneront toute satisfaction.*

Douze mois avec vos plantes

Janvier

- Acclimatez les plantes reçues en cadeau : donnez chaleur et humidité aux vraies tropicales (orchidées...), un peu de fraîcheur aux plantes de véranda (azalées de l'Inde...) et laissez le plus possible dehors les bulbes forcés (crocus, jacinthes...) s'il ne gèle pas.
- Si vous accueillez des plantes saisonnières, telles que cyclamens, azalées ou mimosa, replacez-les au frais après floraison, pour les conserver.
- Dépoussiérez régulièrement les plantes en les brossant délicatement ou en les lavant.
- Cette période où les jours sont les plus courts est le moment le plus difficile de l'hiver pour les végétaux, qui souffrent du manque de lumière. Apportez un éclairage d'appoint avec des lampes adaptées.
- Surveillez l'hygrométrie, d'ordinaire peu élevée en hiver. Augmentez-la par l'adjonction d'un évaporateur (humidificateur) ou en plaçant les pots les plus petits sur des plateaux couverts de graviers humides. Bassinez toutes les plantes qui le supportent.
- Apportez de l'engrais aux amaryllis d'intérieur défleuries. N'en donnez pas aux autres plantes, sauf à celles qui fleurissent à cette période.

Février

- Dans des sacs bien identifiés, préparez vos mélanges de rempotage et de surfaçage.
- Surveillez le niveau d'encrassement des plantes, très empoussiérées par le chauffage. Brossez les feuilles soyeuses, lavez les feuilles lisses.
- Inspectez vos plantes une fois par semaine, en retournant les feuilles, pour traquer les moindres parasites, qui se développent très vite à la chaleur.
- Surveillez de près l'hygrométrie. Poursuivez les bassinages, en utilisant de l'eau déminéralisée ou acidifiée par l'ajout d'une poignée de tourbe (entourée d'un linge), afin d'éviter l'encrassement du feuillage par les dépôts de sels minéraux.
- Continuez à apporter des sources lumineuses complémentaires si nécessaire.

Mars

- Reprenez en douceur les apports d'engrais sur l'ensemble des végétaux, en ayant la main très légère (demi-dose) au début.
- Supprimez les fleurs, feuilles ou brindilles sèches.
- Commencez les surfaçages et les rempotages.
- Semez vos plantes exotiques pour qu'elles aient le temps de bien se développer avant l'automne.
- Côté hygrométrie, ne relâchez pas votre attention. Les bassinages sont toujours de mise.
- Poursuivez la traque des maladies et parasites, qui se développent davantage en milieu clos et chaud.

Chap. 6 : Soigner et entretenir les plantes

Avril

- Vous pouvez répartir dans l'ensemble de la maison les plantes que vous aviez regroupées dès octobre pour l'hiver.
- Taillez les arbustes et autres plantes ramifiées un peu dégarnies pour les redensifier. Divisez les grosses plantes en touffes.

- Commencez à donner régulièrement de l'engrais à toutes vos plantes à doses normales, selon les indications données dans les fiches individuelles (chapitres 7 à 12).
- Poursuivez les surfaçages et les rempotages.
- La douceur des meilleurs jours du mois permet d'ouvrir les fenêtres et de retrouver une hygrométrie normale sans apports d'appoint. Les bassinages peuvent être espacés.

Mai

- C'est la dernière limite pour effectuer les rempotages.
- Si vous en avez la possibilité, sortez vos plantes sur le balcon ou au jardin, en les laissant à l'ombre, afin d'évitez les brûlures du feuillage. Placez des appâts contre les limaces autour des plantes laissées au jardin.
- Bouturez et marcottez tout ce qui s'y prête.

- Donnez régulièrement aux plantes les engrais à doses normales.

Juin

- Protégez les plantes placées derrière une fenêtre ensoleillée avec un voilage ou un voile de forçage.

- Continuez vos bouturages. C'est le meilleur moment pour les boutures dans l'eau.
- La pleine activité des plantes leur permet de tirer le meilleur profit des engrais. Effectuez des apports réguliers, sans surdoser cependant.
- Maintenez les appâts contre les limaces autour des plantes laissées au jardin.

Juillet

- Si la chaleur vous fait aérer les pièces, veillez à ne pas laisser de plante dans les courants d'air.
- Si vous avez sorti des plantes sur le balcon ou au jardin, pensez à mettre en place à l'avance les systèmes d'arrosage automatique ; faites des essais avant votre départ en vacances.
- Continuez à protéger les plantes qui sont derrière les fenêtres avec un voilage ou un voile de forçage.
- Bouturez tout type de plante.
- Les apports d'engrais sont toujours bienvenus sur toutes les catégories de plantes, fleuries ou non.
- Arrosez régulièrement les plantes en pleine végétation : évitez-leur les coups de soif.

Août

- Après un orage ou une pluie forte, placez des appâts contre les limaces sur les plantes laissées au jardin. Peu à peu endurcies, celles-ci résistent aux courants d'air. Il n'en va pas de même de celles qui restent à l'intérieur : attention lors de l'ouverture des portes ou des fenêtres.
- Sevrez les marcottes démarrées au printemps.

- Continuez les apports d'engrais, à doses normales toujours sur motte bien humide.
- Arrosez régulièrement les plantes en pleine végétation pour leur éviter les coups de soif.

Septembre

- Rempotez les semis de printemps et boutures dans l'eau de l'été.
- Composez vos ensembles de plantes de terrarium, telles que cryptanthes, sélaginelles, petits bégonias, pour qu'elles s'installent avant l'hiver.
- Révisez les équipements utiles l'hiver (hygromètre, éclairages d'appoint) et complétez-les, le cas échéant.
- Profitez des opérations « foire aux plantes d'intérieur » proposées par la plupart des jardineries pour acheter de nouvelles plantes, notamment de grands sujets, à moindre prix.
- Effectuez les derniers apports d'engrais ; plus tard dans l'année, ils seraient plus néfastes que bénéfiques.

Chap. 6 : Soigner et entretenir les plantes

Octobre

- Cessez les apports d'engrais, qui forceraient les plantes à pousser dans de mauvaises conditions, donc à s'étioler.
- Pour créer un microclimat, groupez vos plantes autant que possible. Placez-les à proximité d'une fenêtre, mais le plus loin possible des sources de chaleur.
- Bassinez-les dès le démarrage du chauffage et mettez en place un humidificateur. Quant aux espèces sensibles à l'eau (feuilles duveteuses), placez-les sur des plateaux emplis de billes d'argile ou de graviers maintenus humides.

Novembre

- Les chutes de feuilles, dues à l'assèchement de l'air, sont fréquentes sur les arbustes, qui vont se « déshabiller » partiellement, puis se « rhabiller » ; n'apportez pas d'engrais, mais maintenez la terre fraîche.
- Procédez à des tailles de nettoyage, en supprimant toutes les parties abîmées des plantes.
- Effectuez une inspection soignée pour repérer les maladies et les parasites latents. Administrez trois ou quatre traitements préventifs rapprochés, à huit jours d'intervalle.
- Nettoyez l'extérieur des pots à la brosse et à l'éponge : les mousses et déchets qui les encombrent sont des foyers accueillants pour les indésirables.

- Augmentez l'hygrométrie par tous les moyens (bassinages, humidificateur, plateaux de graviers...).

Décembre

- Rentrez peu à peu les plantes forcées (jacinthes, crocus...), au fur et à mesure de l'avancement des boutons floraux. Placez-les au frais pour la nuit : dehors s'il ne gèle pas, sinon dans une pièce non chauffée.
- Offrez-vous une belle potée de cactus de Noël, couverte de fleurs et de boutons.

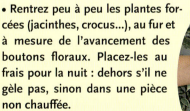

- Bassinez toutes les plantes qui acceptent cette technique, et plus particulièrement les orchidées en boutons, pour ne pas voir tomber ceux-ci.

Rempoter

Au fur et à mesure qu'une plante d'intérieur grandit, son substrat s'épuise. Lorsqu'il vous faut le renouveler, vous devez aussi, souvent, changer de pot.

Une plante qui fait grise mine et pousse peu souhaite un changement : recourez d'abord au surfaçage (voir p. 128), puis au changement intégral de la terre. Cependant, au bout d'un nombre d'années variable selon les plantes (voir les fiches), il faut rempoter. **Agissez toujours en mars-avril, quand les jours allongent et que la végétation redémarre.**

La taille des pots doit augmenter avec celle des plantes. Mais le contenant est avant tout là pour éviter à la plante de basculer. Changez de pot si elle paraît démesurée par rapport à ce dernier, en prenant la taille juste au-dessus, pas plus, car la végétation ne serait pas supérieure dans un pot nettement plus grand.
Lorsque vous tirez la plante du pot, ne forcez pas (surtout avec les plantes herbacées, que vous casseriez). Renversez le pot et tapez le bord sur un coin de table. Vous pouvez aussi laisser sécher la plante plusieurs jours avant : la motte se rétractera.

Le drainage est garant d'un bon écoulement de l'eau. Plus le pot est étanche (résine, terre vernissée...), plus la couche drainante sera épaisse, pour compenser le manque d'évaporation par les parois. Inutile d'apporter de l'engrais à la couche de substrat la plus au fond, qui sera la première lessivée. En revanche, l'arrosage final assurera l'adhérence des racines avec le substrat.

1 **La couche de drainage** (ci-dessus, billes d'argile, ci-contre, tessons de poterie), doit masquer tous les trous d'écoulement et mesurer de 1 à 4 cm d'épaisseur, selon la taille du pot.

2 Pour ralentir le colmatage de la couche de drainage, vous pouvez la recouvrir d'un feutre horticole.

Chap. 6 : Soigner et entretenir les plantes

3 Au-dessus de la couche drainante, mettez une première couche de substrat, sans forcer la dose. Pour éviter les débordements, mieux vaut que la plante, une fois en place, soit un peu enfoncée que trop élevée. **Ne tassez pas.**

4 Sortez la plante du pot qu'elle doit abandonner. **Supprimez les racines mortes et le plus de vieux substrat possible.** Centrez la plante dans son nouveau pot et vérifiez que son collet se place quelques centimètres en dessous du bord du pot. Si vous êtes gêné par le feuillage pour manœuvrer à l'aise, liez-le momentanément avec une ficelle ou du raphia.

5 Comblez avec le même substrat, en l'enrichissant d'engrais en surface si besoin. De la pointe des doigts, tassez au fur et à mesure. **Il ne doit pas subsister de poche d'air entre les racines.**

6 **Arrosez délicatement, en plusieurs fois s'il le faut**, pour ne pas faire de trou dans la terre. Recommencez l'opération deux fois par jour pendant trois jours, en rectifiant si besoin le niveau de la terre. Si le substrat n'est pas trop léger, vous pouvez également faire tremper le pot dans un seau durant une nuit.

Surfacer

Pour éviter des rempotages trop fréquents, traumatisants pour les plantes et fastidieux pour leurs propriétaires, recourez au surfaçage. Une action annuelle ou bisannuelle suffit en général.

Le surfaçage permet d'enrichir la terre des plantes sans avoir à les dépoter. En appartement, sans terrasse ou jardin où agir à l'aise, c'est appréciable. **Cette technique sert aussi aux très grosses plantes, qui ne peuvent plus être rempotées.**

Il s'agit de renouveler seulement le substrat superficiel, pour le remplacer par un mélange particulièrement riche, dont les éléments s'infiltreront peu à peu dans la masse de la potée. Toutes les racines fines que vous aurez blessées en grattant la surface émettront d'autant mieux des radicelles de remplacement dans leur milieu neuf, plus riche et non tassé. Surchargez légèrement l'apport de substrat, en dépassant le niveau ancien de quelques centimètres, mais laissez un léger décaissé pour arroser. Le mélange se tassera rapidement et vous en rajouterez si besoin au bout de quinze jours à un mois.

En un ou deux mois, de nouvelles racines auront conquis ce nouveau milieu et votre plante reprendra sa croissance. Les résultats seront d'autant plus spectaculaires que vous agirez tôt au printemps.

1 Grattez la surface de la potée fatiguée sur quelques centimètres, à l'aide d'un transplantoir ou d'une griffe à main, et jetez ce que vous retirez. **N'hésitez pas à griffer fort, surtout avec les plantes à racines fines.** Évitez de blesser les grasses racines charnues et les rhizomes.

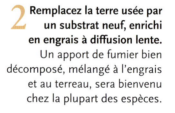

2 Remplacez la terre usée par un substrat neuf, enrichi en engrais à diffusion lente. Un apport de fumier bien décomposé, mélangé à l'engrais et au terreau, sera bienvenu chez la plupart des espèces.

3 Terminez par un arrosage en surface. Les éléments nutritifs se répandront peu à peu dans toute la motte de racines, avec un minimum de perte par lessivage.

Chap. 6 : Soigner et entretenir les plantes

BIEN ARROSER

C'est de l'eau que dépend la circulation (par gravité et par pression) de la sève qui nourrit les plantes. Mieux leurs cellules sont abreuvées (sans tomber dans l'excès), mieux elles tirent parti des nutriments qu'elles absorbent.

Toutes les eaux (sauf déminéralisées) contiennent des éléments qui agissent sur le métabolisme des plantes. L'eau des villes est souvent chargée en chlore, très nocif pour certaines espèces (notamment des orchidées), et en calcaire, qui tache les feuilles, bouche leurs pores et chlorose nombre de plantes lorsqu'il s'infiltre dans le sol. **Utilisez une eau en bouteille peu minéralisée ou de l'eau du robinet, que vous laisserez reposer 24 h avant emploi** pour la mettre à température ambiante, et que vous agiterez de temps en temps pour que le chlore s'évapore. Divers filtres permettent d'éliminer le calcaire. Sinon, ajoutez dans un arrosoir une poignée de tourbe enrobée d'un linge qui acidifiera l'eau.

La fréquence des arrosages est fonction des espèces et de l'environnement. En règle générale, n'arrosez pas tant que la terre reste humide, l'excès d'eau étant encore plus néfaste que le manque. L'idéal, pour éviter le lessivage, serait qu'aucune eau n'apparaisse dans la soucoupe. De même, à la suite d'un oubli, mieux vaut arroser en plusieurs fois que de verser des litres d'un coup.

L'arrosage par le dessus est déconseillé pour les substrats très légers, car l'eau gagne la soucoupe sans irriguer toute la motte de terre.

Le bassinage permet d'ôter la poussière et de déboucher les pores des feuilles, hormis pour les plantes dont le feuillage peut se tacher ainsi.

1 L'eau apportée par le dessus de la potée coule, et humidifie les racines au passage. Ne la laissez pas stagner dans la soucoupe plus d'une heure, sous peine d'asphyxier les racines, sauf pour les plantes de marais (papyrus, etc.).

2 Le trempage convient surtout aux plantes vivant dans un substrat très léger, donc très aéré, telles les azalées d'Inde. Laissez tremper le pot jusqu'à mi-hauteur un quart d'heure dans une cuvette ou un seau d'eau à température ambiante.

3 Le bassinage, ou brumisation, consiste à arroser le feuillage. Il suffit comme arrosage à certaines Broméliacées et orchidées (mais plusieurs fois par jour). N'employez que de l'eau très douce, à température ambiante, et protégez parquets, rideaux et mobilier.

Nourrir les plantes

Leur volume de terre étant réduit à la portion congrue, il vous faut compléter le régime des plantes en pot. Attention : ce n'est pas la quantité, mais la qualité et l'équilibre nutritionnel qui comptent.

Les plantes consomment avant tout trois éléments : de l'azote (symbole chimique **N**), du phosphore (**P**), et du potassium (**K**). On parle parfois d'engrais NPK, pour les compositions où ils sont tous présents.
Le premier favorise la croissance des parties vertes. Le deuxième est plutôt utile au développement général et à l'assimilation ; le troisième favorise la floraison et la fructification. Les produits employés varieront donc suivant les résultats désirés.

Les compositions sont indiquées sur les emballages, toujours dans l'ordre NPK. Une composition 10-10-18 sera moyennement riche en azote et phosphore, beaucoup plus en potassium. Mais les mentions « pour plantes à feuillage » ou « pour plantes à fleurs » données par les fabricants sont suffisamment fiables pour l'amateur.
Jamais mentionnés (ils sont consommés en moindres proportions), mais presque toujours présents en quantités suffisantes dans le sol, le soufre, le magnésium et le calcium (même en sol acide) jouent un rôle nutritif et énergétique capital.
Enfin, sous forme de traces, divers métaux interviennent de façon irremplaçable. Ce sont des catalyseurs indispensables à l'assimilation. Ces oligoéléments sont le zinc, le cuivre, le molybdène, le manganèse, le bore et le fer. Le manque ou l'insuffisance de l'un d'eux entraînent des maladies par carence, souvent spectaculaires (chlorose), parfois mortelles. La plupart des engrais modernes en comportent, en doses de soutien. En cas de crise grave, il existe des mélanges de ces éléments, à appliquer par arrosage. Mais assurez-vous auprès d'un spécialiste de l'origine du mal et ne surdosez en aucun cas les quantités prescrites, sous peine d'intoxiquer vos plantes au lieu de les guérir.

Les formes diverses des engrais, avec leurs avantages respectifs, requièrent des précautions d'application différentes.
Les engrais liquides sont déjà partiellement dilués. Pour vous garder des surdosages, prenez l'habitude d'agir à jour fixe (le 15 de chaque mois, par exemple), et de faire une tournée générale. Sinon, un calendrier dans le placard aux produits aidera les mémoires défaillantes.
Pour éviter tout accident avec les formules soluble en poudre, divisez par deux les doses prescrites, mais doublez la fréquence d'application. Attention, le contenant de dilution doit être parfaitement étanche, car ces produits, exposés à l'air, se transforment en pâte inutilisable.
Peu agressifs, les granulés ne provoquent pas de brûlures, à condition, bien sûr, de respecter les doses d'emploi.
Les bâtonnets, présentés sous forme de comprimés géants, demandent un strict respect des fréquences d'emploi. Ils sont toutefois un peu malaisés à utiliser sur les plantes aux racines denses et fibreuses (on ne peut pas les piquer).
Les engrais foliaires sont surtout bénéfiques pour donner un coup de fouet à des plantes languissantes. Leur application par brumisation, ne pose aucun problème particulier.

Nourrir les sujets cultivés en épiphytes

Une fois par mois, en moyenne, ajoutez à l'eau de brumisation la dose d'engrais indiquée sur la boîte ou vaporisez un engrais foliaire. Cela suffit à combler les besoins réduits de la plupart de ces végétaux, habitués à vivre sans terre.

En rosettes isolées ou en colonies, ces diverses espèces de tillandsias sont des épiphytes.

Chap. 6 : Soigner et entretenir les plantes

▶ Les engrais liquides
Respectez les doses et fréquences d'emploi indiquées par le fabricant. **Vous ne les appliquerez que sur des substrats déjà mouillés**, pour éviter tout risque de brûlure.

◀ Les formules solubles en poudre
Préparez-les quelques heures à l'avance et **agitez régulièrement le mélange avant de l'administrer**. Ces préparations demandent les mêmes précautions et le même type d'application que les formules liquides.

▲ Les granulés
À doser à la cuillère, **ils doivent être répartis le plus uniformément possible**. Sitôt après les avoir posés, griffez légèrement le sol et arrosez pour limiter les pertes (en azote, notamment) par évaporation. L'eau d'arrosage les diluera peu à peu.

◀ Les bâtonnets à piquer dans le sol
Pratiques pour les pressés et les distraits, ils n'assurent pas une répartition très uniforme des éléments. **C'est, là encore, l'eau d'arrosage qui assure leur dilution.**

◀ Les engrais foliaires
S'ils sont parfaits pour les apports d'oligoéléments, ils ne permettent pas l'assimilation des doses massives, en proportion, de nutriments de base nécessaires à la plupart des végétaux, que seules les racines peuvent véhiculer utilement. **Utilisez-les comme des compléments très efficaces.**

Nettoyer

Pour redonner belle allure aux plantes d'intérieur fatiguées ou empoussiérées, il faut les nettoyer, parfois en supprimer certaines parties. Les techniques et les outils à utiliser varient suivant la plante traitée et le résultat recherché.

Pour supprimer les brindilles, les feuilles séchées et surtout les fleurs fanées, ainsi que les parties malades des plantes, employez des ciseaux, réservés à cet usage. Précis, ils évitent les maladresses et permettent de travailler vite. Recourez au sécateur pour les brindilles dures et les branches. Outre le gain esthétique, **en supprimant ces parties inutiles ou malades, vous éviterez l'épuisement des plantes et l'apparition de pourritures diverses**.

La poussière, particulièrement abondante avec le chauffage, se dépose sans arrêt sur les feuilles. Peu décorative, elle bouche les pores des plantes et réduit fortement l'apport de lumière, donc la photosynthèse. **Le meilleur produit, pour la retirer, reste l'eau claire** (par exemple, l'eau du robinet), sans produit ajouté ; elle est utilisable sans limitation sur les plantes à feuilles lisses. Sur les plantes duveteuses, vous recourrez au pinceau.

« Toiletter » la plante

Ôter les fleurs fanées ▶

Ne laissez pas les fleurs fanées (sauf quelques-unes portant des fruits, si vous voulez obtenir des graines) sur les plantes car **les graines en formation consomment de l'énergie**. Des ciseaux ou un sécateur fin permettent un travail précis, à poursuivre tous les quatre ou cinq jours.

▲ Ôter les feuilles et les tiges abîmées

Sur une feuille abîmée, ne laissez pas la partie encore saine. Vous ne feriez que déplacer le problème en créant une cicatrice disgracieuse. **Coupez la feuille à la base.**
Nettoyez les plantes ramifiées qui ont souffert d'un coup de chaud ou de soif et sont garnies de brindilles mortes. **Faites des coupes nettes au sécateur**, en ne laissant que des départs de tiges bien sains.

Chap. 6 : Soigner et entretenir les plantes

Dépoussiérer les feuilles

Le douchage ▶

Voici un moyen simple de nettoyer les feuilles lisses si vous ne pouvez sortir les petites plantes pour les exposer à la pluie. Placez-les dans une grande cuvette ou dans la baignoire et **passez-les au pulvérisateur, à faible pression, ou à la douchette**. Si vous avez trop attendu depuis le précédent dépoussiérage, réitérez l'opération deux fois, à quelques jours d'intervalle.

▼ Un pinceau souple

Les plantes à feuillage duveteux empoussiérées acceptent d'autant moins d'être douchées que leurs tissus sont fragiles. Si vous devez malgré tout les mouiller, assurez-vous qu'elles pourront sécher en peu de temps. Sinon, **recourez au pinceau souple, proportionné à la taille des feuilles**, pour brosser celles-ci délicatement.

▲ Une éponge

Un ou deux passages d'une éponge ou d'un chiffon humide suffiront à **nettoyer les grandes feuilles des plantes malaisées à déplacer**. Ces accessoires seront strictement réservés à cet emploi.

Tailler

La taille véritable – effectuée aux ciseaux pour les plantes tendres, au sécateur pour les arbustes et tous les sujets à tige épaisse – se pratique sur des parties saines des plantes, de préférence à la fin de l'hiver ou au printemps. Elle a pour but de stimuler la capacité des végétaux à se régénérer à partir de bourgeons dormants.

La partie supprimée est d'ordinaire remplacée par des pousses plus nombreuses, mais plus courtes. Les raisons de l'intervention sont diverses : **pour maintenir une plante compacte**, par exemple (une taille tous les quelques mois), ou **pour rajeunir un arbuste dénudé** à la base ou trop développé (une intervention tous les trois à cinq ans). Suivant les espèces, la repousse a lieu en un à quatre mois.
Dans tous les cas, **nettoyez les outils de taille à l'alcool avant de passer à une autre plante**, pour éviter la transmission de maladies.

Le pincement

Pour inciter les plantes tendres à se ramifier, coupez leurs pointes, c'est-à-dire l'extrémité des tiges, entre deux ongles. Réitérez l'opération deux fois en cours d'année sur les sujets les plus jeunes.

L'étêtage

1 Pour étêter une plante devenue trop grande, **coupez à 1 cm environ au-dessus d'une feuille**. Sur la pousse terminale encore jeune de la plante, la repousse apparaîtra rapidement.

2 Laissez se former naturellement un cal sur les plantes à latex, tel ce ficus ou les clusias. Vous en retirerez le plus gros, disgracieux, au bout de huit jours. **Rabattez toujours plus bas que le point limite désiré**, pour laisser aux ramifications (qui pousseront à partir du plus proche nœud inférieur) la place de se développer.

Chap. 6 : Soigner et entretenir les plantes

Le rabattage

1 **Rabattez sévèrement une plante dégarnie à la base** pour reformer un sujet dense. Plus la croissance de l'espèce est rapide, plus tôt ce rabattage devra intervenir dans sa vie. Les poinsettias gagnent à être taillés chaque année, après la floraison, pour susciter l'apparition de jeunes pousses florifères.

2 Pour toutes les espèces à latex, comme les poinsettias, **munissez-vous de gants** car la sève, abondante, est irritante. Travaillez sur une surface aisée à nettoyer, ou protégez-la d'un journal.

3 Une taille trop timide provoque des repousses faibles et grêles. **Rabattez au moins les deux tiers des tiges fanées.** Arrosez parcimonieusement par la suite et n'apportez d'engrais qu'une fois le redémarrage bien amorcé.

Les plantes qui ne se taillent pas

La taille d'une plante doit permettre à celle-ci d'émettre de jeunes pousses de remplacement. Mais si la plante ne dispose pas d'une tige ou d'un tronc pourvu de bourgeons dormants, cela ne sert à rien. Ne cherchez donc pas à tailler les plantes en rosettes ou en touffes de toutes catégories (Gesnériacées et Broméliacées, papyrus, phalangères, etc.), ni les plantes bulbeuses. Quant aux palmiers, bien que munis de « troncs » apparents (des stipes, en réalité), ils sont, pour la plupart, incapables de bourgeonner sur les coupes. Il en va de même des fougères.

Tuteurer et palisser

Le tuteur remplit des fonctions aussi bien esthétiques que pratiques. Pour les plantes grimpantes, il remplace les supports qu'elles rencontreraient dans leur milieu naturel. Il sert aussi à soutenir les sujets au tronc trop fragile pour la masse de branches, particulièrement les plantes conduites sur tige ayant un tronc mince et une couronne dense.

Enfin, il permet de réduire l'encombrement des espèces arbustives ou sarmenteuses, et de mettre en valeur leurs fleurs ou leur feuillage en les palissant (voir photo « tuteur en bambou »). Il faut savoir que toutes les plantes à fleurs voient leur sève ralentie quand on les palisse à l'horizontale, avec pour conséquence une végétation plus réduite, mais une plus grande densité de fleurs.

Le palissage consiste à déployer une plante souple, grimpante ou non (hoyas, jasmin de Madagascar, *Abutilon megapotamicum*...), sur un support, pour lui donner une forme déterminée. Il suffit de guider selon l'effet désiré les extrémités au fur et à mesure de la pousse des tiges en les maintenant par des liens sur le support. Celui-ci peut consister en plusieurs tuteurs, un arceau ou encore une grille.

Vous trouverez un grand choix de tuteurs, en bois, en plastique, et en métal essentiellement, adaptés à des tailles et à des formes diverses de végétaux.
• **Le bois**, bambou compris, a l'avantage d'un aspect naturel, mais finit toujours par se décomposer.
• **Le plastique** semble toujours plus artificiel, malgré de grands progrès esthétiques ces dernières années. S'il ne supporte pas de lourdes charges, il reste insensible à l'humidité.
• **Le métal**, robuste, peut être d'un volume minime. Le fer, le plus solide de ces matériaux, rouille. Le métal plastifié offre donc un bon compromis.

Ne serrez jamais les tiges directement contre les tuteurs avec les attaches, qui finiraient par les étrangler. Faites un huit avec le lien, pour lui donner un léger jeu.

◀ **Les tuteurs en métal**
Discret, le tuteur métallique se prête à toutes les formes et **il est utilisable sur les plantes de grande taille**. Si la plante ne produit pas de vrilles pour s'accrocher, attachez-la sur le tuteur à intervalles régulier.

Les tuteurs en plastique ▶
Simples ou moulés suivant des formes fantaisie, **ils sont plutôt réservés aux plantes de petite taille**, en raison de leur modeste résistance.

Chap. 6 : Soigner et entretenir les plantes

▼ Les tuteurs « mousse »

Les gros tuteurs garnis de mousse ou de fibre de coco conviennent très bien aux lianes à tiges radicantes, qui s'y attachent en se développant. **Bien mouillés, ils apportent à la plante une hygrométrie bienvenue.**

Les tuteurs en bambou ▶

À la fois minces, robustes et de longue durée, ils sont utilisés seuls sur les plantes à tronc unique (ficus et autres arbres), ou assemblés en échafaudages pour les plantes sarmenteuses ou les plantes en touffes. Des sortes d'agrafes permettent un montage rapide.

Multiplier ses plantes

Propager soi-même ses plantes d'intérieur représente une économie substantielle. Et, outre la satisfaction du créateur, cette activité permet de renouveler une plante appréciée mais fatiguée ou, à l'inverse, devenue trop exubérante.

C'est également un moyen de faire des cadeaux à vos amis jardiniers ou de produire un grand nombre d'exemplaires d'un coup, si vous devez peupler une serre ou une véranda, par exemple.

Dotées d'incroyables ressources de survie, les plantes ont maintes façons de se reproduire. En les observant, des jardiniers ont mis au point, au fil des siècles, des techniques qui sont aujourd'hui à la portée de tous : les divers bouturages, divisions, marcottages et semis ne demandent qu'un peu d'attention et de savoir-faire.

Dans tous les cas, et quelle que soit la technique, **vous pouvez multiplier les plantes d'intérieur en toute saison, sauf entre octobre et mars**, quand les conditions de lumière, de chaleur et d'hygrométrie ne sont pas optimales.

Qu'est-ce que le bouturage ?

À partir d'un fragment – pousse, tige, bourgeon feuillu, feuille –, les plantes sont capables de reconstituer un individu entier, identique, en principe, à celui dont la bouture est issue. L'exemple extrême est fourni par la microprogation (in vitro), où une cellule ou un noyau de cellules permet d'obtenir très rapidement, en quelques manipulations, des dizaines de milliers d'individus jumeaux. Cette technique, si elle n'est pas praticable par l'amateur, a une incidence certaine sur son porte-monnaie, puisqu'elle a permis, entre autres, de ramener le prix des orchidées et d'autres plantes d'intérieur à un niveau très accessible.

Chap. 6 : Soigner et entretenir les plantes

Bouturer

Sélectionnez des plantes saines et typées, pour faire vos boutures. Prévoyez des quantités supérieures à vos besoins pour ne garder que les plus beaux sujets.

Les conditions de réussite dépendent du type de fragment prélevé, qui varie avec les espèces. Certaines plantes restent réfractaires au bouturage ; d'autres se prêtent à plusieurs méthodes. **Le but est de faire apparaître racines, puis bourgeons sur le morceau prélevé**, avant de le mettre en pot pour lui permettre de vivre sa vie de plante adulte.
L'environnement donné à la bouture est la clé du succès, car elle ne doit pas se dessécher, ni pourrir, pour avoir le temps de former un cal (bourrelet) cicatriciel sur lequel naîtront les racines et, chez certaines espèces, les bourgeons.

On bouture le plus souvent des pointes de tiges, jeunes et dotées de feuilles, plus rarement des segments de tronc, nus, sur lesquels se développent les bourgeons dormants – parfois très discrets –, et enfin de simples feuilles ou fragments de feuilles. **On prélève presque toujours des éléments jeunes pour les boutures :** ils sont plus actifs, et les racines, qui se forment sous l'épiderme, n'ont aucune peine à la percer.

Boutures dans l'eau

Le bouturage dans l'eau s'applique traditionnellement aux cypérus et aux lauriers-roses. Mais les saintpaulias, bégonias, cissus, aglaonémas, hibiscus et daturas s'en accommodent aussi bien. Essayez, vous ferez sûrement des découvertes.
Il est curieux de constater que certaines espèces (bégonias et saintpaulias, entre autres), très sensibles aux excès d'eau quand elles poussent en terre, peuvent tremper ainsi sans dommage et s'enraciner. La recette est simple : il suffit de placer dans un verre d'eau, à la lumière, un tronçon de tige ou une feuille, piquées dans un couvercle improvisé, pour les Gesnériacées (gloxinias, kohlérias, saintpaulias, streptocarpus...).

Les hormones : oui, mais pas trop

Les tissus des plantes aptes au bouturage contiennent naturellement des hormones de croissance (les auxines), généralement concentrées dans les reliefs de la tige (nœuds, bourgeons...), où la sève se ralentit et concentre ses composantes. Quand la bouture est séparée de la plante mère, ces auxines déclenchent les mécanismes d'enracinement et de bourgeonnement. Divers produits sont disponibles pour accélérer l'enracinement ou aider les plantes pauvres en auxines et celles qui ont des écorces dures (par exemple le gardénia). N'en abusez pas, en particulier sur les plantes tendres, dont les tissus risqueraient de pourrir au lieu de s'enraciner. Les hormones sont vendues sous forme de poudre ou, mieux, de gel. Celui-ci, adhérant parfaitement à la plante, évite les excédents.

Le bouturage de tiges

Les plantes concernées :
abutilon, bégonias-bambous, cordylines, euphorbes, fatsia, ficus, malvaviscus, mégasképasma, misères, pavonias, philodendrons, plectranthus, stéphanotis...

Simple, à talon, en crossette...

Les boutures sont dites « simples » quand elles se composent d'une pointe ou d'un fragment de tige. Si elles comportent un lambeau d'écorce de la branche mère, on parle de bouture « à talon » ; si c'est un tronçon de quelques centimètres, de « bouture en crossette ». Ces deux formes sont en général employées avec des plantes à bois creux, ou dont les tiges les plus jeunes sont très fragiles, afin de limiter les risques de pourriture.

1 Sur un plan de travail facile à nettoyer et assez grand pour travailler à l'aise, **réunissez tous les éléments dont vous aurez besoin :** mélange terreux léger, godets en plastique ou en terre, cutter ou serpette, planche à découper, éventuelles hormones de bouturage (voir p. 139) et, naturellement, plante mère.

2 **Coupez des pousses d'extrémité, bien saines et caractéristiques** de la plante ou du cultivar. Elles seront d'autant plus courtes que la plante est plus tendre, donc sujette au dessèchement (sur cette misère : 5 à 6 cm). Supprimez les feuilles du bas et tranchez net la tige, au-dessous d'un nœud. Retirez la moitié de la surface des feuilles restantes, si elles sont de grande taille.

3 Emplissez les godets de substrat léger, creusez un trou à l'aide d'un bâtonnet ou d'un crayon, puis glissez-y la bouture. **Le trou creusé permet d'éviter d'irriter les tissus tendres**, ce qui risquerait de supprimer les éventuelles hormones.

4 Tassez la terre autour de la bouture et **arrosez doucement, en plusieurs fois**. Laissez bien égoutter le pot (sans laisser d'eau dans les soucoupes) et placez-le à l'étouffée, sous mini-serre, ou sous une simple toile plastique transparente, à la lumière mais à l'abri du soleil. Suivant les espèces, l'enracinement se produit en huit à trente jours.

Chap. 6 : Soigner et entretenir les plantes

Le bouturage de feuilles

Les plantes concernées :
un grand nombre de bégonias et de Gesnériacées (gloxinias, kohlérias, saintpaulias, streptocarpus…), les pépéromias, le *Cyperus alternifolius* et les sansevières (mais les panachures des cultivars seront souvent absentes sur les repousses).

1 **Choisissez une feuille typée, bien développée**, et détachez-la avec son pétiole. Ôtez toute partie malade ou abîmée.

2 Avec un scalpel, un couteau ou un cutter, **incisez les nervures les plus importantes.** Raccourcissez le pétiole jusqu'à 1 cm environ.

3 À l'aide de fils de fer recourbés ou d'épingles à cheveux, **fixez la feuille sur un substrat** fait de terreau, tourbe et perlite à parts égales. Vaporisez un fongicide.

4 **Faites tremper la caissette une nuit et laissez-la s'égoutter vingt-quatre heures.** Puis placez-la sous cloche (en mini-serre), à la lumière mais à l'abri du soleil. Les bourgeons apparaissent en un mois sur la coupe des nervures et vous pourrez repiquer les plantules un mois plus tard.

Le bouturage de feuilles avec pétiole

Les plantes concernées :

quelques plantes, parmi lesquelles des bégonias, des pépéromias et surtout des Gesnériacées, portent d'invisibles bourgeons sur le pétiole de leurs feuilles. Celles-ci, bouturées entières, donnent rapidement naissance à une nouvelle rosette.

1 **Préparez un substrat particulièrement léger et moelleux**, composé de terreau de rempotage et de vermiculite à parts égales. Ce substrat doit rester très aéré, même humidifié.

2 **Détachez de la plante mère une feuille en bonne santé**, jeune mais bien développée. La longueur du pétiole importe peu. Laissez sécher la coupe durant quelques heures.

3 Emplissez des godets du mélange terreux, sans tasser, et piquez-y les feuilles, dans un trou préparé à l'aide d'un bâtonnet. La reprise est naturellement facile pour les saintpaulias. L'emploi d'hormone de bouturage sert, dans ce cas, à accélérer l'enracinement.

4 Laissez tremper les godets dans l'eau quelques heures, puis faites-les égoutter. **Placez-les au chaud, à la lumière, mais sans soleil direct**, à l'étouffée, c'est-à-dire en atmosphère confinée, sous cloche ou voile plastique. Évitez soigneusement de mouiller toutes les feuilles tendres et veloutées, qui pourrissent facilement, et n'arrosez que par la soucoupe.

Chap. 6 : Soigner et entretenir les plantes

Le bouturage de tronçons de tiges

Les plantes concernées :
aglaonéma, aralias divers, cordylines, dracænas, dieffenbachias, dizygothéca, fatshédéra, philodendrons, pléomèle, tétrastigma, yucca...

Les troncs tendres, aux nombreux bourgeons dormants, sont à même de fournir de nouvelles plantes sur le moindre tronçon. Peu sensibles à la pourriture comme au dessèchement, ces boutures comptent parmi les plus aisées à réussir.

1 Sélectionnez sur le tronc un segment de plus de 1 an, dénué de feuilles, comportant des bourgeons mûrs. Coupez-le net au sécateur et fragmentez-le en tronçons de 3 à 5 cm.

2 Vous pouvez, au choix, coucher ces tronçons sur un lit de terreau ou les piquer dans des godets individuels. Vous aurez plus de pousses, mais plus petites, dans le premier cas, et inversement dans le second. Il est préférable de garder les boutures à l'étouffée jusqu'à l'apparition de nouvelles pousses.

3 Maintenez le substrat frais, sans excès, jusqu'à l'apparition des premières pousses. Vous pourrez alors augmenter les arrosages et apporter de l'engrais, puis rempoter les boutures au bout de trois à quatre mois.

Le marcottage

Les plantes concernées :
clérodendrons, cordylines, dracænas, ficus, hibiscus, hoyas, ixoras, passiflores, philodendrons...

Souvent plus lent que le bouturage (mais le résultat est plus sûr), **ce procédé permet d'obtenir des sujets immédiatement plus grands**. Le marcottage est une variante du bouturage où le fragment n'est pas immédiatement détaché de la plante mère. Mis en terre, il émet des racines et peut alors être sevré.

Le plus souvent, on pratique une incision partielle ou un étranglement sur la partie enterrée. Cela ralentit l'alimentation en sève nourricière de la partie située en aval, suscitant la production de racines pour puiser ce qui lui manque.

1er cas : la place ne manque pas et les tiges sont suffisamment souples, comme chez le pothos (ci-contre) ou dans le cas un peu plus particulier de la phalangère (encadré). **On couche en terre les tiges**, soit dans des pots placés autour du pied mère, soit dans le bac de celle-ci.

2e cas : les tiges ne sont pas souples ou la place manque (ex. : marcottage aérien du *Ficus elastica*, ci-contre). **Sur la plante mère, autour de la zone concernée, on forme un « nid »** de substrat léger, entouré d'un manchon de plastique.

Les tiges souples de plantes grimpantes comme ce pothos se couchent aisément dans un godet de substrat. Elles s'enracinent en deux mois environ, au bout desquels vous pourrez les sevrer d'un coup de sécateur.

Mère et filles

Les phalangères (Chlorophytum) font partie des plantes qui, à défaut de produire des graines (rares), émettent naturellement des rejets. Ceux-ci ne demandent qu'à produire des racines.

Vous pouvez laisser tremper les rejets dans l'eau, pour les sevrer et les repiquer quand le tissu radiculaire sera bien développé.

Autre solution : les piquer directement dans des godets de terreau. Ils prendront racine en un peu plus d'un mois ; il suffira alors de couper la tige.

Chap. 6 : Soigner et entretenir les plantes

Le marcottage aérien

1 **Sur une tige de 1 an environ, pratiquez une incision dans l'écorce tendre**, au scalpel ou au couteau tranchant, sans entamer le bois. Pour les plantes à latex, tel ce caoutchouc, attendez que la sève durcisse et retirez les dépôts (croûtes).

2 Éventuellement, pour stimuler l'enracinement et réduire l'attente, à l'aide d'un pinceau, **vous pouvez enduire l'incision d'hormones d'enracinement**, en poudre ou en gel.

3 Découpez un carré de plastique et **faites-en un cornet grossier**, que vous fixerez sous l'incision avec un lien. Emplissez-le de mousse des bois, de sphagnum ou de tourbe.

4 Mouillez ce substrat au pulvérisateur, sans excès. **L'ensemble doit rester humide, mais non trempé.** Le cas échéant, pressez la mousse après humidification, pour l'essorer.

5 Fermez votre manchon pour le rendre à peu près étanche. **Quand la surface du plastique se garnit de racines, il est temps de sevrer la marcotte** pour la repiquer en pot.

La division

La division consiste à « éclater » les plantes pourvues de rejets. Ces éclats, prélevés et replantés dans de nouveaux pots, au printemps de préférence, formeront de nouveaux individus, qui produiront à leur tour des rejets.

Toutes les plantes à rejets (asparagus, aspidistra, calathéas, la plupart des fougères, kalanchoés, papyrus, sansevières…) **se prêtent à l'opération.** Les plus coriaces d'entre elles (papyrus…) demandent parfois le secours d'une serpette robuste pour fendre leur motte de racines mais, le plus souvent, les deux mains suffisent. Vous pouvez diviser vos plantes parce qu'elles ont envahi tout leur pot et s'y étiolent, mais aussi pour le simple plaisir de posséder plusieurs potées.

1 Sortez la plante (ici, une sansevière) de son pot. Les nombreux rejets serrés et le réseau dense de rhizomes et de racines indiquent qu'il est temps de diviser ce sujet.

2 À la main, ou à l'aide d'un instrument tranchant, **séparez les rejets en autant d'éclats, en pourvoyant chacun d'assez de racines.** Ne gardez pas d'éclats comportant des parties abîmées.

3 Rempotez les éclats soit individuellement, soit à plusieurs par pot. Emplissez les pots d'un substrat neuf et tassez bien.

4 Arrosez et laissez l'eau dans la soucoupe pendant la nuit. Puis videz la soucoupe et faites égoutter le pot. Maintenez ensuite la terre à peine fraîche jusqu'aux signes de reprise de la végétation. Bassinez souvent le feuillage des espèces les plus fragiles (fougères, calathéas, etc.). N'apportez pas d'engrais et ne trempez pas la terre. Vous provoqueriez dans les deux cas la pourriture des racines.

La division des Broméliacées

Les Broméliacées ont une végétation particulière puisque les rosettes florifères meurent en formant leurs graines. Auparavant, elles émettent plusieurs rejets de remplacement, qui ont le temps de s'enraciner. Détachez-les quand elles sont suffisamment développées et repiquez-les dans un substrat fibreux.

Le semis

À partir des graines, vous pouvez obtenir des plantes introuvables près de chez vous, ou encore produire de grandes quantités de plantes plus communes. Si les tours de main varient suivant les espèces, le mode général reste le même. De nombreuses variétés, aux feuilles et aux fleurs de formes et de couleurs particulières, ne seront pas fidèlement reproduites : pour celles-ci, la multiplication végétative reste seule valable.

Ce procédé nécessite des soins attentifs. Les jeunes plants – plantes de déserts exceptées – sont très sensibles à la sécheresse atmosphérique. **Assurez-vous de disposer du lieu et du matériel adéquats :** un coin lumineux et chaud, un moyen de maintenir une atmosphère humide, un substrat sain et un matériel désinfecté, à l'eau de Javel, puis abondamment rincé à l'eau claire.

Vous sèmerez les graines les plus grosses (du type des bananiers) en godets individuels. Les plus fines (du type des bégonias), pour être bien réparties, gagnent à être mêlées à du sable extrêmement fin ou à de la cendre. Quant aux sporanges (« graines ») de fougères, impalpables, procédez en deux temps : répartissez-les sur un tesson dont la base trempe dans une coupelle d'eau. Il se forme vite une sorte de mousse verte, d'où émergent des mini-frondes. À ce stade, décollez-les à la lame de rasoir et repiquez-les en caissettes ou en godets, au choix.

1 **Vérifiez si les graines doivent être préalablement traitées** (stratification, ébouillantage...). Puis épandez au fond d'une terrine une épaisse couche de drainage (tessons, billes d'argile expansée...).

2 **Emplissez la terrine de substrat.** Celui-ci doit pouvoir rester aéré tout en conservant bien l'humidité. Peu importe qu'il soit riche ou non, les plantules n'y séjournant pas longtemps.

Chap. 6 : Soigner et entretenir les plantes

La « chaleur de fond »

Les semis, et surtout les boutures les plus fragiles, demandent une chaleur élevée, sans à-coups. La température moyenne ne leur suffisant pas, il faut apporter une chaleur « de fond » en terre, au niveau où a lieu l'enracinement. Les professionnels emploient des résistances étanches, posées sur le fond des bacs de plantation, sous le substrat. Il en existe des modèles pour amateurs, à placer en mini-serre, par exemple, mais la proximité d'un radiateur, pas trop chaud, peut jouer le même rôle.

3 **Arasez** à l'aide d'une règle ou d'un tasseau. Pour le semis de graines très fines, tassez aussitôt après, avec une planchette. Pour les autres graines, vous tasserez après le semis.

4 **Semez les graines le plus uniformément possible.** Trop tassées, elles germent, mais les plantules s'étouffent. Si nécessaire, aidez-vous d'un semoir à main.

5 **Vaporisez abondamment la surface en ajoutant à l'eau un fongicide** (à dose prescrite sur l'emballage). Celui-ci évitera la « fonte », c'est-à-dire la pourriture du collet, des jeunes plants. Faites tremper le fond de la terrine dans l'eau pendant une nuit, puis laissez égoutter. Couvrez et placez le tout au chaud et à la lumière.

Les plantes en vacances

AVANT DE VOUS ABSENTER PLUSIEURS JOURS, VEILLEZ À LAISSER VOS PENSIONNAIRES DANS LES MEILLEURES CONDITIONS POSSIBLES. POUR MIEUX LES ENTRETENIR, TANT CÔTÉ LUMIÈRE QUE CÔTÉ ARROSAGES, REGROUPEZ-LES.

Pour l'arrosage, vous pouvez faire appel à un ami, à des voisins, ou au fils de votre gardien. Mais l'expérience est risquée, sauf à organiser un arrosage-relais entre jardiniers intéressés… qui ne partent pas tous en même temps. Faute de quoi, recourez à des petites ruses techniques.

• **Le bac à réserve d'eau** (voir p. 50) : emplissez-le avant le départ, il tiendra en moyenne quinze jours à trois semaines, surtout si vos plantes ne sont pas en plein soleil.

• **Un plateau** ou, mieux, une caissette étanche, l'un comme l'autre emplis de graviers mouillés, permettra aux plantes les plus sensibles aux grands écarts hygrométriques (saintpaulias...) de boire à leur convenance.

• **Les mèches et cônes distributeurs** fournissent de l'eau d'une réserve proportionnée à votre absence, sans jamais rien inonder. Sur le principe du siphon, ils donnent d'autant plus d'eau qu'il fait plus chaud, et restent sans doute, actuellement, la meilleure méthode.

Chap. 6 : Soigner et entretenir les plantes

Pour la lumière, le plus sage est de placer vos plantes dans un lieu clair, mais pas au soleil. Un voilage tempérera l'éventuelle ardeur de celui-ci, à l'ouest ou au sud.

Si vous disposez d'un jardin ou d'un balcon, placez-y toute la colonie, à mi-ombre, et à proximité d'une buse d'arrosage, reliée à un robinet commandé par un programmateur. Sur balcon, afin de ne pas inonder vos voisins, procédez à des essais (nocturnes !) à l'avance et employez plutôt des diffuseurs goutte-à-goutte. Sinon, recourez, comme à l'intérieur, aux cônes diffuseurs.

Veillez dans tous les cas à bien fixer les grandes plantes, et particulièrement toutes celles qui offrent une prise au vent.

▲ Le système du siphon

Ici, ce système est relié à des cônes diffuseurs montés en batterie. Veillez à toujours placer la réserve en hauteur. **Pour un grand nombre de pots, il est sage de prévoir deux ou trois réservoirs.**

◀ Les cônes distributeurs individuels

Pour les plus grosses plantes ou les plus demandeuses d'eau, généralement dotées de grandes feuilles, utilisez des cônes distributeurs individuels, sur lesquels vous fixerez une bouteille d'eau.

La fragilité des plantes d'intérieur

Maladies, ravageurs et erreurs de culture sont à l'origine des affections dont souffrent les plantes d'intérieur, d'autant plus sensibles qu'elles sont hors de leur milieu naturel. Une bonne vigilance, des précautions de base et le remède adapté permettront de les aider.

Être attentif

Dès les premiers symptômes

Dans la nature, les plantes souffrent aussi de dysfonctionnements dus aux maladies et aux parasites. Mais l'équilibre écologique permet de garder, le plus souvent, une population sauvage en bonne santé, avec un nombre raisonnable de pertes. Dans nos intérieurs, cet équilibre est rompu, de même que la multiplication sexuée, garante du maintien de l'espèce. De plus, la moindre erreur de culture peut avoir pour ces plantes des conséquences néfastes.

Dans tous les cas, **plus tôt vous établirez un diagnostic, plus vite vous pourrez agir efficacement**, avec de bonnes chances de sauver votre pensionnaire. Cette identification doit se faire dès l'apparition des premiers symptômes ; ensuite, elle sera difficile. Quand un sujet vous semble mal en point, n'attendez donc jamais. Autant que possible, **avant toute action, isolez le malade**, pour observer son évolution et éviter qu'il contamine ses voisins.

Une surveillance régulière

La prévention reste la lutte la plus efficace. **Choisir d'emblée la bonne exposition** pour leur placement évite l'étiolement, donc l'affaiblissement, de vos plantes. Ne les changez jamais brutalement d'exposition ni d'atmosphère. En cas de nécessité, pour un déménagement par exemple, agissez comme lors d'un achat (voir p. 30-31) et attendez-vous à une période d'adaptation, pendant laquelle les plantes seront moins belles.

De manière générale, **soyez attentif, et passez vos plantes en revue tous les huit jours**. En respectant les besoins spécifiques de chacune d'entre elles, vous obtiendrez des plantes plus belles, mais aussi plus saines, car bien mieux armées pour résister aux attaques des maladies, viroses et bactérioses en particulier.

Une cloche improvisée maintiendra une plante malade en quarantaine et augmentera les effets du traitement.

Chap. 6 : Soigner et entretenir les plantes

BIEN SOIGNER

Il devient un peu difficile pour l'amateur de protéger et de soigner ses plantes, tant à la maison qu'au jardin, la gamme des produits autorisés en Europe fondant comme neige au soleil.

❧ AGIR AVEC BON SENS

Ce n'est pas la quantité des produits, mais leur choix et un bon usage qui en font l'efficacité. Votre premier geste, avant d'utiliser un produit, même peu nocif, doit être de vous protéger : portez toujours des gants et soyez entièrement couvert ; les pulvérisations auront lieu de préférence en plein air ou, à défaut, sous une housse en plastique. **Éloignez toujours enfants et animaux domestiques.** Quant aux doses et fréquences d'emploi, respectez strictement les consignes du fabricant.

Rincez parfaitement les pulvérisateurs après emploi (ce qui prolonge sensiblement leur vie). Si le produit est en aérosol, ne pulvérisez jamais en continu, mais par courtes pressions successives, et toujours à 30 cm au moins de la plante, vous éviterez ainsi que le gaz sous pression, très froid, ne gèle les feuilles.

Pour une même affection, infectieuse comme parasitaire, alternez les produits employés (c'est-à-dire les molécules ou matières actives, et non les marques), afin de limiter les risques d'accoutumance du parasite. Par exemple, le Folpel®, fongicide systémique, entre dans la composition d'au moins trois produits de marques différentes. Il est donc inutile de faire se succéder ces produits. Lisez bien la composition, portée obligatoirement sur les emballages, bien que souvent en tout petits caractères.

❧ LA LUTTE INTÉGRÉE

La lutte intégrée est une forme de protection (en prévention comme en soin) idéale : elle utilise des insectes ou micro-organismes qui parasitent seulement les indésirables, qui se reproduisent gracieusement et qui trouvent seuls leurs proies. Toutefois, il leur faut presque toujours des conditions de vie bien précises (température et hygrométrie en particulier), faute de quoi ils dépérissent. Renseignez-vous auprès des revendeurs spécialisés pour savoir si vous pouvez leur offrir le régime adéquat.

Tenez l'aérosol à 30 cm au moins de la plante et, pour éviter de la brûler, diffusez le produit par pressions successives.

Protégez les meubles et les tissus environnants des projections en plaçant la plante dans un sac en plastique lors des pulvérisations.

Traiter contre les acariens

Les traitements contre les acariens des moquettes et des parquets ont une action efficace : préventivement, ils limitent l'accès de ces parasites aux plantes ou, en cas d'atteinte déjà survenue, ils empêchent le passage d'une plante à l'autre. Avant usage, vérifiez les précautions d'emploi de votre produit antiacariens en présence des plantes.

Les maladies courantes

Provoquées, comme chez les humains, par des agents pathogènes, elles peuvent être dues à des bactéries, à des virus ou à des champignons microscopiques. Les traitements chimiques existent uniquement contre ces derniers.

Bactérioses

Symptômes Une partie de la tige, à mi-hauteur ou vers la base, devient molle ; la plante dépérit sans traces apparentes sur le feuillage ; ouverte, la zone atteinte est jaunâtre, gluante et malodorante. Souvent dues à un excès d'arrosage lié à une température trop basse.

Plantes sensibles Yuccas, cordylines, phalænopsis.

Lutte bio Isolez la plante ; coupez la partie atteinte en entamant bien les tissus sains ; laissez sécher la coupe et bouturez le haut ; cessez les arrosages pendant un mois.

Lutte chimique Aucune.

Fumagine

Symptômes Le feuillage et les tiges, poisseux, se couvrent d'un enduit pulvérulent noir, comme de la suie ; sans danger direct pour la plante, il se développe sur le miellat sucré produit par les cochenilles, aleurodes et pucerons, qu'il faut éliminer.

Plantes sensibles Toutes les espèces sensibles aux parasites cités p. 156 à 159.

Lutte bio Douchez plusieurs fois et abondamment le feuillage à l'eau peu minéralisée, tiède ; outre qu'il élimine la fumagine, ce traitement crée une humidité défavorable aux aleurodes et aux cochenilles.

Lutte chimique Inutile.

Mildious

Symptômes Ils produisent des taches d'abord jaunes puis brunes, qui vont s'élargissant puis se rejoignent, et entraînent la mort de la feuille puis, peu à peu, de toute la plante.

Plantes sensibles Toutes les plantes à feuilles tendres (nombre de bégonias, les saintpaulias, gloxinias...).

Lutte bio Évitez les variations de température et d'hygrométrie ; traitez les parties atteintes au soufre mouillable.

Lutte chimique Traitez la plante tous les huit jours avec un fongicide à large spectre, du type « maladies des rosiers ».

Chap. 6 : Soigner et entretenir les plantes

Nécrose du collet

Symptômes Au ras du sol, la base des tiges – ou du pétiole des feuilles, pour les plantes en rosettes – se nécrose et noircit. Tiges ou feuilles, bien que saines d'aspect, se couchent et meurent.

Plantes sensibles Saintpaulias, gloxinias, bégonias, impatientes.

Lutte bio Supprimez les parties atteintes, dégagez le collet et enduisez-le d'un peu de fleur de soufre. Posez un paillis de sable grossier et veillez à ne pas trop arroser.

Lutte chimique Après suppression des parties atteintes, vaporisez un fongicide à large spectre.

Oïdiums

Symptômes Feuillage, jeunes pousses et tiges tendres se couvrent d'un duvet grisâtre, gluant au toucher. Les parties atteintes se recroquevillent et meurent.

Plantes sensibles Un très grand nombre, à des degrés divers ; les pépéromias et bégonias y sont particulièrement sensibles.

Lutte bio Traitez les parties atteintes au soufre mouillable (produit vendu sous ce nom, et miscible dans l'eau grâce à un catalyseur).

Lutte chimique Traitez la plante tous les huit jours avec un fongicide systémique incluant du Folpel®.

Il y a oïdium et oïdium

Bien que leurs effets soient comparables et qu'ils se développent dans des conditions identiques, ces microscopiques champignons sont très divers. Il en existe de nombreuses espèces, qui ne s'attaquent pas aux mêmes plantes. Ce n'est donc pas parce que votre bégonia est atteint que votre primevère va forcément être malade. Cette remarque s'applique aussi aux mildious.

Viroses

Symptômes Toute la végétation de la plante ralentit, les pousses se recroquevillent ; les feuilles peuvent se marquer de stries ou de taches décolorées ; la floraison est réduite ou nulle. Dans les cas graves, la plante meurt, malgré tous les soins.

Plantes sensibles Toutes, en principe, les virus étant très nombreux et certains attaquant de nombreux hôtes.

Lutte bio Éliminez les plantes atteintes. Les producteurs renouvellent *in vitro* les plants des espèces sensibles, pour diffuser des souches saines. Désinfectez soigneusement votre matériel.

Lutte chimique Aucune.

Les ravageurs

Certains animaux, malgré leur petite taille, n'en produisent pas moins de gros ravages, parfois mortels. Outre les dégâts directs qu'ils infligent aux tissus végétaux, ils véhiculent souvent diverses maladies incurables. Ne laissez pas ces pique-assiettes s'installer et luttez dès leur apparition.

Aleurodes, ou mouches blanches

Symptômes Nuages de minuscules moucherons blancs au moindre choc sur la plante ; adultes et larves garnissent le revers des feuilles ; la plante devient poisseuse et se couvre de fumagine.

Plantes sensibles Toutes les plantes, excepté celles à feuillage coriace.

Lutte bio Lavez le feuillage avec une solution claire de savon noir ; pratiquez la lutte intégrée avec *Encarsia formosa* ou *Verticillium lecanii*.

Lutte chimique Les insecticides classiques tuent les adultes ; éliminez les larves avec des produits contre les cochenilles, appliqués quatre fois à huit jours d'intervalle.

Anguillules

Symptômes Ces nématodes, sortes de « vers » microscopiques, colonisent les canaux des végétaux, entravent la circulation de la sève et déforment les feuilles ; celles-ci prennent une forme « en cuiller », caractéristique.

Plantes sensibles Toutes ; les hibiscus, bulbes et plantes à feuillage tendre (bégonias, etc.) sont les plus sensibles.

Lutte bio Détruisez les plantes atteintes.

Lutte chimique Les produits, très toxiques, sont réservés aux professionnels ; isolez les plantes atteintes et détruisez-les en cas d'attaque grave.

Araignées rouges

Symptômes Les feuilles se décolorent et se recroquevillent ; à terme, elles sont reliées par des toiles serrées, de petite taille.

Plantes sensibles Toutes, ou presque.

Lutte bio Augmentez l'hygrométrie et bassinez les plantes atteintes deux fois par jour ; pratiquez la lutte intégrée avec *Phytoseiulus persimilis*.

Lutte chimique Utilisez, avec les précautions d'usage, un acaricide spécifique ; les molécules actives de ces produits changent très souvent, pour éviter l'adaptation des parasites.

Chap. 6 : Soigner et entretenir les plantes

Chenilles

Symptômes Les tordeuses, souvent en petites colonies, sont assez faciles à repérer malgré leur faible taille ; elles rongent et défigurent les feuilles ; diverses noctuelles, solitaires, sont plus sournoises car difficiles à repérer, et dotées d'un féroce appétit ; le bord des feuilles est largement échancré.

Plantes sensibles Phalangères, hibiscus, plantes grasses et primevères comptent parmi les premières victimes.

Lutte bio La lutte intégrée est facile avec *Bacillus thuringiensis*.

Lutte chimique Une seule application d'un insecticide de base suffit généralement.

Cochenilles à bouclier

Symptômes Ces insectes suceurs de la taille d'une tête d'allumette apparaissent en amas de renflements coriaces, bruns, au revers des feuilles, le long des nervures, ainsi que sur les ramilles. Toute la plante se couvre d'un miellat poisseux ; les feuilles tombent.

Plantes sensibles Toutes les espèces à feuilles lisses.

Lutte bio Augmentez l'hygrométrie, évitez le plein soleil et bassinez les plantes deux fois par jour ; en cas de forte infestation, employez une solution claire de savon noir et rincez deux jours plus tard ; pratiquez la lutte intégrée avec *Metaphycus helvolus*.

Lutte chimique Divers insecticides spécifiques, en bombe, doivent être appliqués à huit jours d'intervalle pour éliminer les jeunes, tant qu'ils sont mobiles ; une fois fixés, ils sont peu sensibles.

Cochenilles farineuses

Symptômes Ces cochenilles, également des insectes suceurs, sont plus mobiles que les autres. Un amas cotonneux, blanc, les protège. Elles prolifèrent si vite qu'elles affament la plante ; de plus, elles peuvent être vecteurs de maladies.

Plantes sensibles Un très grand nombre de plantes, notamment les hoyas, dieffenbachias, clivias, et les plantes grasses.

Lutte bio Comme pour les cochenilles à bouclier ; lutte intégrée avec *Leptomastix dactylopii*.

Lutte chimique Dépourvues de carapace, ces cochenilles sont plus fragiles que celles à bouclier et réagissent aux insecticides généraux ; cependant, en cas de forte attaque, employez les mêmes produits que pour l'espèce à bouclier.

L'abus d'alcool est dangereux…

En cas d'infestation faible de cochenilles de tous types (à bouclier, farineuses, etc.), vous pouvez éliminer ces indésirables à l'aide d'un Coton-tige imprégné d'alcool à 90°. Mais certaines cochenilles sont si minces que la plante elle-même sera atteinte. Or l'alcool est phyto-toxique : il brûle les tissus des végétaux. Ne faites donc qu'effleurer le parasite, c'est suffisant. Par ailleurs, ce moyen vous donne peu de chances de détruire les œufs (peu visibles et disséminés) et les jeunes, très mobiles, des cochenilles. Si la plante est envahie, recourez sans tarder à l'insecticide approprié.

Limaces

Symptômes Les feuilles et les boutons floraux des plantes sont partiellement ou entièrement dévorés ; des traînées argentées, de bave sèche, persistent sur la plante.

Plantes sensibles Toutes les plantes tendres et sans latex ; les clivias et les plantes grasses font leurs délices.

Lutte bio Posez sur le substrat des coupelles remplies de bière, où se noieront les gourmandes ; mêlez de la cendre de bois, en forte quantité, à la terre de surface. Épandez *Heterorhabditis megitis*.

Lutte chimique Épandez des appâts spécifiques, en granulés (sous réserve que leur interdiction soit prononcée).

Des limaces dans la maison !

Limaces et chenilles sont rares sur les plantes installées à demeure dans la maison. En revanche, si votre véranda donne sur l'extérieur, elles trouvent toujours un moyen d'entrer par une ouverture (grille d'aération ou baie ouverte) ; et si certaines plantes séjournent dehors en été, l'accès est libre pour ces parasites. Aussi, avant de rentrer les plantes, en automne, traitez-les, à l'extérieur, avec un insecticide général, débarrassez les pots des escargots qui s'y nichent et épandez un peu d'antilimaces sur le substrat. Dans la véranda, effectuez ce dernier traitement tous les quinze jours environ, pendant toute l'année.

Mineuses

Symptômes Les feuilles s'ornent de galeries en serpentin, décolorées, creusées dans leur épaisseur ; elles peuvent atteindre plusieurs centimètres de long ; les feuilles se dessèchent et tombent.

Plantes sensibles Hibiscus, ficus de toutes espèces, etc.

Lutte bio Retirez les feuilles atteintes ; les dégâts sont rarement généralisés.

Lutte chimique Tentez un insecticide systémique, les prédateurs étant installés dans l'épaisseur de la feuille, donc à l'abri des produits de contact. La faible importance des dégâts ne justifie guère une lutte acharnée.

Qu'est-ce qu'un produit systémique ?

Par opposition aux produits de contact, les produits systémiques sont véhiculés par la sève des plantes. Ils se retrouvent donc dans toutes les parties de celles-ci, racines comprises. Ce traitement étant très efficace contre les maladies et contre les insectes piqueurs, la pulvérisation n'a pas besoin d'atteindre toutes les feuilles. Au contraire, en connaissance du mode d'action systémique, ne surdosez pas. Il n'y a pas de problème avec les fongicides de ce type. Mais certaines plantes sensibles ou duveteuses (par exemple, les saintpaulias) tolèrent mal ce traitement comme insecticide. En effet, les nombreux poils retiennent trop de produit. Lisez bien les mises en garde sur l'emballage et renseignez-vous auprès de votre revendeur.

Chap. 6 : Soigner et entretenir les plantes

Otiorrhynques

Symptômes Les plantes s'affaiblissent et peuvent mourir. Les otiorrhynques (surtout *Otiorhyncus sulcatus*) sont des coléoptères voraces, nuisibles au stade adulte comme au stade larvaire. Les larves, sortes de vers blancs trapus, vivent en terre, où elles dévorent les racines des plantes. Les adultes, réfugiés dans la couche superficielle du sol durant le jour, sortent la nuit pour dévorer le bord des feuilles, qu'ils découpent en dentelures typiques.

Plantes sensibles Cissus, hortensias, plantes de la famille des Gesnériacées.

Lutte bio Veillez à employer, pour préparer vos mélanges, des terreaux désinfectés. On peut piéger les adultes, et ainsi limiter la prolifération, en posant sur le substrat des cartons enduits de glu.

Lutte chimique Appliquez des insecticides du sol, en granulés.

Pucerons

Symptômes Minuscules insectes verts, bruns ou gris, groupés sur les jeunes feuilles et à la pointe des rameaux, qui se déforment et deviennent poisseux avant de mourir.

Plantes sensibles Toutes, à des degrés divers.

Lutte bio Lavez les parties atteintes au jet ; la lutte intégrée s'effectue avec *Aphidius colemanii* ou *Aphidoletes aphidizima*.

Lutte chimique Effectuez au moins quatre traitements avec un insecticide de base, vaporisé uniformément tous les huit jours, sans omettre le revers des feuilles.

Thrips

Symptômes Les feuilles deviennent argentées puis plombées, sèchent et tombent. À la loupe, on voit de minuscules insectes allongés, munis de courtes ailes.

Plantes sensibles Une large gamme de plantes fleuries, allant des daturas aux lauriers-roses, et aussi sur les palmiers ; rares sur les plantes à feuillage coriace.

Lutte bio Bassinez le feuillage deux fois par jour ; pratiquez la lutte intégrée avec *Neoseiulus cucumeris* ou *Verticillium lecanii*.

Lutte chimique Difficile, les produits, très toxiques, n'étant généralement pas disponibles pour l'amateur.

Les erreurs de culture

Même averti et fort des conseils de cet ouvrage, vous n'êtes pas à l'abri d'une erreur d'appréciation. Excès ou manque d'arrosage, milieu asphyxié, éclairement brûlant ou insuffisant, courant d'air, coup de froid (hypothermie), les plantes ne manqueront pas de vous signaler leur malaise en montrant une végétation anormale.

Trop ou pas assez…

❧ …DE LUMIÈRE

Préservez vos plantes du soleil et des éclairages artificiels. L'excès, comme pour nous, provoque des brûlures, reconnaissables à leur localisation bien précise sur une plante par ailleurs saine. Empressez-vous de retirer le sujet de la zone dangereuse. Coupez les brindilles atteintes sur les arbustes ; sur les autres plantes, il ne vous restera qu'à attendre, hélas, le renouvellement, parfois lent, du feuillage.

S'il est difficile de déplacer une plante sensible exposée au soleil (en raison de sa grande taille, par exemple), veillez à couvrir la face exposée, entre mai et septembre, d'un voile de forçage ou assimilé, du moins aux heures les plus chaudes.

À l'inverse, **le manque de lumière donne une végétation faible, étiolée** ; pas une fleur n'apparaît, et les feuillages, mous, perdent leurs caractères : les plantes panachées deviennent vertes, pour améliorer leurs capacités d'assimilation en augmentant leur chlorophylle ; les feuilles découpées (*Monstera deliciosa*) deviennent entières, pour les mêmes raisons (voir conseils pour l'exposition p. 32, 34, 36 et 37).

❧ …DE CHALEUR

Au moment de la mise en route automnale du chauffage, il n'est pas rare que les *Ficus benjamina* et les hibiscus se dépouillent entièrement. Pas d'affolement : maintenez la terre fraîche et la repousse s'effectuera rapidement.

À l'instar de tous les changements brusques d'atmosphère, les courants d'air, souvent négligés, ont parfois des effets spectaculaires : incapables de s'adapter rapidement, les plantes les plus sensibles perdent tout leur feuillage en un temps record, pour en émettre un nouveau, plus adapté aux nouvelles conditions.

Le froid provoque également des ravages. Ce n'est pas parce qu'il n'y gèle pas qu'un local est propice à la culture des plantes exotiques. Ce qui est valable pour les plantes semi-méditerranéennes, de montagne ou de zones tropicales sèches – habituées à de forts écarts de température –, ne

Qu'est-ce que cette mousse ?

La surface de la terre et les parois des pots se couvrent parfois d'une sorte de mousse blanchâtre, qui vire ensuite au jaune. Malgré ses allures de moisissure, il ne s'agit que d'un dépôt de sels minéraux, inoffensif pour la plante. Brossez le pot et griffez le substrat, cela suffira à l'éliminer.

Taillez court les branches étiolées, racornies ou sèches, des plantes ramifiées, pour provoquer la repousse.

Chap. 6 : Soigner et entretenir les plantes

l'est pas pour les plantes des forêts humides, surtout tropicales, qui souffrent en dessous de 10 °C. Quelques heures à cette température n'ont guère de conséquences, mais au bout d'une semaine en revanche, la plante souffre d'hypothermie, ralentit ou arrête totalement son activité et... meurt. Il suffit d'élever la température pour éviter cet écueil.

... D'EAU

L'excès comme le manque d'eau provoquent des symptômes superficiels comparables, en général un dépérissement et une chute du feuillage, dus à l'asphyxie des canaux. Assurez-vous que la fréquence et le volume des apports sont appropriés à l'espèce considérée. Vérifiez également, si la terre reste trempée, que les trous d'écoulement du pot ne sont pas colmatés. Rempotez au besoin.

... D'ENGRAIS

Un manque de nourriture provoque un appauvrissement de la végétation : pousses étriquées, feuilles réduites, absence de fleurs. Il vous faut donc donner le coup de pouce approprié. Mais **résistez à l'envie d'en donner trop**, car les engrais sont avant tout des sels minéraux : vous feriez mourir vos plantes d'indigestion. Respectez les doses et fréquences d'emploi indiquées par le fabricant – mieux vaut trop peu que trop –, et appliquez-les toujours sur un sol humide, pour ne pas brûler les racines.

N'engraissez en aucun cas une plante malade, ou qui vient d'être taillée, ou un bulbe en plein démarrage. Faute de feuilles bien développées pour transformer cette nourriture en énergie, les végétaux sont alors incapables d'assimiler ces apports et souffrent, ou meurent.

Les éclairages sont source de chaleur et de sécheresse. Évitez leur proximité avec les plantes.

Si la terre reste trempée deux heures après un arrosage, c'est que le pot est colmaté. Rempotez d'urgence, en soignant particulièrement le drainage.

Chapitre 7

Des arbres et des arbustes dans la maison

Ces majestueux végétaux ne passent jamais inaperçus dans un intérieur. Ils ne sont pas réservés aux grands espaces, car vous en trouverez de toutes les tailles, du petit sujet de moins de 1 m au grand spécimen dépassant les 3 m de hauteur. Votre investissement sera à la mesure de la plante choisie, mais à elle seule, elle peut composer un décor. Achetez un petit arbre, faites entrer la forêt chez vous...

Véritable sculpture végétale, ce figuier pleureur à troncs tressés est un sujet exceptionnel. Pour être admiré dans toute sa splendeur, il doit être isolé dans une grande pièce très claire, dont le décor sera agencé autour de lui.

Si la fenêtre n'est pas exposée en plein sud, vous pouvez disposer des plantes juste derrière la vitre. Cet écran naturel filtrera les rayons du soleil et l'effet obtenu est plus original qu'avec un rideau. Choisissez des végétaux exigeants en lumière, comme les crotons, les dracænas, les *Ficus benjamina* et les palmiers d'intérieur.

Donnez une touche de couleur à votre intérieur en cultivant un arbuste à fleurs. Dans une pièce lumineuse, voire ensoleillée, l'abutilon déploiera ses grosses clochettes presque tout au long de l'année.

Grâce à son faible encombrement au sol, le *Dracaena fragrans* 'Massangeana' cultivé sur tronc trouvera sa place même dans les petits intérieurs. Avec sa silhouette très graphique et ses belles rosettes de feuillage, cette plante constitue un décor à elle seule. Et en plus, elle est facile à vivre !

Opulent mais raffiné, le pachira apporte une note de verdure à un coin de salon ensoleillé, sans pour autant occuper beaucoup d'espace au sol. Son large feuillage découpé laisse passer les rayons du soleil, prodiguant une lumière tamisée très reposante.

Quand il se plaît, le tilleul d'appartement (*Sparrmannia africana*) prend très vite des proportions imposantes, même en pot. Avides de lumière, ses larges feuilles arrêtent les rayons du soleil, offrant une ombre appréciable en été, mais privant la pièce de lumière en hiver.

Chap. 7 : Des arbres et des arbustes dans la maison

Abutilon ** Abutilon pictum (syn. A. striatum)

Original par son feuillage marbré, cet abutilon se distingue aussi par sa floraison pittoresque et de longue durée. Quelques attentions élémentaires vous permettront de le garder de nombreuses années dans une pièce lumineuse, qu'il égaiera de ses couleurs.

Abutilon pictum est originaire du Brésil, où il prend la forme d'un petit arbre… qui peut quand même atteindre 5 m. À port dressé, il s'étale largement en vieillissant. En pot, il finira par toucher le plafond si les conditions lui conviennent et que les contenants successifs ne le tiennent pas à l'étroit. Recherché pour les couleurs de ses feuilles, le cultivar *A. pictum* 'Thompsonii' est plus largement diffusé que l'espèce. Quant à ses charmantes clochettes pendantes – son autre attrait –, elles se succèdent longtemps, généralement du printemps à l'automne. Plante de soleil tamisé, idéale dans une grande salle de séjour à baie vitrée, cet abutilon apprécie de passer l'été sur le balcon, à ombre légère ou même au soleil, après une période d'acclimatation à mi-ombre.

Secrets de culture

Rempotage	Tous les deux ou trois ans, dans un compost universel. Surfacez les sujets en grand bac. Effectuez ces opérations en fin d'hiver.
Arrosage	Assez copieux – deux fois par semaine environ – du printemps à l'automne. En hiver, réduisez les apports à une fois tous les dix ou douze jours.
Engrais	Donnez un engrais liquide pour plantes à fleurs une fois par semaine, pendant toute la période de floraison, d'avril à septembre.
Taille	Rabattez les rameaux ayant donné des fleurs, à la fin de la saison de floraison. Supprimez les tiges qui portent des feuilles non marbrées. Vous pouvez être amené à limiter le développement par une taille effectuée en hiver.
Maladies et parasites	Les cochenilles farineuses s'installent parfois sur les tiges ; supprimez-les à l'aide d'un Coton-tige imbibé d'alcool et appliquez un insecticide systémique en cas d'attaque massive.
Toxicité	Les feuilles peuvent causer de légères irritations cutanées. Mieux vaut porter des gants pour manipuler la plante.

La multiplication

Prélevez des boutures semi-ligneuses en été et piquez-les dans un mélange léger, en les conservant à l'étouffée jusqu'à enracinement.

Quel abutilon choisir ?

Abutilon pictum, à feuilles vert foncé, de 10 à 15 cm de long, profondément lobées, et à fleurs en clochettes, jaune orangé ; *A. pictum* 'Thompsonii', à feuilles marbrées vert moyen, vert clair et jaune, et fleurs rose saumoné.

Abutilon pictum 'Thompsonii'.

min. 5 °C
max. 18 °C

Araucaria** Araucaria heterophylla

Ce conifère d'intérieur très élégant et de bonne tenue croît assez lentement. Pour mettre en valeur sa silhouette, il est conseillé de l'isoler contre un mur, de préférence sur un fond clair. Évitez-lui la proximité d'un radiateur, mais pas celle d'une fenêtre. On peut l'utiliser comme arbre de Noël.

Cet araucaria présente un tronc droit pouvant atteindre plus de 2 m en appartement (alors qu'il dépasse 30 m dans son île d'origine (Norfolk, en Australasie) et des branches horizontales étagées, se ramifiant dans un même plan. Une lumière modérée lui suffit, mais il est plus dense s'il est bien éclairé. On peut le placer l'hiver dans une entrée ou dans une chambre d'ami un peu fraîche, car trop de chaleur lui fait perdre ses aiguilles. De mai à septembre, il apprécie d'être placé sur un balcon, d'abord à l'ombre, puis au soleil.

SECRETS DE CULTURE

REMPOTAGE	Tous les deux ou trois ans au printemps, pour éviter un développement trop rapide. Utilisez un mélange bien drainé de terre de bruyère et de terreau de feuilles. N'enfoncez pas trop la motte, mais recouvrez les racines supérieures d'une mince couche de terre ; elles doivent presque affleurer.
ARROSAGE	Modéré, une fois par semaine, avec de l'eau non calcaire à température ambiante. Réduisez les apports en hiver. Le sol doit rester légèrement frais, sans jamais être détrempé. En cas de sécheresse ou d'excès d'humidité, on assiste à une chute spectaculaire des aiguilles. Si vous constatez un début de dessèchement des ramules, apportez à l'arbre un peu de fraîcheur en le bassinant à l'eau non calcaire, pour ne pas le tacher.
ENGRAIS	Apportez de l'engrais pour plantes vertes à partir de mars-avril, ou un mois après un rempotage, jusqu'à la fin de l'été.
TAILLE	On ne taille pas ce conifère.
MALADIES ET PARASITES	Les cochenilles farineuses s'installent parfois sur les plantes qui ont souffert d'un air trop sec ; traitez avec un insecticide approprié. Un feuillage terne trahit souvent la présence d'acariens ; appliquez alors un acaricide.

Araucaria heterophylla.

LA MULTIPLICATION

Elle se fait par bouture de tête en fin d'été mais est très difficile à réussir. On peut aussi procéder par semis en avril-mai (on trouve des graines chez quelques grainetiers).

QUEL ARAUCARIA CHOISIR ?

Araucaria heterophylla, au feuillage vert foncé, a donné quelques cultivars, en particulier 'Glauca', à feuillage légèrement bleuté.

Vos questions / Nos réponses

L'araucaria peut-il rester toute l'année sur un balcon ?

Il a la même résistance au froid qu'un oranger. On ne le laissera donc à l'extérieur que dans les régions méditerranéennes, ou dans des zones légèrement plus fraîches avec une bonne protection hivernale.

Chap. 7 : Des arbres et des arbustes dans la maison

Ardisia* Ardisia crenata (syn. A. crispa)

Voici un arbrisseau facile à entretenir et décoratif toute l'année, mais en vente seulement pendant une brève période. Ses fleurs en étoiles sont suivies de baies rouges qui tranchent sur son feuillage persistant.

Originaire d'Asie de l'Est, cet arbuste de 80 cm à 1 m de haut pour 40 à 50 cm d'étalement porte des feuilles lancéolées et crénelées, d'un vert foncé luisant. Les grappes de fleurs crème ou blanc rosé, délicatement parfumées, apparaissent à la fin du printemps. Les baies, rouges, durent longtemps dans de bonnes conditions d'hygrométrie, cohabitant souvent avec les fleurs de l'année suivante. Installez-le dans une véranda, un couloir ou une entrée exposés à l'est ou à l'ouest et où la température ne dépasse pas 15 °C en hiver.

SECRETS DE CULTURE

Rempotage	Tous les deux ou trois ans, au printemps, dans un mélange acide, léger et fertile composé de terreau pour plantes vertes, de terre de bruyère et d'argile. Un bon drainage est essentiel.
Arrosage	Toujours avec de l'eau non calcaire. Ne laissez jamais le substrat se dessécher en été. En hiver, réduisez les apports : un peu d'eau si la plante est dans une pièce chauffée (18-20 °C), moins si la pièce est très fraîche (7 à 15 °C). Les bassinages se font le matin, pour que les feuilles sèchent avant la nuit, et cessent durant la floraison pour ne pas éliminer le pollen.
Engrais	De mars à septembre, effectuez un apport bimensuel d'engrais pour plantes fleuries.
Taille	Une taille légère, en avril, permet éventuellement de rectifier la silhouette de l'arbuste. Pour rajeunir un sujet un peu dégarni, rabattez la tige centrale à 10 cm de la base.
Maladies et parasites	Une hygrométrie insuffisante favorise l'installation des cochenilles farineuses ou à bouclier ; traitez avec un insecticide systémique ou spécifique.
Toxicité	Les baies présentent une certaine toxicité par ingestion.

Ardisia crenata.

LA MULTIPLICATION

Elle permet de remplacer les sujets qui ont tendance à se dégarnir. Bouturez des pousses semi-aoûtées, en été, à l'étouffée et à la chaleur. Le semis est assez facile à réussir : au printemps, extrayez les graines des fruits bien mûrs en éliminant toute la pulpe. Laissez-les sécher et semez-les en terrine dans un mélange de tourbe et de sable, sur chaleur de fond (15 °C). Soyez patient dans les deux cas : les plants ne poussent pas vite…

QUEL ARDISIA CHOISIR ?

Ardisia crenata, à feuilles vert foncé, et ses variétés 'Variegata', à feuillage panaché, et 'Alba', à baies blanches.

Vos questions / Nos réponses

Ma plante ne produit pas de baies.
La fructification n'intervient qu'après pollinisation des fleurs. Celle-ci, délicate, peut s'effectuer manuellement, à l'aide d'un petit pinceau propre.

Brachychiton** *Brachychiton rupestris*

Ce brachychiton est aussi appelé « arbre-bouteille du Queensland », à cause de son tronc massif et renflé à la base, qui apparaît à partir de 5 ou 6 ans. Son feuillage fin et persistant constitue un autre de ses attraits.

Originaire d'Australie, ce brachychiton mesure 15 m de hauteur et plus dans son milieu naturel. En pot, il dépasse parfois 1 m – et peut même atteindre 2 m –, mais sa croissance est lente. Ses feuilles allongées sont marquées d'une nervure claire. En juillet-août, dans de bonnes conditions (en véranda), il donne des clochettes jaune crème. Il passe volontiers l'hiver en appartement, de préférence loin des appareils de chauffage.

Secrets de culture

Rempotage	Au printemps, tous les deux ans, dans un mélange de terreau horticole et de bonne terre de jardin, enrichi de compost bien décomposé, additionné de sable ou de perlite pour améliorer le drainage. Les grands sujets, difficiles à manipuler, se contentent d'un surfaçage sur quelques centimètres.
Arrosage	Régulier, du printemps à la fin de l'été, afin que le substrat soit humide, mais sans excès, sinon les feuilles jaunissent et tombent. Pendant le repos hivernal, attendez que le sol sèche en surface pour arroser à nouveau. Dépoussiérez régulièrement les feuilles avec une éponge humide.
Engrais	D'avril à septembre, des apports réguliers d'engrais pour plantes vertes, sur sol humide, favorisent la végétation.
Taille	Une taille légère à la fin de l'hiver permet de contenir la végétation et de rééquilibrer la silhouette.
Maladies et parasites	Les cochenilles et les acariens s'attaquent parfois au brachychiton. Selon le cas, traitez avec un insecticide adapté ou avec un acaricide.

La multiplication

Délicate, elle se fait en août, par bouturage de tiges semi-ligneuses, dans un mélange à parts égales de tourbe et de sable. Une mini-serre chauffée à 20 °C et des hormones de bouturage augmentent les chances de réussite. Le semis ne réussit qu'avec des graines fraîchement récoltées.

Quel brachychiton choisir ?

D'autres espèces sont cultivées en pot, voire en bonsaï : *B. acerifolius*, à la spectaculaire floraison écarlate avant le développement des feuilles ; *B. populneus*, à tronc non renflé, aux feuilles lancéolées et lobées sur les jeunes sujets, ovales sur les vieux. Dans le Midi, cette dernière espèce peut passer l'hiver sur une terrasse.

Brachychiton acerifolius, ou « flamme australienne ».

Vos questions / Nos réponses

Comment le cultiver en bonsaï ?

Au lieu de le rempoter régulièrement dans un contenant plus grand, maintenez-le dans un pot de faible volume et limitez les rameaux. Ne prenez un pot légèrement plus grand que lorsque l'arbre est trop à l'étroit.

Brachychiton rupestris (ici, deux sujets cultivés en bonsaïs).

PARTIE III   LES PLANTES DE LA MAISON

min. 15 °C
max. 22 °C

Caoutchouc * Ficus elastica

Ficus elastica.

Mesurant jusqu'à 30 m en Inde, chez vous, il atteindra volontiers 2,50 m s'il dispose d'un pot assez grand. Il présente généralement une tige unique, portant de grandes feuilles vert foncé, ovales, pointues et brillantes. Il doit recevoir de la lumière jusqu'à sa base, mais n'aime pas le grand soleil. Placez-le près d'une fenêtre exposée à l'est ou à l'ouest, dans une pièce où la température hivernale ne descend pas en dessous de 15 °C.

SECRETS DE CULTURE

REMPOTAGE	Au printemps, tous les ans pour les jeunes plantes, qui gagnent jusqu'à 45 cm par an, tous les deux ou trois ans pour les gros sujets, dans un mélange au tiers de terreau de feuilles, de bonne terre de jardin et de tourbe, sur une épaisse couche de tessons ou de billes d'argile pour faciliter le drainage. Un surfaçage sur 5 cm suffit pour les plantes trop imposantes.
ARROSAGE	Régulier du début du printemps à la fin de l'été, en évitant les excès aussi bien que les coups de sec. Réduit en hiver (période de repos du caoutchouc). De temps à autre, dépoussiérez les feuilles avec un chiffon ou une éponge humide.
ENGRAIS	Effectuez un apport bimensuel d'engrais pour plantes vertes de mars à septembre.
TAILLE	Il est possible de rabattre la tige des plantes trop grandes. Stoppez l'écoulement de latex en tamponnant la plaie avec un coton imbibé de vaseline.
MALADIES ET PARASITES	Les araignées rouges, cochenilles à bouclier et cochenilles farineuses sont les ennemis classiques des caoutchoucs. Employez un acaricide ou un insecticide systémique.
TOXICITÉ	Le latex est toxique et peut provoquer des réactions allergiques cutanées. Manipulez la plante avec des gants.

LE CAOUTCHOUC EST CERTAINEMENT L'UNE DES PLANTES VERTES LES PLUS RÉPANDUES. IL LE DOIT À SON FEUILLAGE LUISANT ET À SA BELLE ROBUSTESSE. TOUT INDIQUÉ POUR LES DÉBUTANTS, IL PEUT VIVRE DE LONGUES ANNÉES ET SUPPORTE MÊME D'ÊTRE UN PEU NÉGLIGÉ.

LA MULTIPLICATION

Prélevez une bouture de tête comprenant trois à cinq feuilles et trempez la plaie dans l'eau froide. Piquez la bouture dans un pot rempli de tourbe et de sable à parts égales. Placez-la en mini-serre sur chaleur de fond (25 °C). Si vous rabattez la plante, par exemple, prélevez des boutures comprenant une portion de tige et une feuille et procédez comme pour une bouture de tête.

QUEL CAOUTCHOUC CHOISIR ?

Les variétés 'Decora', à feuilles rougeâtres au revers et nervures marquées de blanc ; 'Doescheri', à feuilles marquées de gris, de jaune pâle et de blanc, à nervures roses ; 'Robusta', à larges feuilles vert foncé ; 'Schryveriana', à feuilles pâles, lavées de vert sombre, et jeunes feuilles rougeâtres ; 'Variegata', à feuilles vert foncé panachées de crème.

Chap. 7 : Des arbres et des arbustes dans la maison

Clérodendron de Java**
Sauge géante   Clerodendrum speciosissimum

Clerodendrum speciosissimum.

Ce clérodendron originaire de Java développe de grandes feuilles vert foncé en forme de cœur, duveteuses au revers et profondément nervurées. Les potées ne dépassent pas 1,20 m de hauteur à l'achat, mais leur croissance est rapide. Une plante adulte peut atteindre 3 m, sur autant de largeur si son pot lui permet de s'étaler. Les grands panicules de fleurs orange-rouge apparaissent en fin d'été aux extrémités des tiges. Dans des conditions optimales de chaleur et d'humidité, la floraison peut se prolonger toute l'année. Avec des soins appropriés, vous garderez cette plante spectaculaire pendant des années.

SECRETS DE CULTURE

REMPOTAGE	Chaque année en fin d'hiver, avec un terreau riche et humifère, enrichi de corne torréfiée et de sang desséché. Veillez à assurer un bon drainage.
ARROSAGE	Régulier et copieux, pour maintenir le sol toujours frais. En hiver, si la plante reste dans une pièce peu chauffée (moins de 16 °C), laissez sécher la terre en surface entre deux arrosages.
ENGRAIS	De mars à septembre, donnez chaque semaine un engrais liquide pour plantes fleuries à la formule très concentrée.
TAILLE	Éliminez les panicules de fleurs fanées en coupant juste au-dessus des feuilles situées le plus près de la base du pétiole. Si la plante devient trop imposante, rabattez-la au tiers, en fin d'hiver.
MALADIES ET PARASITES	Lorsque le chauffage assèche l'air, les araignées rouges sont à redouter. Traitez avec un acaricide dès leur apparition, et augmentez l'hygrométrie de la pièce (à 18 °C et plus, elle doit être supérieure à 70 %).

LE FEUILLAGE OPULENT, LE PORT ARCHITECTURAL ET LA FLORAISON SPECTACULAIRE DE CET ARBUSTE ENCORE RARE LUI DONNENT UN CHARME TRÈS EXOTIQUE. FACILE À CULTIVER MAIS UN PEU ENVAHISSANT, IL TROUVERA SA PLACE DANS UN LOFT OU DANS UNE GRANDE PIÈCE BIEN CHAUFFÉE ET INONDÉE DE SOLEIL.

LA MULTIPLICATION

Il est presque impossible d'obtenir des graines en intérieur ; le bouturage de tige feuillée est le seul procédé à la portée de l'amateur. À la belle saison, prélevez une extrémité de tige avec deux nœuds. Supprimez les feuilles de la base, réduisez les autres de moitié. Placez au chaud dans une mini-serre.

QUEL CLÉRODENDRON CHOISIR ?

Choisissez un pied à la silhouette homogène, avec des larges feuilles sans trou ni déchirure et des panicules en début de floraison (un tiers des fleurs ouvertes seulement), sinon la floraison sera de courte durée chez vous.

Vos questions / Nos réponses

Les feuilles sèchent sur les bords et certaines tombent.
Votre plante souffre d'une trop grande sécheresse atmosphérique. Augmentez l'hygrométrie et brumisez la plante quotidiennement, en mouillant le dessus et le revers du feuillage. Installez un humidificateur d'air près d'elle. ■

Clusia** *Clusia major* (syn. *C. rosea*)

On cultive le clusia davantage pour son beau feuillage luisant et graphique que pour ses fleurs, rares. Il est amateur de chaleur et tolère assez bien les conditions d'un appartement lumineux, à l'atmosphère pas trop sèche. Peu exigeant en soins, il reste à la portée d'un amateur un tout petit peu averti.

Près de 150 espèces composent ce genre d'arbres et arbustes d'Amérique tropicale. Poussant en lisière de forêt ou, en épiphyte, sur d'autres arbres, ils se couvrent de belles fleurs roses ou blanches, qui n'apparaissent guère sur les sujets en pot, trop petits. *Clusia major* est une plante buissonnante pouvant atteindre 2 m de hauteur sur 2 m de largeur ; il vivra une dizaine d'années dans votre maison. Ses feuilles ovales, opposées, sont presque collées sur la tige. Vert foncé, luisantes et coriaces, elles constituent un fond contrasté pour des plantes à fleurs

Secrets de culture

Rempotage	Au mois d'avril, tous les trois ou quatre ans, dans un mélange à parts égales de bonne terre de jardin, de terreau et de sable grossier ou de gravillons. Le milieu doit rester bien drainé. Éliminez un maximum de racines mortes et de terre usée. Surfacez tous les ans à la même époque avec le même mélange enrichi de fumier ou de compost très décomposé.
Arrosage	Arrosez pour garder la terre toujours fraîche, mais ne laissez pas d'eau dans la soucoupe. Bassinez généreusement le feuillage deux fois par jour.
Engrais	D'avril à fin septembre, faites un apport d'engrais complet pour plantes vertes, tous les quinze jours.
Taille	Si vous trouvez la plante trop encombrante, intervenez en mars, avant la reprise de la végétation.
Maladies et parasites	Robuste, le clusia décourage les attaques d'indésirables. La poussière peut ternir et asphyxier les feuilles. Lavez-les avec une éponge et de l'eau claire, sous une douche tiède, ou encore sous la pluie, en été. La sécheresse atmosphérique racornit les feuilles. Augmentez les bassinages ou placez un saturateur à proximité.
Toxicité	La sève est irritante par ingestion.

Clusia major.

La multiplication

Vous pouvez semer les graines, parfois disponibles dans les catalogues, à chaud (20 °C), au printemps. Les boutures semi-aoûtées, pratiquées en été, à l'étouffée dans du sable, s'enracinent vite. Le marcottage aérien, facile, reste possible toute l'année. Sevrez la nouvelle plante au bout de quatre mois environ.

Quel clusia choisir ?

Seul *Clusia major* est disponible. Cette espèce arbustive s'avère la meilleure pour la culture en appartement.

Chap. 7 : Des arbres et des arbustes dans la maison

Fleur de *Clusia major*.

Un jardin d'hiver accueillera le clusia dans des conditions idéales.

LES CLUSIAS DANS LEUR MILIEU NATUREL

Les différents clusias, très variables en taille, ont tous le même mode de croissance : ils germent à la lumière, dans le confort douillet d'une large fourche d'arbre, et émettent aussitôt de longues racines qui rejoignent le sol de la forêt. (Celles-ci sont souvent employées en artisanat pour l'ossature de meubles en vannerie.) À terme, le locataire peut arriver à étouffer son hôte, à la manière de certains ficus. La sève, un latex souvent doré, et l'aspect des feuilles rappellent également ce dernier genre.

Leur superbe floraison, n'intervient que sur les sujets adultes, donc rarement en intérieur. Les boutons charnus, translucides, donnent des fleurs rondes, blanches ou roses. Comme toute la plante - fruits exceptés - , elles sont toxiques.

Cette toxicité, très élevée chez une espèce sud-américaine, a valu le surnom de « figyé modi » (figuier maudit) à tout le genre, y compris à *C. major*, pourtant bien peu agressif.

Vos questions / Nos réponses

Le feuillage pâlit.
Bien qu'il redoute le plein soleil, le clusia exige une forte luminosité. Si elle est insuffisante, les pousses s'étiolent, se courbent, et les feuilles deviennent vert clair. De presque plates à l'état normal, elles prennent alors une forme « en cuiller » caractéristique. Rapprochez la plante d'une fenêtre ou apportez une source de lumière complémentaire.

Figuier pleureur** *Ficus benjamina*

C'EST UNE DES PLANTES VERTES LES PLUS ACHETÉES EN FRANCE. SON ASPECT DE PETIT ARBRE, SON JOLI PORT ÉLANCÉ ET SOUPLE ET SA FACILITÉ DE CULTURE EN FONT UNE PLANTE D'INTÉRIEUR IDÉALE, QUE VOUS SOYEZ JARDINIER DÉBUTANT OU NON. VOUS LUI RÉSERVEREZ UNE GRANDE PIÈCE CLAIRE ET BIEN CHAUFFÉE, COMME LA SALLE À MANGER OU LE SALON.

Le figuier pleureur est l'arbuste d'intérieur par excellence ! Selon les variétés, cette plante verte asiatique, originaire de l'Inde, de la Malaisie et des Philippines peut atteindre de 20 cm à plus de 3 m de hauteur, pour 15 cm à 1,50 m d'envergure. Ses longues branches souples et retombantes, son port bien ramifié et son feuillage persistant brillant permettent de l'intégrer dans toutes les pièces ensoleillées ou très claires de la maison, quel que soit le style choisi pour leur décoration.

SECRETS DE CULTURE

REMPOTAGE	Uniquement quand l'arbuste a des dimensions disproportionnées par rapport au contenant (tous les deux ans environ). Rempotez en fin d'hiver ou au début du printemps, en utilisant un terreau pour plantes vertes, léger, riche en humus et en éléments fertilisants azotés.
ARROSAGE	Dès que la terre du pot est bien sèche en surface, arrosez avec une eau douce non calcaire, à la température de la pièce. Vous éliminerez l'eau qui reste dans la soucoupe après quelques heures.
ENGRAIS	Tous les quinze jours de mars à septembre, sur une motte déjà humide, donnez un engrais liquide pour plantes vertes riche en azote.
TAILLE	Elle n'est pas obligatoire, mais vous pouvez couper les branches qui poussent trop d'un côté, et limiter la hauteur de l'arbuste. Effectuez ces opérations en fin d'hiver, avant la repousse printanière.
MALADIES ET PARASITES	Les cochenilles à bouclier doivent être éliminées dès qu'elles apparaissent, à l'aide d'un Coton-tige imbibé d'alcool, car la plante supporte mal les traitements anticochenilles, très agressifs pour le feuillage.

LA MULTIPLICATION

Votre plante s'est trop dégarnie à la base ? Vous voulez faire plaisir à des amis ? Au printemps ou en été, prélevez des fragments d'extrémités de tiges de 10 à 15 cm de longueur et bouturez-les dans une mini-serre chauffée, après avoir trempé la partie inférieure dans une poudre ou un gel d'hormone de bouturage.

QUEL FIGUIER PLEUREUR CHOISIR ?

Dans le commerce, l'espèce type aux feuilles ovales vert vif est souvent remplacée par de nombreuses variétés, au feuillage vert plus ou moins foncé ('Danielle', 'Exotica', 'Foliole', et 'Monique'), panaché de blanc ('De Gantel', 'Starlight') ou de jaune crème ('Golden King'). Les formes à feuilles panachées sont moins faciles à cultiver et plus exigeantes en lumière. Si vous manquez de place, préférez les variétés naines à feuillage vert : 'Barok', 'Nastasja', 'Pandora', 'Petite Danielle' ou 'Wyandii'.

Ficus benjamina 'Reginald'.

Chap. 7 : Des arbres et des arbustes dans la maison

Ficus benjamina 'Variegata'.

Vos questions / Nos réponses

Mon figuier pleureur perd ses feuilles…

Dès que les conditions de culture changent, le figuier pleureur réagit en perdant quelques feuilles. Un excès d'arrosage, un coup de soif, un courant d'air froid (plus fréquent en hiver), une attaque de parasites ou le chauffage qui vient d'être rallumé, et vous voyez des feuilles jaunir puis tomber. Il suffit de remédier au problème pour que la chute cesse. Par contre, ne vous inquiétez pas si votre ficus perd quelques feuilles en fin d'été et en automne. Ce phénomène est dû à la baisse de l'intensité lumineuse, encore plus importante dans la maison. Ouvrez les rideaux ou rapprochez votre plante de la fenêtre pour limiter la chute. ◼

Le figuier pleureur peut vivre plusieurs dizaines d'années ; il devient alors très imposant.

Hibiscus** Hibiscus Rosa-sinensis-Hybrides

À fleurs simples, semi-doubles ou très doubles, les hibiscus, ou roses de Chine, sont originaires d'Asie, mais les plantes du commerce sont toutes des hybrides créés, pour la plupart, en Europe. Toute nouvelle fleur ne reste épanouie qu'une journée, mais le spectacle se renouvelle au long de l'année si vous pouvez donner à votre plante suffisamment de soleil (au moins deux à quatre heures par jour) et si votre intérieur est bien chauffé (18 à 20 °C en hiver). Avec de bons soins, la petite potée achetée pourra atteindre 2 m en tous sens, et même un peu plus si vous ne la taillez pas.

Parmi les hibiscus à grandes fleurs simples rouge vif, choisissez 'Camdenii', 'Paramaribo', 'Alicante'. Ils sont faciles à cultiver et très florifères.

ADOPTEZ SANS HÉSITER CES ARBUSTES, CAR ILS VOUS OFFRIRONT, PENDANT DES ANNÉES, UNE FLORAISON QUASI ININTERROMPUE, UNE DES PLUS BELLES QU'IL SOIT POSSIBLE D'OBTENIR DANS UNE MAISON. PRÉVOYEZ UNE PLACE SUFFISANTE DANS LE SALON, LA SALLE À MANGER, OU L'ENTRÉE SI ELLE EST TRÈS CLAIRE ET BIEN CHAUFFÉE.

SECRETS DE CULTURE

REMPOTAGE	En hiver, après la taille, lorsque les racines occupent toute la motte et sortent par les orifices de drainage. Dans un pot d'un diamètre supérieur de 2 à 4 cm (de préférence en plastique et pourvu de trois ou quatre trous de drainage), avec un terreau très léger, auquel vous ajouterez 30 % de perlite. Prévoyez une épaisse couche de drainage au fond du pot.
ARROSAGE	Dès que la terre du pot est sèche en surface, arrosez avec une eau non calcaire, à température ambiante. Une ou deux heures après, ôtez l'eau restée dans la soucoupe.
ENGRAIS	De mars à octobre, donnez chaque semaine un engrais liquide riche en azote et en potassium, mais surtout peu dosé en phosphore. La composition idéale est NPK 20-10-20. En hiver, réduisez la périodicité des apports à une fois par mois.
TAILLE	L'hibiscus fleurissant sur les jeunes pousses de l'année, une taille sévère est possible chaque année si la plante devient trop encombrante ou pousse de façon déséquilibrée. Effectuez cette opération en décembre ou janvier, car la plante mettra au moins quatre mois pour refleurir. Coupez toujours au-dessus d'une feuille, avec un bourgeon orienté vers l'extérieur de la touffe.
MALADIES ET PARASITES	Un excès ou un manque d'arrosage, un courant d'air froid ou une chaleur trop forte provoquent le jaunissement puis la chute des feuilles. Très sensible aux attaques d'aleurodes, de pucerons, de cochenilles et d'acariens, l'hibiscus doit être traité régulièrement, avant même que les ravageurs apparaissent. Douchez vigoureusement votre plante pour éliminer le miellat qui recouvre les feuilles malades. Laissez sécher puis utilisez plutôt des produits systémiques à effet prolongé.

Provenant de Hollande, la gamme des hybrides Sunny Cities est fréquemment proposée à la vente dans les jardineries et chez les fleuristes, surtout du printemps à la fin de l'été. Les hibiscus ont été baptisés avec des noms de villes : 'Almeria' (orange à cœur grenat), 'Athènes' (jaune à cœur rouge foncé), 'Barcelona' (vermillon), 'Bordeaux' (rouge foncé vif), 'Cadiz' (jaune vif à cœur grenat), 'Cannes' (orange foncé), 'Como' (rose vif soutenu), etc.

De croissance vigoureuse, facile à bouturer, 'El Capitolio' donne des fleurs surprenantes à deux étages, avec une première corolle d'où sort un long tube terminé par une masse de pétales frisottés. Trois coloris sont disponibles : rouge strié de blanc, orange avec un cœur blanc et pourpre, jaune avec un cœur blanc et pourpre.

Quelques variétés, telles que 'Cooperi' ou 'Surinam', offrent non seulement une superbe floraison mais aussi un magnifique feuillage panaché de blanc, de crème et de rose, très décoratif tout au long de l'année.

La multiplication

Vous voulez faire plaisir à votre entourage ? Prélevez des fragments d'extrémités de tiges de 5 à 10 cm de longueur (il faut au moins deux ou trois nœuds). Bouturez-les dans une mini-serre chauffée (ou simplement dans une bouteille en plastique percée), après avoir enduit la partie inférieure avec une poudre ou un gel d'hormone de bouturage. Éliminez les feuilles de la base, coupez les autres à moitié. Enfouissez les boutures dans de la perlite bien humidifiée et maintenez une chaleur de fond de 25 °C. La reprise est plus ou moins facile selon les variétés, certaines refusant de produire des racines.

Quel hibiscus choisir ?

Ils offrent une gamme de coloris presque infinie. Les fleurs unicolores roses et rouges, simples ou doubles, sont le plus souvent proposées, mais sachez qu'il existe des coloris blancs, jaunes, orange, bleus et même marron, dans des tons pastel ou vifs. Les variétés mises en vente sont rarement dénommées. Laissez-vous séduire par l'aspect du feuillage, la couleur et la dimension des fleurs. Prenez une plante vigoureuse, avec un feuillage sain et beaucoup de boutons floraux.

Vos questions / Nos réponses

Mon hibiscus fleurit mais ne pousse pas.
Les plantes proposées par la grande distribution ont été traitées avec des produits nanifiants qui permettent d'obtenir des sujets bien compacts, moins volumineux et cependant florifères. Très forcés, ces hibiscus ont une survie souvent aléatoire dans un intérieur. Dans le meilleur des cas, il faut plusieurs mois, voire une année avant qu'ils ne reprennent une croissance normale. Il est conseillé de rempoter ces plantes immédiatement après les avoir achetées. Si vous le pouvez, préférez les plantes non traitées (les entrenœuds sur les tiges et le tronc sont moins courts) proposées par certains horticulteurs, elles s'adaptent mieux à l'intérieur.

Chap. 7 : Des arbres et des arbustes dans la maison

Malvaviscus** *Malvaviscus arboreus var. mexicanus*
Hibiscus-cigarette

Le malvaviscus compte parmi les rares espèces d'arbustes fleuris pour l'intérieur. Robuste, il peut former rapidement des grosses potées qui ne passent jamais inaperçues. Installez-le près d'une grande baie vitrée ou dans une entrée assez vaste, très ensoleillée et bien chauffée, il vivra chez vous de longues années.

Cet arbuste mexicain forme un beau buisson de 1,50 m à 3 m de hauteur, au port un peu lâche. Le vert pomme des feuilles valorise les petites fleurs rouge vif qui apparaissent aux extrémités des tiges. Leurs pétales ont la particularité de ne jamais s'ouvrir, restant imbriqués et repliés en tube. La floraison s'échelonne du printemps à l'automne, chaque fleur ne durant qu'un jour.

Secrets de culture

Rempotage	Chaque année, en hiver, après la taille. Utilisez un mélange de 70 % de terreau pour plantes d'intérieur et 30 % de perlite. Prévoyez une épaisse couche de drainage au fond d'un pot percé de trois ou quatre trous.
Arrosage	Régulier, avec une eau non calcaire, pour maintenir le sol frais, mais jamais détrempé. Si vous hivernez la plante dans une pièce fraîche (16 °C et moins), laissez la terre du pot sécher en surface entre deux apports d'eau.
Engrais	De mars à octobre, donnez une fois par semaine un engrais riche en azote et potassium (l'idéal : NPK 20-10-20). En hiver, si la plante est maintenue dans une pièce chauffée (18 °C et plus), donnez de l'engrais une fois par mois.
Taille	En décembre ou janvier, rabattez sévèrement les plantes devenues trop encombrantes. La taille peut s'effectuer toute l'année pour limiter le développement de certaines tiges ; les nouvelles pousses ne fleurissent qu'après trois ou quatre mois environ.
Maladies et parasites	Si aleurodes, pucerons, cochenilles ou araignées rouges envahissent la plante, douchez-la, puis traitez avec un produit approprié.

La multiplication

Les fleurs donnent rarement des graines à l'intérieur. Optez pour le bouturage en fin d'été, qui s'effectue en prélevant des extrémités de tiges avec trois niveaux de feuilles. Supprimez celles de la base et placez vos boutures dans une mini-serre dotée d'un chauffage par le fond, à 25 °C.

Quel malvaviscus choisir ?

Chez quelques rares pépiniéristes collectionneurs, vous pouvez trouver les formes à fleurs rose clair ou blanc pur, toutes aussi faciles à cultiver que l'espèce à floraison rouge vermillon. La variété aux fleurs rouge vif et à feuillage panaché est plus délicate.

Malvaviscus arboreus.

Pachira** Pachira aquatica

min. 20 °C
max. 30 °C

Pachira aquatica.

Pouvant atteindre 15 à 20 m en Amérique tropicale, le pachira, cultivé en pot, ne dépasse pas 2 m. À croissance rapide et port arrondi, il porte de grandes feuilles persistantes, luisantes et composées de sept à neuf folioles. Dans son milieu naturel, il produit des fleurs blanches parfumées, suivies de fruits comestibles ; en appartement, il fleurit rarement. Placez-le dans un endroit chaud et très lumineux, mais abrité du soleil direct, et maintenez une forte hygrométrie.

Avec son beau feuillage et son tronc épais et lisse, cet arbre, également appelé « châtaignier de la Guyane », introduit une note exotique dans un appartement. Idéal dans une serre chaude ou une véranda chauffée, il vivra de longues années si vous lui donnez l'humidité dont il a besoin.

Secrets de culture

Rempotage	Tous les ans, au printemps, pour les jeunes sujets, puis tous les deux ou trois ans. Les sujets très développés se contentent d'un surfaçage. Utilisez un terreau horticole pour plantes d'extérieur ou d'intérieur.
Arrosage	Modéré et régulier au printemps et en été, afin que le substrat soit humide en permanence. En hiver, laissez-le sécher sur 1 ou 2 cm entre deux arrosages. En toutes saisons, bassinez le feuillage fréquemment avec une eau douce à température ambiante. Placez le pot sur un plateau empli de graviers ou de billes d'argile humides.
Engrais	De mars à septembre, apportez un engrais liquide pour plantes vertes.
Taille	Si nécessaire, rabattez les rameaux trop longs ou mal dirigés pour conserver à la plante une silhouette équilibrée.
Maladies et parasites	Acariens et cochenilles sont les parasites susceptibles de toucher le pachira quand l'air est trop sec. Élevez le taux d'humidité ambiante et traitez avec un acaricide ou un insecticide systémique.

La multiplication
Délicate, elle s'effectue par bouturage de tiges ligneuses, prélevées en fin d'été en coupant sous un nœud. Plantez les boutures dans du sable humide et placez-les à l'étouffée et au chaud (25 °C). Quand la reprise est assurée, mettez en pot dans le terreau de rempotage.

Quel pachira choisir ?
Choisissez un sujet au tronc bien formé. Les plantes tressées sont encore plus décoratives.

Vos questions / Nos réponses
Les feuilles brunissent et se racornissent.
Il fait trop froid, le substrat est trop sec ou les racines trempent dans l'eau et pourrissent. Selon le cas, mettez le pachira dans un endroit mieux chauffé et arrosez plus régulièrement, mais videz la soucoupe.

Chap. 7 : Des arbres et des arbustes dans la maison

Pavonia*** *Pavonia multiflora (syn. Triplochlamys multiflora)*

Pavonia multiflora.

Si vous cherchez une plante fleurie tout en hauteur, achetez ce pavonia. Ses tiges dressées peu ramifiées lui donnent un port raide, qui ne manque pas d'élégance dans un intérieur moderne. Cette plante frileuse se plaira dans une salle de bains ensoleillée.

Cet arbuste brésilien séduit par ses curieuses fleurs rouge vif, aux étamines bleu foncé, dressées au-dessus du feuillage. La floraison dure de l'automne au printemps, alors que de nombreuses plantes sont au repos. Vendu en potées de 40 à 50 cm de hauteur, il peut atteindre jusqu'à 2,50 m. Les grandes feuilles vert foncé ont tendance à retomber le long des tiges au moindre coup de soif ou de stress. Le pavonia est très exigeant en lumière et en humidité de l'air (au moins 60 % d'hygrométrie, l'idéal étant plus de 70 %). Dans de bonnes conditions, il vivra de longues années.

SECRETS DE CULTURE

Rempotage	À la fin de l'hiver, quand les racines sortent du pot ou quand la plante paraît disproportionnée par rapport aux dimensions du contenant. Installez-la dans un pot d'un diamètre supérieur de 3 à 4 cm, avec un bon terreau pour géraniums, additionné de 20 % de perlite.
Arrosage	Régulier, avec une eau non calcaire, pour maintenir le sol toujours frais. Évitez les excès, sinon la plante perd ses feuilles, puis dépérit par asphyxie des racines.
Engrais	De mars à septembre, donnez un engrais liquide pour plantes fleuries, une fois par semaine.
Taille	Aucune.
Maladies et parasites	Les cochenilles et les araignées rouges apprécient cet arbuste, qui réagit en perdant ses feuilles. Surveillez la plante, pour la traiter dès l'apparition des parasites ; maintenez une forte hygrométrie.

LA MULTIPLICATION

Seul le bouturage de tige, difficile à réussir, permet d'obtenir plusieurs plants. Placez des fragments de tige de 15 à 20 cm de longueur (deux ou trois feuilles) dans une mini-serre sur chaleur de fond. Maintenez une température d'au moins 20 °C et une forte hygrométrie. Le substrat (perlite pure ou mélange à parts égales de tourbe et de perlite) doit rester juste humide, jamais détrempé.

QUEL PAVONIA CHOISIR ?

L'offre est souvent très limitée. Choisissez une plante aux feuilles dressées, généreusement pourvue en boutons et fleurs. Évitez celles au feuillage pendant ou aux tiges dégarnies, signe que des feuilles sont tombées.

Vos questions / Nos réponses

Mon pavonia se dégarnit.

Une attaque d'araignées rouges, une atmosphère trop sèche, des arrosages irréguliers ou un courant d'air froid en hiver sont les causes les plus fréquentes de cette chute. Installez votre potée sur un large plateau rempli de billes d'argile expansée et d'eau. Bassinez le feuillage quotidiennement, avec une eau non calcaire pour ne pas tacher le feuillage.

PARTIE III LES PLANTES DE LA MAISON

min. 12 °C
max. 24 °C

Schefflera**
Arbre-parapluie
Schefflera arboricola (syn. *Heptapleurum arboricola*)

Le schefflera est une des plantes vertes les plus vendues en France. À juste titre, car cet arbre facile à vivre et robuste supporte d'être un peu négligé. S'intégrant à tous les styles d'intérieurs, il donne le meilleur de lui-même dans les pièces les plus claires, chauffées modérément en hiver.

Mi-liane, mi-arbuste, le schefflera a un port rigide et peu ramifié quand il est jeune. Avec l'âge, ses tiges fines et souples ont tendance à se courber en direction de la lumière. Vous pouvez les tuteurer ou les palisser, éventuellement les conduire en arche si votre pièce est assez vaste et claire. Il peut vivre de longues années et prendre des proportions importantes (2 m de hauteur et plus). Originaire de Taïwan, il redoute les ambiances surchauffées et sèches.

Secrets de culture

Rempotage	Tous les deux ans, à la fin de l'hiver, dans un terreau riche et humifère drainé.
Arrosage	Régulier sans excès, en laissant la terre du pot sécher en surface entre deux apports. En hiver, si la plante est maintenue dans une pièce fraîche (moins de 18 °C), arrosez uniquement quand le substrat est complètement sec.
Engrais	De mars à septembre, donnez tous les quinze jours un engrais liquide riche en azote.
Taille	Pour obtenir une plante bien ramifiée et la forcer à émettre des tiges latérales à la base, pincez l'extrémité des tiges dès son plus jeune âge, avant qu'elle ne dépasse 1 m de hauteur. Après, même en la rabattant d'un bon tiers, les nouvelles tiges n'apparaîtraient que dans la partie supérieure de la tige taillée.
Maladies et parasites	Les cochenilles à bouclier ou farineuses ont tôt fait d'envahir la plante, provoquant une chute des feuilles trop atteintes. Traitez avec un insecticide spécifique dès leur apparition. Dans une pièce à plus de 18 °C et sèche, les araignées rouges colonisent vite le feuillage. Brumisez tous les jours de l'eau douce sur la plante pour éviter leur apparition.

La multiplication

Bouturez des tronçons d'extrémités de tiges de 10 à 15 cm de longueur, à trois niveaux de feuilles. Après avoir supprimé les feuilles de la base, placez vos boutures dans un verre d'eau, dans un emplacement chaud et bien éclairé. Sur un grand sujet un peu dégarni à la base, vous pouvez aussi pratiquer le marcottage aérien pendant la belle saison.

Quel schefflera choisir ?

De la potée miniature de 10 cm de hauteur, au sujet pouvant dépasser 3 m, le choix est varié. Aux plantes ne comportant qu'une tige, toujours un peu malingres, préférez celles composées de trois tiges, à l'aspect plus touffu. Les variétés à feuillage panaché sont plus délicates que celles à feuilles vertes. Si vous n'avez pas beaucoup d'espace, achetez un schefflera cultivé en bonsaï.

Schefflera actinophylla se distingue par ces grandes feuilles vert vif, aux folioles plus développées que celles des variétés de *S. arboricola*. Prévoyez suffisamment de place pour accueillir cette espèce vite imposante.

Schefflera actinophylla.

Chap. 7 : Des arbres et des arbustes dans la maison

Au premier coup d'œil, il n'est pas évident de faire la différence entre les multiples variétés de *schefflera arboricola* à feuillage vert, qui se ressemblent beaucoup.
'Nora' donne des jeunes feuilles d'un vert fluo très lumineux, qui deviennent larges et vert foncé brillant quand elles vieillissent. 'Covette' et 'Sonette' ont des folioles plus élargies. 'Compacta' a un port plus dense, avec des petites feuilles vert foncé. 'Renate' se distingue par un feuillage plus fin, qui donne à la plante un aspect gracile, surtout quand elle est jeune.

Scheffléra panaché cultivé en bonsaï.

Les scheffléras (*S. arboricola*) à feuillage panaché : on aime ou on n'aime pas ! Il faut reconnaître qu'avec leurs feuilles cireuses plus ou moins tachées ou éclaboussées de blanc ou de jaune, ils ont un aspect très artificiel, rappelant beaucoup les plantes en plastique. Ils apportent néanmoins une touche lumineuse et fantaisiste, surtout dans un coin où sont assemblées plusieurs plantes vertes.
'Trinette' et 'Janine' ont des folioles presque entièrement blanc crème. 'Sofia', au contraire, ne présente que des éclats blancs au bout et en périphérie du limbe. 'Gerda' présente de larges macules blanches au centre des folioles cerclées de vert foncé. Chez 'Gold Capella' et 'Carolien', les macules sont jaune-crème, le premier ayant des petites feuilles, le second un feuillage qui devient plus large.

Schefflera arboricola 'Variegata'.

PARTIE III LES PLANTES DE LA MAISON

Solanum** Solanum pseudocapsicum
Pommier d'amour

APPELÉ AUSSI « ORANGER DE SAVETIER », « CERISIER DE JÉRUSALEM » OU « CERISIER D'AMOUR », CET ARBRISSEAU A PLUS D'UN ATOUT : FEUILLAGE PERSISTANT, PROFUSION DE PETITES FLEURS BLANCHES ET FRUITS DE LONGUE DURÉE. DE PLUS, IL EST FACILE À CULTIVER ET PEUT VIVRE DE LONGUES ANNÉES.

Originaire de Madère, cet arbuste très ramifié, à port arrondi, peut atteindre 70 cm de hauteur. Mises en valeur par le feuillage vert foncé, les petites fleurs en étoiles blanches s'épanouissent de mai à août. Des baies rondes et luisantes, d'un rouge orangé, leur succèdent et demeurent tout au long de l'hiver. Ce solanum préfère les pièces un peu fraîches (16-18 °C). Sortez-le du printemps à la fin de l'été, en l'abritant du soleil direct. Vous le rentrerez en septembre, dans la pièce la plus claire et la moins chauffée de votre intérieur.

SECRETS DE CULTURE

REMPOTAGE	Chaque année, au printemps, dans un terreau pour plantes d'intérieur avec un peu de fumier décomposé. Tapissez le fond du pot d'une bonne couche de graviers pour le drainage.
ARROSAGE	Régulier d'avril à septembre, pour que la motte ne se dessèche jamais. Bassinez le feuillage fréquemment. Après la fructification, réduisez les apports, de façon à maintenir le substrat tout juste humide.
ENGRAIS	De mai à fin août, faites un apport bimensuel d'engrais pour tomates afin de favoriser la fructification.
TAILLE	Rabattez les rameaux de moitié aussitôt après la chute des fruits. Pendant la belle saison, pincez l'extrémité des jeunes tiges pour que la plante se ramifie.
MALADIES ET PARASITES	Les pucerons se montrent parfois friands des jeunes pousses. Douchez la plante à plusieurs reprises ; dans les cas graves, traitez avec un insecticide.
TOXICITÉ	Les baies sont toxiques, surtout quand elles sont vertes. Leur ingestion provoque des troubles du rythme cardiaque ainsi que des nausées, vomissements ou diarrhées. Attention, les enfants sont attirés par ces fruits colorés.

LA MULTIPLICATION

Vous pouvez bouturer des tiges de 6 à 8 cm, prélevées en février-mars. Piquez les boutures dans un mélange de terreau et de sable et placez à 20 °C jusqu'à enracinement. Le semis est très facile. Récoltez les fruits mûrs et conservez-les au sec jusqu'en mars. Semez les graines en terrine, dans un mélange léger de terreau et de sable. Placez en mini-serre, à 18-20 °C.

QUEL SOLANUM CHOISIR ?

Les variétés 'Red Giant', à gros fruits rouge orangé, et 'Ballon', à port trapu.

Solanum pseudocapsicum.

Vos questions / Nos réponses

Les baies se rident, les jeunes feuilles se dessèchent.
Il fait trop chaud. Placez l'arbuste dans un endroit plus frais, à une température inférieure à 19 °C.

Chap. 7 : Des arbres et des arbustes dans la maison

Tilleul d'appartement** *Sparrmannia africana*

min. 10 °C
max. 20 °C

Avec le tilleul d'appartement, c'est une bouffée de nature qui entre dans la maison. Il vivra longtemps s'il hiverne dans une pièce fraîche, mais attention, cette plante à grand développement a besoin d'espace et de beaucoup de lumière pour prospérer.

À croissance rapide et très ramifié, cet arbuste originaire d'Afrique du Sud peut atteindre 2 à 3 m de hauteur et 1 à 2 m d'envergure. Ses tiges velues portent de grandes feuilles persistantes duveteuses, en forme de cœur ou lobées et à bord denté, d'un beau vert frais. Les sujets matures produisent parfois de ravissants petits bouquets de fleurs blanches à étamines pourpres au début du printemps. Placez le pot dans un endroit aéré et très lumineux, mais protégé des rayons du soleil. Respectez la période de repos de la plante en lui faisant passer l'hiver dans une pièce où la température avoisine 10 °C.

Secrets de culture

Rempotage	Tous les ans au printemps, dans un pot nettement plus grand et dans un mélange de terreau de feuilles, de tourbe et de sable, enrichi d'une poignée de fumier bien décomposé.
Arrosage	Copieux en période de végétation, en laissant la surface du substrat sécher sur 2 ou 3 cm entre deux apports. Très réduits durant le repos hivernal. Par forte chaleur, bassinez le feuillage deux ou trois fois par semaine, plutôt le matin.
Engrais	D'avril à fin août, donnez deux fois par mois un engrais liquide complet.
Taille	Pour maîtriser le développement de la plante, rabattez les tiges d'un tiers de leur longueur après la floraison, en coupant en biseau juste au-dessus d'une feuille ou d'un rameau latéral. En fin d'hiver, enlevez les tiges desséchées ou mal dirigées.
Maladies et parasites	Une atmosphère sèche favorise l'implantation des cochenilles et des araignées rouges. Des pucerons peuvent coloniser les jeunes pousses. Traitez avec un insecticide adapté.
Toxicité	Les petits poils soyeux présents sur les feuilles sont urticants, à la manière des orties. Mettez des gants avant toute manipulation et prévenez les enfants.

La multiplication

En juillet-août, prélevez des boutures de tiges semi-ligneuses de 15 cm de longueur. Après avoir ôté les feuilles inférieures, piquez-les dans un mélange de tourbe et de sable et placez-les à bonne lumière indirecte, en maintenant une température de 20 °C. Au cours du développement, pincez les jeunes pousses pour susciter la ramification.

Quel tilleul d'appartement choisir ?

Choisissez une plante bien ramifiée. Recherchez aussi les variétés 'Flore Pleno', à fleurs doubles, et 'Variegata', à feuilles panachées de blanc.

Sparrmannia africana.

Chapitre 8

Des feuillages qui en imposent

Ces plantes vertes se distinguent
par l'opulence exotique ou l'élégance
toute particulière de leur feuillage.
Leur exubérance ou leur graphisme
feront de chacune un élément majeur
de votre décor intérieur.
Réservez-leur une place de choix,
toujours bien en vue dans la maison.

Quelques plantes aux feuillages élégants et graphiques (cycas, beaucarnéa, columnéa, *tillandsia xerografica*) suffisent à composer un décor original et exotique, comme ici, derrière cette fenêtre ensoleillée. La disposition en hauteur fait gagner un peu de place au sol, tout en permettant aux végétaux de recevoir une luminosité maximale, sans se gêner les uns les autres. Attention, cependant, à compenser l'effet desséchant du radiateur lorsqu'il fonctionne.

Même jeune, le pandanus s'impose dans ce décor végétal, d'où il semble jaillir : ses grandes feuilles effilées et panachées tranchent avec le vert des autres feuillages (néphrolépis, vignes d'appartement). Une seule touffe est nécessaire pour obtenir un effet spectaculaire.

Prenez garde aux emplacements situés de part et d'autre d'une fenêtre : ils sont souvent très sombres. Il en va de même pour l'arrière des meubles, notamment des fauteuils, qui font écran à la lumière incidente. Pensez à changer de place les plantes les plus à l'ombre ou à les tourner pour éviter qu'elles ne penchent trop vers la source de lumière.

Les fougères d'intérieur sont d'une telle diversité qu'il est possible de décorer une pièce de la maison uniquement avec ces plantes, plus robustes qu'elles ne paraissent. L'asplénium, le néphrolépis, les ptéris et le davallia ont des exigences de culture très semblables. En les regroupant, vous créerez une ambiance plus humide qui leur sera bénéfique.

Alocasias** *Alocasia sp.*

Essentiellement originaires d'Inde et d'Indonésie, ces plantes y sont surtout connues comme légumes pour leur tubercule (taro) ou leurs pousses. Leur beau feuillage, de grande taille, leur a valu chez nous un statut mérité de plantes d'ornement, et ils figurent parfois dans les massifs estivaux. Leurs grandes feuilles sagittées, vert uni ou diversement veinées, forment des touffes importantes. Leurs fleurs en cornets, de longue durée, ajoutent à leur effet exotique. Ils vivent environ vingt ans.

SECRETS DE CULTURE

REMPOTAGE	Tous les quatre ou cinq ans, quand les rhizomes ont envahi le pot. Retirez toute la terre et rempotez dans un substrat nourrissant, riche en tourbe et en terreau. Un pot plus large que haut assurera une bonne stabilité à l'ensemble.
ARROSAGE	Maintenez le sol toujours humide. Bassinez généreusement le feuillage, sensible à la sécheresse atmosphérique.
ENGRAIS	Entre avril et fin septembre, apportez un engrais liquide fortement dosé en potasse tous les quinze jours.
TAILLE	Supprimez les feuilles tachées, racornies ou jaunissantes.
MALADIES ET PARASITES	Les cochenilles à bouclier s'attaquent parfois à *A. sanderiana* Hort. Un traitement rapide en vient vite à bout. Si *A. macrorrhiza* séjourne à l'extérieur, en été, prenez garde aux limaces. Redoutez les araignées rouges si l'air est sec.
TOXICITÉ	Toutes les espèces sont fortement astringentes crues, mais comestibles cuites.

Alocasia lowii.

AVEC LES GRANDES ESPÈCES D'ALOCASIAS, C'EST LA JUNGLE À BON COMPTE CHEZ SOI ! DE LA LUMIÈRE ET BEAUCOUP D'EAU SUFFISENT À CERTAINES D'ENTRE EUX, QUI SUPPORTENT DE GRANDS ÉCARTS DE TEMPÉRATURE. D'AUTRES DEMANDERONT UN PEU PLUS DE SOINS.

LA MULTIPLICATION

Très facile, elle s'opère par division des souches, lors du rempotage. Prélevez des rhizomes ou des tubercules munis de feuilles et rempotez-les. Les éclats du pourtour, jeunes et vigoureux, se prêtent le mieux à cette manœuvre.

QUEL ALOCASIA CHOISIR ?

Alocasia macrorrhiza, ou « oreille d'éléphant », le plus grand, atteint 2 m de hauteur et 1 m de largeur ; il supporte des écarts temporaires de température allant de 5 à 35 °C sans trop souffrir ; la forme 'Variegata', moins poussante, est joliment panachée de blanc ; *Alocasia sanderiana* Hort. porte des feuilles coriaces aux bords ondulés, vert sombre, aux nervures vert amande. Il exige une température régulière et une hygrométrie élevée. Il dépasse rarement 1 m et demande un peu plus d'attention pour réussir.

Vos questions / Nos réponses

Mon alocasia ne pousse plus.
Ces végétaux peuvent entrer en repos en cas de coup dur, pour repartir quand les conditions sont à nouveau favorables. Si le vôtre s'étiole et ne grandit plus, ou s'il ne repart pas après un « accident », c'est qu'il manque de chaleur. Augmentez celle-ci et tout rentrera dans l'ordre.

Chap. 8 : Des feuillages qui en imposent

Aralia du Japon* Fatsia japonica

Solide, facile à mener, peu exigeant en lumière et résistant aux courants d'air, l'aralia trouve place dans les cages d'escalier ou les entrées, et orne à merveille les endroits un peu sombres. Les variétés panachées demandent un peu plus de lumière.

Originaire du Japon, de Corée et de Taïwan, l'aralia peut mesurer plus de 1,50 m de hauteur lorsque les conditions sont favorables. Il se distingue essentiellement par ses grandes feuilles digitées, qui peuvent atteindre jusqu'à 40 cm de diamètre, et forme un arbuste dense et touffu, à port arrondi, que l'on peut facilement rabattre lorsqu'il prend trop d'ampleur. Ce grand classique, d'une culture aisée (depuis plus de cent cinquante ans comme plante d'intérieur), apprécie une relative fraîcheur en hiver (12 °C). Il peut être isolé ou former l'arrière-plan d'un groupe.

Secrets de culture

Rempotage	Au printemps, tous les ans ou tous les deux ans (voire trois ou quatre ans, pour les gros sujets), dans un pot d'une ou deux tailles plus grand que le précédent. Utilisez un mélange consistant fait de terreau riche, éventuellement additionné de bonne terre de jardin. Surfacez les autres années.
Arrosage	Régulier, le sol devant rester humide. Bassinez souvent, car les feuilles transpirent beaucoup par forte chaleur, et augmentez les apports en été. Réduisez-les en hiver si la pièce est un peu fraîche. Nettoyez le feuillage à l'aide d'une éponge humide, en plaçant une main sous la feuille pour ne pas l'abîmer.
Engrais	Du printemps à août, donnez régulièrement de l'engrais pour plantes vertes.
Taille	Ne taillez que si la plante devient trop encombrante, tout en lui gardant sa forme générale.
Maladies et parasites	Les pucerons s'installent parfois à l'extrémité des tiges, qu'ils déforment. Éliminez-les à la main, en douchant la plante, ou à l'aide d'un produit spécifique.
Toxicité	La sève de la plante est toxique, il faut éviter d'ingérer feuilles et tiges.

Fatsia japonica.

La multiplication

En avril, prélevez des boutures de 10 cm de longueur à l'extrémité des rameaux ; piquez-les dans un mélange de tourbe et de sable à parts égales. Après la reprise, mettez-les en pot dans le mélange de rempotage.

Quel aralia choisir ?

Fatsia japonica présente des feuilles vert uni. Parmi ses variétés : 'Moseri', trapu, à feuilles plus grandes et profondément lobées ; 'Variegata', à feuilles panachées de blanc ; 'Marginata', à feuilles bordées de blanc crème.

Aréca ** *Chrysalidocarpus lutescens*

Avec ses palmes souples et luisantes, l'aréca est sans doute, avec le kentia, l'un des palmiers qui s'adaptent le mieux à nos intérieurs. Il orne majestueusement les entrées et les séjours lumineux, ce qui mérite les petits efforts nécessaires pour qu'il vive de nombreuses années.

S'il atteint 10 m dans son environnement naturel, cultivé en pot, l'aréca dépasse rarement 2,50 m, mais pousse assez vite. Ses palmes mesurent 45 à 60 cm de longueur et 30 à 45 cm de largeur. Elles sont portées par des stipes jaunes. Originaire de l'océan Indien (Madagascar, Maurice, Réunion), l'aréca apprécie la chaleur des appartements, mais se montre assez exigeant, surtout en matière d'humidité. Le soleil direct brûle les palmes.

Secrets de culture

Rempotage	Au printemps, tous les ans ou tous les deux ans, en perturbant le moins possible les racines. Dans un pot profond, drainé avec des tessons ou des billes d'argile, et un terreau riche en tourbe, additionné de sable et d'argile.
Arrosage	Avec une eau non calcaire à température ambiante. De mai à septembre, copieusement et régulièrement pour que la motte reste humide en permanence, mais sans laisser l'eau stagner sous le pot. Réduisez les apports en hiver, augmentez progressivement à partir de mars. Bassinez fréquemment, et dépoussiérez délicatement les palmes avec une éponge humide.
Engrais	De mars à septembre, apportez tous les quinze jours un engrais liquide pour plantes vertes, toujours sur motte humide pour ne pas brûler les racines.
Taille	Au besoin, coupez les tiges mortes au ras de la touffe et ôtez les feuilles fanées et les extrémités jaunies.
Maladies et parasites	Une atmosphère trop sèche favorise la prolifération des araignées rouges et des cochenilles à bouclier. Installez des humidificateurs sur les radiateurs et placez le pot sur des galets à demi immergés. Traitez avec un acaricide ou un insecticide systémique.
Toxicité	Les fruits violet foncé de ce palmier, qui apparaissent rarement sur les sujets cultivés en intérieur, sont toxiques.

La multiplication

Elle se fait au printemps, par semis de graines fraîches, de préférence en serre chauffée à 25-30 °C. Le substrat et l'atmosphère doivent demeurer constamment humides. On peut aussi prélever les drageons qui apparaissent à la base de la plante pour les placer en pots individuels.

Quel aréca choisir ?

Chrysalidocarpus lutescens, à palmes vert foncé et stipes jaunes, est la seule espèce cultivée en appartement. Choisissez une plante aux feuilles vertes sans bouts desséchés.

Vos questions / Nos réponses

Les feuilles noircissent...
Il fait trop froid pour votre palmier. Il ne lui faut pas moins de 13 °C en hiver et de 16 °C en été. L'idéal est de le maintenir toute l'année entre 17 et 22 °C.

Chrysalidocarpus lutescens.

Chap. 8 : Des feuillages qui en imposent

Beaucarnéa**
Beaucarnea recurvata (syn. Nolina recurvata)

min. 10 °C – max. 30 °C

Des rosettes de feuilles vert sombre, retombantes, allongées et très effilées, un pied assez volumineux aux formes tourmentées : cette plante mexicaine, dite aussi « pied d'éléphant », a une beauté très graphique. Sa hauteur varie de 50 cm à plus de 4,50 m. Un beau sujet au pied large et bien formé coûte très cher, mais il compose le décor à lui seul, posé à même le sol, sur une table basse ou une console, dans un endroit très lumineux mais non passant, pour protéger ses feuilles. Vous le garderez de nombreuses années.

Beaucarnea recurvata.

SECRETS DE CULTURE

REMPOTAGE	Tous les trois ou quatre ans, en utilisant un pot en terre cuite beaucoup plus large que profond et un mélange à parts égales de terre de bruyère et de terreau de feuilles. Prévoyez une couche épaisse de drainage dans le fond du pot.
ARROSAGE	Modéré, en laissant la terre du pot sécher complètement en surface entre deux apports.
ENGRAIS	De mai à septembre, une fois par mois, arrosez avec une solution d'engrais liquide azoté.
TAILLE	Aucune. Arrachez simplement les vieilles feuilles complètement desséchées.
MALADIES ET PARASITES	Dans une atmosphère trop sèche et chaude, le feuillage peut être abîmé par les araignées rouges. Inspectez régulièrement votre plante pour détecter aussi la présence de cochenilles. Traitez dès que vous apercevez les premiers parasites car leurs dégâts sont difficiles à effacer.

LE CONTRASTE DU PIED MASSIF AVEC LE FEUILLAGE SOUPLE ET RUBANÉ DONNE AU BEAUCARNÉA SON ASPECT EXOTIQUE. CETTE PLANTE D'INTÉRIEUR EXCEPTIONNELLE MÉRITE UNE PLACE EN ÉVIDENCE DANS UNE GRANDE PIÈCE À LA LUMIÈRE VIVE MAIS TAMISÉE : SALON, SALLE À MANGER, BUREAU OU BIBLIOTHÈQUE.

LA MULTIPLICATION

Pour un particulier, elle est impossible en intérieur, car les grosses rosettes de feuilles ne se bouturent pas et il est rare d'avoir des rejets à la base du tronc ou d'obtenir la formation de graines.

QUEL BEAUCARNÉA CHOISIR ?

Une seule espèce est disponible dans le commerce. Compte tenu de la lenteur de la croissance, choisissez une plante avec un pied dont les dimensions et la silhouette vous conviennent, car seules les rosettes de feuilles prendront de l'ampleur.

Vos questions / Nos réponses

Je voudrais acquérir un beaucarnéa, mais j'ai deux chats.

Si la plante ne peut pas être installée dans une pièce où les chats ne vont pas, attendez-vous à des problèmes chroniques. Les pointes effilées des feuilles attirent irrémédiablement les félins qui, bien sûr, vomissent partout après les avoir ingurgitées. De plus, le tronc ligneux est un superbe griffoir pour les matous, surtout s'il est suffisamment large et massif. Il faut donc choisir : vos chats ou le beaucarnéa.

Cycas * *Cycas revoluta*

min. 5 °C
max. 25 °C

CETTE PLANTE PITTORESQUE, ASSEZ ÉLOIGNÉE DES PALMIERS EN DÉPIT DES APPARENCES, EST UNE CONTEMPORAINE DES DERNIERS DINOSAURES. CE FOSSILE VÉGÉTAL, TRÈS TOLÉRANT QUANT AUX CONDITIONS DE CULTURE, NE RATE JAMAIS SON EFFET SCULPTURAL.

De nos jours, les cycas subsistent en groupes épars sur la planète, dans des lieux au climat méditerranéen ou semi-tropical. Tous produisent chaque année une couronne de feuilles finement divisées. Coriaces, elles persistent longtemps avant de disparaître, en construisant lentement un tronc (stipe) bas et fibreux. Au bout d'une trentaine d'années, les cycas forment des touffes élégantes, très décoratives. Ils peuvent atteindre 2 m de diamètre et de hauteur et ils vivent au moins cent ans. Leur culture est à la portée de tout débutant disposant d'un lieu clair, peu chauffé en hiver.

SECRETS DE CULTURE

REMPOTAGE	Tous les trois ou quatre ans, en fin d'hiver, quand les racines épaisses ont envahi tout le pot. N'hésitez pas à tailler à la scie, dans le bas de la motte de racines, une galette de 5 à 6 cm d'épaisseur. Rempotez dans un mélange à parts égales de terre de jardin, compost et sable grossier.
ARROSAGE	Laissez sécher le sol entre deux apports d'eau. L'eau ne doit jamais stagner dans la soucoupe de ces amateurs de climat sec et de sol drainé.
ENGRAIS	Apportez une fois l'an, au printemps, au moment du développement des frondes, un engrais en granulés, riche en azote et à diffusion lente. Le reste du temps, des apports déséquilibreraient la végétation.
TAILLE	Supprimez, au sécateur, les palmes au fur et à mesure qu'elles jaunissent, et, aux ciseaux, les pinnules (folioles) victimes d'un accident.
MALADIES ET PARASITES	Des cochenilles, à bouclier, farineuses ou « virgule », peuvent coloniser l'aisselle des folioles. Les cycas réagissant mal à certains pesticides, éliminez les parasites avec une solution légère de savon noir, appliquée tous les huit jours pendant un mois. Lavez le feuillage à l'eau claire au bout de quatre jours.

Il faut plusieurs dizaines d'années pour obtenir une aussi belle rosette.

LA MULTIPLICATION

Les grosses graines, de la taille d'une noix, sont parfois disponibles au hasard des catalogues. Fendez-les d'un coup de marteau et semez-les aussitôt dans un mélange très sableux, maintenu humide, à 15 °C environ. Vous pouvez également détacher les rejets sur les troncs des sujets adultes et les mettre à raciner, à chaud (20 °C), dans un mélange poreux à peine humide.

QUEL CYCAS CHOISIR ?

À part de rares occasions, seul *Cycas revoluta* est disponible. C'est le plus robuste du genre, qui supporte aussi bien le plein soleil que de faibles gelées. Les inflorescences plumeuses printanières ou automnales des sujets mâles sentent la pomme.

Cycas revoluta.

Vos questions / Nos réponses

La couronne de mon cycas est morte...

Accident ou coup de froid, il arrive que la couronne et le bourgeon des cycas disparaissent, laissant un tronc écailleux nu. Pas de panique : des rejets naîtront sur le tronc dans l'année, du moins si, dans le cas du gel, la plante n'a pas été exposée trop longtemps à une température trop basse ; c'est encore un point qui les différencie de la majorité des palmiers.

Laissez le malade à l'intérieur, dans de bonnes conditions, et arrosez-le parcimonieusement jusqu'à l'apparition des repousses. Vous obtiendrez un sujet encore plus pittoresque.

La fleur des cycas mâles forme un bouquet entouré de tentacules peluchoux. Leur doux parfum était sans doute destiné autrefois à attirer un pollinisateur, aujourd'hui disparu.

Figuier-lyre * Ficus lyrata

S'IL APPARTIENT AU MÊME GENRE QUE LE TRÈS POPULAIRE CAOUTCHOUC, LE FIGUIER-LYRE S'EN DISTINGUE PAR SES FEUILLES DE FORME ORIGINALE, JOLIMENT NERVURÉES. CETTE PLANTE À GRAND DÉVELOPPEMENT, FACILE À CULTIVER, EXIGE DE L'ESPACE ET MÉRITE D'ÊTRE ISOLÉE POUR ÊTRE EN VALEUR.

Originaire de Chine, cet arbuste durable atteint 2,50 m de hauteur et 50 à 80 cm d'étalement. En forme de violon ou de lyre, ses grandes feuilles coriaces et vernissées sont marquées de nervures saillantes crème ou blanc rosé. Ce ficus demande de la lumière, mais n'aime pas le grand soleil. Placez-le près d'une fenêtre exposée à l'est ou à l'ouest, dans une pièce où la température hivernale ne descend pas en dessous de 16 °C.

SECRETS DE CULTURE

REMPOTAGE	Au printemps, tous les deux ans pour les sujets jeunes, dans un mélange de terreau de feuilles et de terre franche, ou dans un bon terreau pour plantes d'intérieur, en veillant au drainage. Pour les grands sujets, surfacez en remplaçant le substrat sur 10 cm.
ARROSAGE	Copieux et régulier d'avril à octobre, réduit de novembre à mars. Bassinez les feuilles de temps en temps et dépoussiérez-les avec une éponge humide.
ENGRAIS	Effectuez un apport mensuel d'engrais pour plantes vertes, du printemps jusqu'à la fin de l'été. Attendez un mois après un rempotage.
TAILLE	Pour limiter le développement des grands sujets, au printemps, rabattez la tige principale et les rameaux latéraux trop longs. Stoppez l'écoulement de sève en posant un coton humide sur la plaie.
MALADIES ET PARASITES	Les araignées rouges et les cochenilles sont les ennemis classiques des ficus. Traitez avec un acaricide ou un insecticide systémique.
TOXICITÉ	Le latex de tous les ficus contient des substances irritantes pour la peau et les muqueuses. Ingéré, il provoque des nausées et des vomissements. Prenez des précautions avec les enfants et les animaux de compagnie.

LA MULTIPLICATION

Elle est assez facile. Au printemps, prélevez des portions de tiges ligneuses (15 à 20 cm de longueur) portant deux ou trois feuilles. Trempez la base dans des hormones d'enracinement et plantez les boutures dans un mélange de tourbe et de sable. Couvrez d'un sac en plastique et placez sur chaleur de fond (20-25 °C). L'enracinement peut prendre quelques mois.

QUEL FIGUIER-LYRE CHOISIR ?

Ficus lyrata, à grandes feuilles vert foncé nervurées de crème ; sa variété 'Bambino', à port plus trapu et plus évasé, avec des feuilles plus larges.

Ficus lyrata.

Vos questions / Nos réponses

Les feuilles jaunissent et tombent.
La plante souffre probablement d'un excès d'eau ; laissez le substrat sécher avant d'arroser à nouveau. Une température hivernale trop basse ou des courants d'air peuvent aussi provoquer la chute des feuilles.

Chap. 8 : Des feuillages qui en imposent

Kentia * *Howea forsteriana*

LE KENTIA EST LE PALMIER D'APPARTEMENT LE PLUS RÉPANDU ET L'UN DES PLUS ÉLÉGANTS. IL EST EN OUTRE RÉSISTANT, PEU EXIGEANT, ET S'ADAPTE BIEN À L'ATMOSPHÈRE SÈCHE DES INTÉRIEURS, OÙ IL VIT DE NOMBREUSES ANNÉES. PLACEZ-LE DANS UNE PIÈCE LUMINEUSE, AU SOLEIL DIRECT.

Originaire de l'île Lord Howe, au large des côtes australiennes, il dépasse 10 m dans son habitat naturel, et peut atteindre 2 à 3 m de hauteur en bac. Il pousse cependant assez lentement et ne produit qu'une palme par an ; c'est pourquoi on regroupe souvent plusieurs jeunes sujets dans un même pot. Élancées, les grandes palmes vert sombre, à larges folioles et longs pétioles fins, adoptent un port dressé puis joliment arqué.

SECRETS DE CULTURE

REMPOTAGE	Au printemps, rempotez les jeunes plantes dans un mélange de terreau et de terre franche. Pensez à tapisser le fond du pot de billes d'argile ou de tessons de pots. Contentez-vous de renouveler le substrat de surface pour les plantes adultes.
ARROSAGE	Deux fois par semaine en été, pour garder la terre humide. Tous les huit à dix jours en hiver, en laissant sécher la surface du substrat entre deux arrosages. Employez de l'eau non calcaire à température ambiante. Dépoussiérez les feuilles avec une éponge humide et bassinez-les de temps en temps.
ENGRAIS	D'avril à septembre, donnez toutes les deux ou trois semaines un engrais liquide pour plantes vertes.
TAILLE	Aucune. Les palmes sèches doivent être coupées à la base.
MALADIES ET PARASITES	Les cochenilles et les araignées rouges peuvent poser problème dans une ambiance trop sèche. Augmentez le taux d'humidité ambiante et traitez avec un acaricide ou un insecticide systémique.

Howea forsteriana.

LA MULTIPLICATION

Il faut à la fois disposer de graines fraîches et de beaucoup de patience… Semez en mars dans un mélange humide de sable et de tourbe. Placez sous mini-serre chauffée à 25-30 °C. La germination intervient au bout de quelques mois, à condition de maintenir une hygrométrie et une chaleur constantes.

QUEL KENTIA CHOISIR ?

La plante ne doit pas avoir les pointes des feuilles desséchées.

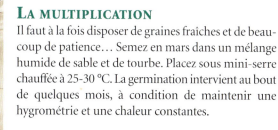

Vos questions / Nos réponses

Les jeunes palmes ne se déploient pas.
Placez la plante dans un endroit plus lumineux, n'oubliez pas d'arroser et bassinez plus souvent.

Licuala **** *Licuala grandis*

min. 15 °C
max. 25 °C

On l'appelle aussi « palmier-éventail » pour ses larges palmes au lobe plissé. Cette plante magnifique est difficile à garder en appartement. Elle se plaira dans une véranda bien éclairée et bien chauffée, si l'on peut y maintenir une forte humidité ambiante.

Aux Nouvelles-Hébrides, dont il est originaire, le licuala atteint 3 m de hauteur et peut vivre quelques dizaines d'années. Il se distingue par un tronc fin, et par de grandes palmes arrondies, brillantes et d'un beau vert intense. Elles peuvent mesurer jusqu'à 1 m de diamètre et sont portées par un long pétiole. Ce petit palmier demande des bassinages fréquents, jusqu'à deux fois par jour quand il fait chaud.

Secrets de culture

Rempotage	Au printemps, tous les deux ans, dans un terreau pour plantes vertes à base de terre végétale et de terre argileuse. L'année intermédiaire, effectuez un surfaçage avec le même substrat.
Arrosage	Une à deux fois par semaine du printemps à l'automne, afin de garder la motte humide en profondeur pendant toute la période de croissance ; en hiver, tous les dix jours environ. Bassinez fréquemment, à l'eau douce, et entretenez une bonne humidité dans la pièce à l'aide d'humidificateurs.
Engrais	Appliquez un produit liquide pour plantes vertes une fois tous les quinze jours, du printemps à la fin de l'été.
Taille	Aucune. Les vieilles feuilles tombent d'elles-mêmes, laissant une cicatrice sur le tronc. On peut les aider lorsqu'elles deviennent inesthétiques.
Maladies et parasites	Araignées rouges et cochenilles s'implantent parfois sur les feuilles. Augmentez l'humidité pour les premières et utilisez un produit approprié pour les secondes.

La multiplication

Elle s'effectue par semis à une température de 25 °C, les graines étant toutefois difficiles à se procurer puisque ce palmier ne fructifie qu'en zone tropicale. Cette espèce produit aussi des rejets, que l'on peut prélever.

Quel licuala choisir ?

Le genre compte d'autres espèces, plus hautes et aussi difficiles à cultiver. *L. ramsayi*, à pétioles épineux et feuilles ondulées ; *L. spinosa*, à très grandes feuilles épineuses, arrondies et divisées en lobes.

Licuala grandis.

Vos questions / Nos réponses

Les feuilles de mon licuala deviennent ternes et présentent un feutrage au revers.

Il s'agit d'une attaque d'araignées rouges. Augmentez la fréquence des bassinages et utilisez un acaricide.

Chap. 8 : Des feuillages qui en imposent

Livistona ** *Livistona chinensis*

C'EST UN DES PLUS JOLIS PALMIERS D'APPARTEMENT, AVEC SON TRONC PITTORESQUE ET SON PORT PLEUREUR.
IL S'ADAPTE BIEN DANS UNE PIÈCE LUMINEUSE OU UNE VÉRANDA, À CONDITION QU'IL BÉNÉFICIE D'UN TAUX D'HUMIDITÉ COMPARABLE À CELUI DE SES FORÊTS TROPICALES NATALES.

Renflé dans sa partie inférieure, le tronc de ce palmier originaire du sud du Japon est joliment décoré avec la base fibreuse des feuilles. Celles-ci, très grandes, à pétiole épineux, sont divisées en lobes pendants, ce qui leur donne un port pleureur. Cette espèce s'accommode bien en hiver : elle supporte des minima de 5 °C, mais accepte aussi la chaleur d'une salle de séjour. Elle apprécie de passer la belle saison sur un balcon, à mi-ombre. Elle peut vivre un siècle et plus. Sa taille dépendra de la grandeur de son pot… et de son âge.

SECRETS DE CULTURE

REMPOTAGE	Tous les deux ou trois ans, quand les racines commencent à sortir par le trou de drainage, dans un mélange de terreau et de terre franche ou dans un terreau du commerce contenant de la terre argileuse. Les grands sujets de serre se contentent d'un surfaçage.
ARROSAGE	Tous les trois ou quatre jours, du printemps à l'automne, lorsque la terre de surface s'est asséchée sur quelques centimètres – la motte devant rester fraîche en profondeur. Tous les dix jours en hiver. Bassinez le feuillage, hiver comme été, tous les deux ou trois jours.
ENGRAIS	D'avril à fin août, apportez de l'engrais liquide pour plantes vertes une fois par quinzaine.
TAILLE	Éliminez les vieilles feuilles de la base quand elles deviennent inesthétiques.
MALADIES ET PARASITES	Les cochenilles à bouclier s'implantent parfois ; elles doivent être éliminées avec un Coton-tige trempé dans l'alcool ou dans un insecticide spécifique. Luttez contre les araignées rouges par des bassinages fréquents.

Livistona chinensis.

LA MULTIPLICATION

Le livistona est assez facile à obtenir par semis, les graines fraîches étant disponibles chez les spécialistes en graines exotiques. Laissez-les tremper pour en ramollir le tégument et semez en mini-serre à 25-30 °C, en ambiance humide.

QUEL LIVISTONA CHOISIR ?

Livistona chinensis est caractérisé par l'aspect pleureur de ses feuilles. Parmi les autres espèces, *L. australis*, à palmes amples et divisées, à l'aspect échevelé ; *L. mariae*, à tronc fin, à grandes feuilles aux segments retombants.

Vos questions / Nos réponses

Les extrémités des feuilles se dessèchent.
C'est un processus naturel pour les feuilles les plus vieilles, qui commencent à faner par les pointes. Pour le retarder, surveillez les arrosages et ne négligez pas les bassinages.

Pandanus** *Pandanus veitchii*

min. 16 °C
max. 27 °C

L E FEUILLAGE ÉLÉGANT DU PANDANUS N'EST PAS SANS RAPPELER CELUI DE L'ANANAS, SI CE N'EST SA TAILLE, NETTEMENT PLUS IMPOSANTE. DONNEZ DE L'ESPACE À CETTE BELLE PLANTE POUR QU'ELLE PUISSE SE DÉVELOPPER, ET FAITES ATTENTION À SES PIQUANTS !

Disposées en rosette évasée sur un tronc ligneux, les feuilles rubanées et bordées d'épines de cette plante originaire de Polynésie mesurent jusqu'à 1 m de longueur. D'un vert vif brillant, elles sont rayées et marginées de crème. Un sujet âgé de deux ou trois ans développe des racines aériennes, qu'il ne faut pas couper. Une lumière tamisée et une certaine humidité ambiante vous permettront de le conserver de longues années.

Secrets de culture

Rempotage	Au printemps, tous les deux ans, car le pandanus préfère être un peu à l'étroit. Employez un terreau pour plantes d'intérieur à base de tourbe et de terre végétale et drainez le fond du pot avec des tessons ou des billes d'argile. Portez des gants et des lunettes pour ne pas risquer de vous blesser.
Arrosage	Régulier et modéré en toute saison, en laissant sécher le substrat sur 3 ou 4 cm entre deux arrosages, avec une eau non calcaire et à température ambiante. Bassinez de temps en temps, en veillant à ne pas laisser d'eau stagner entre les feuilles. En cas de canicule, placez le pot dans une soucoupe emplie de galets à demi immergés.
Engrais	Effectuez un apport mensuel d'engrais liquide pour plantes vertes, d'avril à septembre.
Taille	Cette plante ne se taille pas.
Maladies et parasites	Les cochenilles et les araignées rouges s'installent parfois quand l'air est trop sec. Enlevez les cochenilles avec un Coton-tige imbibé d'alcool, élevez le taux d'hygrométrie et traitez avec un insecticide systémique ou un acaricide.

Pandanus veitchii.

La multiplication

Prélevez les rejets qui apparaissent à la base des sujets adultes. Mettez-les en godets dans un mélange de tourbe et de sable humide. Couvrez d'un sac en plastique et placez sur une couche chauffée à 20-25 °C, jusqu'à la reprise.

Quel pandanus choisir ?

Pandanus veitchii, à longues feuilles rubanées et dentées marginées de blanc crème. Autre espèce : *P. baptistii*, à feuilles vert bleuté panachées d'une large bande centrale.

Vos questions / Nos réponses

Les feuilles virent au vert uni, la plante ne pousse pas.

Elle manque de lumière. Mettez le pot dans un endroit plus lumineux, par exemple près d'une fenêtre orientée à l'est ou à l'ouest, où elle bénéficiera du soleil du matin ou de la fin d'après-midi.

Pandanus sanderi 'Variegata'.

Papyrus** *Cyperus papyrus*

D'UNE GRANDE ÉLÉGANCE, LE PAPYRUS AU PORT ÉLANCÉ PEUT VITE ATTEINDRE UNE TAILLE IMPOSANTE. RÉSERVEZ-LUI UNE PLACE DANS UNE GRANDE PIÈCE TRÈS CLAIRE. IL S'INTÉGRERA À MERVEILLE DANS UN INTÉRIEUR AUX LIGNES CONTEMPORAINES, AUQUEL IL AJOUTERA SA NOTE EXOTIQUE.

Ne vous fiez pas à la petite touffe de quelques tiges surmontées de gros « pompons » verts que vous venez d'acheter. Si elle se plaît chez vous, elle prendra rapidement de grandes proportions ! Une belle plante de trois ou quatre ans peut dépasser 2 m de hauteur, pour environ 50 à 60 cm d'étalement. Le papyrus est originaire d'Égypte, où il pousse sur les rives du Nil et dans les marécages, d'où ses grands besoins en eau et en soleil. Il croît vite, mais ses longues tiges triangulaires se plient facilement. Installez-le derrière une grande baie vitrée ou sous une verrière, à l'abri des courants d'air. Le papyrus est une plante pérenne, qui se garde de nombreuses années.

SECRETS DE CULTURE

REMPOTAGE	Chaque année en fin d'hiver ou dès que des nouvelles pousses pointent contre la paroi du bac. Prévoyez un contenant d'un diamètre supérieur de 3 à 4 cm au minimum. Gourmand, le papyrus apprécie un terreau humifère, enrichi de corne torréfiée et de sang desséché.
ARROSAGE	Du printemps à l'automne, maintenez le sol toujours humide, en laissant tremper le tiers inférieur du pot dans l'eau. En hiver, gardez le sol à peine frais.
ENGRAIS	D'avril à septembre, donnez un engrais liquide azoté tous les quinze jours.
TAILLE	Éliminez les vieilles tiges jaunies en les coupant à la base, au ras du sol.
MALADIES ET PARASITES	Pucerons et cochenilles peuvent provoquer des dégâts importants sur le feuillage. Dès leur apparition, traitez avec des insecticides appropriés, en respectant les doses indiquées.

Alpinias et papyrus dans une serre d'Auteuil.

LA MULTIPLICATION
Lorsque la plante se dessèche au cœur, la division d'une grosse touffe est possible au début du printemps. À la périphérie de la plante (où sont les nouvelles tiges), prélevez des éclats avec deux ou trois jeunes feuilles et une belle touffe de racines. Rempotez-les immédiatement, chacun dans un pot aux dimensions adaptées à la masse des racines. Arrosez-les régulièrement.

QUEL PAPYRUS CHOISIR ?
La plupart du temps, les jardineries et autres commerces spécialisés ne proposent que l'espèce type. Si vous manquez de place, recherchez la forme naine, qui ne dépasse pas 60 cm de hauteur.

De l'eau à leur pied et la tête au soleil, c'est le secret de longévité des papyrus, même en intérieur.

Philodendron* *Monstera deliciosa*

Grand classique, dont on ne se lasse pas, le « philo » est une plante grimpante spectaculaire qui est à son aise partout, dans une entrée comme dans une salle de séjour ou un bureau. Particulièrement résistant et adaptable, il peut être palissé sur un solide bambou ou même accroché au mur.

Le philodendron, venu d'Amérique centrale, peut atteindre 5 m de hauteur et 60 cm d'envergure. Ses tiges vertes, peu ramifiées, sont robustes et charnues, et ne s'accrochent pas d'elles-mêmes au support. Selon l'exposition, les feuilles en forme de cœur sont découpées en lobes profonds (forte luminosité), ou simplement percées de trous, et parfois presque entières (ombre dense). Les racines aériennes se dirigent d'abord vers le bas et côté ombre, avant de remonter vers la lumière, une fois qu'elles ont touché la terre.

Secrets de culture

Rempotage	Tous les deux ou trois ans, au printemps ou en automne, dans un terreau pour plantes vertes et dans un pot proportionné à la hauteur – un grand bac pour les vieux sujets. Placez d'abord le tuteur, en le bloquant, puis installez la motte. Un surfaçage annuel est suffisant pour les plantes en bac.
Arrosage	Arrosez de façon régulière et modérée pour que la motte reste humide sans excès : une ou deux fois par semaine du printemps à l'automne, tous les dix jours en hiver. Dépoussiérez les feuilles avec une éponge humide, en les soutenant de l'autre main. Bassinez régulièrement en été.
Engrais	D'avril à septembre, appliquez toutes les semaines de l'engrais liquide pour plantes vertes.
Taille	Si la plante devient trop encombrante, il suffit de sectionner la tige, que vous utiliserez en bouture. Ne coupez pas les racines aériennes.
Maladies et parasites	Quand l'atmosphère est sèche, des cochenilles à bouclier s'installent sur le feuillage. Extirpez-les avec un Coton-tige trempé dans l'alcool et, si nécessaire, traitez avec un insecticide systémique.
Toxicité	La plante contient de l'acide oxalique, toxique, mais il faudrait en ingérer beaucoup pour se mettre en danger. Les fruits, rares en culture, sont d'ailleurs comestibles quand ils sont bien mûrs.

La multiplication

Elle se fait facilement, par bouture de tête, pour une plante bien développée mais dégarnie du pied, ou par bouture de tige en conservant une seule feuille à un œil, que vous planterez dans un mélange de tourbe et de sable chauffé à 25 °C, en roulant la feuille sur elle-même pour éviter la déshydratation. Toutes ces boutures sont à effectuer à l'étouffée.

Quel philodendron choisir ?

Monstera deliciosa, à feuilles vert uni ; *M. deliciosa* 'Variegata', à feuilles panachées de blanc-crème, plus coûteux.

Monstera deliciosa.

Chap. 8 : Des feuillages qui en imposent

min. 13 °C
max. 22 °C

Phœnix** Phoenix roebelenii

Ce phœnix appartient à la famille des palmiers-dattiers ; il se distingue des autres espèces du genre par sa petite taille et par ses palmes souples, non piquantes : deux caractéristiques, qui, ajoutées à sa facilité de culture et à sa longue durée de vie, en font une plante d'intérieur très prisée.

Originaire du Laos, le phœnix pousse lentement et dépasse rarement 1,50 m. Il possède un stipe (tronc) court, parfois renflé. Ses palmes persistantes et arquées, de 60 à 90 cm de longueur, comptent une centaine de folioles étroites et joliment retombantes. Tolérant, le phœnix accepte aussi bien la mi-ombre qu'une bonne lumière tamisée, l'essentiel étant de le protéger du rayonnement direct du soleil. Il s'adapte à la température normale d'un appartement pourvu qu'il y règne une humidité ambiante élevée.

Secrets de culture

Rempotage	Au printemps, tous les ans pour les jeunes sujets, puis tous les deux ou trois ans. Préparez un mélange de terreau (50 %), de terre franche (25 %) et de sable (25 %), et drainez le fond du pot avec des tessons ou des billes d'argile. Un surfaçage suffira pour les gros sujets.
Arrosage	Régulier et généreux en été, sans laisser d'eau stagner sous le pot ; très modéré en hiver, le substrat devant sécher presque complètement entre deux arrosages. Effectuez des bassinages avec une eau douce et tiède, très réguliers au printemps et en été, moins fréquents en automne et en hiver.
Engrais	Apportez un engrais liquide pour plantes vertes une fois par mois d'avril à septembre.
Taille	Coupez les palmes sèches à la base du pétiole.
Maladies et parasites	Acariens et cochenilles sont les principaux parasites du phœnix. Augmentez la fréquence des bassinages et posez le pot sur une soucoupe remplie de galets à demi immergés ; si vous n'avez pas le temps de bassiner, installez un humidificateur d'air. En cas d'infestation importante, traitez avec un insecticide systémique.

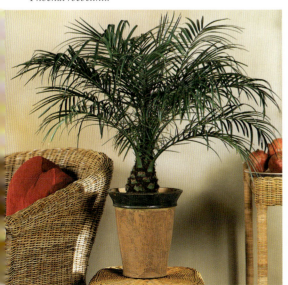

Phœnix roebelinii.

La multiplication

Le semis est hasardeux et la germination très lente. Mieux vaut prélever les rejets qui se développent à la base de la plante, d'autant qu'ils l'affaiblissent. Au printemps, lors du rempotage, coupez avec précaution les rejets enracinés et mettez-les en pots. Placez à bonne lumière indirecte et arrosez modérément jusqu'à l'apparition de nouvelles pousses. Traitez ensuite comme une plante adulte.

Quel phœnix choisir ?

Phœnix roebelenii, à palmes souples. Parmi les autres espèces, *P. canariensis*, à palmes rigides et piquantes.

Vos questions / Nos réponses

Les jeunes palmes brunissent et se dessèchent avant de se déployer.

Le palmier reçoit trop de soleil direct. Déplacez-le ou protégez-le des rayons solaires en voilant la fenêtre.

Chapitre 9

Des feuillages « déco »

Appelées « plantes vertes », les plantes d'intérieur à feuillage décoratif arborent néanmoins, pour nombre d'entre elles, des couleurs ou des reflets surprenants. Elles offrent une telle diversité d'aspect qu'il est possible de créer tout un décor avec seulement quelques sujets, quel que soit le style de vos pièces. Mais avant de craquer, apprenez à les connaître, car certaines sont capricieuses.

Avec les années, le néphrolépis prend beaucoup d'ampleur et son feuillage a tendance à retomber. Pensez à l'installer dans un contenant surélevé ou placez la potée sur une console pour pouvoir admirer l'élégance des grandes frondes sans les endommager en passant ou en faisant le ménage.

Chez le *Dracaena fragrans* 'Massangeana', seule la rosette de feuilles a besoin de recevoir suffisamment de lumière pour que la plante prospère. Le pot et le tronc peuvent donc être dissimulés derrière un petit meuble ou une autre plante (ici une sansevière 'Laurentii' et des lierres) sans aucun problème.

U n gros sujet de pléomèle bien formé et ramifié suffit comme décor. Réservez-lui un emplacement très clair, avec beaucoup d'espace de part et d'autre pour ne pas abimer le feuillage et pour pouvoir apprécier le graphisme de cette remarquable plante exotique.

D onnez à vos yuccas de la lumière, beaucoup de lumière et même le plein soleil, si vous voulez les garder en parfaite santé. Réservez-leur l'emplacement le plus clair de votre intérieur, idéalement près d'une grande baie vitrée, sans rideau.

Les feuillages des calathéas, d'une grande diversité de formes et de coloris, permettent de composer des décors très exotiques avec seulement quelques-unes de ces belles plantes. En les plaçant près d'une fenêtre ensoleillée, vous pourrez admirer la beauté de leurs couleurs et le raffinement des motifs ornant les feuilles, par simple effet de transparence.

Sur un espace très restreint (moins de 1 m² de surface au sol) mais recevant beaucoup de lumière, il est possible d'installer un petit jardin d'intérieur comme celui-ci, aussi attrayant par les feuillages décoratifs que par le bruissement de la fontaine. Cette dernière augmente l'humidité atmosphérique, ce qui bénéficie aux pieds d'helxine, d'hypoestès, d'*Asparagus plumosus* et de *Pogonatherum* 'Monica' répartis tout autour.

Chap. 9 : Des feuillages « déco »

Aglaonéma* *Aglaonema commutatum*

min. 12 °C
max. 20 °C

Cette jolie touffe de feuillage est appréciée pour sa belle vigueur, ses couleurs et sa grande résistance. Elle fait partie des plantes les plus faciles à cultiver et supporte même d'être un peu négligée. Les nombreuses variétés se différencient surtout par les marbrures de leurs feuilles brillantes.

D'une hauteur de 40 à 50 cm pour un étalement de 30 à 40 cm, cette espèce originaire des forêts tropicales asiatiques (Moluques, Philippines, Sri Lanka) trouve place dans l'entrée ou la cage d'escalier car, si ses marbrures sont plus marquées lorsqu'elle bénéficie d'une bonne lumière tamisée, les rayons directs du soleil peuvent en revanche lui causer des brûlures. Les variétés cultivées supportent généralement le chauffage central et même la climatisation.

SECRETS DE CULTURE

REMPOTAGE	Tous les deux ans, au printemps, dans un terreau bien drainé pour plantes d'appartement. Un récipient plus large que haut ou une coupe conviennent mieux que les pots de forme classique.
ARROSAGE	Au printemps et en été, arrosez copieusement sans laisser d'eau sous le pot. En hiver, réduisez les apports, surtout dans une pièce peu chauffée. L'aglaonéma apprécie les bassinages fréquents. Nettoyez régulièrement les feuilles avec une éponge humide.
ENGRAIS	Pour obtenir un feuillage bien fourni, effectuez des apports d'engrais pour plantes vertes à partir du mois d'avril et jusqu'à la fin août, toujours sur motte humide.
TAILLE	Supprimez régulièrement les feuilles fanées.
MALADIES ET PARASITES	Les cochenilles à bouclier ou farineuses s'implantent parfois : traitez avec un insecticide spécifique ou systémique. Contre les araignées rouges, qui se développent en atmosphère sèche, bassinez et appliquez un acaricide.
TOXICITÉ	La sève est toxique. Veillez à porter des gants pour manipuler la plante.

Aglaonema commutatum 'Silver Queen'.

LA MULTIPLICATION

Lorsque la plante devient trop volumineuse, divisez-la en plusieurs touffes et rempotez chacune en pot individuel. Une situation chaude et un arrosage régulier favorisent la reprise.

QUEL AGLAONÉMA CHOISIR ?

Aglaonema commutatum, à feuilles vert foncé marquées de blanc le long des nervures, a donné 'Silver Queen', à feuilles plus étroites, vert pâle et ponctuées de vert foncé, et 'Maria', à feuilles larges marquées de bandes vert pâle et vert moyen.

Vos questions / Nos réponses

La plante se dégarnit et les feuilles jaunissent…
Il peut s'agir d'un défaut d'arrosage, et il faudra alors augmenter les apports, ou d'un excès, et vous devrez dans ce cas dépoter la plante pour éliminer les parties pourries de la souche.

Asparagus* *Asparagus sp.*

min. 8 °C
max. 18 °C

D'ASPECT LÉGER ET DÉLICAT, LES ASPARAGUS SONT PARFAITS POUR LES PIÈCES FRAÎCHES ET PEU ENSOLEILLÉES, MAIS TRÈS CLAIRES. CES PLANTES VIVACES NE DEMANDENT PAS DE SOINS PARTICULIERS ET FONT PREUVE D'UNE BELLE LONGÉVITÉ.

Les asparagus, dont certaines espèces rappellent les fougères, sont des plantes de sous-bois. Originaires d'Afrique du Sud ou de Sri Lanka, ils seront à leur aise dans des endroits frais et à bonne lumière indirecte, comme une entrée, un escalier, une chambre exposée à l'est ou à l'ouest.

Secrets de culture

Rempotage	Au printemps, dès que les racines sortent par le trou de drainage (tous les ans ou tous les deux ans). Dans un pot d'une ou deux tailles supérieures garni de tessons au fond, dans un terreau pour plantes d'intérieur avec un peu d'argile (pour la consistance), et un peu de sable (pour le drainage).
Arrosage	Régulier au printemps et en été, en laissant la terre sécher en surface entre deux arrosages. Les asparagus ont des souches tubéreuses qui leur permettent d'emmagasiner l'eau. Réduisez les apports en hiver. Bassinez les feuillages avec une eau non calcaire pour qu'ils restent bien verts.
Engrais	D'avril à septembre, apportez un engrais pour plantes vertes tous les quinze jours.
Taille	Au besoin, pour limiter une végétation devenue trop envahissante.
Maladies et parasites	Les cochenilles à bouclier envahissent parfois les tiges et les cladodes (pousses ayant la même fonction que des feuilles). Traitez avec un insecticide systémique ou spécifique. Une invasion d'araignées rouges signale une atmosphère trop sèche. Bassinez les plantes et traitez avec un acaricide.
Toxicité	Les baies (quand les fleurs ont été pollinisées) sont toxiques par ingestion.

Asparagus densiflorus 'Myersii'.

La multiplication

Divisez les souches trop denses en mars-avril, lors d'un rempotage. Vous pouvez aussi procéder par semis pour l'asparagus 'Sprengeri', qui fructifie facilement en appartement. Semez dans un mélange de tourbe et de sable, sur couche chauffée à 16 °C.

Quel asparagus choisir ?

A. densiflorus 'Sprengeri', aux tiges de 1 m et plus densément ramifiées, couvertes de centaines de cladodes évoquant des goupillons.
A. densiflorus 'Myersii', à port dressé ou arqué, plus compact, à tiges coniques, pouvant atteindre 80 cm de hauteur.
A. setaceus (syn. *A. plumosus*), l'asparagus des fleuristes, à l'aspect plumeux.
A. falcatus, à longues tiges épineuses (jusqu'à 3 m) et cladodes vert sombre.

Chap. 9 : Des feuillages « déco »

Vos questions / Nos réponses

Les cladodes se dessèchent et tombent…

Les cladodes commencent par jaunir. Ce problème fréquent est souvent lié à un éclairage insuffisant ou à une température trop élevée. Placez la plante dans un endroit plus lumineux – sans pour autant l'installer au soleil direct, qui lui serait aussi néfaste – et moins chauffé. Élevez le taux d'humidité en posant le pot dans une soucoupe remplie de billes d'argile à demi immergées dans l'eau.

Asparagus falcatus, à l'aspect de bambou, mérite un emplacement isolé, mais hors des zones de passage à cause de ses épines.

Aspidistra** *Aspidistra elatior*

L'ASPECT GRAPHIQUE DE L'ASPIDISTRA, SA ROBUSTESSE ET SA RELATIVE FACILITÉ DE CULTURE EN FONT UNE PLANTE VERTE D'INTÉRIEUR APPRÉCIÉE ET CONSEILLÉE AUX DÉBUTANTS. INDÉMODABLE MALGRÉ UN FEUILLAGE UN PEU AUSTÈRE, IL ORNE AVEC ÉLÉGANCE ET SOBRIÉTÉ UNE ENTRÉE, UN SALON OU UN BUREAU.

Réputé increvable, l'aspidistra, ou « langue de belle-mère », est originaire de Chine, du Japon, de Taiwan et de l'Himalaya. C'est une plante très résistante et peu exigeante en lumière. Sa croissance est lente, ce qui explique son coût toujours élevé, même pour une petite potée. Elle forme des touffes de feuilles dressées et lancéolées d'environ 60 cm de hauteur et de largeur. Sa floraison est rare et surprenante : les fleurs, charnues et rouge pourpre, sont enfouies dans le sol, ou bien éclosent au ras du sol. Cette plante convient aux intérieurs clairs mais peu chauffés en hiver.

min. 2 °C
max. 20 °C

SECRETS DE CULTURE

REMPOTAGE	À la fin de l'hiver, quand la touffe de feuilles a envahi toute la surface du pot (tous les deux ou trois ans). Vous utiliserez un contenant en terre cuite, plus large que haut, rempli avec un terreau léger, riche et humifère.
ARROSAGE	Laissez sécher le sol en surface entre deux apports d'eau.
ENGRAIS	Tous les quinze jours, d'avril à fin septembre, faites un apport d'engrais liquide pour plantes vertes.
TAILLE	Il faut couper à leur base les feuilles jaunies ou desséchées.
MALADIES ET PARASITES	Un excès d'arrosage entraîne la pourriture des racines. Dans un intérieur trop chaud et sec, l'aspidistra est sensible aux araignées rouges. Éliminez-les par des douches répétées du feuillage et, si l'attaque est très importante, par l'aspersion d'un acaricide. Inspectez régulièrement le feuillage pour détecter la présence de cochenilles à bouclier ou farineuses, qui doivent être traitées avec un insecticide systémique.

LA MULTIPLICATION

Vous pouvez diviser les larges touffes, en séparant et rempotant des fragments de rhizomes situés sur le pourtour de la touffe. Ces derniers doivent être pourvus d'au moins deux ou trois belles feuilles saines. Pour la variété panachée, choisissez uniquement les plants aux feuilles bien marquées de blanc.

QUEL ASPIDISTRA CHOISIR ?

Aspidistra elatior, aux feuilles vert foncé, est la plus robuste ; *A. elatior* 'Variegata' se distingue par un feuillage plus lumineux, vert foncé plus ou moins strié de blanc pur.

Aspidistra elatior.

Vos questions / Nos réponses

Le feuillage devient terne…
Les larges feuilles effilées retiennent la poussière, qui, peu à peu, estompe la brillance naturelle du feuillage. Pour éliminer ce dépôt et redonner bel aspect à votre plante, douchez-la à l'eau tiède une fois par mois. Vous pouvez aussi passer une éponge mouillée sur le dessus et le revers des feuilles.

Chap. 9 : Des feuillages « déco »

Asplénium** Asplenium nidus

Asplenium nidus.

À port en touffe dressée, l'asplénium mesure 80 cm à 1,50 m de hauteur pour un étalement de 60 à 80 cm. Se déroulant délicatement à partir du centre, les jeunes frondes s'épaississent et s'élargissent tout au long de leur croissance. Originaire des zones tropicales d'Asie et d'Australie, cette fougère, épiphyte dans son milieu d'origine, a besoin de chaleur et d'une bonne humidité pour bien se développer. Elle apprécie la lumière sans soleil direct : la proximité d'une fenêtre exposée au nord, et munie d'un voilage, est une situation idéale.

SECRETS DE CULTURE

REMPOTAGE	À effectuer au printemps si la plante semble à l'étroit, en moyenne tous les deux ans. Utilisez un terreau riche en tourbe auquel vous ajouterez un peu de terre de bruyère. Améliorez le drainage avec de la perlite.
ARROSAGE	Le substrat doit rester légèrement humide en profondeur, mais vous pouvez attendre qu'il sèche sur 1 à 2 cm entre deux arrosages. Utilisez une eau non calcaire à température ambiante. Maintenez une bonne humidité en installant le pot sur une soucoupe remplie de billes d'argile ou de galets à demi immergés. Bassinez souvent le feuillage et nettoyez-le avec une éponge humide, sans toucher aux jeunes frondes, très fragiles.
ENGRAIS	D'avril à septembre, apportez tous les quinze jours un engrais liquide pour plantes vertes en réduisant de moitié la dose indiquée. Après un rempotage, attendez l'année suivante pour nourrir la plante.
TAILLE	Aucune.
MALADIES ET PARASITES	Comme beaucoup de plantes d'intérieur, l'asplénium est sujet aux attaques des cochenilles et des araignées rouges, surtout en atmosphère sèche. Traitez à l'aide d'un insecticide systémique ou d'un acaricide et améliorez l'hygrométrie.

CETTE FOUGÈRE EST APPRÉCIÉE POUR SON SUPERBE FEUILLAGE, D'UN VERT FRAIS ET LUISANT. DISPOSÉES EN ROSETTE, LES FRONDES FORMENT UN VASTE « NID » ÉVASÉ VERS LE HAUT, D'OÙ SON SURNOM DE « FOUGÈRE NID-D'OISEAU ».

LA MULTIPLICATION

Sur les plantes bien développées, divisez la souche en coupant le rhizome avec un couteau. Rempotez chaque partie en pot individuel.

QUEL ASPLÉNIUM CHOISIR ?

Asplenium nidus, aux larges frondes à nervure centrale noire ; *A. nidus* var. *plicatum*, à frondes ondulées. Parmi les autres espèces : *A. musifolium*, à grandes frondes plus amples et imbriquées.

Vos questions / Nos réponses

Des plaques brunes apparaissent sur les feuilles…
La plante souffre du froid et d'un excès d'arrosage. Mettez votre asplénium dans une pièce mieux chauffée et laissez le substrat sécher avant de recommencer à arroser.

Bambou d'appartement*** *Pogonatherum paniceum*

min. 16 °C
max. 20 °C

Également appelée « bambou miniature », cette plante charmante possède de longues feuilles étroites d'un beau vert frais. Gourmande en eau, en nourriture et en lumière, elle peut, dans de bonnes conditions, se révéler aussi envahissante que les espèces de grande taille, et vivre de longues années.

Cette graminée originaire de Chine, d'Inde et d'Australie atteint 30 à 40 cm de hauteur pour un étalement pouvant aller jusqu'à 60 cm. À port dense et compact, elle émet des chaumes dressés qui prennent un port plus souple, voire « échevelé », quand elle gagne en ampleur. Ne l'associez pas à d'autres plantes car elle pourrait les étouffer. Demandant beaucoup de lumière mais pas de soleil direct, ce petit bambou supporte la température habituelle d'un intérieur s'il bénéficie d'une hygrométrie suffisante. À la belle saison, il fera volontiers un séjour à l'extérieur à condition de ne négliger ni les arrosages ni les apports d'engrais.

Secrets de culture

Rempotage	À effectuer au printemps dans un substrat riche en humus et en tourbe, pour retenir l'eau.
Arrosage	Cette plante ne supporte pas le manque d'eau : la motte doit être humide en permanence. Employez une eau non calcaire à température de la pièce. Bassinez fréquemment le feuillage et posez la potée sur une soucoupe remplie de billes d'argile humides pour maintenir une bonne humidité ambiante.
Engrais	Effectuez des apports fréquents d'engrais liquide pour plantes vertes pendant la période de végétation, d'avril à septembre.
Taille	Elle n'est pas nécessaire.
Maladies et parasites	Cette plante ne connaît pas de problèmes, hormis le dessèchement lié à un défaut d'arrosage.

La multiplication

Effectuée lors d'un rempotage, au printemps, elle permet de régénérer les plantes trop denses, qui prennent un aspect désordonné et « étouffent » dans leur pot. Il suffit de diviser la souche de racines traçantes.

Quel bambou d'appartement choisir ?

Pogonatherum paniceum, à feuilles vert moyen, et ses variétés : 'Monica', à port compact et petites feuilles vert clair, et 'Extase', à port plus souple et feuilles un peu plus longues.

Pogonatherum paniceum.

Chap. 9 : Des feuillages « déco »

min. 12 °C
max. 24 °C

Bégonias à feuillage décoratif ** à ****

Begonia sp., Begonia hyb.

Begonia rex.

Il y a beaucoup d'espèces et d'hybrides de bégonias à feuillage décoratif. Les premières proviennent d'Asie tropicale, d'Afrique, d'Amérique centrale ou du Sud. Les seconds ont été créés par des jardiniers amateurs ou des horticulteurs essentiellement européens, américains ou australiens. Tous les bégonias n'ont pas la même robustesse, ni les mêmes exigences. Mais quel que soit le vôtre, réservez-lui un emplacement très clair, à l'abri du soleil direct et des courants d'air. Ne le mettez pas dans un coin sombre, et changez-le de place s'il commence à dépérir.

Toutes les espèces ou variétés citées se trouvent dans le commerce en France, certaines chez des pépiniéristes collectionneurs, mais la grande majorité dans les jardineries et chez les fleuristes. Et tous ces bégonias fleurissent, certains offrant, comme *B.* 'Immense', *B.* 'Cleopatra' et *B.* 'Erythrophylla', une floraison vraiment spectaculaire, en hiver ou au tout début du printemps.

PETITS OU GIGANTESQUES, RETOMBANTS OU BUISSONNANTS, VERTS OU BARIOLÉS DES COULEURS LES PLUS INCROYABLES, LES BÉGONIAS SONT DES PLANTES ENCORE TROP MÉCONNUES, QUI PÂTISSENT SOUVENT D'UNE MAUVAISE RÉPUTATION. IL FAUT RECONNAÎTRE QUE CES BEAUTÉS SONT PARFOIS CAPRICIEUSES.

SECRETS DE CULTURE

REMPOTAGE	Au début du printemps, si la plante déborde de son pot, installez-la dans un contenant en terre cuite, plus large que haut, d'un diamètre supérieur de 2 cm seulement. Utilisez un terreau très léger et humifère, mélangé à 20 % de perlite.
ARROSAGE	Régulier mais très modéré, avec une eau non calcaire, en laissant la terre sécher en surface entre deux apports. Ne laissez jamais l'eau stagner dans la soucoupe.
ENGRAIS	De mars à septembre, donnez un engrais liquide azoté tous les quinze jours, en diminuant les doses de moitié.
TAILLE	Éliminez les tiges et les feuilles jaunies ou mortes. Les bégonias buissonnants et de type bambusiforme peuvent être rabattus sévèrement en fin d'hiver si leur base se dégarnit.
MALADIES ET PARASITES	Le blanc, ou oïdium, attaque fréquemment ces jolies plantes, dès qu'il fait trop frais ou trop chaud. Surveillez régulièrement vos potées, et traitez dès que vous apercevez une tache gris blanchâtre.

LA MULTIPLICATION

La plupart des bégonias, notamment les hybrides, se multiplient par bouturage (voir chap. 6). Pour les bégonias bambusiformes et buissonnants, prélevez des tronçons d'extrémité de tige feuillée ; pour les bégonias rhizomateux, une belle feuille saine avec un fragment de pétiole coupé net à l'aide d'un cutter.

Begonia 'Cleopatra'.

Quel bégonia choisir ?

Hormis chez quelques pépiniéristes collectionneurs, le choix est plutôt limité. Les bégonias *rex* hybrides sont les plus fréquemment proposés, mais les plus difficiles à conserver en intérieur. Pour les débutants, il est préférable de commencer par un hybride solide, comme *B.* 'Erythrophylla'. Et si votre premier bégonia meurt, faites un nouvel essai, mais avec une variété très différente.

Une belle palette de couleurs

Begonia rex (introuvable dans le commerce) et ses innombrables hybrides offrent une palette de coloris incroyables, avec parfois des reflets moirés, veloutés ou métalliques surprenants. Du blanc le plus pur au noir le plus intense, les feuillages revêtent presque toutes les teintes, sauf le bleu et le jaune.

Ces plantes sont rarement étiquetées chez les fleuristes ou dans les jardineries. Laissez-vous séduire par l'originalité d'un feuillage. Certains hybrides présentent des feuilles spiralées très décoratives, qui évoquent la coquille d'un escargot : le plus fréquent est 'Escargot', aux larges feuilles brun-noir et argent.

Begonia 'Cleopatra' peut atteindre jusqu'à 1 m d'étalement. Cet hybride rhizomateux a des feuilles lobées et retombantes, aux couleurs très variables, allant du brun velouté au vert pomme sur le dessus, avec un revers rouge foncé.

Des miniatures…

Parfaits pour un rebord de fenêtre, un coin de commode ou de table, les hybrides miniatures permettent d'acquérir plusieurs potées sans pour autant craindre le manque de place. Ils ne dépassent pas 15 à 20 cm de hauteur et d'envergure. *Begonia* 'Tiger Paw' a des petites feuilles bronze tachées de vert fluo sur le dessus, rouges au revers.

Begonia bowerae var. *rubra* porte des petites feuilles satinées, rouge foncé sur le dessus, rouge vif au revers. Celles de *Begonia bowerae* 'Magnifolia' sont petites, arrondies et ciliées sur les bords, vert vif maculées de noir sur le pourtour.

Begonia conchifolia var. *rubromacula*, espèce originaire du Costa Rica, forme une touffe basse de feuilles épaisses en forme de cœur, vert vif brillant, tachées de rouge au centre.

Begonia 'Tiger Paw'.

Chap. 9 : Des feuillages « déco »

… aux géants !

Amateurs de plantes volumineuses et spectaculaires, achetez un pied de *Begonia* 'Immense' aux larges feuilles palmées vert vif, portées par des tiges couvertes de poils rouge vif. Il forme une touffe de 80 cm à 1 m d'envergure en quelques années. Laissez-vous aussi séduire par *Begonia* 'Ricinifolia', qui peut dépasser 1,50 m d'envergure et qui arbore de larges feuilles veloutées d'un joli vert olive.

Begonia 'Immense'.

Begonia listada.

Rayés

Begonia listada se distingue par ses feuilles en fer de lance, vert foncé à nervure centrale jaune crème, qui se retrouvent chez ses hybrides. *Begonia* 'Mabel Corvin' forme un buisson de 50 cm de hauteur, avec des feuilles allongées et pointues, vert foncé à nervure vert clair. Ces plantes aiment une atmosphère humide (au moins 60 % d'hygrométrie). Placez-les dans une salle de bains très claire ou disposez-les sur un large plateau rempli de billes d'argile et d'eau.

Vos questions / Nos réponses

Mes bégonias deviennent laids en hiver.

Le manque de lumière, le chauffage et un air plus sec font que les feuilles sèchent sur les bords et finissent par tomber. Rapprochez les pots des fenêtres (ouvrez les rideaux dans la journée), éloignez-les des radiateurs ou des courants d'air, disposez-les sur des grands plateaux remplis de billes d'argile et d'eau. Limitez les arrosages et proscrivez toute brumisation. ■

PARTIE III LES PLANTES DE LA MAISON

Blechnums** *Blechnum sp.*

LES BLECHNUMS AIMENT LA CHALEUR ET SONT MOINS EXIGEANTS QUE BEAUCOUP D'AUTRES FOUGÈRES EN CE QUI CONCERNE L'HYGROMÉTRIE. CETTE PARTICULARITÉ FAIT D'EUX DES HÔTES DE CHOIX À L'INTÉRIEUR, OÙ ILS SONT AUSSI SUPERBES ISOLÉS QU'ASSOCIÉS À D'AUTRES PLANTES.

Originaires de Nouvelle-Calédonie, ces petites fougères arborescentes atteignent 1 m de hauteur. Les frondes, brillantes et arquées, sont disposées en rosette à l'extrémité du stipe, lui-même couvert d'écailles brunes. Les blechnums redoutent le soleil direct et le manque d'humidité. Ils n'apprécient ni les brusques changements de température ni les courants d'air. Une salle de bains éclairée par une fenêtre orientée à l'est ou à l'ouest devrait leur plaire.

SECRETS DE CULTURE

REMPOTAGE	Tous les deux ans environ, au printemps, dans un substrat humifère, acide et frais, mais bien drainé (terre de bruyère et terreau et, au besoin, perlite pour améliorer le drainage). Veillez à ne pas enterrer le centre de la couronne, ce qui pourrait entraîner la pourriture.
ARROSAGE	Copieux en été, avec une eau non calcaire, afin de conserver la motte humide en permanence. Modéré en hiver, en évitant toutefois le dessèchement complet du substrat. Maintenez un taux d'humidité élevé par des bassinages fréquents et en plaçant le pot sur des billes d'argile ou des galets à demi immergés (le fond du pot ne doit pas baigner dans l'eau).
ENGRAIS	En période de croissance (mars à septembre) seulement, effectuez un apport bimensuel d'engrais liquide pour plantes vertes, en divisant la dose conseillée par deux. Attendez un mois après un rempotage.
TAILLE	Aucune. Coupez simplement, à la base, les frondes basses, qui meurent quand les nouvelles se développent.
MALADIES ET PARASITES	Si l'atmosphère est trop sèche pendant l'hiver, des cochenilles à bouclier s'installent sous les frondes, sur la nervure médiane. Traitez avec un insecticide systémique.

Blechnum gibbum.

LA MULTIPLICATION
Elle s'effectue au printemps par division de la souche. Le semis de spores sur couche chauffée est très délicat et plutôt réservé aux professionnels.

QUEL BLECHNUM CHOISIR ?
B. gibbum, à frondes vert clair, souples et peu épaisses ; *B. brasiliensis*, à frondes plus larges et plus épaisses.

> **Vos questions / Nos réponses**
>
> *Les frondes de mon blechnum sont chétives et peu colorées.*
>
> La plante manque probablement de lumière. Déplacez le pot pour qu'elle bénéficie d'un meilleur éclairement, mais gare au soleil direct, qui brûle les frondes.

Chap. 9 : Des feuillages « déco »

Calathéas*** *Calathea sp.*

min. 15 °C
max. 22 °C

LES CALATHÉAS SE DISTINGUENT PAR LA DIVERSITÉ DES TEXTURES ET COLORATIONS DE LEURS FEUILLAGES PERSISTANTS : VELOUTÉS, LISSES, ONDULÉS, STRIÉS, TACHÉS, MARBRÉS... DANS UNE SALLE DE BAINS ÉCLAIRÉE PAR LA LUMIÈRE NATURELLE OU DANS UN TERRARIUM, ILS RETROUVERONT L'AMBIANCE TROPICALE QU'ILS PRÉFÈRENT.

Ces vivaces à port en touffe dressée, originaires d'Amérique du Sud, atteignent 30 cm à 1 m, selon les espèces. Elles redoutent les courants d'air, les brusques changements de température et la sécheresse des intérieurs. Placez-les à mi-ombre ou près d'une fenêtre exposée à l'est ou au nord ; maintenez de préférence une température de 20 à 22 °C en été et autour de 18 °C en hiver.

SECRETS DE CULTURE

REMPOTAGE	Tous les ans au printemps, dans un mélange humifère, acide et bien drainé, enrichi d'un peu de fumier bien décomposé. Prévoyez un contenant plutôt large et peu profond, les racines rhizomateuses se développant superficiellement.
ARROSAGE	Avec de l'eau non calcaire à température ambiante. Maintenez la motte toujours humide, mais sans excès, en toutes saisons. Posez le pot sur des billes d'argile à demi immergées, bassinez les feuillages une ou deux fois par jour et accrochez des saturateurs aux radiateurs.
ENGRAIS	De mars à septembre, apportez régulièrement un engrais pour plantes vertes en divisant par deux la dose indiquée. Attendez un mois après un rempotage.
TAILLE	Coupez à la base les feuilles fanées ou abîmées.
MALADIES ET PARASITES	Une atmosphère trop sèche favorise l'implantation des cochenilles et des araignées rouges. Améliorez le taux d'humidité ambiante et traitez avec un insecticide systémique ou spécifique.

Calathea makoyana.

LA MULTIPLICATION

Elle s'effectue aisément par division des touffes, au printemps. Chaque éclat doit comporter au moins trois feuilles et des racines suffisamment développées. Chaleur et humidité constantes favorisent la reprise.

QUEL CALATHÉA CHOISIR ?

C. makoyana, la « plante-paon », aux feuilles vert argenté à marge verte et macules pourpres sur le dessus, pourpre ou brun-violet sur le revers ; *C. ornata* (syn. *C. majestica* 'Roseolineata'), à feuilles vertes finement rayées de blanc ou de rose ; *C. insignis* (syn. *C. lancifolia*), à feuilles ondulées, brillantes, vert pâle tachées de vert foncé sur le dessus, marron sur le dessous ; *C. zebrina*, à très longues feuilles veloutées vert émeraude veinées de vert tendre ; *C. roseopicta*, à feuilles rayées de rose, vert clair et vert sombre, et marge soulignée d'un liseré crème et rose.

Vos questions / Nos réponses

Les feuilles pâlissent, jaunissent ou perdent leurs marques spécifiques.
La plante reçoit trop de soleil. Éloignez-la de la fenêtre.

Partie III — Les plantes de la maison

Canne chinoise** *Dracaena sanderiana*

sauf hydroponie

min. 15 °C
max. 30 °C

Dracaena sanderiana.

Originaire d'Afrique tropicale, ce *dracaena* est aujourd'hui abondamment cultivé en Asie du Sud-Est. Il forme des rosettes de feuilles portées par des tiges ressemblant à celles des bambous… auxquels il n'est pas apparenté. Ce petit arbuste, qui peut atteindre 1,50 m et plus, exige un intérieur très clair et une place à l'abri du soleil direct et des courants d'air froid. Il est souvent mené en culture hydroponique, mais vit aussi bien en terre dans un pot.

Secrets de culture

Rempotage	Les cannes cultivées dans l'eau peuvent rester dans le même contenant pendant des mois, voire des années. Les autres seront rempotées au début du printemps (seulement quand les racines occupent toute la motte) dans un pot en terre cuite rempli d'un terreau léger, mélangé à 20 % de perlite.
Arrosage	Maintenez le niveau de l'eau, en faisant un apport régulier d'eau douce à la température de la pièce. Tous les quinze jours, changez complètement l'eau pour éviter qu'elle ne croupisse ou soit envahie par les algues. Pour les plantes en pot, laissez sécher la terre en surface entre deux arrosages.
Engrais	Ajoutez un engrais liquide riche en azote à chaque changement d'eau. De mars à septembre effectuez un apport bimensuel du même engrais aux plantes en pot.
Taille	Si une touffe de feuilles pousse trop en longueur, pincez-la.
Maladies et parasites	La pourriture des racines et de la tige est le pire ennemi de cette plante. Le risque augmente si la température de la pièce est trop fraîche ou la lumière insuffisante. Si la canne est atteinte, il vaut mieux l'éliminer et la remplacer après désinfection du contenant.

Vous souhaitez créer de l'énergie positive dans votre maison ? Achetez cette canne chinoise, qui a la réputation d'apporter chance, prospérité, paix et harmonie. En plus, elle vous dispense de la corvée du rempotage.

La multiplication

Fractionnez une tige en tronçons de 10 cm, en ôtant les feuilles. Trempez la base des boutures dans l'eau et attendez la pousse de racines et de nouvelles feuilles.

Quelle canne chinoise choisir ?

De la canne de 10 cm de hauteur au spécimen torsadé ou spiralé de 1 m, on trouve maintes formes et dimensions. Elles sont vendues à l'unité ou groupées dans des compositions plus ou moins sophistiquées. Choisissez une canne sans aucune trace de pourriture et dotées de racines saines. Attention, ces dernières ne doivent pas sécher pendant le transport jusqu'à chez vous.

Vos questions / Nos réponses

Les feuilles de ma canne chinoise jaunissent.

C'est sûrement dû à une température trop fraîche et à un manque de lumière. Gardez la plante dans une pièce très claire et à une température de 18 à 20 °C. Si vous cultivez une composition, tournez-la tous les dix à quinze jours, pour permettre à toutes les cannes de recevoir autant de lumière.

Chap. 9 : Des feuillages « déco »

Capillaires*** *Adiantum sp.*

GRÂCE, LÉGÈRETÉ ET DÉLICATESSE CARACTÉRISENT L'ESTHÉTIQUE DES CAPILLAIRES. DÉLICATS PAR L'ASPECT, ILS LE SONT AUSSI POUR LA CULTURE. ABRITEZ-LES DU SOLEIL DIRECT, DES SOURCES DE CHALEUR ET DES COURANTS D'AIR, ET CRÉEZ DE BONNES CONDITIONS D'HUMIDITÉ.

Ces fougères au port en cascade souple se reconnaissent à leurs nombreuses frondes dentées vert frais, portées par des tiges arquées, très fines, souvent lisses et noirâtres. Les espèces se distinguent les unes des autres par la forme des frondes (arrondies, en éventail, en losange, etc.). Toutes apprécient une bonne lumière indirecte en hiver, une ombre légère en été. Comme elles sont originaires, pour la plupart, des régions tropicales, la température habituelle d'un appartement (18 à 20 °C) leur convient, mais elles apprécient un peu de fraîcheur en hiver (15 °C).

SECRETS DE CULTURE

REMPOTAGE	Au printemps, quand la plante est à l'étroit (tous les deux ans environ), dans un mélange léger, riche en tourbe. Drainez le fond du pot avec des billes d'argile.
ARROSAGE	Très régulier, avec une eau douce : la motte doit être humide, mais non détrempée. Attention aux coups de sec ! Pour rattraper un oubli, immergez le pot dans l'eau et attendez qu'il n'y ait plus de bulles à la surface ; laissez l'eau en excès s'écouler avant de replacer le pot dans sa soucoupe. Effectuez de fréquents bassinages.
ENGRAIS	Donnez un engrais liquide pour plantes vertes, tous les quinze jours d'avril à septembre, en diminuant la dose de moitié. Attendez un mois après un rempotage.
TAILLE	Aucune.
MALADIES ET PARASITES	L'humidité stagnante peut provoquer le pourrissement des racines. Ne laissez pas d'eau dans la soucoupe ou le cache-pot.

Adiantum raddianum.

LA MULTIPLICATION
Si les professionnels peuvent opérer par semis de spores, l'amateur se contentera de diviser les souches, au printemps. La reprise n'est pas toujours aisée.

QUEL CAPILLAIRE CHOISIR ?
A. raddianum (syn. *A. cuneatum*), l'un des plus répandus, à port en cascade vaporeuse, frondes vert tendre en éventail et tiges violet foncé ; *A. hispidulum*, à port en touffe dressée et jeunes frondes cuivrées ; *A. capillus-veneris*, à frondes ovales ou triangulaires et tiges noires ; *A. caudatum*, à frondes linéaires, rosâtres quand elles sont jeunes, portant des plantules à l'extrémité et prenant un port retombant.

Cardamome*** *Elettaria cardamomum*

Le succès de la cardamome s'explique par le toucher velouté de son feuillage, son parfum exotique et l'évocation de l'épice obtenue à partir des graines. Chez vous, elle formera une large touffe compacte et deviendra en toute simplicité une belle plante verte, que vous garderez de nombreuses années.

Elettaria cardamomum.

Dans les forêts tropicales du Sri Lanka et du sud-ouest de l'Inde, la cardamome mesure 3 m de hauteur. Chez vous, une potée de 30 à 45 cm de hauteur atteint, en deux ou trois ans, plus de 1 m et autant en largeur. Même dans les conditions idéales d'un intérieur chaud, humide et très clair, votre cardamome ne fleurira jamais, et ne donnera donc pas ces graines dont vous rêviez. Mais un parfum unique émane de son feuillage si on le froisse.

Secrets de culture

Rempotage	Quand les nouvelles pousses sortent de terre contre la paroi du pot, c'est-à-dire jusqu'à deux fois par an si la plante se plaît chez vous. Utilisez un contenant plus large que profond, comme une coupe en terre cuite, rempli d'un mélange de terreau pour plantes vertes et de 20 % de perlite, enrichi de corne torréfiée et de sang desséché.
Arrosage	Régulier, avec une eau non calcaire pour maintenir le sol toujours frais, mais jamais détrempé.
Engrais	De mars à septembre, donnez tous les quinze jours un engrais liquide riche en azote.
Taille	Aucune. Éliminez les vieilles feuilles, jaunes et desséchées.
Maladies et parasites	Dans un intérieur trop sec, la cardamome est sensible aux araignées rouges. Douchez la plante puis bassinez-la quotidiennement. Les cochenilles farineuses sont, quant à elles, difficiles à éliminer car elles se cachent dans les gaines des feuilles. Après avoir douché la plante, traitez-la avec un insecticide systémique.

La multiplication

Les grosses touffes peuvent être divisées au printemps. À la périphérie de la motte, prélevez les éclats de deux ou trois jeunes pousses bien pourvues de racines. Rempotez-les immédiatement, chacun dans un pot plus large que profond, rempli du même mélange que pour le rempotage.

Quelle cardamome choisir ?

Vous aurez peu de choix car elle n'est pas vendue en grande quantité. Achetez une plante aux feuilles bien vertes, sans parties desséchées.

Vos questions / Nos réponses

Le bord des feuilles de ma cardamome se dessèche.

Votre plante souffre d'un manque d'humidité atmosphérique. Il faut en permanence une hygrométrie de 60 % au minimum, voire 70 % à plus de 18 °C. Placez votre potée sur un large plateau rempli de billes d'argile expansée et d'eau. Bassinez le feuillage quotidiennement, en mouillant les feuilles dessus et dessous. En hiver, éloignez la plante des radiateurs.

Chap. 9 : Des feuillages « déco »

Cocotier****

Cocos nucifera

Originaire des zones tropicales d'Asie du Sud-Est, le cocotier peut atteindre 30 m et vivre un siècle dans son milieu naturel. À l'intérieur, il dépasse rarement 2 m et sa longévité est fonction des conditions de culture. Il est généralement vendu très jeune, les frondes émergeant de la noix à demi enfouie dans la terre. Chaque fronde porte deux feuilles. Celles du bas tombent à mesure que de nouvelles se forment au sommet de la tige centrale, qui finit par former un tronc. Maintenez une température élevée (plus de 21 °C en été, pas moins de 18 °C en hiver).

Cocos nucifera.

SECRETS DE CULTURE

REMPOTAGE	Il est à faire seulement quand la plante est très à l'étroit, dans un pot de la taille immédiatement supérieure. Un terreau humifère bien drainé convient. Placez quelques tessons dans le fond du pot pour assurer un drainage efficace au niveau des racines.
ARROSAGE	Abondant en été, un peu moins en hiver, de façon que le système racinaire soit humide en permanence. Pour éviter la pourriture, ne laissez pas d'eau stagner dans la soucoupe et évitez de mouiller la noix. Arrosez avec une eau non calcaire à température ambiante. Vaporisez quotidiennement le feuillage et posez le pot sur un lit de galets à demi immergés dans l'eau.
ENGRAIS	Effectuez un apport mensuel d'engrais pour plantes vertes d'avril à septembre, en diminuant la dose de moitié.
TAILLE	Le cocotier ne se taille pas.
MALADIES ET PARASITES	Une hygrométrie insuffisante provoque le dessèchement des palmes et favorise l'implantation des cochenilles et des araignées rouges. Augmentez l'humidité et traitez à l'aide d'un insecticide approprié.

AVEC SES LONGUES PALMES D'UN VERT BRILLANT, LE COCOTIER EST UNE INVITATION AUX VACANCES SOUS LES TROPIQUES. PLACEZ-LE DANS UN ENDROIT AUSSI ENSOLEILLÉ QUE POSSIBLE, ENTOURÉ D'AUTRES PLANTES TROPICALES, QUI CONTRIBUERONT À ÉLEVER LE TAUX D'HUMIDITÉ.

LA MULTIPLICATION

Malaisée sous notre climat, elle se fait par germination d'une noix de coco sur une couche chauffée à 25 °C. Posez la noix sur le substrat sans l'enfoncer et maintenez une ambiance très humide.

QUEL COCOTIER CHOISIR ?

Cocos nucifera est l'unique espèce du genre.

Vos questions / Nos réponses

Des marques rondes brunes apparaissent sur les feuilles de mon cocotier.

Ce sont probablement des brûlures, qui peuvent être causées par l'effet loupe de l'eau sur le feuillage en plein soleil. Vaporisez la plante le matin ou en fin de journée, quand l'ensoleillement est moins intense.

Cordylines* *Cordyline sp.*

Ces arbrisseaux à feuillage persistant, originaires d'Asie du Sud-Est, de Polynésie ou d'Australie, peuvent atteindre de 50 cm à 2 m de hauteur pour 50 à 60 cm d'étalement, selon les espèces. Portées par un long pétiole plat, les feuilles, assez épaisses, s'insèrent en spirale sur une tige centrale droite. Avec l'âge, les feuilles du bas tombent, laissant la tige centrale dénudée. Évitez les brusques variations de température, les changements de place et les courants d'air.

Secrets de culture

Rempotage	Au printemps, tous les ans pour les jeunes plantes, tous les deux ou trois ans par la suite, avec un mélange à parts égales de terreau, terre de bruyère, terre de jardin et sable.
Arrosage	Régulier et assez copieux en été, modéré en hiver. Maintenez une atmosphère humide avec des bassinages réguliers, jamais en plein soleil. Dépoussiérez les feuilles de temps à autre avec un linge ou une éponge humide.
Engrais	Apportez un engrais pour plantes vertes, tous les quinze jours, d'avril à septembre.
Taille	Aucune.
Maladies et parasites	Les araignées rouges et les cochenilles s'installent quand l'air est trop sec. Traitez avec un acaricide ou un insecticide spécifique ou systémique.

Cordyline terminalis.

La multiplication

Assez facile, le marcottage aérien permet de rajeunir une plante dont la base est très dénudée. Pratiquez une entaille vers le haut, à 10 cm au-dessus de la plus basse feuille saine et saupoudrez-la d'hormones d'enracinement. Enveloppez la tige d'un manchon de plastique rempli de tourbe humide. Les racines se forment en quelques semaines. Il suffit alors de couper la tige au-dessous des racines et d'empoter la nouvelle plante.

Vous pouvez aussi découper des tronçons de tige de 8 à 10 cm comportant au moins un nœud et les enfoncer à moitié, horizontalement, dans un mélange à parts égales de tourbe et de sable. Placez sur chaleur de fond (20 °C) en gardant une bonne humidité ambiante.

Quel cordyline choisir ?

C. fruticosa, à jeunes feuilles rose vif virant au vert bronze, et ses variétés : 'Tricolor', à feuilles panachées de vert, de rouge cramoisi et de crème ; 'Kiwi', à feuilles rayées de vert pâle, rose et jaune ; 'Red Edge', à feuilles vert foncé zébrées et marginées de rouge ; *C. stricta*, à feuilles étroites à bord denté, vert profond.

Souvent confondues avec les dracænas auxquels elles sont apparentées, les cordylines ont bien des atouts : des feuillages aux superbes couleurs, un encombrement réduit et une solidité presque à toute épreuve.

Cordyline fruticosa 'Kiwi'.

Croton**** *Codiaeum variegatum var. pictum*

LE CROTON EST PEUT-ÊTRE LA PLUS COLORÉE DES PLANTES DITES « VERTES ». SES FEUILLES SUPERBEMENT MARBRÉES, VEINÉES OU TACHETÉES SE DISTINGUENT AUSSI PAR LEURS FORMES TRÈS DIVERSES. MAIS C'EST UNE PLANTE TRÈS EXIGEANTE, QUI DEMANDE DES SOINS RÉGULIERS.

Cet arbuste à port dressé originaire de Malaisie peut atteindre 60 cm à 2 m, selon les variétés et les conditions de culture. Persistantes, les feuilles ont différentes formes selon les cultivars, mais elles sont toujours panachées de vert, de rouge, de jaune, de rose, de crème, de brun, d'orangé, etc. Le croton demande une situation très lumineuse, une hygrométrie élevée et une température constante. Il craint les courants d'air et les écarts de température.

SECRETS DE CULTURE

REMPOTAGE	Cette plante aime être légèrement à l'étroit. Rempotez au printemps, tous les ans ou tous les deux ans, dans un mélange à parts égales de terreau, de sable grossier et de terre de jardin, avec une bonne couche de tessons ou de billes d'argile au fond du pot.
ARROSAGE	Avec de l'eau non calcaire à température ambiante. Le substrat doit être frais, humide, mais non saturé d'eau. En hiver, laissez sécher la surface sur 1 ou 2 cm entre deux arrosages. Bassinez la plante quotidiennement en été, une fois par semaine en hiver. Placez le pot sur un lit de billes d'argile humides.
ENGRAIS	Tous les quinze jours, de mars à septembre, donnez un engrais liquide pour plantes vertes en divisant par deux la dose préconisée.
TAILLE	Le croton ne se taille pas.
MALADIES ET PARASITES	Le croton est parfois colonisé par les cochenilles, farineuses ou à bouclier, et les araignées rouges. Traitez avec un insecticide ou un acaricide.
TOXICITÉ	La sève du croton peut provoquer des irritations cutanées ; toxiques par ingestion, les feuilles, l'écorce et les racines occasionnent nausées et diarrhées. Tenez la plante hors de portée des enfants et des animaux de compagnie, et portez des gants pour la manipuler.

Codiaeum variegatum var. pictum 'Miss Peters'.

LA MULTIPLICATION

Le croton se dégarnit à la base avec l'âge. Le bouturage, assez délicat, permet de remplacer un sujet dégingandé, ou d'en masquer la base en l'entourant de jeunes sujets vigoureux. Prélevez des boutures terminales de 10 à 15 cm sur les pousses latérales. Plongez-en la base dans des hormones d'enracinement avant de les mettre en pots de 8 à 10 cm, dans du terreau de rempotage. Coiffez les pots d'un sachet de plastique transparent, placez-les dans un endroit bien éclairé mais abrité du plein soleil, et maintenez une température de 20 à 24 °C.

QUEL CROTON CHOISIR ?

De nombreuses variétés sont issues de cette espèce, parmi lesquelles : 'Albert Truffaut', à feuilles vert olive veinées de crème ; 'Petra', à larges feuilles ovales veinées de jaune ou d'orangé ; 'Reidii', à grandes feuilles oblongues marbrées de vert sur fond rose ; 'Gold Finger', à feuilles lancéolées vertes à bande irrégulière jaune le long de la nervure médiane ; 'Tortile', à très longues feuilles en ruban, vert foncé panaché d'orangé.

Chap. 9 : Des feuillages « déco »

Un bel exemplaire d'une variété de croton. Le coloris des feuilles évolue avec leur âge : ici, d'abord teintées de jaune, elles virent ensuite de plus en plus au rouge.

Cryptanthes* *Cryptanthus sp.*

Solides et faciles à cultiver, ces amoureux du soleil peuvent trouver place sur le rebord intérieur d'une fenêtre, mais font aussi bel effet en suspension : leur silhouette étoilée est très ornementale.

Les feuilles dépourvues de tige sont réunies en rosette touffue, évasée et aplatie, ne dépassant guère 20 cm de hauteur et d'étalement. Elles présentent des stries longitudinales et un bord plus ou moins ondulé, finement denté. Des petites grappes de fleurs tubulaires blanches, assez insignifiantes, se développent au centre de chaque rosette, généralement en été. Ces petites plantes originaires du Brésil apprécient une certaine humidité, mais leur feuillage coriace leur permet de résister à un petit oubli d'arrosage.

Secrets de culture

Rempotage	Il n'est généralement pas nécessaire, car le système radiculaire réduit du cryptanthus lui sert plus à s'accrocher à son support qu'à se nourrir. En revanche, les rejets peuvent être rempotés individuellement.
Arrosage	Laissez sécher légèrement le substrat entre deux arrosages avec de l'eau non calcaire. Les rosettes étant denses, l'arrosage par absorption (en posant le fond du pot dans une soucoupe remplie d'eau) est plus facile. De temps en temps, bassinez le feuillage. De l'eau peut rester au cœur de la rosette sans nuire à la plante.
Engrais	Fertilisez toutes les deux ou trois semaines en été, avec un engrais riche en azote, en divisant la dose recommandée par deux. Administrez-le par pulvérisation foliaire.
Taille	Aucune.
Maladies et parasites	Il arrive – rarement – que les cochenilles farineuses se nichent au centre de la rosette. Délogez-les à l'aide d'un coton imbibé d'alcool dénaturé.

Cultivés sur un morceau d'écorce, les cryptanthes sont aussi très décoratifs.

La multiplication

Prélevez les rejets qui se développent à la base de la plante ou à l'aisselle des feuilles. Ils se détachent facilement. Plantez-les directement en pot dans un mélange de terreau, de tourbe et de sphaigne, ou sphagnum. Placez à 20 °C pour faciliter la reprise.

Quel cryptanthus choisir ?

C. bivittatus, à feuilles vertes ornées de deux bandes longitudinales crème, et sa variété 'Pink Starlight', à feuilles vert olive striées de rose ; *C. zonatus*, à feuilles vert bronze zébrées de blanc, et sa variété 'Zebrinus', à feuilles chocolat zébrées d'argenté.

Vos questions / Nos réponses

Les feuilles sont ternes et pendent.
L'éclairement est insuffisant. Placez la plante dans un endroit plus ensoleillé, ou du moins plus lumineux.

Chap. 9 : Des feuillages « déco »

Cténanthes*** *Ctenanthe sp.*

D'emblée, l'amateur de plantes d'intérieur est séduit par les magnifiques feuillages des cténanthes, aux coloris et aux dessins très divers selon les espèces. Mais recréer les conditions de chaleur et d'humidité qui les font prospérer dans leur Brésil natal n'est pas toujours aisé.

Les cténanthes sont des plantes vivaces ou des sous-arbrisseaux rhizomateux à feuillage persistant. À port touffu et ramifié, ils mesurent de 30 cm à 1,50 m, selon les espèces. Assez coriaces, les feuilles, lancéolées ou oblongues, sont portées par des tiges grêles à base engainante. Les petites fleurs en épis n'ont guère d'intérêt décoratif. Ces plantes ont besoin d'une température constante, de 22 à 24 °C dans l'idéal, et d'une atmosphère humide.

Secrets de culture

Rempotage	Chaque année, à la fin du printemps, dans un terreau bien drainé.
Arrosage	Conservez toute l'année la motte légèrement humide, mais non détrempée. Utilisez de l'eau non calcaire. Mettez en œuvre toutes les solutions possibles pour maintenir une hygrométrie élevée : bassinez les feuilles tous les jours, posez le pot sur une soucoupe remplie de billes d'argile ou de galets à demi immergés dans l'eau et regroupez les plantes. Au besoin, installez un humidificateur d'air à proximité. Nettoyez régulièrement les feuilles à l'aide d'une éponge humide.
Engrais	Fertilisez tous les quinze jours avec un engrais pour plantes vertes, en diminuant la dose de moitié.
Taille	Aucune. Au besoin, coupez à la base les feuilles fanées ou abîmées.
Maladies et parasites	Les feuilles se recourbent sur elles-mêmes et flétrissent quand l'hygrométrie n'est pas assez élevée. Les araignées rouges en profitent parfois, et le revers des feuilles se décolore et devient terne. Augmentez le taux d'humidité ambiante et traitez avec un acaricide.

Ctenanthe lubbersiana 'Variegata'.

La multiplication

Elle est assez facile à réussir, à la fin du printemps, par division des souches ou prélèvement des rejets basaux. Chaque division doit comporter trois ou quatre feuilles et des racines suffisamment développées.

Quel cténanthe choisir ?

C. burle-marxii, à feuilles ovales à rayures en chevrons vert et argenté ; *C. lubbersiana*, à feuilles vert vif finement marbrées de jaune ; *C. oppenheimiana*, à longues feuilles à macules en V vert-jaune ou crème, et sa variété 'Tricolor', panachée de vert pâle, de vert sombre et de crème.

Vos questions / Nos réponses

Toutes les feuilles s'affaissent.

Le substrat est trop sec, ou au contraire détrempé. Dans le premier cas, plongez le pot dans un seau d'eau pendant une vingtaine de minutes, puis laissez-le s'égoutter. Dans le second cas, laissez le substrat sécher avant d'arroser à nouveau.

Cypérus** *Cyperus sp.*

Plante-ombrelle

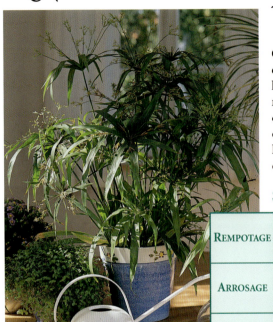

Cyperus albostriatus.

Originaires des marécages malgaches, africains, réunionnais et mauriciens, ces plantes semi-aquatiques exigent une forte luminosité, avec si possible quelques heures de soleil direct, notamment en hiver. Placez les potées loin des passages et des courants d'air, car les tiges sont fragiles et ploient au moindre choc. Les petites espèces aux fines bractées attirent beaucoup les chats, qui ne risquent pas de s'intoxiquer, mais qui vomissent ensuite dans la maison.

SECRETS DE CULTURE

REMPOTAGE	De préférence au début du printemps, quand les nouvelles feuilles pointent le long de la paroi du pot. Rempotez dans un terreau riche et humifère, après avoir ajouté une poignée de fumier en granulés.
ARROSAGE	Régulier et abondant, pour maintenir le sol toujours frais. En hiver, laissez le substrat sécher en surface si la plante est maintenue dans une pièce fraîche (16 °C et moins).
ENGRAIS	De mars à septembre, donnez tous les quinze jours un engrais liquide pour plantes vertes, riche en azote.
TAILLE	Rabattez à la base les vieilles feuilles jaunissantes ou desséchées.
MALADIES ET PARASITES	Robuste, la plante est rarement malade. Une atmosphère trop chaude et sèche peut provoquer une forte attaque d'araignées rouges. Au-dessus de 20 °C, vaporisez abondamment le feuillage tous les jours, en mouillant les bractées dessus et dessous.

DE LA LUMIÈRE ET DE L'EAU, CE SONT LÀ TOUTES LES EXIGENCES DES CYPÉRUS. FACILES À CULTIVER, CES PLANTES ÉLANCÉES ET GRAPHIQUES S'INTÈGRENT DANS UN INTÉRIEUR MODERNE, COMME DANS UN CADRE PLUS EXOTIQUE.

LA MULTIPLICATION

Rien de plus facile que de bouturer un cypérus ! Coupez une ombelle de bractées avec un bout de tige d'environ 5 à 10 cm de longueur. Rabattez les bractées à la moitié de leur longueur, et plongez-les dans un verre d'eau, en renversant la feuille pour positionner la tige vers le haut, les bractées dans l'eau et l'extrémité inférieure à l'air libre. Les racines apparaissent en quelques semaines. Dès qu'elles mesurent deux à trois centimètres de longueur, rempotez la bouture dans un petit pot rempli de terreau. Ne laissez pas le substrat sécher.

QUEL CYPÉRUS CHOISIR ?

Choisissez une espèce ou une variété adaptée à la place que vous pouvez lui attribuer, car la croissance est plutôt rapide. Les jeunes plantes ont un aspect un peu chétif. Préférez une grosse potée, déjà pourvue de nombreuses tiges bien droites, avec de larges ombelles de bractées complètement vertes, sans zone desséchée sur les bords ou les pointes. Faites bien emballer la plante, car les longues tiges sont très cassantes.

Chap. 9 : Des feuillages « déco »

Graphique et aérien, *Cyperus alternifolius* complète avec grâce un décor exotique.

En été, installez votre *Cyperus haspan* dans un petit bassin, dans le jardin ou sur le balcon.

Cyperus alternifolius peut atteindre 1,20 m de hauteur, sur 50 cm d'envergure. Ce que l'on prend couramment pour des feuilles sont en fait des bractées. Les feuilles, peu visibles, sont implantées à la base des tiges.

Cyperus haspan, ou papyrus nain, ressemble vraiment au grand papyrus (*Cyperus papyrus*), mais il mesure moins de 90 cm de hauteur.

Cyperus albostriatus ne dépasse pas 50 cm de hauteur et d'étalement. Cette espèce naine a des bractées vertes plus larges que celles de *C. alternifolius*. En été, les fleurs qui apparaissent au-dessus des bractées disposées en ombelles lui donnent un aspect encore plus léger.

Vos questions / Nos réponses

Les feuilles de mon cypérus se dessèchent à la pointe.

Dès que la température monte au-dessus de 20 °C, le cypérus souffre d'un manque d'humidité de l'air. Cela se traduit par un dessèchement progressif des pointes et des bords des bractées. Augmentez l'hygrométrie de la pièce : vaporisez chaque jour de l'eau douce sur les tiges et les bractées, jusqu'à ce que des gouttes d'eau perlent. Si ce phénomène se produit en été, installez la potée à mi-ombre, dans le jardin, jusqu'à la fin septembre.

Dieffenbachia** *Dieffenbachia seguine*

min. 16 °C
max. 25 °C

Cette plante vivace à tiges rigides et port en bouquet peut atteindre 1,50 m de hauteur et 80 cm d'étalement. Ses feuilles oblongues sont mouchetées, tachetées, rayées ou largement maculées de crème, selon les variétés. Elle a besoin de lumière (les sujets à grands aplats blancs plus que ceux à feuilles très vertes), mais redoute le soleil direct : placez-la près d'une fenêtre orientée à l'ouest. Une température constante de 18 à 22 °C est idéale.

Dieffenbachia seguine 'Amoena'.

SECRETS DE CULTURE

REMPOTAGE	Tous les ans au printemps, dans un mélange riche et aéré de terreau de feuilles, de terre franche et de tourbe. Pour les grands sujets, difficiles à manipuler, contentez-vous d'un surfaçage.
ARROSAGE	Régulier et abondant au printemps et en été, modéré en automne et en hiver, avec une eau non calcaire. Bassinez les feuilles et installez le pot sur une soucoupe remplie de billes d'argile humides. Au-dessus de 24 °C, augmentez fortement l'hygrométrie en plaçant un saturateur à proximité.
ENGRAIS	D'avril à septembre, administrez un engrais pour plantes vertes tous les quinze jours.
TAILLE	Vous pouvez rabattre les sujets qui s'étendent trop ou se dégarnissent du pied, en évitant tout contact avec la sève.
MALADIES ET PARASITES	Un air trop sec favorise l'apparition des araignées rouges et des cochenilles farineuses. Bassinez les feuilles plus souvent et traitez avec un acaricide ou un insecticide.
TOXICITÉ	Toute la plante est toxique. La sève entraîne des brûlures par contact cutané ou projection oculaire, et un œdème des lèvres, de la langue et des muqueuses par ingestion. Portez des gants, protégez-vous les yeux, faites la leçon aux enfants et tenez les animaux de compagnie à l'écart. En cas d'accident, rincez immédiatement à l'eau froide.

ORIGINAIRE D'AMAZONIE, LE DIEFFENBACHIA EST DEVENU UNE PLANTE D'INTÉRIEUR CLASSIQUE, RECHERCHÉE POUR SON SUPERBE FEUILLAGE MACULÉ DE BLANC. IL VIT DE NOMBREUSES ANNÉES ET S'ADAPTE BIEN À LA TEMPÉRATURE DE NOS INTÉRIEURS. MAIS IL EST TRÈS TOXIQUE.

LA MULTIPLICATION

Si la base de la plante est dégarnie, prélevez des boutures de tête, au printemps. Faites-les raciner dans l'eau ou plongez la base dans des hormones, et piquez-les dans des godets (tourbe et sable mélangés à parts égales). Couvrez les godets d'un sac en plastique et maintenez au chaud (22 °C). Vous pouvez aussi couper des tronçons de tige de 10 cm comportant au moins un nœud. Enfoncez-les à moitié, horizontalement, et procédez comme pour les boutures de tête.

QUEL DIEFFENBACHIA CHOISIR ?

Les variétés de *D. seguine* : 'Exotica', à grandes panachures blanches sur la nervure centrale des feuilles et entre les nervures latérales ; 'Tropic Snow', à larges feuilles vert sombre maculées d'ivoire ou de blanc verdâtre le long des nervures ; 'Compacta', à port trapu et feuilles crème irrégulièrement tachetées de vert, 'Camilla', à feuilles crème marginées de vert émeraude ; 'Amoena', à feuilles vert foncé striées de blanc le long des nervures latérales.

Chap. 9 : Des feuillages « déco »

Dizygothéca**
Dizygotheca elegantissima
(syn. Schefflera elegantissima)

min. 16 °C
max. 22 °C

L'ÉLÉGANCE DU DIZYGOTHÉCA, OU FAUX ARALIA, TIENT À SON PORT LÉGER ET GRACIEUX ET AU GRAPHISME DE SON FEUILLAGE SI PARTICULIER. PLACEZ-LE PRÈS D'UNE FENÊTRE ORIENTÉE À L'EST OU À L'OUEST. CHALEUR, LUMIÈRE ET HUMIDITÉ LUI PERMETTRONT DE PROSPÉRER.

Originaire de Nouvelle-Calédonie, cet arbuste atteint 1,20 m de hauteur et 70 cm d'étalement. Ses tiges dressées portent des feuilles coriaces, composées de folioles en éventail. Rouge cuivré quand elles sont jeunes, elles prennent progressivement une teinte vert bronze foncé. Le dizygothéca craint le soleil direct, les écarts brusques de température et les courants d'air.

SECRETS DE CULTURE

REMPOTAGE	Au printemps, tous les ans pour les jeunes sujets, puis tous les deux ou trois ans pour les plantes adultes. Utilisez un terreau standard pour plantes d'intérieur, que vous allégerez avec du sable.
ARROSAGE	À doser de façon que le substrat reste légèrement humide en permanence, sans jamais le détremper ; attendez qu'il sèche sur 2 ou 3 cm de profondeur entre deux arrosages. Employez une eau non calcaire à température de la pièce. Pour créer une humidité ambiante suffisante, bassinez les feuilles en pluie fine tous les jours et placez le pot sur une soucoupe remplie de billes d'argile humides.
ENGRAIS	Apportez un engrais liquide pour plantes vertes tous les quinze jours d'avril à septembre, toujours après un arrosage.
TAILLE	Cet arbuste tend à se dégarnir du bas avec le temps. Pour rajeunir un sujet âgé, rabattez les tiges au ras du sol, au mois de mars, pour l'inciter à émettre de nouvelles pousses.
MALADIES ET PARASITES	Les cochenilles farineuses ou à bouclier colonisent les tiges et les feuilles quand l'atmosphère est trop sèche. Éliminez les insectes avec un Coton-tige imbibé d'alcool, traitez à l'aide d'un insecticide adapté et améliorez l'hygrométrie.

Dizygotheca elegantissima.

LA MULTIPLICATION

Elle est lente et difficile à réussir, quel que soit le procédé utilisé : boutures terminales de tiges, prélevées au printemps, ou semis de graines fraîches sur chaleur de fond de 25 °C.

QUEL DIZYGOTHÉCA CHOISIR ?

Dizygotheca elegantissima, à feuilles à long pétiole et folioles fines ; la variété 'Castor', à port plus dense et feuilles portées par un pétiole plus court.

Vos questions / Nos réponses

Le feuillage de mon dizygothéca s'est affaissé.
La plante souffre d'un excès d'eau. Laissez le substrat sécher avant d'arroser à nouveau et ne laissez jamais le pot baigner dans l'eau, au risque de provoquer le pourrissement des racines et la mort de la plante.

Dracænas** *Dracaena sp.*
Dragonniers

Dracaena surculosa.

FACILES À CULTIVER ET D'UNE GRANDE ROBUSTESSE, CES PLANTES ONT BEAUCOUP D'ALLURE, SURTOUT LES GRANDS SUJETS PRÉSENTÉS EN « TOTEM ». VOUS POUVEZ LES INSTALLER PARTOUT, SI LA LUMIÈRE EST SUFFISANTE.

Originaires d'Afrique tropicale, les dracænas peuvent être cultivés en touffe ou sur tronc. Ils offrent une grande diversité de coloris de feuillage et de taille (de 15 cm à 2 m de hauteur), ce qui permet de les intégrer dans n'importe quel intérieur clair et moyennement chauffé. Sur tronc, ils ont une silhouette plus graphique et stylisée, qui convient à un décor contemporain. Leur port dressé en fait des plantes idéales pour habiller l'angle d'une pièce. Choisissez bien votre dracæna, car il vous tiendra compagnie pendant de longues années.

SECRETS DE CULTURE

REMPOTAGE	En fin d'hiver, quand les racines sortent du pot ou quand la plante paraît disproportionnée par rapport au contenant, dans un terreau très léger, mélangé avec 20 % de perlite. Évitez le sable de rivière, qui rend le mélange trop compact et l'empêche de sécher rapidement. Les pots en terre cuite favorisent un ressuyage rapide du substrat.
ARROSAGE	Il faut absolument laisser la terre du pot sécher entre deux apports d'eau, sinon les racines risquent de pourrir.
ENGRAIS	De mars à octobre, donnez tous les quinze jours un engrais liquide riche en azote.
TAILLE	Seulement pour empêcher un sujet de pousser trop en hauteur et pour le forcer à se ramifier. Ne coupez pas le tronc, mais seulement les tiges pourvues de feuilles.
MALADIES ET PARASITES	Ces plantes robustes peuvent être attaquées par des cochenilles, difficiles à éliminer au cœur des rosettes de feuilles. Traitez avec un insecticide systémique.

LA MULTIPLICATION

Difficile, le bouturage d'extrémité de tige pourvue de feuilles doit être réalisé au chaud et à l'étouffée (entre 20 et 25 °C), dans une mini-serre placée dans un endroit très lumineux mais sans soleil. Prélevez un fragment de tige d'environ 15 cm de longueur et rabattez les feuilles à la moitié. Vous pouvez aussi effectuer un marcottage aérien ou un bouturage de tronçons de tige.

Vos questions / Nos réponses

Les feuilles de mon dracæna perdent leur panachure.

Le remède est simple : rapprochez votre plante d'une fenêtre ou d'une baie vitrée ensoleillée, sans l'exposer au soleil direct, mais en la plaçant derrière un rideau léger.

Chap. 9 : Des feuillages « déco »

Quel dracæna choisir ?

Les potées ne comportant qu'un seul tronc peu ramifié semblent bien dénudées et ne sont pas très jolies. Préférez celles comportant plusieurs plantes (au minimum trois), mais de hauteurs différentes. L'ensemble gagnera en opulence.

Si vous n'avez pas la main verte, achetez plutôt *Dracaena marginata*, l'espèce la plus résistante.

Vendu en potées d'un ou trois troncs plus ou moins ramifiés, cette espèce forme des toupets de feuilles effilées vert foncé, finement bordées de rouge. La variété 'Magenta' a des feuilles teintées de rouge. Celles de 'Bicolor' sont vert clair et jaune-crème. Les feuilles de 'Tricolor' associent du vert clair, du crème et du rouge. 'Colorama', variété plus délicate, se distingue par la teinte rougeoyante de son feuillage.

Dracaena deremensis 'Warneckei'.

Dracaena deremensis présente de longues feuilles vertes, lancéolées et étroites. Vous trouverez presque uniquement ses variétés dans le commerce : 'Lemon Lime', aux feuilles jaune-vert, striées de vert moyen et de blanc ; 'White Stripe', au feuillage vert strié de blanc (avec deux raies plus épaisses sur les bords des feuilles) ; 'Warneckei', aux feuilles finement striées de blanc dans le sens de la longueur ; 'Yellow Stripe', identique, mais avec des stries jaune-crème ; 'Compacta', qui forme une touffe plus dense de feuilles vert foncé ; 'Kanzi' et 'White Jewel', à port également compact, mais dont le feuillage est plus ou moins strié de blanc.

L'aspect général de *Dracaena surculosa* (syn. *D. godseffiana*) fait penser à un bambou. Les feuilles ovales et pointues, d'abord vert clair, deviennent vert vif, avec des nervures vert plus foncé. Il existe différentes variétés, aux feuilles plus ou moins tachées de blanc ou de jaune. En hiver et au printemps, cette espèce se couvre de boules de fines fleurs blanches. Pendant quelques heures, elles embaument toute la pièce puis elles fanent rapidement.

Dracaena marginata 'Tricolor'.

Fatshédéra** x Fatshedera lizei

x *Fatshedera lizei*.

Issu d'un croisement entre le lierre et l'aralia du Japon, le fatshédéra a les tiges du premier (sans les crampons) et les feuilles coriaces et lobées du second. On le cultive en suspension ou palissé sur des tuteurs, une colonne ou un petit treillage. Il n'exige pas trop de lumière et prospère derrière une fenêtre relativement peu ensoleillée (à l'est ou à l'ouest) ou dans le fond d'une pièce normalement éclairée. Toutefois, les variétés à feuillage panaché demandent davantage de clarté. Jusqu'à 18 °C, la conservation ne pose pas de problème ; au-dessus, il faut entretenir l'humidité. La plante peut atteindre 1,50 m et plus lorsqu'elle est cultivée dans un grand pot.

Secrets de culture

Rempotage	Chaque année ou tous les deux ans, au printemps, dans un terreau pour plantes d'appartement auquel vous ajouterez, si possible, un peu de bonne terre de jardin. Rempotez dans un pot supérieur de deux tailles au précédent.
Arrosage	Sans excès et régulier, pour conserver la motte humide en permanence. Dès que la terre du pot est sèche en surface, arrosez avec une eau de préférence non calcaire. Dans une pièce chauffée, vaporisez le feuillage de temps en temps.
Engrais	De mars à septembre, apportez une fois par semaine un engrais liquide pour plantes vertes.
Taille	Pincez les jeunes pousses terminales pour que la plante reste touffue. Soutenez les tiges à l'aide de quelques tuteurs en bambou ou laissez-les retomber pour les suspensions.
Maladies et parasites	Les pucerons attaquent les jeunes pousses, surtout quand les arrosages sont insuffisants. Douchez la plante ou vaporisez un insecticide.
Toxicité	Toutes les parties de la plante sont toxiques par ingestion.

Solide et peu exigeant, le fatshédéra est très durable et facile à cultiver. Il apprécie la fraîcheur mais, avec quelques vaporisations, il peut supporter le chauffage central. Fort élégant par son feuillage brillant, il prend un port dressé ou retombant pour orner une entrée, une cage d'escalier ou un salon.

La multiplication

Prélevez des boutures à talon et piquez-les dans un mélange léger, après les avoir trempées dans des hormones de bouturage. Faites-les s'enraciner à l'étouffée, à 20 °C.

Quel fatshédéra choisir ?

x *Fatshedera lizei*, à feuilles vert uni, et ses variétés : 'Anna Mikkels', à feuilles panachées de jaune ; 'Pia', à feuilles vert clair à liseré crème ; 'Annemieke', à feuilles vertes délavées de jaune ; 'Variegata', à feuilles vertes panachées de blanc.

Vos questions / Nos réponses

Des taches brunes, sèches, apparaissent sur le feuillage.

Cela peut être dû à un soleil trop direct. Le fatshédéra peut être installé à ombre légère ou même au soleil le matin sur un balcon, pendant la belle saison, à condition de l'habituer graduellement à ce fort éclairement.

Chap. 9 : Des feuillages « déco »

Fougère-houx ** *Cyrtomium falcatum*

min. 5 °C
max. 22 °C

VOUS SOUHAITEZ APPORTER UNE TOUCHE DE VERDURE DANS UNE PIÈCE EXPOSÉE AU NORD OU À L'EST, CLAIRE MAIS SANS SOLEIL ? NE CHERCHEZ PLUS, ACHETEZ CETTE FOUGÈRE, UNE DES PLUS FACILES À CULTIVER EN INTÉRIEUR, DONT LE FEUILLAGE VERNISSÉ, SOBRE MAIS ÉLÉGANT, RESTE TOUJOURS PIMPANT.

Peu exigeante en lumière, capable de supporter aussi bien l'ambiance d'une pièce fraîche que celle d'un appartement trop sec, la fougère-houx redoute seulement les intérieurs surchauffés l'hiver (20 °C et plus) ou trop ensoleillés. Cette espèce originaire de Chine et du Japon forme une touffe de frondes composées de pinnules vert foncé, à l'aspect coriace et vernissé. Elle peut atteindre 50 à 60 cm d'envergure et de hauteur. Avec des soins appropriés, vous en profiterez pendant des années.

SECRETS DE CULTURE

REMPOTAGE	Au début du printemps, quand la plante semble disproportionnée par rapport à son pot. Utilisez un mélange léger et humifère, composé de terreau et de 20 % de perlite.
ARROSAGE	Très régulier, avec une eau non calcaire, pour maintenir le substrat toujours frais.
ENGRAIS	De mars à septembre, donnez tous les quinze jours un engrais liquide pour plantes vertes, riche en azote.
TAILLE	Aucune. Éliminez les vieilles frondes qui jaunissent, en les coupant à la base, près du sol.
MALADIES ET PARASITES	Cette fougère peut être envahie par les cochenilles à bouclier. Traitez avec un insecticide approprié dès que vous repérez les boucliers marron plaqués sur les tiges ou sur les pinnules.

Cyrtomium falcatum.

LA MULTIPLICATION

Les vieux pieds présentent au revers des frondes de petits renflements marron appelés sporanges, qui renferment des centaines de spores. Il suffit de saupoudrer celles-ci sur du terreau pour semis, bien humidifié au préalable, et de maintenir la terrine dans une mini-serre à l'atmosphère très humide.

QUELLE FOUGÈRE-HOUX CHOISIR ?

Cette belle plante verte a une croissance assez lente. Si vous voulez une potée bien touffue, achetez un gros pied ou trois jeunes plants, que vous rempoterez ensemble dans un gros pot. Vérifiez que votre fougère n'a pas de frondes cassées (attention, les tiges souples se plient facilement dans le transport). Les autres espèces de *Cyrtomium* proposées dans le commerce supportent moins bien la vie en intérieur.

Vos questions / Nos réponses

Ma fougère-houx perd sa brillance.
Comme beaucoup de plantes d'intérieur au feuillage brillant, elle s'est peu à peu couverte de poussière. La nettoyer avec une éponge étant fastidieux, douchez-la, au moins une fois par trimestre, à l'eau à peine tiède.

Fougère patte-de-lapin* Davallia fejeensis

Cette fougère persistante doit son nom vernaculaire à ses forts rhizomes écailleux et bruns, tapissés de longs poils fins. Décorative par son feuillage généreux et léger, elle peut être cultivée en panier. Elle compte parmi les fougères d'appartement de culture facile.

Les *Davallia* sont des épiphytes tropicaux, originaires notamment d'Australie et des îles du Pacifique, en particulier des Fidji. Outre leurs rhizomes coriaces et rampants, capables de s'étaler largement, ils portent des frondes de 30 à 40 cm de hauteur, larges et finement découpées, d'un beau vert frais. Robuste, la « patte-de-lapin » accepte bien les conditions d'un appartement, si l'atmosphère est assez humide. Elle peut passer la belle saison sur un balcon, mais à l'ombre, et le reste de l'année, elle demande une lumière tamisée. L'hiver, elle marque une période de repos en perdant quelques frondes.

Davallia fejeensis.

Secrets de culture

Rempotage	Attendez que les racines emplissent le pot pour rempoter dans un récipient plus large que haut, afin que les rhizomes puissent s'étaler. Effectuez l'opération au printemps, dans un mélange de terreau et de tourbe, additionné d'écorce, ou dans un substrat pour plantes épiphytes.
Arrosage	Maintenez la motte humide sans excès, en la laissant ressuyer entre deux apports d'eau non calcaire à température ambiante. Diminuez les apports en hiver. Si les rhizomes couvrent totalement la terre, il suffit d'immerger le pot. Effectuez des bassinages tous les deux ou trois jours.
Engrais	De mars à septembre, apportez de l'engrais pour plantes vertes en divisant par deux la dose conseillée. Après un rempotage, attendez quelques mois pour engraisser.
Taille	Supprimez les frondes endommagées ou en partie desséchées.
Maladies et parasites	Les maladies sont liées aux conditions de culture. Les rhizomes pourrissent par excès d'humidité et se nécrosent par déficit hydrique.

La multiplication

Elle est assez facile par division. Au début du printemps, prélevez des tronçons de rhizomes, fermes et munis de racines. Fixez-les sur un pot rempli du substrat de rempotage, à l'aide d'un fil de fer en cavalier. Maintenez humidité et chaleur jusqu'à l'apparition de nouvelles frondes.

Quelle fougère patte-de-lapin choisir ?

D. fejeensis ou sa variété 'Major', à frondes plus amples.

Vos questions / Nos réponses

Les frondes se dessèchent et tombent.
Si le phénomène ne concerne, en hiver, que quelques frondes, c'est naturel. S'il est plus important, il s'agit sans doute d'un défaut d'humidité ou d'une exposition aux courants d'air. Placez la plante dans un coin bien protégé, sur une soucoupe remplie d'eau, en la surélevant sur des graviers, et bassinez-la souvent.

Chap. 9 : Des feuillages « déco »

Helxine** *Soleirolia soleirolii*

Cette charmante plante vivace naine forme des coussins denses et moussus d'un joli vert frais. Elle est toute désignée pour garnir le pied de plantes plus grandes appréciant, comme elle, une humidité élevée et constante. La culture en terrarium lui convient bien.

Originaire de Corse, la très durable helxine ne dépasse pas 10 cm de hauteur, mais elle forme vite de gros coussins et retombe le long des parois lorsqu'elle a garni toute la surface du pot. Très fines et enchevêtrées, ses tiges traçantes s'enracinent dès qu'elles touchent un sol humide. Elles portent de très petites feuilles, rondes ou en forme de cœur. Si elle s'accommode d'à peu près toutes les expositions quand le sol est suffisamment frais, c'est à mi-ombre que l'helxine se plaît le mieux.

SECRETS DE CULTURE

REMPOTAGE	Au printemps, dans un substrat riche en humus, frais et bien drainé. Profitez de l'occasion pour diviser les touffes trop denses.
ARROSAGE	Ne laissez pas le substrat s'assécher. Arrosez de préférence par capillarité, en versant l'eau dans la soucoupe, puis videz cette dernière. Dans un terrarium, la plante bénéficie d'un fort taux d'humidité, mais si elle est à l'air libre, bassinez le feuillage.
ENGRAIS	Effectuez, d'avril à septembre, un apport mensuel d'engrais liquide pour plantes vertes, en divisant la dose indiquée par deux.
TAILLE	Pour conserver un port en coussin bien rond, coupez les tiges avec des ciseaux, en suivant le contour du pot. En terrarium, limitez le développement de la plante si elle est envahissante.
MALADIES ET PARASITES	Les problèmes sont liés à l'arrosage : excès d'eau ou eau stagnante, qui font jaunir les feuilles et asphyxient les racines ; manque d'eau, qui fait se recroqueviller le feuillage.

LA MULTIPLICATION

Très facile par division, elle permet de régénérer les touffes âgées, qui tendent à se dégarnir au centre parce que la lumière n'arrive plus à traverser l'épaisseur du feuillage. Elle peut s'effectuer d'avril à septembre, mais les résultats sont meilleurs au printemps. Rempotez aussitôt les éclats et maintenez une bonne humidité. L'enracinement est rapide.

QUELLE HELXINE CHOISIR ?

Soleirolia soleirolii, à petites feuilles vert tendre, et ses variétés 'Argentea', à petites feuilles panachées de blanc, et 'Aurea', à petites feuilles teintées de jaune.

Soleirolia soleirolii 'Aurea'.

Vos questions / Nos réponses

Les pousses s'allongent démesurément, la plante dépérit lentement.

Il peut s'agir d'un manque de lumière ou d'un excès d'engrais. Déplacez le pot pour l'exposer à une lumière plus vive (mais pas au soleil), et diluez davantage l'engrais ou espacez les apports.

min. 5 °C
max. 21 °C

Hypoestès** Hypoestes phyllostachya

Cette petite plante arbustive éclaire les compositions de son feuillage moucheté ou largement maculé de rose ou de crème. Elle est facile à cultiver et peut vivre longtemps, mais devient moins belle en vieillissant. Le bouturage permet de la renouveler tous les ans.

Originaire de Madagascar, l'hypoestès est une plante buissonnante à port un peu désordonné. Ses tiges portent des feuilles ovales plus ou moins panachées de rose, selon les variétés. Elle demande une lumière vive, mais indirecte : à l'ombre, elle perd ses panachures ; au soleil, elle grille. La température normale d'un appartement lui convient si le taux d'humidité ambiante est assez élevé.

Secrets de culture

Rempotage	Tous les ans, au printemps, dans un terreau pour plantes d'intérieur, si vous souhaitez garder la plante, mais il vaut mieux prélever des boutures et jeter la plante mère.
Arrosage	Modéré et régulier, pour que la motte reste humide, mais non imbibée. Laissez ressuyer sur quelques centimètres entre deux arrosages. Bassinez souvent le feuillage et posez le pot sur une soucoupe remplie de billes d'argile humides.
Engrais	D'avril à septembre, apportez régulièrement un engrais liquide pour plantes vertes.
Taille	Si l'hypoestès peut atteindre 80 cm de hauteur, mieux vaut toutefois pincer les tiges régulièrement pour le maintenir à 30 cm et lui conserver un port dense.
Maladies et parasites	Les cochenilles s'établissent parfois sur les tiges et au revers des feuilles. Élevez le taux d'humidité et traitez à l'aide d'un insecticide adapté.

Trois variétés d'*Hypoestes phyllostachya*, au milieu de pléomèles et de capillaires.

La multiplication

Elle est facile. En été, prélevez des boutures de pousses terminales de 8 à 10 cm de longueur, portant chacune quatre feuilles. Supprimez la paire de feuilles inférieure, trempez la base des boutures dans des hormones d'enracinement. Plantez dans un mélange de tourbe et de sable. Placez à l'étouffée, à la lumière et au chaud (20-22 °C). Enfin, découvrez les jeunes plantes enracinées et pincez l'extrémité des tiges pour favoriser la ramification.

Quel hypoestès choisir ?

Hypoestes phyllostachya, à feuilles vertes mouchetées de rose ; 'Pink Splash Select', à feuilles rose pâle nervurées de vert ; 'Witana', à feuilles crème nervurées de vert foncé ; 'Rubina', à feuilles tachées de rose carmin ; 'Bettina', à grandes feuilles largement maculées de rose.

Vos questions / Nos réponses

Les feuilles perdent leur tonus et finissent par tomber.

La température est trop basse ou l'eau d'arrosage trop froide. Placez l'hypoestès dans un endroit plus chaud et arrosez avec une eau non calcaire et à température ambiante.

Chap. 9 : Des feuillages « déco »

Lééas** Leea sp.

CES CHARMANTS ARBUSTES SÉDUISENT PAR LEUR FEUILLAGE LÉGER, LUISANT ET JOLIMENT COLORÉ DE BRONZE OU DE POURPRE. ILS NE POSENT GUÈRE DE PROBLÈME, MAIS EXIGENT UNE BONNE HUMIDITÉ AMBIANTE POUR BIEN SE DÉVELOPPER. LES JEUNES SUJETS ONT PARFOIS BESOIN D'ÊTRE TUTEURÉS.

À port souple et étalé, les lééas sont originaires de Birmanie, d'Indonésie ou d'Afrique tropicale. Leur croissance est assez rapide, et ils peuvent atteindre 1,50 m et plus en hauteur sur 1 m d'étalement. Les tiges sont densément garnies de feuilles persistantes composées et brillantes. Les petites fleurs rouges, roses ou blanches, réunies en inflorescences plates, n'ont qu'un intérêt secondaire. S'ils apprécient la température moyenne d'un appartement, les lééas demandent une hygrométrie assez élevée.

SECRETS DE CULTURE

REMPOTAGE	Chaque année, au printemps, dans un terreau standard pour plantes d'intérieur, additionné de sable ou de perlite pour assurer un bon drainage.
ARROSAGE	Au printemps et en été, maintenez le substrat humide, mais non détrempé. En automne et en hiver, attendez que la motte sèche sur 2 ou 3 cm avant d'arroser à nouveau (tous les dix jours). Pour maintenir un taux d'humidité suffisant, bassinez le feuillage et posez le pot dans une soucoupe remplie de billes d'argile ou de galets humides.
ENGRAIS	Apportez régulièrement un engrais liquide pour plantes vertes d'avril à septembre.
TAILLE	Rabattez les pousses trop longues ou mal dirigées pour que la plante garde une silhouette harmonieuse ; cela peut être effectué à tout moment.
MALADIES ET PARASITES	Cochenilles et araignées rouges prolifèrent quand l'air est trop sec. Traitez avec un insecticide systémique ou un acaricide. Pensez à bassiner fréquemment le feuillage ou placez un humidificateur d'air près de la plante.

Leea guineensis 'Burgundy'.

LA MULTIPLICATION

Elle est assez facile. Semez les graines à chaud (18-20 °C) au printemps. Vous pouvez aussi prélever des boutures de tiges semi-ligneuses de 10 cm de longueur en juillet-août. Faites raciner à l'étouffée. Placez les pots ou la caissette dans un endroit mi-ombragé, jusqu'à la reprise.

QUEL LÉÉA CHOISIR ?

Leea coccinea, à jeunes feuilles bronze virant progressivement au vert vif ; *L. coccinea* 'Rubra', à tiges et feuilles pourpres ; *L. guineensis*, à jeunes feuilles cuivrées ou pourprées.

Vos questions / Nos réponses

Les feuilles restent pâles, la pointe se dessèche.
La plante reçoit trop de soleil. Une exposition à l'est ou à l'ouest convient très bien.

Marantas** *Maranta sp.*

LES FEUILLES DES MARANTAS PARAISSENT L'ŒUVRE D'UN GRAPHISTE IMAGINATIF ET DOUÉ, AVEC DES TACHES COMPLIQUÉES ET SYMÉTRIQUES, DES COULEURS CONTRASTÉES ET DES NERVURES BIEN MARQUÉES. CES PLANTES TROPICALES HAUTEMENT DÉCORATIVES SE PLAISENT DANS LES INTÉRIEURS, À CONDITION QUE L'HUMIDITÉ SOIT SUFFISANTE.

En touffe étalée d'environ 30 cm de hauteur, ces plantes vivaces amazoniennes déploient leurs feuilles ovales le jour et les replient quand la nuit tombe. Elles sont généralement présentées en suspension ou palissées sur un support garni de mousse. Vous les cultiverez aussi dans une coupe large, qu'elles couvriront totalement avant de retomber sur les bords, ou encore en terrarium, dont l'hygrométrie élevée convient parfaitement.

Une variété de Maranta leuconeura.

Maranta leuconeura 'Kerchoveana'.

SECRETS DE CULTURE

REMPOTAGE	Au printemps, tous les ans ou tous les deux ans, dans un mélange de tourbe, de terreau consistant et de terre de bruyère, sans trop déranger les racines, et dans un récipient peu profond, l'enracinement étant superficiel.
ARROSAGE	Tous les trois jours du printemps à l'été, sans laisser la motte se dessécher (le cône relié à un flacon est parfait), et une fois par semaine en hiver. Effectuez des bassinages (deux fois par jour quand il fait chaud et sec).
ENGRAIS	D'avril à septembre, donnez de l'engrais liquide pour plantes vertes une fois par quinzaine. Attendez un mois après un rempotage.
TAILLE	Ôtez les feuilles endommagées et raccourcissez les tiges si la plante tend à se dégarnir. En terrarium, limitez le développement.
MALADIES ET PARASITES	Quand l'atmosphère est trop sèche, les araignées rouges s'implantent sur le feuillage et la plante prend un aspect terne. Des bassinages réguliers préviennent les invasions. En cas d'attaque, utilisez un acaricide.

LA MULTIPLICATION

Prélevez des boutures de tiges et recoupez-les en tronçons de 10 cm. Piquez-les dans un substrat léger et faites-les s'enraciner à l'étouffée, à une température de 25 °C, ou sur chaleur de fond.

QUEL MARANTA CHOISIR ?

M. bicolor, à grandes feuilles vert clair tachées de vert-brun au revers teintés de pourpre ; les variétés de *M. leuconeura* : 'Erythroneura', à feuilles veloutées vert foncé, avec nervures rouges et zone centrale argentée ; 'Kerchoveana', à feuilles vertes aux grandes taches symétriques ; 'Massangeana', à feuilles vert très sombre marquées d'argent sur les nervures ; 'Tricolor', à feuilles vert clair, avec nervures rougeâtres et taches vert foncé.

Chap. 9 : Des feuillages « déco »

Le port souple du *Maranta leuconeura* 'Kerchoveana' permet une culture en suspension.

Maranta leuconeura 'Erythroneura' cultivé sur tuteur en mousse.

Une variété de *Maranta leuconeura*.

Vos questions / Nos réponses

Les tiges de mon maranta en suspension se dégarnissent.

Raccourcissez les tiges de façon que la plante reste compacte ; n'oubliez pas d'apporter un peu d'engrais.

Néphrolépis* *Nephrolepis exaltata*

Le néphrolépis est sans aucun doute la fougère d'intérieur la plus répandue. Il ne demande qu'une atmosphère humide pour s'épanouir et vivre de nombreuses années. Ses frondes vert pâle luxuriantes et gracieuses font aussi bel effet en pot qu'en panier suspendu.

Les frondes persistantes finement découpées et arquées du néphrolépis jaillissent d'un rhizome souterrain dont la partie supérieure, apparente, forme une tige épaisse et courte. Originaire des tropiques, cette plante de sous-bois demande une lumière indirecte ainsi qu'une certaine humidité. Durant la période de croissance, de mars à octobre, maintenez une température de 18 à 20 °C. En hiver, placez-la si possible au frais (12 à 15 °C). Donnez-lui de l'espace, car elle atteint volontiers 1 m de hauteur et d'envergure.

Secrets de culture

Rempotage	Au printemps, dans un mélange à base de tourbe, additionné de sable ou de vermiculite pour assurer un bon drainage. Veillez à ne pas abimer les racines, qui sont très fragiles.
Arrosage	Abondant durant la période de croissance, afin que la motte soit toujours humide, avec un bassinage quotidien des frondes. Réduit en hiver, mais sans laisser le substrat se dessécher en profondeur. Employez une eau non calcaire et à température ambiante.
Engrais	De mars à août, fertilisez une fois par mois avec un engrais équilibré pour plantes vertes.
Taille	Coupez les frondes sèches au ras du sol. Si la plante est très dense, éclaircissez la couronne en coupant quelques frondes à la base.
Maladies et parasites	Un air trop sec favorise l'implantation des cochenilles farineuses et à bouclier. Éliminez les insectes avec une pince à épiler ou un tampon d'ouate imbibé d'alcool. En cas d'infestation importante, un insecticide systémique s'impose.

Une variété de Nephrolepis exaltata.

La multiplication

Le semis de spores est une opération délicate, plutôt réservée aux professionnels. Les souches très denses peuvent être divisées au printemps, à l'aide d'un couteau.

Quel néphrolépis choisir ?

Nephrolepis exaltata, à frondes dressées, et ses variétés : 'Bostoniensis' (la fougère de Boston), à frondes plus larges, arquées et ondulées ; 'Aurea', à frondes vert chartreuse ; 'Hillii', à frondes crispées ou très frisées ; 'Verona', à frondes retombantes, pour suspension.

Vos questions / Nos réponses

La pointe des frondes jaunit et sèche.
L'atmosphère est trop sèche. Augmentez le taux d'humidité de l'air. Posez le pot sur une soucoupe remplie de galets à demi immergés dans l'eau ou mettez-le dans un cache-pot plus grand, rempli de sphaigne humide.

Chap. 9 : Des feuillages « déco »

Nertéra*** *Nertera granadensis*

Cette petite plante vivace fait son apparition sur les étalages vers le mois d'août, quand une profusion de fruits minuscules, semblables à des perles, la rend ravissante. De faible dimension, elle trouve place sur un rebord de fenêtre ou une étagère bien éclairée, mais n'est pas très facile à conserver.

Natif d'Australie, de Nouvelle-Zélande et d'Amérique du Sud, le nertéra est une plante gazonnante, qui forme des coussins épais et mousseux ne dépassant pas 10 cm de hauteur. Au printemps, ses petites feuilles vert vif se couvrent de fleurs blanc verdâtre. Celles-ci sont suivies de baies rondes et brillantes, de longue durée.

Le nertéra étant originaire de régions fraîches et humides, il faut tenter de lui donner les mêmes conditions : une lumière indirecte et une température ne dépassant pas 18 °C en été et 10 à 12 °C en hiver. Bien que fragile, il vit de nombreuses années.

Nertera granadensis.

min. 10 °C
max. 18 °C

Secrets de culture

Rempotage	Au printemps, dans un terreau horticole additionné de sable.
Arrosage	Régulier de mars à septembre, avec une eau non calcaire, en trempant le pot dans une coupelle remplie d'eau pendant vingt minutes, puis en le posant sur une soucoupe remplie de billes d'argile humides. En hiver, laissez sécher le substrat sur 2 ou 3 cm entre deux arrosages. Ne versez pas l'eau sur le feuillage, qui risque de noircir.
Engrais	Apportez un engrais liquide pour plantes vertes toutes les trois semaines, de mars à fin août.
Taille	Elle n'est pas nécessaire.
Maladies et parasites	Un excès d'humidité hivernale entraîne la pourriture des racines et fait noircir les feuilles.

La multiplication

Elle peut se faire par semis au début du printemps. Maintenez le substrat humide à 18 °C. La division des touffes (notamment quand la plante déborde du pot) s'effectue soit en automne, soit au printemps. Éliminez éventuellement les parties abîmées ou le centre de la touffe si elle s'est dégarnie. Mettez sans attendre les parties saines en pot. Placez à l'étouffée et à l'abri du soleil.

Quel nertéra choisir ?

Nertera granadensis, à fruits corail, orange ou jaunes.

Vos questions / Nos réponses

La plante est flétrie, les feuilles pendent.
La température est trop élevée ou le substrat trop sec. Mettez le pot à mi-ombre, dans un endroit plus frais, et arrosez.

Palisota ***
Palisota pynaertii 'Elizabethae'

Par sa diversité, le monde des misères réserve d'agréables surprises aux amateurs de plantes vertes. Parmi toutes ces familles réputées sans problème, le palisota est un peu moins facile à cultiver. Placez-le à même le sol ou sur une table basse pour apprécier de dessus la beauté de son feuillage.

Ce cousin africain des célèbres misères forme une opulente touffe de 50 à 60 cm d'envergure, aux grandes feuilles poilues et lancéolées, vertes avec une bande blanc argenté ou crème le long de la nervure centrale. De temps à autre, des cônes de fleurs blanches se dressent au cœur du feuillage. Dans la maison, les fleurs donnent parfois des baies pourpres très décoratives. La place idéale du palisota est dans une salle de bains baignée de lumière, car il aime les ambiances chaudes et humides. Dans ces conditions, vous le garderez plusieurs années.

Secrets de culture

Rempotage	À la fin de l'hiver ou au printemps, quand les racines sortent du pot. Utilisez un pot d'un diamètre supérieur de 2 cm, et remplissez-le avec un terreau riche et humifère, mélangé à 20 % de perlite pour l'alléger.
Arrosage	Laissez le sol sécher en surface entre deux apports.
Engrais	De mars à septembre, donnez tous les quinze jours un engrais liquide complet, pour favoriser la pousse du feuillage et la floraison.
Taille	Rabattez à la base les cônes défleuris. Éliminez les feuilles qui jaunissent puis dépérissent.
Maladies et parasites	En cas d'invasion d'araignées rouges, douchez abondamment le feuillage, car il résiste mal aux traitements antiacariens. Placez la potée sur un grand plateau rempli de billes d'argile expansée et d'eau, et installez des saturateurs dans la pièce. Surveillez aussi les attaques de cochenilles afin de les traiter immédiatement.

Palisota pynaertii 'Elizabethae'.

La multiplication
Seule la division d'une grosse touffe, au printemps ou en été, permet d'obtenir quelques pieds. Chaque éclat doit avoir plusieurs feuilles et des racines saines.

Quel palisota choisir ?
Il faut savoir dénicher cette belle plante, rarement étiquetée, en jardinerie ou chez le fleuriste. Choisissez une potée avec une belle couronne de feuilles, sans zones desséchées sur les bords ou les pointes.

Vos questions / Nos réponses

Les nouvelles feuilles de mon palisota sont racornies.
La pointe et le bord desséchés des feuilles, les nouvelles feuilles qui se développent mal : autant de signes indiquant que l'hygrométrie de la pièce est trop faible. En dessous de 60 % d'humidité atmosphérique, le palisota a du mal à pousser. En hiver, la situation empire avec le chauffage. Humidificateurs et plateau rempli de graviers et d'eau permettent d'améliorer la situation. Surtout, ne brumisez pas d'eau sur les feuilles, car elles se tacheraient. ■

Chap. 9 : Des feuillages « déco »

Palmier nain* *Chamaedorea elegans*

Chamaedorea elegans.

Ce palmier élégant et de dimensions modestes est idéal pour introduire une note exotique dans une petite pièce. Il s'accommode naturellement d'une faible luminosité et d'un air peu humide.

Chamaedorea metallica.

Dépassant rarement 1 m de hauteur et 60 cm d'envergure, ce petit palmier est originaire du Mexique et du Guatemala. Ses longues palmes gracieusement arquées sont composées de folioles assez larges et espacées. Au fur et à mesure de la croissance, lente, les frondes basses tombent, révélant le tronc, appelé stipe. Très tolérant, ce palmier préfère une lumière indirecte, mais supporte un faible éclairement. Une température de 18 à 20 °C en été, de 12 à 15 °C en hiver lui convient très bien.

Secrets de culture

Rempotage	Au printemps, tous les deux ou trois ans – quand les racines sortent par les trous de drainage –, dans un pot de la taille immédiatement supérieure. Manipulez les racines avec précaution car elles sont fragiles, et employez un terreau pour plantes vertes, bien drainé.
Arrosage	Maintenez le substrat humide, mais non détrempé, du début du printemps à la fin de l'été, puis réduisez progressivement les apports. En hiver, laissez le terreau sécher en surface entre deux arrosages. Effectuez des bassinages avec une eau non calcaire, d'autant plus fréquents que la température est élevée.
Engrais	Tous les quinze jours, d'avril à septembre, administrez un engrais liquide pour plantes vertes.
Taille	Éliminez les frondes mortes ou très abîmées au niveau du stipe, avec un couteau ou un sécateur.
Maladies et parasites	Ce palmier est surtout sujet aux attaques d'araignées rouges. Bassinez plus souvent, en insistant sur le revers des feuilles, et traitez avec un acaricide.

La multiplication

Le bouturage de pousses, à l'étouffée, étant assez difficile à réussir, le semis est préférable. Au printemps, semez les graines fraîches dans un substrat humifère additionné de sable. Placez les godets sur chaleur de fond (22 °C), à mi-ombre, et maintenez humide. La germination intervient en cinq à six semaines.

Quel palmier nain choisir ?

Chamaedorea elegans, à palmes vert moyen. Parmi les autres espèces : *C. glaucifolia*, à palmes vert bleuté ; *C. costaricana*, à stipes multiples et palmes vert foncé ; *C. metallica*, à palmes en forme de queue de poisson, vert foncé à reflets gris acier.

Vos questions / Nos réponses

Mon palmier nain ne pousse pas.
Ce phénomène peut être dû à une carence nutritive ou à une température trop basse. Fertilisez tous les quinze jours et placez le pot dans un endroit plus chaud (mais pas plus de 20 °C).

Patchouli** Pogostemon patchouli

Pogostemon patchouli.

Cette plante asiatique, qui serait originaire d'Inde, à feuillage persistant, vert et satiné, forme une touffe de 60 à 90 cm de hauteur et d'envergure. Sa floraison blanche s'obtient très rarement dans la maison. Chaleur et soleil lui sont indispensables pour bien pousser et prodiguer un arôme intense. Avec des soins réguliers, le patchouli peut vivre de nombreuses années.

VOUS DISPOSEZ D'UNE GRANDE BAIE ENSOLEILLÉE TOUTE L'ANNÉE ? C'EST L'ENDROIT IDÉAL POUR UN PIED DE PATCHOULI. SI CET ARBUSTE N'EST PAS TRÈS ORIGINAL, LE PARFUM BOISÉ QUI ÉMANE DE SES TIGES ET DE SES FEUILLES FROISSÉES LE FAIT RECHERCHER PAR LES AMATEURS DE PLANTES ODORANTES.

SECRETS DE CULTURE

REMPOTAGE	Chaque année au printemps, rempotez votre pied après l'avoir taillé. Prévoyez un terreau léger et humifère, enrichi de corne torréfiée et de sang desséché.
ARROSAGE	Très régulier pour maintenir le substrat frais. Si vous hivernez votre patchouli dans une pièce à moins de 16 °C, laissez sécher la terre en surface entre deux apports.
ENGRAIS	De mars à septembre, donnez un engrais liquide riche en azote, une fois par semaine.
TAILLE	Pincez régulièrement l'extrémité des nouvelles pousses pour que la plante, qui a tendance à se dégarnir à la base, se ramifie et garde un port plus compact. Au printemps, quand les nouvelles pousses apparaissent, vous pouvez rabattre plus sévèrement les tiges, en coupant toujours au-dessus de nouveaux bourgeons.
MALADIES ET PARASITES	Attention aux araignées rouges, notamment quand le chauffage fonctionne. La plante peut perdre toutes ses feuilles. Dès que vous constatez une attaque, douchez-la, avant de traiter avec un acaricide. À titre préventif, bassinez régulièrement le feuillage.

LA MULTIPLICATION

Le bouturage de tige feuillée est facile à réaliser dans l'eau, au printemps et en été. Prélevez des tronçons de 15 cm avec trois niveaux de feuilles. Ôtez les feuilles à la base et placez les boutures dans un verre d'eau, dans un endroit très lumineux, mais sans soleil direct. Rempotez-les quand les racines mesurent 3 cm environ.

Vos questions / Nos réponses

Mon patchouli ne sent rien.
Le parfum du patchouli ne se révèle qu'après avoir froissé le feuillage entre les doigts. De plus, il est plus fort en été qu'en hiver. Une plante abondamment arrosée ou élevée à mi-ombre est moins parfumée qu'un pied maintenu dans un sol un peu plus sec ou cultivé en plein soleil. Prélevez régulièrement quelques vieilles feuilles et laissez-les sécher à l'air libre. Vous constaterez qu'elles dégagent une senteur beaucoup plus marquée que le feuillage frais.

QUEL PATCHOULI CHOISIR ?

Cette espèce n'est proposée que par quelques pépiniéristes collectionneurs. On trouve deux formes, vendues sous le nom générique de patchouli. L'une a des feuilles larges, une croissance très rapide et un parfum plutôt doux ; chez l'autre, plus difficile à cultiver et à la pousse beaucoup plus lente, les feuilles sont plus petites mais le parfum plus intense.

Chap. 9 : Des feuillages « déco »

Pelléa * Pellaea rotundifolia

CETTE JOLIE FOUGÈRE EST APPRÉCIÉE POUR SES PETITES FOLIOLES ARRONDIES ET POUR LA COLORATION ROUGE DE LA TIGE, OU RACHIS. FACILE À CULTIVER, ELLE PEUT ÊTRE CHARMANTE SEULE OU APPORTER À UNE COMPOSITION LA GRÂCE DE SES FRONDES RETOMBANTES.

Originaire des forêts de Nouvelle-Zélande, le pelléa est nommé « fougère à boutons » en maori. Il porte des frondes persistantes en touffe étalée qui atteignent 40 cm. Il ne pose guère de problème de culture et se montre fort peu exigeant quant à la température : capable de passer l'hiver à l'extérieur dans les régions à climat doux, il supporte aussi la chaleur d'une pièce chauffée. Il apprécie une lumière indirecte et accepte également le soleil tamisé.

SECRETS DE CULTURE

REMPOTAGE	Tous les deux ans, en mars ou en octobre, dans un mélange de terreau, de terre de bruyère et de tourbe. Préférez les récipients peu profonds car les racines sont superficielles.
ARROSAGE	La motte doit rester humide en permanence. Arrosez deux fois par semaine toute l'année – un peu plus s'il fait très chaud – et de préférence à l'eau douce. Vaporisez régulièrement de l'eau sur le feuillage pour éviter le dessèchement des extrémités.
ENGRAIS	D'avril à septembre, effectuez tous les quinze jours un apport d'engrais pour plantes vertes.
TAILLE	Contentez-vous de supprimer les frondes fanées.
MALADIES ET PARASITES	Les cochenilles s'installent parfois en hiver. Utilisez un insecticide à faible dose.

LA MULTIPLICATION
Le semis de spores est très délicat. Divisez plutôt la touffe, à la faveur d'un rempotage, en coupant la motte au couteau. Placez chaque éclat dans le substrat recommandé et dans un petit pot. Conservez les jeunes plantes en situation chaude pour favoriser leur redémarrage.

QUEL PELLÉA CHOISIR ?
Pellaea rotundifolia, à rachis teinté de rouge et folioles vert franc.

Vos questions / Nos réponses

L'extrémité des frondes jaunit.
Bien que le pelléa supporte la sécheresse relative d'un appartement, il manque probablement d'humidité. Vaporisez de l'eau, douce de préférence, régulièrement et même tous les jours, jusqu'à ce que la plante reverdisse complètement.

Pellaea rotundifolia.

Pépéromias** *Peperomia sp.*

Originaires d'Amérique centrale et du Sud, d'Afrique et de Madagascar, les pépéromias présentent une grande diversité de formes et de couleurs du feuillage. Ce qui incite à la collection, d'autant plus que ces plantes occupent peu d'espace. Les touffes ne dépassent guère 30 cm de hauteur et s'étalent ou retombent sur 40 cm pour les plus volubiles. Seuls ou en compagnie de saintpaulias ou de petits bégonias, les pépéromias se plaisent dans une pièce très claire, sur le rebord d'une fenêtre exposée au nord ou à l'est, à l'abri du soleil. Avec quelques pieds, vous composerez un décor qui restera attrayant au fil des mois et des années.

Peperomia argyreia.

Colorés ou plus passe-partout, les pépéromias offrent une large palette de feuillages décoratifs. Laissez-vous séduire par ces petites plantes faciles à cultiver. Sur une table basse, un coin de commode ou un buffet de cuisine, elles apportent une touche de bonne humeur.

Secrets de culture

Rempotage	Tous les deux ou trois ans, quand les racines sortent du pot. Utilisez un contenant d'un diamètre supérieur de 2 cm, percé de nombreux trous de drainage. Remplissez-le avec un mélange de terreau léger et de 20 % de perlite.
Arrosage	Laissez sécher le substrat en surface entre deux apports. En hiver, attendez que la motte sèche complètement avant de la remouiller. Ne laissez jamais d'eau stagner dans la soucoupe ou le cache-pot.
Engrais	D'avril à la fin septembre, donnez un engrais liquide riche en azote, une fois tous les quinze jours. Respectez bien les doses indiquées, car les racines des pépéromias réagissent fortement aux excès de sels.
Taille	Aucune. Contentez-vous de supprimer les vieilles feuilles et les hampes florales qui se dessèchent.
Maladies et parasites	Les pépéromias sont très sensibles à la pourriture des racines et du collet, souvent fatale, provoquée par des champignons pathogènes (*Pythium*, *Phytophtora*). Pour limiter les dégâts, réduisez les arrosages au strict minimum et maintenez une température de 18 °C en hiver. Par ailleurs, surveillez les attaques de cochenilles farineuses, et traitez-les avec un insecticide systémique de préférence.

La multiplication

Le bouturage d'une feuille avec un fragment de pétiole est le procédé le plus courant pour multiplier la plupart des pépéromias, sauf les variétés à feuillage panaché, qui donneraient un pied complètement vert. Mieux vaut dans ce cas bouturer un tronçon de tige avec un ou plusieurs bourgeons. Effectuez cette opération au printemps ou en été, dans une mini-serre chauffée (20 °C au minimum). Veillez à garder le substrat à peine humide, tout en maintenant une hygrométrie à 70 %.

Chap. 9 : Des feuillages « déco »

QUEL PÉPÉROMIA CHOISIR ?

Les feuilles arrondies rayées d'argent de la plante-melon (*Peperomia argyreia*, page de gauche) donnent des petites potées très décoratives tout au long de l'année. Cette espèce brésilienne exige une hygrométrie élevée pour développer ses larges feuilles.

Peperomia obtusifolia a des feuilles vertes, ovales à elliptiques, épaisses et brillantes, portées par des tiges succulentes. La variété 'Green Gold' a des feuilles vert clair, jaune-crème et vert foncé ; celles de 'Variegata' sont vertes, bordées de crème.

Peperomia caperata est l'espèce la plus vendue. Elle porte des petites feuilles grasses et gaufrées en forme de cœur. Elle a donné un grand nombre de variétés : 'Lilian', qui représente 70 % des ventes, avec son feuillage vert foncé aux nervures presque noires ; 'Emerald Ripple' aux feuilles vert foncé ; 'Theresa' aux reflets gris argenté ; 'Red Luna', 'Shumi Red', 'Shumi' et 'Nigra', aux feuillages pourpres plus ou moins foncés ; 'Tricolor', 'White Lady', 'Orange Lady', 'Helios' et 'Pink Lady' sont multicolores. Toutes ces variétés donnent des hampes florales en forme de queue de rat, dressées au-dessus du feuillage.

Toutes ces plantes sont le plus souvent proposées en assortiment, sans dénomination ou sous une appellation commerciale. Essayez plusieurs espèces pour déterminer celles qui pousseront le mieux chez vous. Plus le feuillage est panaché, plus la variété est exigeante en lumière.

Peperomia caperata hybride.

Peperomia obtusifolia 'Variegata'.

Vos questions / Nos réponses

Mon pépéromia perd ses jolies panachures.

Le manque de lumière peut expliquer cette disparition. Rapprochez la potée d'une fenêtre, sans l'exposer au soleil direct de midi. Supprimez toutes les nouvelles pousses vertes, qui apparaissent souvent chez les plantes à feuillage panaché. Elles finiraient par prospérer au détriment des rameaux panachés.

Piléas** *Pilea sp.*

Tout le monde connaît au moins une forme de ces petites plantes très diverses, reines des compositions de fleuristes et utilisées en serre comme couvre-sols. Leur culture est, pour la plupart, à la portée de l'amateur. Robustes et prolifiques, elles constituent rapidement de belles potées.

Les centaines d'espèces de piléas se répartissent dans les forêts pluviales du monde intertropical. Les fleurs pâles et minuscules de ces cousines des orties ne présentent guère d'intérêt. C'est leur feuillage, très variable en taille, aspect et couleur, qui fait tout leur succès. Ces plantes redoutent une atmosphère trop sèche et un soleil direct. Les espèces et cultivars velus ou gaufrés craignent les bassinages, qui tachent et font moisir leurs feuilles.

Secrets de culture

Rempotage	En fin d'hiver, tous les deux à quatre ans suivant la taille des contenants, dans un substrat fibreux, riche en humus. Évitez les apports de terre, qui asphyxient les racines.
Arrosage	Fréquent mais léger de mars à fin septembre, en laissant sécher le sol entre deux passages. Plus modéré en hiver. Maintenez une bonne humidité atmosphérique et bassinez tous les jours les espèces à feuillage lisse.
Engrais	Faites un apport d'engrais liquide complet pour plantes vertes, une fois par mois entre avril et septembre.
Taille	En avril, rabattez de moitié ou des trois quarts, en hauteur, les sujets âgés dégingandés.
Maladies et parasites	Un écart brutal de température peut provoquer une atteinte d'oïdium, à traiter avec un produit systémique contenant du Folpel®. Des chenilles de noctuelles s'attaquent parfois aux feuilles. Une à deux applications d'un insecticide général arrêtent les dégâts.

Pilea involucrata.

La multiplication

Toutes les espèces se bouturent aisément en été. Dans un milieu sableux à peine humide (20 °C environ), les pointes des rameaux s'enracinent en dix jours. Souvent, les tiges externes se marcottent seules : divisez les touffes en avril-mai.

Quel piléa choisir ?

Pilea cadierei, aux feuilles lancéolées vertes largement marbrées d'argent, est le plus répandu ; *P. grandifolia* produit de grandes feuilles pointues, vert bronze ; *P. involucrata*, espèce rampante, s'utilise en suspension ou en bordure de grandes jardinières d'intérieur ; ses feuilles arrondies, gaufrées et serrées sur la tige, sont vert sombre à nervures bronze ; son cultivar 'Moon Valley' a un port plus dressé et des feuilles vert clair à nervures foncées ; *P. microphylla* présente un feuillage vert clair très mousseux.

Chap. 9 : Des feuillages « déco »

Pilea cadierei.

Vos questions / Nos réponses

Mon piléa n'est plus très beau.

Au bout de trois ou quatre années de tailles courtes, les souches, trop épaisses, mettent du temps à se refaire. Il vaut alors mieux les jeter pour les remplacer par des boutures récentes.

Pilea involucrata 'Moon Valley'.

Pilea grandifolia.

Pléomèle** Pleomele reflexa (syn. Dracaena reflexa)

Originaire de Madagascar et de Maurice, le pléomèle atteint dans ces îles 2 m de hauteur et 60 cm d'étalement. Ses feuilles rubanées, courtes et retombantes, poussent en rosette compacte sur une tige centrale érigée. Lorsqu'elles tombent, elles laissent une cicatrice circulaire sur la tige, qui forme peu à peu un tronc. Une température constante de 18 à 22 °C, sans variations brusques, lui convient très bien. En revanche, il n'aime guère être changé de place et craint les courants d'air.

Pleomele reflexa 'Variegata'.

SECRETS DE CULTURE

REMPOTAGE	Au printemps, quand le pot est saturé de racines, dans un mélange de tourbe, de terre de bruyère et de terreau. Drainez le fond du pot avec des tessons ou des billes d'argile.
ARROSAGE	Régulier mais modéré en été, réduit en hiver. Bassinez et dépoussiérez les feuilles de temps à autre avec un linge ou une éponge humide.
ENGRAIS	D'avril à août, fertilisez une fois par mois avec un engrais liquide pour plantes vertes. Attendez deux mois au moins si vous venez de rempoter.
TAILLE	Aucune. Coupez à la base les feuilles mortes ou très abîmées.
MALADIES ET PARASITES	Cette plante est sujette aux attaques des cochenilles et des pucerons. Enlevez les premières à l'aide d'un Coton-tige imbibé d'alcool, et douchez la plante pour éliminer les seconds. Traitez avec un insecticide systémique en cas d'infestation importante.

Avec son élégant feuillage persistant, le pléomèle a tout pour plaire. Vigoureux, il demande peu de soins pour vivre longtemps. Mais pour qu'il reste bien droit, tournez le pot régulièrement.

LA MULTIPLICATION

Découpez des tronçons de tige de 8 à 10 cm comportant au moins un nœud. Couchez-les, en les enfonçant à moitié, dans un mélange à parts égales de tourbe et de sable. Placez sur chaleur de fond (21-22 °C) et maintenez une bonne humidité ambiante. Vous pouvez aussi prélever une bouture de tête (pousse terminale). Plantez-la dans un mélange de tourbe et de sable humide. Placez à l'étouffée et maintenez à 23 °C, sans arroser, jusqu'à l'apparition des pousses.

QUEL PLÉOMÈLE CHOISIR ?

Pleomele reflexa, à feuilles vert sombre ; *P. reflexa* 'Variegata' (syn. 'Song of India'), à feuilles marginées de jaune.

Vos questions / Nos réponses

La plante s'affaisse, les feuilles jaunissent et semblent flasques.

Vous arrosez trop. Laissez toujours la surface du substrat sécher entre deux arrosages, et ne laissez jamais le pot tremper dans l'eau. Videz la soucoupe après chaque arrosage.

Chap. 9 : Des feuillages « déco »

Poinsettia*** *Euphorbia pulcherrima*

Le poinsettia, ou « étoile de Noël », est apprécié pour l'élégance de son feuillage et l'éclat de ses inflorescences, qui en font une décoration familière des fêtes de fin d'année. Assez difficile à conserver et à faire refleurir, il est souvent traité comme une plante annuelle.

Originaire du Mexique, il atteint 2 m dans son milieu naturel, mais les variétés cultivées ne dépassent guère 60 cm. Il porte de grandes feuilles veloutées, entières ou lobées, semi-persistantes. Les minuscules fleurs jaunes, réunies en bouquets à l'extrémité des tiges, sont entourées d'une collerette de bractées colorées qui durent deux à trois mois. Pour tenter de le faire refleurir, placez-le à 14 °C pendant six semaines après le rempotage et la taille. De mi-septembre à mi-novembre, mettez-le dans l'obscurité totale de 18 h à 8 h, puis à nouveau à bonne luminosité, à l'abri des courants d'air.

Secrets de culture

Rempotage	En avril, dans un terreau pour plantes vertes additionné de sable.
Arrosage	Pendant la floraison, gardez la motte humide, mais non détrempée. Placez le pot sur une soucoupe remplie de billes d'argile humides, sans qu'il trempe dans l'eau, et bassinez le feuillage. Après la taille de printemps et jusqu'à la mi-juin, laissez le substrat sécher en surface entre les arrosages.
Engrais	Fertilisez régulièrement de mai à septembre avec un engrais pour plantes vertes.
Taille	Après le rempotage, rabattez les tiges de moitié en coupant juste au-dessus d'une feuille. Taillez aussi en juillet-août (plus tard, vous compromettriez la floraison) pour susciter la ramification.
Maladies et parasites	Un excès d'humidité et de chaleur entraîne la pourriture des racines et des tiges. Il est généralement trop tard pour intervenir. La plante est sujette aux attaques des mouches blanches et des pucerons. Traitez avec un insecticide.
Toxicité	La sève contient des substances irritantes pour les muqueuses, les yeux et la peau. Portez des gants pour manipuler la plante et tenez-la hors de portée des jeunes enfants.

Une variété d'*Euphorbia pulcherrima*.

La multiplication

Prélevez des boutures de tête au printemps ou en été. Trempez la base dans des hormones de bouturage. Plantez-les dans un mélange de tourbe et de sable et placez à l'étouffée à 22-25 °C.

Quel poinsettia choisir ?

Les variétés 'Angelika', à bractées rouge soutenu, 'Regina', à bractées blanc crème ; 'Marble', à bractées marbrées rose et crème.

Vos questions / Nos réponses

Les feuilles pâlissent et les bractées tombent.
La plante manque de lumière. Placez-la dans un endroit mieux éclairé, mais protégé du soleil direct.

Polyscias*** Polyscias sp.

Ces cousins des lierres, moins robustes, sont des arbustes appréciés pour leur joli feuillage découpé. Taillés pour offrir une silhouette pittoresque sur des troncs de hauteurs diverses, ils sont plutôt délicats à cultiver et vivent une dizaine d'années à condition de respecter des règles simples.

Les polyscias sont des arbustes des sous-bois tropicaux clairs d'Asie, d'Afrique et du Pacifique. Solides et peu exigeants en nourriture, ils forment assez vite des touffes de 60 à 80 cm de hauteur sur 40 en largeur, mais ne se ramifient que sous l'effet d'une taille appropriée. Ils demandent une bonne hygrométrie pour être luxuriants et développer pleinement leurs belles feuilles, dont la longueur varie de 10 à 100 cm, chez les sujets adultes. Les grappes de fleurs vert-jaune, rares, sont suivies de baies noires.

Secrets de culture

Rempotage	En mars, tous les trois ou quatre ans, quand les racines ont envahi le pot, replantez la touffe, débarrassée de son vieux substrat, dans un milieu neuf, aéré, fibreux et riche en humus, additionné d'un quart environ de terre de jardin.
Arrosage	Du printemps à la fin de l'automne, arrosez abondamment tous les jours et bassinez les feuilles. Ne réduisez que les arrosages en hiver.
Engrais	Entre avril et fin septembre, apportez une fois par mois un engrais complet, liquide ou en granulés.
Taille	Taillez les rejets en mars, quand ils atteignent une taille disproportionnée à la tige qui les supporte. Les chutes, bouturées, peuvent servir à composer de nouvelles potées.
Maladies et parasites	Une atmosphère trop sèche racornit le feuillage et favorise le développement des araignées rouges et de diverses cochenilles. Traitez l'ensemble avec un insecticide systémique et augmentez la fréquence des bassinages.
Toxicité	La sève est toxique par ingestion.

La multiplication

Les graines, rarement disponibles dans le commerce, germent dans du terreau, à 20 °C environ. Mieux vaut bouturer les tiges, feuillues ou non, au chaud, dans du sable humide ou tout simplement dans l'eau. Pour les variétés, c'est la seule technique. Les sujets obtenus sont aussitôt décoratifs.

Quel polyscias choisir ?

Polyscias filicifolia est le plus répandu, avec un feuillage fin, vert moyen, brillant ; 'Marginata' porte des folioles liserées de blanc crème. *P. guilfoylei* a des feuilles moins divisées, aux folioles plus larges, qui évoquent celles du houx ; sa variété 'Victoriae' est largement marginée de blanc. Tous les sujets sont vendus sous forme de boutures de troncs, garnies de rejets.

Polyscias fruticosa.

Une variété de *Polyscias guilfoylei.*

Chap. 9 : Des feuillages « déco »

Polystichums* Polystichum sp.

CES FOUGÈRES, QUE L'ON APPELLE AUSSI « ASPIDIES », OFFRENT EN GÉNÉRAL UN FEUILLAGE DENSE, ASSEZ BRILLANT, PRÉCIEUX POUR DÉCORER, SUR UNE SELLETTE, LES PIÈCES ET LES COINS UN PEU SOMBRES, OU POUR ÉTOFFER LES COMPOSITIONS DE PLANTES VERTES. ELLES SONT SOLIDES ET PEU EXIGEANTES.

Les polystichums sont des plantes de pleine terre qui résistent aussi à la sécheresse et à la chaleur hivernale d'un appartement. D'origines variées – *P. acrostichoides* vient d'Amérique du Nord, *P. polyblepharum* et *P. tsusimense*, d'Asie orientale –, ils présentent une forte souche, décorative, et des frondes relativement coriaces, élégantes et finement découpées. Ils sont plus beaux s'ils reçoivent une lumière indirecte, mais peuvent se contenter d'une situation plus ombrée. Durant la belle saison, tous apprécient un séjour sur un balcon, à l'ombre ou à mi-ombre. En hiver, éloignez-les des radiateurs.

SECRETS DE CULTURE

REMPOTAGE	Tous les deux à quatre ans, dans un mélange de terreau, de tourbe et de terre de bruyère.
ARROSAGE	La motte doit rester humide, mais sans excès. Arrosez deux fois par semaine du printemps à l'automne, et une seule fois en hiver. Bassinez le feuillage été comme hiver et maintenez une bonne humidité en plaçant la soucoupe au-dessus d'une autre plus grande, remplie d'eau et de petits cailloux.
ENGRAIS	Du printemps à la fin de l'été, faites tous les quinze jours un apport d'engrais pour plantes vertes.
TAILLE	Aucune. Supprimez les frondes fanées, à la base de la plante.
MALADIES ET PARASITES	Lorsqu'il fait trop sec, les cochenilles s'installent parfois sur les frondes. Traitez avec un insecticide systémique.

Vos questions / Nos réponses

Mes polystichums passant l'été sur le balcon, quand faut-il les rentrer ?

En fait, ils sont rustiques et peuvent passer l'hiver à l'extérieur. Toutefois, si vous souhaitez les rentrer, mieux vaut le faire début octobre. Si vous attendez les premiers froids, ils risquent de subir un choc thermique en réintégrant l'appartement. ■

LA MULTIPLICATION

Divisez les touffes au printemps, en segmentant les rhizomes avec un couteau. Placez les éclats en pots individuels, dans le mélange de rempotage que vous maintiendrez frais.

QUEL POLYSTICHUM CHOISIR ?

Polystichum acrostichoides, ou fougère de Noël, à frondes de 40 cm, finement divisées ; *P. polyblepharum*, ou aspidie du Japon, à frondes de 40 à 60 cm, vernissées, couvertes d'une pubescence brun clair à leur apparition, sur tiges brun-jaune ; *P. tsusimense*, à frondes de 30 cm sur des tiges brunes.

Polystichum polyblepharum.

Ptéris de Crète** *Pteris cretica*

Pteris cretica.

Originaire d'Europe méridionale, ce ptéris mesure 40 à 50 cm de hauteur et d'envergure. À port dressé et touffu, il présente des frondes à pétioles rigides noirâtres, composées de folioles linéaires assez étroites et espacées.

Comme la plupart des fougères, il apprécie une vive luminosité et craint le soleil direct. Installez-le près d'une fenêtre orientée à l'est ou à l'ouest. Pouvant vivre plusieurs années, il supporte la température normale d'un intérieur, mais exige une hygrométrie élevée, difficile à maintenir dans des pièces habitées.

CETTE ESPÈCE, ÉGALEMENT APPELÉE « FOUGÈRE DE CRÈTE » OU « FOUGÈRE RUBANÉE », SE DISTINGUE PAR L'ÉLÉGANCE ET LA LÉGÈRETÉ DE SES FRONDES. ELLE S'ADAPTE BIEN À LA CULTURE EN INTÉRIEUR QUAND ELLE DISPOSE DE SUFFISAMMENT D'HUMIDITÉ.

SECRETS DE CULTURE

REMPOTAGE	Au printemps, tous les ans ou tous les deux ans, dans un terreau riche en tourbe, additionné de terre franche et d'un peu de sable.
ARROSAGE	Régulier, à l'eau non calcaire, afin que le substrat reste humide en permanence, mais sans laisser d'eau stagner sous le pot. Pour élever le taux d'humidité ambiante, placez ce ptéris avec d'autres fougères sur un grand plateau rempli de graviers et d'eau, et effectuez des bassinages quotidiens.
ENGRAIS	D'avril à septembre, apportez toutes les deux semaines un engrais liquide très dilué.
TAILLE	Aucune. Coupez simplement à la base les frondes desséchées.
MALADIES ET PARASITES	Les cochenilles à bouclier s'installent parfois sur les plantes âgées, quand l'humidité atmosphérique est insuffisante. Augmentez l'hygrométrie et traitez avec un insecticide systémique.

LA MULTIPLICATION

Divisez la souche lors du rempotage. Placez les nouvelles potées à l'abri des courants d'air et pensez à bassiner tous les jours pour faciliter la reprise.

QUEL PTÉRIS CHOISIR ?

Pteris cretica, à frondes vertes, et ses variétés : 'Albolineata', à frondes panachées de blanc le long de la nervure médiane ; 'Parkeri', à frondes plus larges vert foncé ; 'Mayi', à frondes panachées et frisées à l'extrémité ; 'Wimsettii', à frondes très fournies et irrégulièrement découpées.

Vos questions / Nos réponses

Les frondes se recroquevillent et jaunissent.
Vous n'arrosez pas assez souvent. Coupez les frondes abîmées et augmentez la fréquence des apports d'eau. Bassinez souvent.

Chap. 9 : Des feuillages « déco »

Radermachera**
Radermachera sinica
(syn. Stereospermum sinicum)

min. 16 °C
max. 22 °C

Cet arbuste, encore peu connu, est pourtant séduisant avec ses feuilles brillantes et son port majestueux. Outre ses qualités plastiques, il a l'avantage d'être solide et peu exigeant en soins.

Originaire du sud de la Chine, le radermachera mesure 9 à 10 m dans la nature. Cultivé en pot, il peut atteindre 1,50 m, sauf si on le taille. À port érigé et assez étalé, il est bien ramifié et porte des feuilles persistantes composées et découpées, d'un beau vert brillant. Placez-le en évidence dans un endroit lumineux, mais protégé du soleil direct et abrité des courants d'air. S'il accepte bien la température d'un appartement du printemps à l'automne, il apprécie de passer l'hiver dans une pièce un peu fraîche (16 °C).

Secrets de culture

Rempotage	Tous les ans au printemps (car cette plante prend vite de l'ampleur) dans un terreau standard pour plantes d'intérieur. Prévoyez une bonne couche de billes d'argile ou de tessons pour améliorer le drainage.
Arrosage	Du printemps à l'automne, maintenez en permanence le substrat humide, mais non détrempé. En hiver, laissez sécher la motte sur 2 à 3 cm de profondeur entre deux arrosages. Bassinez les feuilles de temps en temps avec une eau non calcaire à température ambiante.
Engrais	Fertilisez toutes les deux semaines avec un engrais pour plantes vertes, pendant toute la période de végétation. Attendez un mois après le rempotage pour commencer les apports.
Taille	Pincez les tiges pour maintenir un port compact, équilibrer la silhouette ou contenir la plante si elle devient trop encombrante.
Maladies et parasites	Cette plante solide est peu sujette aux attaques des ravageurs. Un excès d'eau peut toutefois entraîner la pourriture des racines.

Radermachera sinica.

La multiplication

Elle est assez facile. À la fin du printemps ou au début de l'été, prélevez des boutures de tiges de 10 cm que vous ferez raciner à l'étouffée dans un mélange de tourbe et de sable maintenu à 20 °C. En attendant la reprise, entretenez une légère humidité.

Quel radermachera choisir ?

Radermachera sinica, à feuillage vert sombre ; *R. sinica* 'Crystal Doll', à feuillage panaché de jaune.

Vos questions / Nos réponses

Les feuilles de mon radermachera tombent.

S'il est naturel que l'arbuste perde des feuilles pour renouveler son feuillage, un arrosage excessif peut aussi être responsable. Laissez sécher le substrat avant d'arroser à nouveau et ne laissez jamais le pot tremper dans une soucoupe pleine d'eau.

Rhapis ** *Rhapis excelsa*

Ce gracieux petit palmier dépourvu de tronc forme une touffe de palmes dressées qui rappelle la silhouette du bambou. Durable, il se plaît à peu près partout, à condition d'avoir suffisamment de lumière et d'humidité.

Originaire des forêts du sud de la Chine, cette espèce peut former de grosses touffes, même à l'intérieur si on l'installe dans un grand bac. Elle est fort élégante avec ses tiges érigées, fines et fibreuses, et ses grandes palmes (jusqu'à 30 cm de longueur), divisées et vernissées. Ce rhapis accepte le soleil tamisé comme la lumière indirecte, et apprécie de passer l'été sur un balcon, à mi-ombre. Cette plante durable supporte la température d'un appartement chauffé mais préfère cependant un peu de fraîcheur (15 °C). Mesurant entre 1,50 à 5 m dans la nature, elle atteint 1 à 2 m en pot.

Secrets de culture

Rempotage	Tous les deux ou trois ans, quand les racines remplissent le pot, dans un terreau universel bien drainé, éventuellement additionné de sable ou de perlite. Surfacez simplement les gros sujets.
Arrosage	Deux fois par semaine du printemps à l'automne, moins souvent en hiver. Effectuez des bassinages fréquents, notamment quand le chauffage central marche ou qu'il fait chaud et sec, et dépoussiérez les feuilles sous la douche.
Engrais	Pendant la période de végétation, de mars à septembre, apportez de l'engrais liquide pour plantes vertes tous les quinze jours.
Taille	Aucune. Contentez-vous de supprimer les palmes fanées.
Maladies et parasites	Les cochenilles à bouclier se collent sur les nervures lorsque l'air ambiant est trop sec. Extirpez-les avec un Coton-tige trempé dans l'alcool et, en cas d'attaque massive, traitez avec un insecticide systémique.

La multiplication

Elle se fait par division de touffe au printemps, en conservant les plantes séparées dans une ambiance chaude et humide, à l'abri des courants d'air. Elle peut se faire aussi par semis, ce qui est plus difficile. Les graines fraîches doivent germer sur un mélange de sable et de tourbe chauffé à 25 °C. Le sol doit rester modérément humide pour que les graines ne se décomposent pas.

Quel rhapis choisir ?

Les variétés de *Rhapis excelsa* : 'Variegata', à palmes panachées de blanc, et 'Zuikonishiki', à palmes panachées de jaune d'or. Une espèce proche, *Rhapis humilis*, déploie des palmes aux lobes plus pointus.

Rhapis excelsa.

Chap. 9 : Des feuillages « déco »

Sansevière* Sansevieria trifasciata

Sansevieria trifasciata 'Laurentii'.

Originaire du sud de l'Afrique, la sansevière se distingue par ses feuilles en forme d'épée, charnues et érigées. Atteignant 1 m de hauteur, elles sont zébrées et marginées. Lorsque la plante fleurit, ce qui est assez rare en intérieur, elle produit des hampes portant des fleurs jaunes parfumées. Bien qu'elle puisse prospérer en plein soleil, elle tolère un peu d'ombre. La température normale d'un appartement lui convient très bien toute l'année.

SECRETS DE CULTURE

REMPOTAGE	Tous les deux ou trois ans (cette plante préférant être à l'étroit), dans un pot de la taille immédiatement supérieure. Employez un terreau ordinaire à base de tourbe, additionné de sable ou de gravillon pour un bon drainage. Tassez bien le substrat pour stabiliser le pot.
ARROSAGE	Tous les cinq à sept jours du printemps à l'été, en attendant que le substrat sèche entre deux apports d'eau. Tous les dix jours en hiver.
ENGRAIS	D'avril à fin août, effectuez un apport mensuel d'engrais pour cactées.
TAILLE	Coupez à la base les hampes défleuries. Ôtez les feuilles abîmées avec un couteau bien aiguisé.
MALADIES ET PARASITES	Cette plante redoute surtout l'excès d'arrosage, qui provoque la pourriture du collet et des racines. Versez l'eau d'arrosage sur le substrat et non sur le collet de la plante. Ne laissez pas le pot dans l'eau stagnante.

D'UNE ROBUSTESSE EXCEPTIONNELLE, CETTE PLANTE S'ACCOMMODE DE PRESQUE TOUTES LES CONDITIONS DE CULTURE ET PEUT VIVRE TRÈS LONGTEMPS : C'EST LA PLANTE D'INTÉRIEUR IDÉALE QUAND ON A PEU DE TEMPS À CONSACRER À SON ENTRETIEN.

LA MULTIPLICATION

Le bouturage de feuilles fait perdre à celles-ci leurs bandes jaunes. Mais la division des souches ou le prélèvement des rejets, lors du rempotage, est très facile à réaliser. Placez les boutures à l'étouffée et au chaud (22 °C).

QUELLE SANSEVIÈRE CHOISIR ?

Sansevieria trifasciata, à feuilles vert foncé zébrées de gris-vert ; les variétés 'Laurentii', à feuilles vert foncé marbrées de vert-jaune et liserées de jaune ; 'Hahnii', à feuilles plus larges et plus courtes, réunies en rosette plus évasée ; 'Golden Hahnii', à feuilles liserées et marbrées de vert-jaune ; 'Silver Hahnii', à feuilles vert argenté.

Sansevieria trifasciata 'Hahnii'.

Vos questions / Nos réponses

Les feuilles pâlissent et perdent leurs marbrures.
La plante manque de lumière ou souffre d'une carence nutritive. Placez le pot dans un endroit plus lumineux et nourrissez la sansevière une fois toutes les trois semaines en été.

Sélaginelles *** *Selaginella sp.*

BIEN QUE PEU SPECTACULAIRES, LES SÉLAGINELLES SONT DES PLANTES SÉDUISANTES, À PETIT FEUILLAGE RAPPELANT LA MOUSSE OU, PARFOIS, LA FOUGÈRE. SELON LES ESPÈCES, ELLES FORMENT DES TOUFFES OU SONT GRIMPANTES OU RETOMBANTES. ELLES SE PLAISENT DANS UNE AMBIANCE CHAUDE ET HUMIDE OU EN TERRARIUM.

Ces végétaux curieux produisent des spores, comme les fougères, mais sur des épis. Ils sont en général originaires des zones tropicales du globe et poussent dans des lieux ombragés et humides. Ils demandent donc une lumière indirecte et une hygrométrie élevée toute l'année. Dans de bonnes conditions, les sélaginelles vivent longtemps, mais comme elles sont assez fragiles, mieux vaut les renouveler régulièrement.

SECRETS DE CULTURE

REMPOTAGE	Au besoin (quand la plante déborde excessivement de son pot), dans un mélange de terreau, de tourbe et de terre de bruyère.
ARROSAGE	Deux ou trois fois par semaine du printemps à l'été, pour maintenir la motte humide. Tous les dix jours en hiver. Entretenez une hygrométrie élevée par des bassinages, l'utilisation d'humidificateurs ou la culture en terrarium.
ENGRAIS	D'avril à septembre, apportez de l'engrais pour plantes vertes une fois par mois.
TAILLE	Aucune.
MALADIES ET PARASITES	La plante risque de mourir si elle manque d'eau : surveillez-la de près. En revanche, elle n'est généralement pas touchée par les parasites.

LA MULTIPLICATION

Divisez les rhizomes lors du rempotage. Prélevez aussi des tiges enracinées pour les mettre en pot, afin de renouveler la plante.

QUELLE SÉLAGINELLE CHOISIR ?

Selaginella lepidophylla, bien connue comme curiosité sous le nom de « rose de Jéricho », se replie en boule compacte quand elle est privée d'eau et se déploie à nouveau quand elle est humidifiée. *S. willdenowii*, grimpante ou retombante (2 m et plus), émet des tiges fines portant un feuillage très divisé, pourpré et à reflets métalliques. Les autres espèces (ci-après) sont surtout cultivées en terrarium. *Selaginella kraussiana* présente des tiges rampantes et des petites feuilles vert intense ; *S. martensii*, en touffe étalée (15 cm de hauteur, 25 cm de largeur), porte un feuillage de fougère, vert vif ; celui de *S. uncinata*, à tiges rampantes, est d'un vert bleuté métallique.

Selaginella martensii 'Variegata'.

Chap. 9 : Des feuillages « déco »

Strobilanthe *** Strobilanthes dyeriana

min. 16 °C
max. 30 °C

Cette plante, encore assez peu connue, porte un remarquable feuillage iridescent, nuancé de pourpre, de vert foncé et d'argenté. Elle demande des soins attentifs pour conserver sa belle allure. La culture en terrarium est une bonne option.

Originaire de Myanmar (Birmanie), ce sous-arbrisseau persistant à port érigé atteint 60 à 90 cm de hauteur. Il porte des feuilles elliptiques à bord denté, gaufrées et profondément nervurées, de couleur vert sombre et pourpre à reflets métalliques sur le dessus, brun pourpré au revers. Cette plante produit des petits épis de fleurs mauves qu'il vaut mieux éliminer au bénéfice du feuillage. Elle craint les courants d'air, et demande une situation lumineuse, à l'abri du soleil direct (une exposition à l'est convient très bien), une hygrométrie élevée et une température constante.

Secrets de culture

Rempotage	Au printemps, tous les ans, dans un mélange à parts égales de terreau riche en tourbe, de sable grossier et de terre de jardin. Mettez une bonne couche de tessons ou de billes d'argile au fond du pot pour assurer le drainage.
Arrosage	Le substrat doit être frais, humide, mais non saturé d'eau. En hiver, laissez sécher la surface sur 1 ou 2 cm entre deux arrosages. Entretenez une hygrométrie élevée par un bassinage quotidien en été, hebdomadaire en hiver. Placez le pot sur un lit de billes d'argile humides, sans laisser le fond tremper dans l'eau.
Engrais	D'avril à septembre, donnez deux fois par mois un engrais liquide pour plantes vertes.
Taille	Pincez régulièrement les jeunes pousses pour favoriser la ramification et conserver un port compact.
Maladies et parasites	La plante est parfois colonisée par les cochenilles et les araignées rouges. Traitez avec un insecticide ou un acaricide, et élevez le taux d'hygrométrie.

Strobilanthes dyeriana.

La multiplication

Le strobilanthe tend à se dégarnir à la base. Le bouturage permet de remplacer un sujet âgé ou d'en masquer le pied en l'entourant de jeunes sujets vigoureux. Prélevez des boutures terminales de 8 à 10 cm de longueur. Plongez-en la base dans des hormones d'enracinement. Mettez en pots dans un mélange de tourbe et de sable. Placez à l'étouffée, à vive lumière indirecte, et maintenez à 20-25 °C.

Quel strobilanthe choisir ?

En fonction de leur exposition à la lumière, les différents spécimens proposés sont plus ou moins joliment colorés. Choisissez les plantes présentant les plus belles nuances pourprées et argentées.

Vos questions / Nos réponses

Les feuilles perdent leur teinte pourpre.
La plante manque de lumière. Placez-la dans un endroit mieux éclairé, en évitant toutefois le soleil direct, qui brûle les feuilles.

Stromanthes** *Stromanthe sp.*

Ces plantes aux superbes feuillages appartiennent à la même famille que les calathéas et les cténanthes. Aussi exigeantes en chaleur et en humidité, elles ont toutefois la réputation d'être un peu moins difficiles à cultiver.

Originaires des forêts tropicales d'Amérique du Sud, les stromanthes sont des plantes vivaces rhizomateuses atteignant de 40 cm à 1 m de hauteur, selon les espèces. À port dressé, évasé et touffu, ils se distinguent par leurs grandes feuilles persistantes oblongues, aux remarquables couleurs et motifs. La floraison est rare (hormis sous serre). Placez-les à lumière indirecte, près d'une fenêtre orientée au nord ou à l'est, à l'abri des courants d'air. Maintenez une hygrométrie élevée et une température constante de 20 à 22 °C.

Secrets de culture

Rempotage	Tous les ans au printemps, dans un mélange de tourbe, de terre de bruyère et de sable, enrichi d'un peu de fumier bien décomposé. Drainez le fond du pot avec une bonne couche de tessons ou de billes d'argile.
Arrosage	Maintenez la motte humide, sans excès, en toutes saisons. Posez le pot sur une soucoupe remplie de billes d'argile humides, sans laisser le fond tremper directement dans l'eau, et bassinez régulièrement les feuilles.
Engrais	De mars à septembre, apportez tous les quinze jours un engrais pour plantes vertes. Après le rempotage, attendez un mois avant le premier apport.
Taille	Ces plantes n'ont pas besoin de taille ; nettoyez, au besoin, en coupant à la base les feuilles fanées ou abîmées.
Maladies et parasites	Une atmosphère trop sèche favorise l'implantation des cochenilles et des araignées rouges. Élevez le taux d'humidité ambiante et traitez avec un insecticide systémique ou spécifique.

La multiplication

Elle pose peu de difficultés et s'effectue par division des touffes, au printemps. Chaque éclat doit comporter au moins trois ou quatre feuilles, et des racines suffisamment développées. Chaleur et humidité constantes favorisent la reprise.

Quel stromanthe choisir ?

Stromanthe sanguinea, à feuilles luisantes nervurées de vert-jaune ou de crème sur le dessus, pourpres sur le revers ; ses variétés 'Multicolor', à feuilles vert bronze marbrées de rose et de crème sur le dessus, lie-de-vin sur le dessous ; 'Stripestar', à feuilles veinées de blanc crème et revers pourpre. *Stromanthe jacquinii*, aux feuilles vert franc, atteint 1 à 2 m de hauteur.

Stromanthe sanguinea.

Vos questions / Nos réponses

Les feuilles s'enroulent sur elles-mêmes, puis tombent.

L'hygrométrie est insuffisante. Bassinez les feuilles une ou deux fois par jour, avec une eau non calcaire pour éviter de les tacher, et à température ambiante pour ne pas occasionner de choc thermique. Si vous manquez de temps, essayez la culture dans un grand terrarium.

Chap. 9 : Des feuillages « déco »

Tolmiea *Tolmiea menziesii*

Unique espèce de son genre, cette charmante petite plante touffue est peu exigeante et peu encombrante. Elle se distingue par les rosettes de jeunes feuilles qui se développent à la base du limbe des feuilles plus âgées et qui permettent de la multiplier très facilement.

Originaire d'Amérique du Nord, le tolmiea est une vivace rhizomateuse à longs stolons (tiges, issues de bourgeons, qui s'enracinent). À port en boule, puis retombante, elle atteint 30 cm de hauteur et 40 à 50 cm d'étalement. Les feuilles duveteuses, en forme de cœur et dentées, sont disposées en rosettes.

À la fin du printemps, elle produit des hampes grêles et érigées, de 30 à 50 cm de hauteur, à grappes de petites fleurs brun-rouge. Cette plante a besoin d'assez peu de lumière mais elle s'accommode de presque toutes les expositions, à l'exception du plein soleil. Elle apprécie de passer l'hiver dans une pièce fraîche (10 à 15 °C).

Tolmiea menziesii.

Secrets de culture

Rempotage	Chaque printemps, dans un mélange de terreau à base de tourbe et de terre franche.
Arrosage	Maintenez la motte humide en permanence du printemps à l'automne. Par grande chaleur ou à la suite d'un oubli, baignez la potée pour bien hydrater le substrat. Si la plante hiverne dans une pièce fraîche, laissez la motte sécher sur 2 ou 3 cm avant d'arroser à nouveau. Bassinez les feuilles de temps en temps.
Engrais	Apportez un engrais liquide pour plantes vertes, tous les quinze jours, d'avril à septembre.
Taille	Coupez les hampes florales à la base dès que les fleurs sont fanées.
Maladies et parasites	Un excès d'eau en période d'hivernage entraîne la pourriture des feuilles et des tiges. Diminuez les apports d'eau en fréquence et en volume, proportionnellement à la température de la pièce.

Vos questions / Nos réponses

Les feuilles brunissent et se dessèchent.

La plante souffre d'un manque d'eau, de la chaleur, ou d'une sécheresse ambiante excessive. Arrosez régulièrement et posez le pot sur une soucoupe remplie de billes d'argile humides. Bassinez plus souvent durant les grosses chaleurs estivales.

Quel tolmiea choisir ?

Tolmiea menziesii, à feuilles vertes unies ; *T. menziesii* 'Variegata' (syn. 'Taff's Gold'), à feuilles panachées de jaune.

La multiplication

Facile, elle permet de remplacer la plante mère, qui devient moins belle au bout de trois ou quatre ans. Au printemps, prélevez les stolons portant des plantules bien développées. Préparez une caissette remplie de tourbe et de sable et enterrez le bout du stolon en posant simplement la plantule en surface. Placez dans un endroit lumineux et pas trop chaud, et arrosez modérément jusqu'à enracinement.

Yucca* Yucca elephantipes

Avec sa silhouette architecturée et sa nature accommodante, le yucca s'est affirmé comme l'une des plantes d'intérieur les plus populaires. Il apporte une note d'exotisme au décor de la maison, et peut vivre de longues années.

Importés nus d'Amérique centrale, les troncs, ou stipes, produisent sous serre chaude des racines et une ou plusieurs rosettes de feuilles. Ils sont alors mis en pot, isolément ou par groupe de deux ou trois stipes de taille différente (30 cm à 2 m), qui ne grandiront plus. Les rosettes de feuilles atteignent 50 cm à 1 m de diamètre. Certains sujets, issus de boutures de tête, n'ont qu'un tronc très court, caché par les feuilles. Le yucca aime les endroits ensoleillés. S'il apprécie la température d'un appartement du printemps à l'automne, il préfère hiverner dans une pièce fraîche (10-15 °C).

Secrets de culture

Rempotage	Chaque printemps pour les jeunes sujets, dans un mélange de terreau, de bonne terre de jardin et de sable. Drainez le fond du pot avec une bonne couche de tessons ou de billes d'argile. Surfacez les sujets très développés, en renouvelant le substrat sur 10 à 15 cm.
Arrosage	Copieux, en laissant sécher le substrat presque complètement entre deux apports. Si la plante hiverne au frais, réduisez fortement les arrosages. Dépoussiérez régulièrement le feuillage avec une éponge ou un chiffon humide.
Engrais	Faites un apport mensuel d'engrais liquide pour plantes vertes, d'avril à septembre, en divisant par deux la dose préconisée.
Taille	Aucune. Ôtez les feuilles inférieures, qui se sont desséchées naturellement, en tirant d'un coup sec.
Maladies et parasites	Les cochenilles s'implantent parfois sur les plantes âgées. Enlevez-les avec un tampon imbibé d'alcool dénaturé.
Toxicité	Aucune, mais attention aux extrémités piquantes des feuilles.

Yucca elephantipes.

La multiplication

Bouturez les plantes vieillies ou trop imposantes. Coupez le stipe en tronçons de 10 à 15 cm de longueur. Trempez leur coupe inférieure dans des hormones de bouturage, et enfoncez les boutures dans un mélange à parts égales de tourbe et de sable humide. Placez à l'étouffée et au chaud (22-24 °C). Vous pouvez aussi bouturer les rosettes. Laissez sécher la coupe quelques jours, puis empotez dans un mélange de tourbe et de sable à peine humide, jusqu'à la reprise.

Quel yucca choisir ?

Yucca elephantipes, à feuilles en forme de glaive, d'un vert bleuté foncé et lustré ; *Y. elephantipes* 'Variegata', à feuilles vertes marginées de blanc crème.

Chap. 9 : Des feuillages « déco »

Zamioculcas * Zamioculcas zamiifolia

Apparue il y a quelques années dans le commerce, cette curieuse plante verte est certainement une des meilleures pour l'intérieur. Robuste, original et toujours impeccable, le zamioculcas supporte les températures les plus extrêmes et les petits oublis occasionnels.

Ce cousin de l'arum, des philodendrons et des pothos est originaire d'Afrique de l'Est. Ses feuilles succulentes, au pétiole charnu et renflé à la base, avec une double rangée de folioles vert brillant, lui donnent son allure unique. En quelques années, la touffe peut atteindre 1 m à 1,20 m de hauteur et d'envergure. En été, des fleurs verdâtres apparaissent à la base des feuilles. Elles durent quelques semaines. Bien entretenu, le zamioculcas peut vivre pendant de longues années dans la maison.

Secrets de culture

Rempotage	Au début du printemps, quand les nouvelles feuilles pointent le long de la paroi du pot, dans un mélange à parts égales de terreau et de tourbe, enrichi de corne torréfiée et de sang desséché. Les feuilles et les grosses racines étant très cassantes, manipulez la plante avec précaution.
Arrosage	Un excès d'arrosage peut causer la pourriture des racines et le dépérissement de la plante. Laissez la terre du pot sécher en surface entre deux apports. En hiver, attendez que toute la motte soit sèche avant d'arroser.
Engrais	De mars à septembre, donnez tous les quinze jours un engrais liquide riche en azote.
Taille	Aucune, si ce n'est couper une vieille feuille qui jaunit.
Maladies et parasites	Aucun, la plante se montrant d'une robustesse à toute épreuve.

Zamioculcas zamiifolia.

La multiplication

Au printemps et en été, prélevez des folioles sur une feuille, et piquez-les dans une mini-serre remplie de sable humide. Maintenez le tout dans un endroit chaud (18 °C au minimum) et bien éclairé, sans soleil direct. La reprise est lente, mais en une année, chaque foliole donnera des racines puis une nouvelle feuille. Vous pourrez alors les rempoter, chacune dans un petit pot en terre cuite plus large que profond.

Quel zamioculcas choisir ?

Tout dépend de votre budget, car le coût sera déjà élevé si vous choisissez un sujet avec cinq ou six belles feuilles, d'environ 60 cm de hauteur. Mais il pousse lentement et vous pourrez le garder longtemps.

Chapitre 10

Cascades et grimpantes

Certaines plantes forment d'élégantes draperies retombant le long des meubles ou des murs et s'allongeant de plus en plus au fil des ans. D'autres n'ont de cesse de couvrir leur support, s'agrippant à l'occasion au mobilier voisin. En croissant, ces végétaux donneront peu à peu à votre intérieur une note exotique.

Les plus petites espèces (ici, un *Pilea libaneus*) s'intègrent facilement dans des mobiles. Si vous agrémentez ceux-ci de photophores, prenez toutefois garde à éloigner des flammes les tiges des plantes.

Dans cette pièce très claire et ensoleillée, toute la hauteur sous le plafond est utilisée pour installer des plantes. Posée sur le haut d'une armoire, une chaîne des cœurs forme une élégante draperie végétale, de même que la phalangère, le pothos et l'æschynanthus disposés sur une étagère, devant la fenêtre. Mais celle-ci doit être condamnée : avec une telle installation, il faut éviter d'avoir à aérer la pièce.

Les plantes à feuillages retombants, comme l'æschynanthus, le hoya, le columnéa et les vignes d'appartement, permettent d'habiller des étagères pratiques mais peu esthétiques. Fixez solidement les potées, qui finissent par peser lourd au fur et à mesure que le feuillage prend de l'ampleur.

Une entrée un peu fraîche mais très claire, sans soleil direct, permet d'accueillir de belles suspensions de phalangères. Prévoyez de les installer un peu à l'écart pour protéger les nombreux stolons retombants, très sensibles aux courants d'air et aux chocs.

Les suspensions (philodendron et misère), qui habillent la baie vitrée, complètent le décor végétal installé à son pied : spathiphyllums, capillaire, palmier nain, tolmiea, bégonia 'Escargot'…

Chap. 10 : Cascades et grimpantes

min. 10 °C
max. 25 °C

Achimènes**** Achimenes hyb.

Ces petites plantes saisonnières se couvrent, de juin à septembre, de nombreuses fleurs blanches, orange, roses, carmin ou mauves selon les variétés. Discrètes mais jolies, elles trouvent facilement place sur un bureau, un petit meuble, dans tout endroit lumineux à l'abri des rayons du soleil.

Ces plantes vivaces à souche rhizomateuse viennent d'Amérique centrale. Ne dépassant pas 35 cm de hauteur et 25 cm de diamètre, elles se distinguent par leurs jolies fleurs tubulées, très colorées, dressées d'abord, puis légèrement retombantes. Leur entretien, aisé pendant la floraison, de la fin du printemps à l'automne, devient assez difficile lorsqu'elles sont en dormance. Quand elles perdent leurs feuilles à l'automne, placez les rhizomes dans de la tourbe sèche et conservez-les dans une pièce à 10-12 °C.

Secrets de culture

Rempotage	En février-mars, plantez les rhizomes dans un terreau de tourbe additionné de sable. Le fond des pots doit être drainé avec des tessons, et les rhizomes recouverts de substrat sur 1 à 2 cm. Maintenez le sol humide et placez les pots au-dessus d'une source de chaleur (radiateur ou couche chauffante), à 18-20 °C.
Arrosage	Abondant en été, nul en hiver. Utilisez de l'eau non calcaire à température ambiante, l'achimène étant sensible à l'eau froide. Quand elle est en boutons, bassinez le feuillage, mais cessez dès l'épanouissement des fleurs ; une soucoupe remplie de billes d'argile placée sous le pot maintiendra une humidité favorable.
Engrais	Pour obtenir une floraison généreuse et continue, apportez de l'engrais pour plantes fleuries de fin mars à fin août, sur sol déjà humide.
Taille	Aucune. Nettoyez simplement la souche quand la plante entre en repos.
Maladies et parasites	Les pucerons attaquent parfois les jeunes pousses, surtout après un « coup de sec ». Douchez la plante ou traitez-la à l'aide d'un insecticide classique.

La multiplication

Elle est facile par division des rhizomes en février. Vous pouvez aussi bouturer en mai des tronçons de 5 cm, prélevés sur de jeunes rhizomes : placez-les dans une couche de tourbe à une température de 20 à 24 °C. Trois semaines après, regroupez trois ou quatre boutures pour former une potée fournie.

Quelle achimène choisir ?

Achimenes coccinea et *A. erecta*, à nombreuses petites fleurs rouges ; *A. longiflora* et ses nombreuses variétés dont les très florifères 'Little Beauty', rose, et 'Paul Arnold', mauve. Parmi les hybrides, 'Ambroise Verschaffelt', à fleurs violacées ponctuées, est vigoureux ; 'Stan's Delight' a des fleurs doubles écarlates.

Achimènes hybrides.

Vos questions / Nos réponses

Les tiges deviennent molles…

Vous avez trop arrosé. Éliminez les parties pourries, laissez sécher le substrat et ralentissez la fréquence des apports d'eau.

Æschynanthus *** Aeschynanthus sp.

Aeschynanthus radicans.

Les æschynanthus comptent parmi les plus belles plantes fleuries retombantes, avec leur superbe feuillage vernissé et leurs bouquets de fleurs très colorés, à l'extrémité des tiges. En panier suspendu derrière une fenêtre bien éclairée ou sur une sellette, ils formeront de belles cascades.

Les æschynanthus, originaires d'Asie du Sud-Est, présentent des feuilles simples et charnues. Leurs fleurs aux teintes vives regroupées en inflorescences, parfois bicolores, sont souvent parfumées (selon les espèces). Elles s'épanouissent de manière continue en été et en automne. Les tiges, retombantes, atteignent 40 à 50 cm de longueur. De culture relativement difficile, les æschynanthus ont besoin de lumière et, en été, d'une atmosphère chaude et suffisamment humide pour ne pas perdre précocement leurs boutons et leurs fleurs. Placez-les dans une pièce un peu fraîche pendant l'hiver et évitez de les déplacer quand ils ont formé leurs boutons floraux.

Secrets de culture

Rempotage	Tous les deux ans, au printemps, dans un mélange de terreau, de tourbe et de terre de bruyère. Utilisez un pot en terre et n'oubliez pas de drainer le fond avec des billes d'argile.
Arrosage	Tous les trois jours du printemps à l'automne, et tous les dix jours en hiver. Utilisez de l'eau non calcaire à température ambiante. Du printemps à l'automne, bassinez fréquemment le feuillage.
Engrais	Au printemps et en été, des apports d'engrais pour plantes à fleurs favoriseront et prolongeront la floraison.
Taille	Après la floraison, rabattez les extrémités des tiges pour conserver à la plante un port dense et net.
Maladies et parasites	Il arrive que ces plantes soient attaquées par les pucerons. Pour les éliminer, utilisez un insecticide approprié.

La multiplication

Le bouturage, délicat, demande chaleur et humidité. Prélevez au printemps des boutures de tiges semi-ligneuses de 10 cm. Piquez-les dans un mélange de tourbe et de sable, à l'étouffée et à une température de 25 °C, si possible en chaleur de fond. Aérez souvent pour éviter la pourriture. Environ un mois après, repiquez quatre ou cinq boutures par pot.

Quel æschynanthus choisir ?

Aeschynanthus radicans, à fleurs écarlates aux étamines jaunes, et ses variétés ('Mona', 'Mona Lisa', 'Ara') ; *Aeschynanthus speciosus*, à fleurs rouge orangé marquées de rouge, et ses variétés ('Carina', 'Rigel') ; *Aeschynanthus marmoratus*, à feuilles marbrées à revers pourpré et fleurs jaunes tachées.

Vos questions / Nos réponses

Les feuilles présentent des taches brunes...
Ces plantes sont très sensibles à l'eau calcaire. Filtrez l'eau pour l'adoucir.

Chap. 10 : Cascades et grimpantes

Chaîne-des-cœurs** Ceropegia woodii
Fleur-lanterne

RAMPANTE OU RETOMBANTE, CETTE PETITE LIANE DEVIENT, AVEC LE TEMPS, TRÈS SPECTACULAIRE. POUR BIEN PROFITER DE SES CHAPELETS DE FEUILLES ET DE FLEURS, SUSPENDEZ-LA DEVANT UNE FENÊTRE OU BIEN POSEZ-LA EN HAUT D'UN MEUBLE OU D'UNE CONSOLE.

Les tiges graciles et pourpres de cette plante grasse sud-africaine peuvent dépasser 1 m de longueur. Elles portent des petites feuilles opposées, arrondies et charnues, vert foncé avec des marbrures blanc argenté sur le dessus, rosées au revers. En été, des fleurs en camaïeu rose-violet-pourpre, ressemblant à des lanternes, apparaissent entre les feuilles. Des petits tubercules ronds se forment au collet et aux nœuds, le long des tiges.

SECRETS DE CULTURE

REMPOTAGE	Tous les deux ans, au début du printemps. Attention à ne pas écraser ou plier les longues tiges souples, qui sont très fragiles. Utilisez un substrat très léger et bien drainé (80 % de terre de bruyère et 20 % de perlite).
ARROSAGE	Très modéré, en laissant la terre du pot sécher au moins en surface. En hiver, par une température de moins de 18 °C, laissez sécher toute la motte avant d'arroser.
ENGRAIS	De mars à septembre, donnez une fois par mois un engrais liquide complet – de préférence en réduisant de moitié la dose indiquée – pour favoriser la croissance des pousses et la floraison.
TAILLE	Vous pouvez pincer l'extrémité des tiges pour les faire se ramifier.
MALADIES ET PARASITES	Les cochenilles peuvent envahir très vite la plante. Traitez avec un insecticide approprié dès les premiers parasites.

Ceropegia woodii.

LA MULTIPLICATION

Facile, elle s'effectue entre mai et août par bouturage de tronçons de tiges, avec chacun au moins deux nœuds. Ôtez les feuilles du nœud inférieur. Enfouissez la base de la tige jusqu'à recouvrir le nœud défeuillé, dans un substrat de rempotage. Arrosez très peu jusqu'aux premiers signes de reprise. Vous pouvez aussi prélever les tubercules qui se forment sur la plante, quand ils ont émis une nouvelle tige. Détachez-les, puis enfouissez-les dans le même substrat. Vous pouvez en mettre trois ou quatre dans un godet de 8 cm de diamètre.

Fleur et feuille de *Ceropegia woodii.*

QUELLE CHAÎNE-DES-CŒURS CHOISIR ?

Ceropegia woodii est disponible en mini-pot, mais la motte sèche très vite si vous ne la surveillez pas régulièrement. Il donnera un bel effet en plus grosse potée, d'au moins 10 à 12 cm de diamètre.

Clérodendron *** *Clerodendrum thomsoniae*

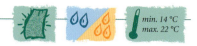
min. 14 °C
max. 22 °C

La floraison bicolore de cette vigoureuse plante grimpante commence à la fin du printemps. La durée de ces fleurs justifie alors les soins demandés. Ce clérodendron peut prospérer dans une grande pièce lumineuse ou dans une serre, pourvu que l'atmosphère soit suffisamment humide.

Originaire des zones tropicales d'Afrique occidentale, ce clérodendron émet des tiges volubiles de 2 à 3 m de longueur, qu'il faut palisser sur un support au fur et à mesure de leur croissance. Elles portent de grandes feuilles ovales brillantes et aux nervures marquées. Les fleurs s'épanouissent en grappe à l'extrémité des jeunes pousses, leurs pétales rouge vif émergeant de calices blanc crème en un contraste saisissant. Cette plante demande une température de 18 à 22 °C du printemps à l'automne, de 14 à 16 °C en hiver.

Secrets de culture

Rempotage	Tous les ans, après la taille, au tout début du printemps, dans un mélange de terreau horticole et de terre franche. Les plantes trop grandes pour être manipulées se contentent d'un surfaçage.
Arrosage	Copieux d'avril à septembre, pour maintenir le substrat humide, puis progressivement réduit. En hiver, attendez que le substrat sèche presque complètement pour arroser à nouveau. Maintenez une forte hygrométrie ambiante en bassinant la plante et en posant le pot dans une soucoupe remplie de galets à demi immergés. Si nécessaire, installez un humidificateur.
Engrais	Effectuez un apport hebdomadaire d'engrais pour plantes fleuries d'avril à fin août. Cessez durant la période de repos de la plante.
Taille	Sévère, en février, pour redonner un port plus compact et rajeunir les plantes âgées.
Maladies et parasites	Les mouches blanches, les cochenilles et les araignées rouges peuvent le parasiter. Traitez à l'aide d'un insecticide adapté et augmentez l'humidité ambiante.

La multiplication

Délicate, elle s'effectue par bouturage de tiges herbacées au printemps, ou de tiges semi-ligneuses en été. Prélevez des boutures d'environ 15 cm, trempez la base dans des hormones de bouturage, piquez-les dans un mélange à parts égales de tourbe et de sable et placez à 20 °C.

Quel clérodendron choisir ?

C. thomsoniae, à fleurs campanulées à calice blanc et corolle rouge. Parmi les autres espèces, *C. splendens*, à feuilles en cœur et bouquets de fleurs écarlates.

Vos questions / Nos réponses

Mon clérodendron ne fleurit pas.

Le clérodendron a besoin d'une période de repos végétatif, et donc d'un froid hivernal relatif (14 à 16 °C) pour bien fleurir. Durant la période de végétation, le manque de lumière et/ou d'engrais favorise le feuillage au détriment de la floraison.

Clerodendrum thomsoniae.

Chap. 10 : Cascades et grimpantes

Codonanthe*** *Codonanthe crassifolia*

S'IL A TOUTE VOTRE ATTENTION, LE CODONANTHE RÉVÉLERA SES CHARMES : UN PORT BIEN RETOMBANT, UN FEUILLAGE VERNISSÉ, UNE FLORAISON ABONDANTE ET PROLONGÉE, DES FRUITS, RARES MAIS COLORÉS. EN LE TAILLANT RÉGULIÈREMENT, VOUS POURREZ OBTENIR UNE BELLE SUSPENSION.

Cette petite plante retombante est originaire d'Amérique centrale et du Sud. Ses feuilles sont ovales et vert foncé, succulentes et brillantes. Presque toute l'année, des petites fleurs en trompette, blanches avec le cœur ponctué de rose, apparaissent sur les tiges, qui atteignent 60 cm de longueur, 1 m au plus.

Le codonanthe, qui pousse en épiphyte dans la nature, redoute l'excès d'humidité au niveau des racines et n'a pas besoin d'un gros pot. Pour le mettre en valeur, cultivez-le en suspension dans un endroit très clair mais sans soleil direct.

Codonanthe crassifolia.

SECRETS DE CULTURE

REMPOTAGE	Tous les deux ans, dans un contenant un peu plus volumineux, percé de nombreux trous de drainage. Utilisez un substrat très léger et bien drainé, comme un terreau pour plantes vertes mélangé à 20 % de perlite. Évitez le sable de rivière.
ARROSAGE	Régulier mais sans excès, pour maintenir le sol frais. En hiver, laissez sécher la surface du substrat avant d'arroser.
ENGRAIS	D'avril à fin septembre, donnez un engrais liquide pour géraniums, tous les quinze jours.
TAILLE	Coupez à la base les vieilles tiges desséchées. Au printemps, si votre plante se dégarnit à la base, rabattez l'extrémité des tiges d'un bon tiers pour favoriser le départ de nouvelles pousses vigoureuses.
MALADIES ET PARASITES	Les cochenilles peuvent envahir toute la plante et la faire dépérir. Dès leur apparition, douchez la plante à l'eau tiède puis, lorsque le feuillage est sec, traitez-la avec un insecticide approprié.

LA MULTIPLICATION

Le bouturage d'extrémités de tiges est facile à réaliser, au printemps et en été. Prélevez des tronçons de 10 à 15 cm de longueur. Ôtez les feuilles sur le tiers inférieur des tiges. Enfouissez la base défeuillée dans un mélange de terreau et de 20 % de perlite. Placez les boutures dans une mini-serre à forte hygrométrie mais en maintenant le substrat frais, sans plus.

QUEL CODONANTHE CHOISIR ?

Codonanthe crassifolia est l'espèce la plus commune et la plus facile à cultiver dans la maison. Vous pouvez trouver un hybride assez semblable mais au port plus compact, x *Codonatanthus* 'Aurora', qui donne des fleurs teintées de crème et de rose orangé. Plus délicate, cette plante retombante exige une hygrométrie élevée, de 60 à 70 %, peu facile à obtenir, hormis dans une véranda.

Vos questions / Nos réponses

Des boules se forment sur mon codonanthe.

C'est tout à fait naturel ! Ces petites boules d'abord vertes puis orange vif sont en fait les fruits charnus de cette jolie plante retombante. Seules les fleurs fécondées donnent des fruits, d'où leur rareté dans la maison. Mais en été, quand de petits insectes volants pénètrent à l'intérieur et visitent les fleurs, le phénomène est plus fréquent. Ces baies sont très décoratives mais ne se mangent pas.

Columnéas** *Columnea sp.*

LES COLUMNÉAS SE DISTINGUENT PAR LEUR FLORAISON, EN HIVER OU AU DÉBUT DU PRINTEMPS. FRILEUX ET ASSEZ DÉLICATS, ILS VIVENT VOLONTIERS DANS UN APPARTEMENT CHAUFFÉ ET BIEN CLAIR, À L'HYGROMÉTRIE ASSEZ ÉLEVÉE. C'EST EN PANIER SUSPENDU QUE LE PORT RETOMBANT DE CES PLANTES EST LE MIEUX MIS EN VALEUR.

Ces plantes épiphytes sont originaires des forêts tropicales d'Amérique centrale et du Sud. Leurs longues tiges velues portent des petites feuilles persistantes, avec à leur aisselle des fleurs tubulaires à capuchon. S'ils demandent de la lumière, les columnéas craignent le soleil direct, les courants d'air et les coups de froid. Une température de 18 à 20 °C leur convient, qui peut être plus élevée en été si l'hygrométrie est bonne.

Columnea hirta.

SECRETS DE CULTURE

REMPOTAGE	Tous les deux ou trois ans, juste après la floraison, dans un mélange poreux et plutôt acide, à base de terreau riche en tourbe, de compost et de sable.
ARROSAGE	Avec une eau non calcaire et à température ambiante. Régulier durant la période de végétation, pour assurer l'humidité constante du substrat, progressivement réduit en automne. En hiver, laissez sécher la surface sur 1 ou 2 cm entre deux arrosages. Bassinez les espèces à feuillage lisse et placez les pots des espèces à feuilles velues sur une soucoupe remplie de billes d'argile humides (le pot ne doit pas tremper dans l'eau). Installez un humidificateur d'air près des plantes.
ENGRAIS	De mai à septembre, donnez un engrais pour plantes fleuries.
TAILLE	Dès la floraison terminée, coupez l'extrémité des tiges : les fleurs de l'année suivante se développeront sur les tiges issues de la ramification.
MALADIES ET PARASITES	Si l'air est trop sec, cochenilles farineuses ou à bouclier et araignées rouges peuvent s'installer. Traitez avec un insecticide systémique.

LA MULTIPLICATION

Elle est délicate. Prélevez des boutures de tiges de 8 à 10 cm après la floraison. Faites-les raciner à l'étouffée et à chaud (20 °C) dans un mélange à parts égales de tourbe et de sable.

QUEL COLUMNÉA CHOISIR ?

C. hirta, à tiges couvertes de poils rouges et à fleurs vermillon ; *C. gloriosa*, à feuilles charnues et velues, et grandes fleurs rouges à gorge jaune ; *C. microphylla*, à tiges de 1,50 m rougeâtres, petites feuilles vert foncé et fleurs écarlates à gorge jaune ; *C. microphylla* 'Variegata', à feuilles marginées de crème ; *C.* x *banksii*, à feuilles charnues lisses et fleurs vermillon à gorge orangée.

Vos questions / Nos réponses

Mon columnéa ne fleurit pas.

Il manque d'engrais et peut-être de lumière. Au printemps et en été, fertilisez toutes les deux semaines et placez le pot ou la suspension dans une pièce plus lumineuse en évitant l'exposition au soleil.

Chap. 10 : Cascades et grimpantes

Corne-d'élan* Platycerium bifurcatum
(syn. Platycerium alcicorne)

Platycerium bifurcatum.

Spontanée en Australie, en Nouvelle-Guinée et en Nouvelle-Calédonie, cette espèce épiphyte présente des frondes stériles arrondies et appliquées sur les racines, d'où émergent des frondes fertiles épaisses et duveteuses. D'abord dressées puis pendantes, ces dernières sont divisées en plusieurs lobes et atteignent 80 cm de longueur. Ses racines puisent l'essentiel de sa nourriture dans la matière fournie par les frondes stériles qui se dessèchent, se décomposent et se renouvellent. Elle apprécie une lumière vive mais indirecte et une température de 18 à 22 °C en été.

ÉGALEMENT APPELÉE CORNE-DE-CERF, CETTE PLANTE DOIT SON NOM À SA RESSEMBLANCE AVEC LES BOIS DES CERVIDÉS. ELLE SUPPORTE MIEUX L'AIR SEC DES APPARTEMENTS QUE LES AUTRES FOUGÈRES. LA SUSPENSION MET SA SILHOUETTE SCULPTURALE EN VALEUR ET FAVORISE SA CROISSANCE.

SECRETS DE CULTURE

REMPOTAGE	Tous les deux ou trois ans, au printemps, dans un mélange de tourbe et de terreau de feuilles additionné d'un peu de fumier bien décomposé. Cette plante n'aime guère être dérangée.
ARROSAGE	Toujours avec de l'eau non calcaire et à température ambiante. Le mieux est de baigner le pot tout entier une fois par semaine et de le laisser égoutter avant de le remettre en place. Pour dépoussiérer la plante, utilisez un pinceau très doux.
ENGRAIS	Effectuez un apport mensuel d'engrais pour plantes vertes d'avril à août. Après avoir baigné la plante, diluez l'engrais dans l'eau du bain et replongez-y le pot. Après un rempotage, attendez un mois.
TAILLE	Aucune.
MALADIES ET PARASITES	Les cochenilles s'installent parfois sur les frondes. Badigeonnez les insectes d'alcool dénaturé et enlevez-les avec l'ongle du pouce ou une pince à épiler. Ne vaporisez pas d'insecticide sur les frondes. Incorporez-le à l'eau des bains jusqu'à élimination des parasites.

LA MULTIPLICATION

Elle est assez facile, par séparation des rejets qui se développent parfois à la base de la plante. Le semis de spores relève plutôt des professionnels.

QUELLE CORNE-D'ÉLAN CHOISIR ?

Platycerium bifurcatum, à frondes stériles appliquées et frondes fertiles vert clair. Parmi les autres espèces : *Platycerium superbum*, à frondes stériles dressées et fourchues au sommet, et frondes fertiles pendantes, atteignant 1,50 m.

Vos questions / Nos réponses

Les frondes ne portent pas de duvet et la plante stagne.
Plusieurs causes sont possibles : arrosage excessif, lumière insuffisante ou carence nutritive. Laissez le substrat se dessécher entre deux arrosages, exposez la plante à une lumière plus vive et nourrissez-la une fois par mois au printemps et en été.

Dipladénia★★★ *Dipladenia sanderi* (syn. *Mandevilla sanderi*)

PARFOIS APPELÉE « JASMIN DU CHILI » OU « JASMIN BRÉSILIEN », CETTE CHARMANTE PLANTE GRIMPANTE VIT DE NOMBREUSES ANNÉES ET OFFRE UNE ABONDANTE FLORAISON, DE LONGUE DURÉE. ASSEZ DIFFICILE À CONSERVER, ELLE DEMANDE UNE HYGROMÉTRIE ÉLEVÉE ET APPRÉCIE DE PASSER L'HIVER AU FRAIS.

En pot, le dipladénia dépasse rarement 2 m. Ses tiges, d'abord à port dressé puis volubiles, ont besoin d'un support : tuteurs en forme de tipi ou palissage. Les feuilles persistantes, ovales, sont d'un beau vert brillant. Les fleurs en trompettes, roses à gorge jaune, réunies en petits bouquets, s'épanouissent de mai à octobre. Cette plante exige une situation très lumineuse, à l'abri du soleil de midi et des courants d'air. Une température de 18 à 20 °C en été, de 15-16 °C en hiver est parfaite.

SECRETS DE CULTURE

REMPOTAGE	Tous les ans, au printemps, dans un mélange de terre de bruyère, de terreau de feuille et de tourbe.
ARROSAGE	Copieux en été pour maintenir une humidité constante, mais plus modéré durant la période de repos (laissez sécher la surface du substrat entre deux arrosages). Effectuez des bassinages fréquents, sans mouiller les fleurs. Posez le pot sur des galets partiellement immergés, sans qu'il touche l'eau directement.
ENGRAIS	D'avril à août, effectuez un apport bimensuel d'engrais pour plantes fleuries.
TAILLE	En automne, lorsque la floraison se termine. Rabattez les tiges assez sévèrement pour conserver un port touffu et susciter une croissance vigoureuse et une floraison abondante.
MALADIES ET PARASITES	Les araignées rouges et les cochenilles sont très friandes du dipladénia, surtout quand l'atmosphère est trop sèche. Traitez avec un acaricide ou un insecticide systémique. Augmentez le taux d'humidité ambiante.
TOXICITÉ	La sève laiteuse provoque des irritations cutanées. Par ingestion, elle entraîne nausées, vomissements et diarrhées. Portez des gants et surveillez enfants et animaux.

LA MULTIPLICATION

Délicate, elle s'opère en juin-juillet par bouturage de tiges semi-ligneuses de 8 cm de longueur. Trempez la base dans des hormones d'enracinement, piquez-les dans un mélange de tourbe et de sable, couvrez d'un sac en plastique et conservez au chaud (22 à 25 °C).

QUEL DIPLADÉNIA CHOISIR ?

Les variétés 'Rosea', aux fleurs rose saumon à gorge jaune ; 'Rubiniana', aux fleurs roses à gorge carmin ; 'Janell', aux fleurs rouges à gorge blanche ; 'Scarlet Pimpernel', aux fleurs rose-rouge à gorge jaune.

Dipladenia sanderi.

Chap. 10 : Cascades et grimpantes

min. 15 °C
max. 22 °C

Ficus rampant ** Ficus pumila (syn. Ficus repens)

ON TROUVE TOUJOURS UN ENDROIT POUR CE PETIT FICUS À CROISSANCE RAPIDE : EN SUSPENSION, IL RETOMBE EN CASCADE ; INSTALLÉ AU PIED D'AUTRES PLANTES, IL ADOPTE UN PORT TAPISSANT OU GRIMPANT. IL NE DEMANDE QU'UNE FORTE HYGROMÉTRIE POUR PROSPÉRER ET VIVRE LONGTEMPS.

Originaire des forêts humides du Japon, du Viêt Nam et de Chine, ce petit figuier émet de longues tiges portant de fines racines aériennes et des petites feuilles en forme de cœur. Plante de sous-bois, il n'a pas besoin de beaucoup de lumière, ce qui permet de le placer dans des coins peu éclairés où beaucoup d'autres plantes dépériraient. En revanche, il est exigeant en humidité et n'aime pas les changements brusques de température.

SECRETS DE CULTURE

REMPOTAGE	Au printemps, si la plante est à l'étroit, dans un pot de la taille immédiatement supérieure. Un terreau standard pour plantes d'intérieur convient.
ARROSAGE	Régulier, afin que la motte ne sèche jamais complètement. Pour rattraper un oubli, baignez le pot dans un seau d'eau et laissez-le égoutter avant de le remettre dans sa soucoupe. Bassinez le feuillage quotidiennement, avec une eau non calcaire.
ENGRAIS	D'avril à septembre, apportez deux fois par mois un engrais liquide pour plantes vertes.
TAILLE	Pendant la période de végétation, vous pouvez rabattre les tiges trop longues, ce qui les incitera à se ramifier.
MALADIES ET PARASITES	Les cochenilles et les araignées rouges attaquent la plante quand l'air est trop sec. Augmentez le taux d'humidité et traitez avec un insecticide ou un acaricide.
TOXICITÉ	La sève laiteuse contient des substances irritantes pour la peau et les muqueuses. Mieux vaut porter des gants pour manipuler la plante. Attention aussi aux jeunes enfants et aux animaux domestiques, qui pourraient être tentés de mâchonner une feuille.

Ficus pumila.

LA MULTIPLICATION

Elle est facile. En avril-mai, prélevez des boutures de tiges de 10 cm de longueur, supprimez les feuilles inférieures et trempez la base dans des hormones de bouturage. Plantez dans un mélange à base de tourbe et de sable. Couvrez d'un sac en plastique et gardez à la chaleur (22 à 25 °C) jusqu'à enracinement.

QUEL FICUS RAMPANT CHOISIR ?

Ficus pumila, à petites feuilles en cœur vert foncé ; les variétés 'Minima', à très petites feuilles ; 'Variegata', à feuilles tachetées de crème ; 'Quercifolia', à feuilles lobées ; 'Sunny', à feuilles marginées de blanc.

Fittonia★★★★ *Fittonia verschaffeltii*

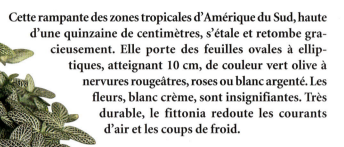

Fittonia verschaffeltii var. *argyroneura*.

Cette rampante des zones tropicales d'Amérique du Sud, haute d'une quinzaine de centimètres, s'étale et retombe gracieusement. Elle porte des feuilles ovales à elliptiques, atteignant 10 cm, de couleur vert olive à nervures rougeâtres, roses ou blanc argenté. Les fleurs, blanc crème, sont insignifiantes. Très durable, le fittonia redoute les courants d'air et les coups de froid.

SON FEUILLAGE PITTORESQUE ET COLORÉ, AU FIN RÉSEAU DE NERVURES, A VALU À CETTE VIVACE SON NOM ANGLAIS DE « PLANTE MOSAÏQUE ». CE TRÈS BEL ORNEMENT DEMANDE UNE TEMPÉRATURE CONSTANTE ET, SURTOUT, UNE HYGROMÉTRIE ÉLEVÉE. SA CULTURE EST FACILE EN TERRARIUM.

SECRETS DE CULTURE

REMPOTAGE	Tous les ans, dans un mélange à tendance acide de terre de bruyère, de terreau et de tourbe, dans une coupe permettant au fittonia de s'étaler largement avant de retomber en cascade.
ARROSAGE	La motte doit rester humide toute l'année. Utilisez une eau non calcaire. Pour maintenir une forte humidité, installez un humidificateur d'air et placez sous le pot une soucoupe remplie d'eau avec des billes d'argile.
ENGRAIS	Appliquez un produit pour plantes vertes, une fois par quinzaine, de mars à septembre.
TAILLE	Dans un terrarium, modérez le développement du fittonia en coupant les tiges. Le cas échéant, supprimez les fleurs.
MALADIES ET PARASITES	Une hygrométrie trop faible fait apparaître des plages sèches sur les feuilles. Bassinez-les régulièrement et augmentez l'humidité.

LA MULTIPLICATION

Elle est facile par marcottage, puisque les tiges s'enracinent facilement. Il suffit donc de sevrer les marcottes naturelles pour les repiquer. Si le pot est trop petit, couchez les tiges sur un second pot, en les bloquant, et attendez qu'elles s'enracinent. On prélève également des boutures de têtes en février-mars, pour les piquer dans un mélange léger. Conservez-les à l'étouffée et à 20 °C. Repiquez ensuite plusieurs boutures dans un même pot.

Vos questions / Nos réponses

La plante est terne et ses feuilles se dessèchent.
Placez-la dans un terrarium à hygrométrie élevée, ou augmentez l'humidité dans la pièce et effectuez des bassinages fréquents sur le feuillage. Gardez-vous aussi d'exposer la plante au soleil, derrière une vitre, peut occasionner des brûlures.

QUEL FITTONIA CHOISIR ?

Fittonia verschaffeltii, à feuilles vert olive mat à nervures rougeâtres (résistant jusqu'à 13 °C en culture) ; sa variété 'Pearcei', à feuilles vert clair à nervures rouge carmin ; *F. verschaffeltii* var. *argyroneura*, à feuilles brillantes d'un vert plus clair, à nervures blanc argenté.

Chap. 10 : Cascades et grimpantes

Gynura** *Gynura aurantiaca*

min. 13 °C
max. 20 °C

Les Anglais l'appellent « plante de velours » pour son très beau feuillage. Cette vivace peut être retombante ou grimpante, selon qu'on la cultive dans une coupe, sur une sellette ou en la palissant sur un tuteur. Elle a besoin de lumière, de chaleur et d'humidité.

Cette plante vivace, originaire des forêts tropicales de Java, séduit surtout par ses grandes feuilles (jusqu'à 20 cm) ovales, vert mat et à bords irrégulièrement dentés, recouvertes d'un duvet à reflets violets. Elle peut retomber sur 60 cm ou davantage, et atteindre une hauteur similaire sur tuteur. Les petites fleurs orangées, peu spectaculaires, ont une odeur désagréable et il est préférable de les éliminer pour favoriser le feuillage. Placez le gynura en situation bien éclairée, faute de quoi le duvet est moins coloré.

Secrets de culture

Rempotage	Au printemps, tous les deux ou trois ans, dans un mélange à parts égales de terreau, de tourbe et de terre de jardin.
Arrosage	Deux fois par semaine du printemps à l'automne, et une seule en hiver, pour maintenir la motte humide, sans excès. Ne mouillez pas le feuillage. Pour augmenter l'humidité, placez le pot sur des graviers dans une soucoupe remplie d'eau. Évitez la proximité d'un radiateur.
Engrais	D'avril à septembre, effectuez tous les quinze jours un apport d'engrais liquide pour plantes vertes.
Taille	Les tiges ont parfois tendance à se dégarnir quand elles s'allongent. Pincez-les pour favoriser l'apparition de nouvelles feuilles, bien colorées. En même temps, supprimez les feuilles dès qu'elles commencent à s'abîmer, et les fleurs dès leur apparition.
Maladies et parasites	Les pucerons attaquent parfois les jeunes pousses ; éliminez-les à la main et utilisez un insecticide systémique à petite dose.

La multiplication

Le gynura s'enracine assez facilement. Au printemps et au début de l'été, prélevez des boutures de têtes de 10 cm et piquez-les dans un mélange léger, de préférence à l'étouffée, à une température de 18 °C. L'enracinement se fait également dans l'eau. Dans ce cas, arrosez abondamment dans les semaines qui suivent le repiquage en terre.

Quel gynura choisir ?

Gynura aurantiaca, à feuilles couvertes d'une pubescence violette ; *G. aurantiaca* 'Purple Passion' (syn. *G. sarmentosa*), à feuilles dentées de 10-15 cm de longueur, tapissées d'un dense duvet pourpré.

Vos questions / Nos réponses

Certaines tiges n'ont presque plus de feuilles.
Coupez toutes les tiges concernées afin de favoriser le développement de nouvelles pousses, vigoureuses et à feuilles bien colorées.

Gynura aurantiaca.

Hoyas* Fleurs de porcelaine   Hoya sp.

min. 12 °C
max. 25 °C

Hoya carnosa 'Compacta'.

Cuisine, salon, entrée ou chambre, toutes les pièces de la maison peuvent accueillir des hoyas, à condition d'être lumineuses. Leur floraison est spectaculaire et parfois parfumée. Avec de bons soins, vous les garderez pendant des années.

Ces plantes succulentes originaires d'Asie, épiphytes dans leur milieu naturel, ont des racines peu développées. Grimpantes ou retombantes pour la plupart, elles forment de belles suspensions, mais peuvent aussi couvrir un coin de mur recouvert d'un treillage ou courir sur de grands tuteurs. Si la pièce est très claire, voire ensoleillée pendant quelques heures dans la journée, les hoyas fleurissent abondamment en été. Robustes et faciles à vivre, ils supportent même quelques petits oublis !

Secrets de culture

Rempotage	Tous les deux ou trois ans, dans un contenant à peine plus grand, car ils préfèrent être à l'étroit. Utilisez un substrat très léger et bien drainé, par exemple un mélange à parts égales de tourbe blonde, de terreau et de perlite.
Arrosage	Pendant la belle saison, maintenez le substrat toujours frais, mais jamais détrempé, avec une eau non calcaire. D'octobre à mars, réduisez les apports d'eau, et laissez sécher le substrat avant d'arroser.
Engrais	De mars à septembre, donnez une fois par mois un engrais liquide complet.
Taille	En pinçant l'extrémité des tiges, vous favoriserez la ramification de votre hoya, qui prendra un port plus dense et touffu. Taillez toujours juste au-dessus d'une feuille.
Maladies et parasites	Quand l'air est trop chaud et sec, les araignées rouges envahissent vite tout le feuillage de la plante. Traitez avec un acaricide, après avoir douché copieusement les feuilles. Les cochenilles sont également fréquentes, difficiles à éliminer. Traitez avec un insecticide approprié dès leur apparition.

La multiplication

Facile, elle s'effectue au printemps et en été par bouturage de tiges. Vous devez prélever un tronçon comportant un ou deux nœuds. Enterrez la bouture de façon à couvrir le nœud inférieur et la base des premières feuilles, dans un mélange très léger et poreux (tourbe et perlite à parts égales), maintenu à peine humide. Vous pouvez aussi pratiquer le marcottage aérien, qui permet d'obtenir rapidement des plantes plus vigoureuses.

Vos questions / Nos réponses

Dois-je couper les fleurs fanées de mon hoya ?

Surtout pas ! Les tiges qui ont porté la première floraison vont redonner de nouveaux boutons floraux. Si vous les supprimez, vous allez réduire considérablement l'importance des floraisons ultérieures. Pour une fois, laissez faire la nature sans intervenir. Les pédoncules qui portent les fleurs d'*Hoya multiflora* tombent dès que la floraison se termine.

Hoya bella.

Chap. 10 : Cascades et grimpantes

Hoya carnosa 'Variegata'.

QUEL HOYA CHOISIR ?

Le choix proposé dans les jardineries et chez les fleuristes est très limité, et les plantes sont rarement étiquetées. Choisissez une plante couverte de boutons, avec quelques fleurs déjà épanouies. Si elle a des feuilles fripées ou desséchées, laissez-la car elle a souffert d'un manque d'eau trop prolongé. Si vous cherchez des espèces plus rares et si vous voulez faire une collection, vous devrez les commander à l'étranger. Consultez le site de l'International Hoya Association (IHA) : http://www.international-hoya.org/

Vous trouverez le plus souvent *Hoya bella* (syn. *Hoya lanceolata* ssp. *bella*), proposé en suspension ou palissé sur un petit treillage. Si vous manquez de place, c'est la plante idéale. Originaire de l'Inde et du sud de la Birmanie, cette espèce à port étalé puis retombant donne des tiges ne dépassant pas 50 cm de longueur. Son abondante floraison dure presque toute l'année si elle a assez de lumière. Les fleurs, en ombelles, sont blanches à cœur rose violacé.

Hoya bella.

Originaire de Chine et du Japon, *Hoya carnosa* peut former des cascades de 2 m et plus. Ses feuilles ovales et allongées sont vert foncé, avec un aspect cireux. Les fleurs blanches et roses, regroupées en ombelles, apparaissent en été. Il existe de nombreuses variétés au feuillage plus ou moins panaché de blanc, de crème et de rose. La variété 'Compacta' a des feuilles ondulées et crispées. Sa croissance est plus lente.

Hypocyrta* Nematanthus gregarius (syn. Hypocyrta radicans)

Nematanthus gregarius.

Les longues tiges retombantes de cette petite plante tropicale en font un sujet idéal pour la culture en panier suspendu. Si son feuillage vernissé est très décoratif, son principal intérêt réside dans ses fleurs orangées, qui ont inspiré le surnom de « plante-poisson rouge ».

Originaire du Brésil, l'hypocyrta atteint 35 cm de hauteur. Ses tiges, densément garnies de petites feuilles persistantes, luisantes et charnues, adoptent, selon le mode de culture, un port prostré ou retombant. Du printemps à l'automne, la plante se couvre de petites fleurs allongées orange. Elle demande une lumière vive, mais une situation à l'abri du soleil direct. Elle s'adapte bien à la température d'un intérieur, mais une période hivernale de repos dans une pièce fraîche (13-15 °C) favorise la floraison de l'année suivante.

Secrets de culture

Rempotage	L'hypocyrta fleurit mieux lorsqu'il est à l'étroit. Rempotez-le tous les deux ou trois ans, à la fin de l'hiver ou après la floraison, dans un mélange bien drainé de terreau riche en tourbe et de sable.
Arrosage	Maintenez le substrat humide, mais non détrempé, durant toute la période de végétation. Laissez sécher en surface entre deux arrosages. Arrosez modérément en hiver si la plante séjourne au frais. Bassinez le feuillage de temps en temps, en évitant de mouiller les fleurs.
Engrais	Administrez un engrais liquide une ou deux fois par mois, de mars à septembre. Après un rempotage, attendez un mois.
Taille	Au tout début du printemps, rabattez les tiges de moitié en coupant juste au-dessus d'une feuille pour conserver un port harmonieux à la plante et encourager la ramification et la floraison.
Maladies et parasites	Surveillez les attaques de cochenilles, de mouches blanches et d'araignées rouges. Au besoin, traitez avec un insecticide systémique.

La multiplication

Elle est assez facile. Au printemps ou en été, prélevez des boutures de têtes d'environ 8 cm de longueur. Trempez la base dans des hormones d'enracinement, et plantez-les dans un mélange de tourbe et de sable. Placez-les à l'étouffée et sur chaleur de fond (22 °C) jusqu'à la reprise. Groupez quatre ou cinq plants pour constituer des potées fournies.

Quel hypocyrta choisir ?

Les noms des hybrides figurent rarement sur les potées. 'Christmas Holly' et 'Herens' ont des feuilles plus larges que l'espèce type, et des fleurs écarlates ; 'Black Magic' porte des feuilles foncées et des fleurs orange.

Chap. 10 : Cascades et grimpantes

Jasmin de Madagascar**
Stephanotis floribunda

Le feuillage brillant de cette élégante grimpante met en valeur les fleurs, d'un blanc pur et au parfum puissant. Dans le commerce, on la trouve palissée sur un arceau métallique. C'est une plante assez robuste et très durable, mais difficile à faire refleurir en appartement.

Cette liane persistante des forêts malgaches peut atteindre 2 à 6 m (même en pot, s'il est grand). Les tiges ligneuses portent de belles feuilles ovales, vert foncé. Les bouquets de petites fleurs cireuses s'épanouissent du printemps à l'automne. La plante a besoin d'une lumière tamisée et craint les courants d'air, qui provoquent, comme les brusques écarts de température, la chute des boutons. Pour refleurir, elle doit passer l'hiver au frais (12-14 °C), dans une véranda ou une pièce peu chauffée. L'été, elle peut être placée sur un balcon bien abrité, d'abord à l'ombre, puis à mi-ombre.

Secrets de culture

Rempotage	Tous les ans, au printemps, dans un mélange de tourbe, de terre de bruyère et d'écorce de pin.
Arrosage	Deux fois par semaine du printemps à l'automne, tous les dix jours en hiver, en laissant la motte s'assécher un peu et en vidant la soucoupe (les racines étant sensibles à la pourriture). Vaporisez de l'eau douce au moins une fois par semaine, en particulier lorsque les boutons floraux sont en formation, mais veillez à ne pas mouiller les fleurs.
Engrais	De mai à septembre, apportez tous les quinze jours un engrais pour plantes à fleurs.
Taille	Après la floraison, rabattez les tiges pour favoriser l'apparition de nouvelles pousses.
Maladies et parasites	Les cochenilles à bouclier s'installent parfois sous les feuilles. Éliminez-les à l'aide d'un Coton-tige, ou utilisez un insecticide spécifique.

Stephanotis floribunda.

La multiplication
Elle est difficile. En été, prélevez des boutures sur des tiges semi-ligneuses. Appliquez des hormones de bouturage pour faciliter l'enracinement, placez à l'étouffée, sur chaleur de fond. L'enracinement demande environ deux mois.

Quel jasmin de Madagascar choisir ?
Hormis l'espèce type, il existe une variété à feuillage panaché de *Stephanotis floribunda*, mais on la trouve rarement.

Vos questions / Nos réponses
Mon jasmin garde un beau feuillage, mais ne refleurit pas.

Il a sans doute trop chaud en hiver ; placez-le, si possible, dans une pièce à 12-14 °C, et apportez-lui un engrais pour plantes difficiles à fleurir (de type 6-12-36) d'avril à septembre.

Mikania** *Mikania ternata*

SANS ÊTRE SPECTACULAIRE, CETTE GRIMPANTE À TIGES LIGNEUSES EST REMARQUABLE PAR SON BEAU PETIT FEUILLAGE VIOLACÉ ET FONCÉ, QUI S'ÉTALE AVANT DE RETOMBER. ELLE PEUT ÊTRE INSTALLÉE EN PANIER SUSPENDU OU SUR UNE SELLETTE, ET ASSOCIÉE À DES ESPÈCES À FEUILLAGE VERT.

Originaire d'Amérique tropicale, cette plante à tiges volubiles se lignifiant peut retomber sur une hauteur de 1,50 m, mais il est préférable de lui conserver un port plus compact (80 cm). Ses feuilles sont composées de cinq folioles duveteuses et pourprées, très découpées, de 3 cm de longueur. Elle a besoin de chaleur en été, mais préfère une certaine fraîcheur en hiver (12-15 °C) ; elle supporte 5 °C, et même épisodiquement moins. Elle apprécie un séjour sur le balcon, à mi-ombre, de juin à septembre.

SECRETS DE CULTURE

REMPOTAGE	Au printemps, tous les ans ou tous les deux ans, dans un mélange de terreau de rempotage et d'un peu de terre franche.
ARROSAGE	Tous les cinq-six jours en été et tous les dix jours en hiver. Le mikania n'est pas trop gourmand en eau. Placez le pot et sa soucoupe sur un plateau rempli de billes d'argile expansée et d'eau.
ENGRAIS	De mars à septembre, appliquez une fois par quinzaine un engrais liquide pour plantes vertes ; complétez éventuellement avec un engrais foliaire.
TAILLE	Pincez les pousses au début de la végétation, pour rendre la plante plus touffue. Si elle se dégarnit au centre, rabattez-la sévèrement.
MALADIES ET PARASITES	Les araignées rouges et les mouches blanches s'attaquent à la plante en atmosphère sèche. Augmentez l'humidité ambiante.

Mikania ternata.

LA MULTIPLICATION

Elle est assez facile par bouturage. Prélevez des boutures d'extrémités de tiges herbacées au printemps. Plantez-les à l'étouffée, à une température de 25 °C. Pour obtenir des potées fournies, groupez trois ou quatre boutures par pot et pincez les jeunes pousses pour les forcer à se ramifier.

QUEL MIKANIA CHOISIR ?

Outre *Mikania ternata*, vous pouvez aussi trouver *M. scandens*, à feuilles vert franc, triangulaires et découpées, et inflorescences volumineuses de petites fleurs blanc crème à odeur de vanille, s'épanouissant en été.

Vos questions / Nos réponses

Mon mikania se dégarnit à partir de la base.

C'est inévitable. Le mieux est de prélever des boutures pour renouveler la plante mère.

Chap. 10 : Cascades et grimpantes

Misères* Tradescantia sp., Callisia sp.

Les plus petites espèces de *Callisia* (*Callisia repens, Callisia rosea*…) poussent facilement et composent d'élégants petits décors sur le rebord d'une fenêtre, un coin de table ou de commode.

Ces plantes ont la réputation de pousser presque sans soins, d'où leur appellation ingrate. Croissant très vite, elles supportent bien des oublis, mais tailles, apports d'engrais et arrosages très réguliers sont nécessaires pour obtenir et conserver plusieurs années de splendides potées bien touffues, aux longues tiges couvertes de feuilles.

Réservez-leur les emplacements les plus clairs et les pièces peu chauffées en hiver (16 à 18 °C). Mettez-les en valeur sur une console ou suspendez-les pour obtenir une grande cascade de feuillage, qu'il est préférable de ne pas trop bouger car les tiges sont fragiles.

QUEL VILAIN NOM POUR DE SI JOLIES PLANTES, FACILES À CULTIVER ET D'UNE GÉNÉROSITÉ INCROYABLE ! CES PETITES LIANES, CONSIDÉRÉES COMME TROP BANALES PAR NOMBRE DE JARDINIERS, MÉRITENT UNE PLUS LARGE PLACE DANS NOS INTÉRIEURS.

SECRETS DE CULTURE

REMPOTAGE	De mars à août, quand la plante paraît bien trop grande par rapport aux dimensions du pot. Rempotez-la dans un contenant légèrement plus volumineux, d'un diamètre supérieur d'environ 2 cm, et pourvu de nombreux trous de drainage. Le substrat doit être léger, poreux et bien drainé. Un bon terreau pour géraniums convient très bien.
ARROSAGE	Régulier, mais sans excès. Le sol doit rester frais, jamais détrempé, ce qui provoquerait la pourriture des racines et de la base des tiges. En hiver, si la température de la pièce est inférieure à 18 °C, laissez sécher la terre du pot en surface avant d'arroser.
ENGRAIS	De mars à septembre, apportez chaque semaine un engrais liquide complet. Au moment du rempotage, incorporez du sang desséché et de la corne torréfiée dans le terreau.
TAILLE	Pincez fréquemment les extrémités des nouvelles pousses pour garder un port ramifié et très touffu à la plante, qui a tendance à pousser en longueur, tout en se dégarnissant rapidement à la base.
MALADIES ET PARASITES	Les araignées rouges peuvent proliférer très rapidement, surtout en hiver quand le chauffage fonctionne. Douchez la plante puis, lorsque le feuillage est sec, appliquez un acaricide, en respectant les doses pour ne pas abîmer les feuilles. Méfiez-vous aussi des cochenilles et des pucerons.

Tradescantia fluminensis 'Quadricolor' en suspension.

La multiplication

Rien de plus simple que de bouturer une misère ! Prélevez un fragment d'extrémité de tige, avec deux ou trois niveaux de feuilles. Pour les variétés à feuillage panaché, choisissez les rameaux les plus colorés, avec le moins de vert possible. Supprimez les feuilles de la base, et mettez vos boutures dans un verre d'eau. Cette opération peut s'effectuer toute l'année, mais la reprise est plus rapide au printemps et en été. Les racines apparaissent alors en moins d'une semaine. Quand elles mesurent 2 ou 3 cm, rempotez les pousses enracinées dans un bon terreau pour géraniums, en plantant cinq boutures dans un pot de 12 cm de diamètre.

Vos questions / Nos réponses

Les tiges de ma misère se détachent à la base.

Votre plante souffre d'un excès d'arrosage. Les racines, asphyxiées, finissent par pourrir, de même que la base des tiges. Attendez que la terre du pot sèche en surface avant d'effectuer un nouvel apport d'eau, sans aucun engrais. Et pendant quelques semaines, vaporisez quotidiennement le feuillage pour favoriser la reprise. ■

Tradescantia fluminensis 'Yellow Hill'.

Chap. 10 : Cascades et grimpantes

QUELLE MISÈRE CHOISIR ?

La croissance très rapide de ces plantes d'intérieur permet l'achat de jeunes plants, en pots de 8 ou 10 cm de diamètre seulement. En quelques mois, vous aurez une belle potée, opulente et touffue. Les variétés à feuillage panaché sont souvent plus délicates à cultiver. Elles redoutent les excès d'arrosage et exigent un emplacement très clair, à l'abri du soleil direct.

Tradescantia fluminensis, d'origine sud-africaine, est une des misères les plus robustes. Elle adopte un port couvre-sol ou retombant, les fines tiges succulentes et vertes portant des petites feuilles ovales vert foncé brillant. En été, des fleurs étoilées blanc pur apparaissent aux extrémités des pousses. Il existe de nombreuses variétés à feuillage plus ou moins panaché de jaune-crème, de blanc ou de rose. La variété 'Quadricolor' a un feuillage très lumineux, vert abondamment panaché de blanc, de crème et de rose.

Callisia repens, originaire d'Amérique tropicale, forme une belle boule de 20 à 30 cm de diamètre, avec des tiges et des petites feuilles très charnues, vert foncé sur le dessus et pourpres au revers. Très semblable, sa variété 'Turtle' a des feuilles plus claires, vert-jaune.

Tradescantia fluminensis 'Quadricolor' en potée retombante.

Callisia repens.

Tradescantia fluminensis 'Variegata'.

Népenthès**** Nepenthes sp.

Aussi fascinantes qu'originales, ces plantes dites carnivores réclament une très grande humidité pour continuer à produire les pièges nécessaires à leur survie. La culture en terrarium est la plus appropriée, mais le panier suspendu, dans une salle de bains lumineuse, peut être une solution.

Principalement originaires de Malaisie, d'Indonésie ou de Madagascar, ces plantes terrestres ou poussant sur les arbres, à tiges sarmenteuses, ont des tailles très diverses (de 70 cm à plus de 10 m). Leurs feuilles se terminent par des urnes surmontées d'un opercule. Celles-ci contiennent un liquide visqueux qui attire, puis noie et digère les insectes. En cas d'hygrométrie insuffisante, elles se dessèchent et la plante ne peut pas les renouveler. Vivaces mais fragiles, les népenthès craignent le soleil direct et les courants d'air.

Secrets de culture

Rempotage	Au printemps, dans un mélange léger et drainant à base de tourbe blonde (40 %), d'écorces de pin broyées (40 %) et de perlite (20 %).
Arrosage	Le substrat doit rester humide en permanence. Utilisez impérativement une eau non calcaire. Si la plante est à l'air libre, maintenez une hygrométrie élevée en la bassinant plusieurs fois par jour et en installant près d'elle un humidificateur d'air.
Engrais	Du printemps à la fin de l'été, effectuez un apport bimensuel d'engrais foliaire pour orchidées.
Taille	Taillez les espèces vigoureuses pour limiter leur développement, et éliminez les parties mortes.
Maladies et parasites	Une trop grande sécheresse ambiante favorise les cochenilles farineuses. Traitez sans attendre. Une trop grande humidité hivernale, alliée à un éclairage insuffisant et à une température trop basse, peut provoquer une pourriture grise. Coupez les parties atteintes et traitez au fongicide ; détruisez les plantes très touchées pour éviter la contamination.

La multiplication

Elle se fait par marcotte aérienne en terrarium, ou par bouture de pousse avec talon, prélevée au printemps. Trempez dans des hormones de bouturage et plantez dans un mélange de tourbe et de vermiculite en mini-serre chauffée à 21-27 °C au sol. Vous pouvez aussi semer à chaud (27 °C) sur un mélange humide composé de 3/4 de tourbe et 1/4 de sable. Inutile d'enterrer les graines.

Quel népenthès choisir ?

Nepenthes x *ventrata*, aux urnes variant du vert au rouge selon l'éclairement ; *N. rafflesiana*, à grandes urnes vertes ponctuées de rouge ; *N. alata*, aux urnes vert pâle tachées de brun ; *N.* x *coccinea*, aux urnes marquées de bordeaux.

Népenthès hybride.

Vos questions / Nos réponses

Mon népenthès ne produit plus d'urnes.

Cela peut être dû à une hygrométrie insuffisante ou à un changement de conditions. Il faut parfois plusieurs mois pour que la plante se réadapte. En hiver, la croissance (et la production d'urnes) ralentit naturellement.

Chap. 10 : Cascades et grimpantes

Passiflore bleue** *Passiflora caerulea*

Passiflora caerulea.

Sur les arbres de son Amérique tropicale natale, cette plante vigoureuse dépasse souvent 10 m de hauteur ; en pot, elle est nettement moins expansive mais se développe tout de même très vite. Elle est généralement présentée sur un arceau, mais on la fait aussi grimper sur un treillage ou, simplement, sur un tuteur. Palissez régulièrement les nouvelles tiges pour éviter qu'elles s'accrochent aux meubles ou à d'autres plantes.

Elle aime le plein soleil, et peut être placée sur un balcon durant l'été. En hiver, installez-la si possible dans un endroit frais, à 10-12 °C ou, à défaut, dans le coin le moins chaud de l'appartement – mais toujours à la lumière. Elle vivra une dizaine d'années.

CETTE PLANTE GRIMPANTE À CROISSANCE RAPIDE ET AUX FLEURS TRÈS CARACTÉRISTIQUES, À LA FOIS SOMPTUEUSES ET EXOTIQUES, EST ASSEZ FACILE À CULTIVER. ELLE DEMANDE CEPENDANT UNE CERTAINE FRAÎCHEUR EN HIVER, CE QUI POSE SOUVENT PROBLÈME EN APPARTEMENT.

SECRETS DE CULTURE

REMPOTAGE	Tous les deux ou trois ans, dans un terreau de rempotage pour plantes à fleurs et dans un pot suffisamment vaste (d'un diamètre de 25 cm au départ).
ARROSAGE	Deux fois par semaine du printemps à l'automne, pour que la motte soit toujours bien humide. Tous les dix jours en hiver.
ENGRAIS	D'avril à fin août, effectuez tous les dix jours un apport d'engrais pour plantes fleuries.
TAILLE	En février, supprimez à la base les tiges ayant quelques années ; rabattez les autres à une trentaine de centimètres.
MALADIES ET PARASITES	Durant l'hiver, si la température est un peu élevée, la plante peut être attaquée par les araignées rouges, les mouches blanches ou les cochenilles. Traitez à l'aide d'acaricides ou d'insecticides appropriés.
TOXICITÉ	Aucune. Les fruits, qui se développent parfois sur les passiflores séjournant sur un balcon bien exposé, sont comestibles. On les appelle « fruits de la Passion ».

LA MULTIPLICATION

Prélevez des boutures de tiges semi-ligneuses en été, piquez-les dans un mélange léger et faites-les raciner à l'étouffée. Vous pouvez aussi marcotter une tige sur un pot.

QUELLE PASSIFLORE BLEUE CHOISIR ?

Passiflora caerulea, à feuilles vert intense, profondément divisées, et fleurs blanches teintées de rose pourpré, à couronne centrale bleu pourpré et blanc ; les variétés 'Constance Elliott', à fleurs entièrement blanches, et 'Grandiflora', à très grandes fleurs (jusqu'à 15 cm de diamètre).

Pellionias*** *Pellionia sp.*

min. 16 °C
max. 29 °C

Pellionia daveauana.

Ces petites plantes rampantes ou retombantes sont originaires de l'Est asiatique, du Viêt Nam jusqu'à la Malaisie et la Birmanie. Les tiges épaisses portent des feuilles ovales aux motifs décoratifs.
Les pellionias, qui demandent une hygrométrie très élevée (au minimum 70 %), se plaisent dans un terrarium bien chauffé, mais sont plus difficiles à cultiver à l'air libre, surtout en hiver, quand le chauffage assèche l'air. Il est alors conseillé de les installer sur un grand plateau rempli de billes d'argile expansée et d'eau, en évitant la proximité des radiateurs ou de la cheminée.

Ces proches cousins des piléas et de l'ortie sont recherchés pour la beauté de leurs feuillages aux ornementations colorées. Vous pouvez tenter de les cultiver dans un petit panier suspendu, mais vous obtiendrez de meilleurs résultats dans une bonbonne en verre ou un terrarium.

Secrets de culture

Rempotage	Uniquement quand la plante est trop grande par rapport au pot, ou quand elle remplit le terrarium. Utilisez un mélange très léger et poreux, composé de tourbe, terreau et perlite à parts égales.
Arrosage	Maintenez le substrat toujours frais, sans pour autant le détremper, ce qui provoquerait l'asphyxie puis la pourriture des racines. Arrosez avec une eau non calcaire.
Engrais	D'avril à septembre, donnez tous les quinze jours un engrais liquide riche en azote.
Taille	Si les tiges poussent trop en longueur sans se ramifier, pincez l'extrémité juste au-dessus d'une feuille.
Maladies et parasites	Attention aux cochenilles farineuses, difficiles à éliminer, surtout dans un terrarium. S'il n'y a que quelques parasites, tuez-les avec un Coton-tige imbibé d'alcool, puis traitez la plante avec un insecticide, en respectant les doses indiquées.

La multiplication

À tout moment de l'année, vous pouvez bouturer votre pellionia, en prélevant un tronçon de tige avec trois ou quatre feuilles. Supprimez celle située à la base et placez votre bouture dans une mini-serre, dans un substrat très poreux et léger (tourbe blonde et perlite à parts égales). Maintenez au chaud (20 à 25 °C), dans un endroit très clair, mais sans soleil direct.

Quel pellionia choisir ?

P. daveauana (syn. *P. repens*, *Elatostema repens*) a des feuilles vert foncé avec une large bande centrale vert clair presque gris. *P. pulchra* a des feuilles vertes avec des nervures vert très foncé sur le dessus donnant une impression de damier, le revers étant pourpre. Le plus souvent, vous trouverez les pellionias perdus dans le rayon des miniplantes, sans identification. Plus rarement, ils seront proposés en petites suspensions. Pour une culture en terrarium, les minipotées sont plus faciles à installer et poussent très vite.

Chap. 10 : Cascades et grimpantes

Phalangère* *Chlorophytum comosum*

Très facile à cultiver et à multiplier, cette belle touffe de feuillage est appréciée pour sa résistance et sa facilité d'adaptation. Parfaite pour les suspensions ou les compositions de plantes vertes, elle aime passer l'été sur un balcon, à mi-ombre.

La phalangère, qui vient d'Afrique du Sud, présente l'aspect d'une graminée formant une grosse touffe dense. Elle s'en distingue cependant par ses tiges courantes, appelés stolons, qui se propagent sur le sol quand elle est en pleine terre, et retombent de tous côtés quand elle est en pot. Ces stolons portent des petites fleurs blanches en panicules, peu spectaculaires, et des touffes miniatures, ou plantules, qu'il suffit de détacher et d'empoter pour obtenir de nouvelles plantes.

Secrets de culture

Rempotage	Au printemps, lorsque la plante déborde de son pot, dans un terreau pour plantes d'intérieur.
Arrosage	Une ou deux fois par semaine, été comme hiver, mais sans laisser l'eau stagner dans la soucoupe. Quelques bassinages du feuillage sont profitables quand il fait chaud. Passez la plante sous la douche pour la dépoussiérer.
Engrais	Une fois par semaine, d'avril à septembre, administrez un engrais pour plantes vertes.
Taille	Un simple nettoyage suffit, en supprimant les feuilles fanées à la base de la plante.
Maladies et parasites	L'extrémité des feuilles brunit et sèche quand l'air ambiant est trop sec.

La multiplication

Elle est très facile. Il suffit de prélever les plantules bien formées, à l'extrémité des stolons, et de les fixer, avec un cavalier si nécessaire, sur des petits pots remplis de terreau. Vous pouvez aussi, simplement, poser un pot sous la plantule encore attachée au stolon, pour qu'elle s'enracine (marcottage), puis la sevrer quelques semaines plus tard.

Quelle phalangère choisir ?

Chlorophytum comosum, à feuilles linéaires vert franc, et petites fleurs blanches sur de longs stolons ; ses variétés : 'Variegatum', la plus cultivée, à feuilles marginées de blanc, et 'Vittatum', à feuilles rayées de blanc au centre.

Vos questions / Nos réponses

Comment évoluent les petites plantes, au bout des stolons, quand on les y laisse ?

Elles grossissent un peu, puis finissent par stagner. Mieux vaut alors les prélever pour les faire raciner.

Marcottage de phalangère dans l'eau.

Philodendrons**
Philodendron sp., Philodendron hyb.

min. 16 °C
max. 35 °C

Avec plus de 500 espèces identifiées dans la nature, et certainement encore autant, voire plus, à découvrir, le genre *Philodendron* est une réserve importante de plantes d'intérieur. Originaires du Mexique et des régions tropicales et subtropicales de l'Amérique du Sud, les philodendrons les plus populaires en culture sont grimpants ou épiphytes dans leurs milieux naturels. Souvent très vigoureuses, ces belles lianes sont assez exigeantes en chaleur et en lumière mais redoutent le soleil direct et les courants d'air froid. Toutes les pièces de la maison conviennent, si la place est suffisante. Avec des soins appropriés, vous les conserverez de nombreuses années et peut-être les verrez-vous un jour fleurir...

Philodendron 'Imperial Red' se distingue par la couleur bronze-rouge des jeunes feuilles, qui verdissent de plus en plus en vieillissant.

SECRETS DE CULTURE

REMPOTAGE	Chaque année au printemps, dans un contenant légèrement plus grand, avec un substrat léger et bien drainé, constitué d'un mélange de terreau pour plantes d'intérieur et de 20 % de perlite. Les grosses potées doivent être surfacées une fois par an, en fin d'hiver ou au printemps.
ARROSAGE	Régulier toute l'année, avec une eau non calcaire, pour conserver une certaine fraîcheur au substrat. Ôtez l'eau qui stagne dans la soucoupe ou le cache-pot quelques heures après l'arrosage, car un excès d'humidité peut faire jaunir les feuilles puis pourrir les racines. Bassinez deux ou trois fois par semaine les plantes palissées sur un tuteur en mousse pour garder ce dernier suffisamment humide.
ENGRAIS	Entre mars et septembre, donnez tous les quinze jours un engrais liquide ou foliaire riche en azote.
TAILLE	Quand les tiges deviennent gênantes, coupez au-dessus d'une feuille à la longueur que vous souhaitez. Surtout ne coupez pas les racines aériennes qui pendent le long des tiges, à l'exception de celles qui se sont desséchées.
MALADIES ET PARASITES	Les philodendrons sont des plantes robustes, mais ils peuvent être parasités par les cochenilles et les araignées rouges. Si la plante n'est pas trop volumineuse, douchez-la. Une fois que le feuillage est sec, traitez avec un produit approprié (insecticide ou acaricide).

Ils poussent vite et dans tous les sens, au point de devenir encombrants. En quelques années, le petit pied que vous venez d'acheter deviendra une liane ou un buisson splendide, au feuillage brillant et coriace. De quoi donner un air de jungle à votre intérieur !

LA MULTIPLICATION

Presque toute l'année, mais encore plus au printemps et en été, le bouturage de tige est facile et rapide dans l'eau, surtout si les tronçons bouturés présentent déjà quelques courtes racines aériennes. Cette méthode est cependant réservée aux philodendrons grimpants, que vous pouvez aussi multiplier par marcottage aérien (voir chap. 6 p. 145). *Philodendron bipinnatifidum* se multiplie par semis, mais il n'est pas aisé de trouver des graines.

Chap. 10 : Cascades et grimpantes

Philodendron scandens.

QUEL PHILODENDRON CHOISIR ?

Délaissez les potées qui présentent des feuilles jaunes ou molles et pendantes. Si vous recherchez une plante grimpante ou retombante, achetez les hybrides 'Red Emerald', 'Emerald Duke' et 'Emerald Queen' ou *Philodendron scandens*.

Avec ses petites feuilles vertes brillantes en forme de cœur et ses fines tiges souples, *P. scandens* est l'équivalent tropical du lierre des bois. Facile à cultiver et très robuste, il peut grimper et tapisser un mur ou retomber en grandes cascades de 2 à 3 m de longueur en quelques années seulement.

Vos questions / Nos réponses

Les feuilles de mon philo suintent.

Ce phénomène est tout à fait normal, même si le suintement est plus important après un arrosage abondant. Quelle que soit l'espèce ou la variété de philodendron, des gouttes de liquide transparent sont secrétées par la plante et s'écoulent à la pointe des feuilles ou des racines aériennes (qui poussent sur les tiges).
C'est pourquoi il est déconseillé d'installer ces plantes dans une pièce avec un sol en parquet non vitrifié ou à proximité d'un meuble fragile, car les gouttes laissent des taches sur le bois ciré et les tissus. Évitez aussi la proximité d'un lit. Il n'y a rien à faire, le suintement ne peut pas être arrêté. ■

Philodendron 'Red Emerald'.

Philodendron bipinnatifidum (syn. *Philodendron selloum*) forme une tige épaisse (jusqu'à 10 cm de diamètre) et courte qui finit par ressembler à un petit tronc, surmontée d'une couronne de feuilles découpées et vert foncé. La plante adulte peut dépasser 2 m de hauteur et d'envergure, avec des feuilles de 1 m de largeur portées par des pétioles aussi longs. À réserver aux grands espaces baignés de lumière, tout comme ses variétés 'Imperial Green' et 'Imperial Queen'.

Philodendron bipinnatifidum.

Chap. 10 : Cascades et grimpantes

Pothos* Epipremnum sp. (syn. Scindapsus sp.)

Les pothos sont proposés en suspensions ou palissés sur un tuteur en mousse. Cette dernière présentation permet d'obtenir des plantes vigoureuses aux feuilles beaucoup plus larges, car les tiges émettent des racines aériennes qui s'agrippent à leur support, maintenu humide. Prévoyez suffisamment de place, les tiges pouvant atteindre plusieurs mètres de longueur en deux ou trois ans seulement. Si vous l'installez dans la salle de bains, veillez à ce que l'eau calcaire ne tache pas les feuilles.

Epipremnum pinnatum 'Aureum'.

Epipremnum pinnatum 'Marble Queen'.

SECRETS DE CULTURE

REMPOTAGE	Seulement si les racines sortent du contenant et de préférence au printemps, dans un substrat léger et bien drainé, comme un mélange de terreau pour plantes vertes, avec 20 % de perlite. La culture hydroponique donne d'excellents résultats.
ARROSAGE	Régulier, en laissant sécher la terre en surface entre deux apports d'eau. Humidifiez le tuteur en mousse une fois par semaine.
ENGRAIS	De mars à fin septembre, donnez une fois par semaine un engrais liquide riche en azote.
TAILLE	Ne laissez pas les tiges de votre pothos prendre une longueur démesurée, car elles finiront par se dégarnir à la base. Deux ou trois fois par an, il est préférable de pincer l'extrémité des nouvelles pousses pour les forcer à se ramifier.
MALADIES ET PARASITES	Ces plantes sont rarement parasitées, mais un excès d'eau provoque la pourriture des racines et l'apparition de taches marron sur les feuilles.

IL FAUT VRAIMENT METTRE BEAUCOUP DE MAUVAISE VOLONTÉ POUR FAIRE PÉRIR UN POTHOS ! CES LIANES DE LA FAMILLE DES PHILODENDRONS SONT D'UNE RARE ROBUSTESSE ET ELLES METTRONT PENDANT DE NOMBREUSES ANNÉES DE LA GAIETÉ ET DE LA LUMIÈRE DANS VOTRE INTÉRIEUR.

LA MULTIPLICATION

Au printemps ou en été, prélevez des tronçons de tiges avec trois ou quatre belles feuilles. Supprimez celle du bas et placez vos boutures dans un grand verre d'eau. En quinze jours, les racines apparaissent. Dès qu'elles mesurent 3 ou 4 cm, rempotez cinq boutures dans un pot de 12 cm de diamètre.

QUEL POTHOS CHOISIR ?

Le plus répandu est *Epipremnum pinnatum* 'Aureum' (syn. *E. aureum, Pothos aureus, Scindapsus aureus*), avec ses larges feuilles en forme de cœur, vertes marbrées de jaune vif. Cette espèce est originaire des îles Salomon. Les plantes proposées à la vente ont des feuilles entières de 5 à 15 cm de long, mais les sujets âgés cultivés en serre développent des feuilles découpées, qui peuvent atteindre 80 cm de long. La variété 'Marble Queen', beaucoup plus délicate à cultiver, a des feuilles panachées de blanc ; 'Neon' a un feuillage vert chartreuse, presque jaune. *Scindapsus pictus* (syn. *E. pictum* 'Argyraeus', *S. pictus* 'Argyraeus') présente un feuillage satiné, vert marbré d'argent.

Rhipsalis** *Rhipsalis sp.*

min. 12 °C
max. 30 °C

RARES SONT LES CACTUS QUI ARRIVENT À POUSSER, FLEURIR ET DONNER DES FRUITS DANS LA MAISON. MAIS DANS UNE PIÈCE TRÈS CLAIRE, QUE VOUS ÉVITEREZ DE SURCHAUFFER EN HIVER, LES RHIPSALIS SE MONTRENT D'UNE GRANDE ROBUSTESSE ET PROSPÈRENT PENDANT DE NOMBREUSES ANNÉES.

Ces plantes succulentes dépourvues de feuilles et d'aiguillons piquants forment d'impressionnantes suspensions, avec de longues tiges plus ou moins ramifiées qui retombent sur plus de 1 m. Certaines espèces font penser à une grande chevelure. Dans leur milieu naturel, en Amérique et Afrique tropicales, ce sont des plantes épiphytes. Cultivez-les en suspension ou posez-les sur une console assez haute pour que les tiges puissent descendre un peu plus bas chaque année. Éloignez-les des zones de passage car les tiges cassent très facilement. Leur croissance est lente, d'où un prix plutôt élevé.

SECRETS DE CULTURE

REMPOTAGE	En mars ou en avril, tous les deux ans seulement. Utilisez un mélange pour orchidées, avec des petits morceaux d'écorces de pin. Le pot doit avoir plusieurs orifices de drainage pour permettre un écoulement rapide de l'eau d'arrosage.
ARROSAGE	Régulier au printemps et en été, avec une eau non calcaire, de façon à maintenir le substrat frais. D'octobre à mars, laissez sécher la terre du pot entre deux apports d'eau si la température de la pièce est fraîche (moins de 16 °C).
ENGRAIS	D'avril à septembre, donnez un engrais liquide complet (N-P-K = 6-6-6), une fois par mois.
TAILLE	Aucune.
MALADIES ET PARASITES	Attention aux cochenilles à bouclier ou farineuses. Si vous ne repérez que quelques parasites, leur élimination avec un Coton-tige imbibé d'alcool à brûler peut suffire. Mais il est plus prudent de compléter le traitement avec un insecticide approprié sur toute la plante, car des cochenilles peuvent se dissimuler sous une tige ou sur le pot.

LA MULTIPLICATION

Au printemps ou en été, le bouturage de fragments de tiges est facile. Prélevez une bouture d'au moins 5 à 10 cm de longueur. Laissez sécher la base avant de l'enfoncer dans le substrat, de telle façon que le tiers inférieur de la tige soit enterré. Arrosez un peu pour que la terre adhère à la bouture ; par la suite, arrosez avec parcimonie jusqu'à l'apparition d'une nouvelle tige. Vous pouvez placer cinq boutures dans un pot de 12 cm de diamètre.

Vos questions / Nos réponses

Les tiges de mon rhipsalis rougissent.

Votre plante est trop exposée au soleil. Déplacez la potée pour la soustraire aux rayons solaires, tout en la maintenant dans un endroit bien éclairé. Si vous ne souhaitez pas la déplacer, installez un rideau assez fin pour faire écran. Le changement d'exposition devrait se traduire par une disparition progressive de la couleur rouge, les tiges redevenant bien vertes.

Rhipsalis pilocarpa.

Chap. 10 : Cascades et grimpantes

QUEL RHIPSALIS CHOISIR ?

Souvent, les potées de rhipsalis arrivent sans identification dans les assortiments de plantes cultivées en suspension. De plus, une grande confusion règne dans les appellations, certaines espèces ayant changé de noms plusieurs fois, avant d'être finalement classées dans des genres proches (*Hatiora*, *Lepismium*). *Rhipsalis pilocarpa* (syn. *Erythrorhipsalis pilocarpa*) développe de longues et fines tiges cylindriques, vertes et couvertes de poils blancs soyeux. En hiver, des petites fleurs blanc crème apparaissent aux extrémités des pousses. Le cactus-corail (*Rhipsalis baccifera*) a des tiges vertes et minces, qui portent des petites fleurs insignifiantes puis des baies blanches en hiver ou au printemps. *Rhipsalis baccifera* ssp. *baccifera* forme d'élégantes et grosses touffes de tiges cylindriques vert clair, d'environ 3 mm de diamètre.

Rhipsalis baccifera ssp. baccifera.

Rhipsalis baccifera.

Rhoéo* Rhoeo spathacea
(syn. Tradescantia spathacea, Rhoeo discolor)

Appartenant à la même famille que les misères mais moins célèbre qu'elles, le rhoéo est aussi facile à cultiver que ses « cousines ». Si vous avez une pièce très lumineuse, cette petite plante d'intérieur est pour vous ! Et vous la garderez de nombreuses années…

Originaire du Mexique, le rhoéo pousse vite et peut donner une large potée dans un intérieur très clair, chauffé modérément en hiver (16 à 18 °C). Les feuilles étroites et allongées sont vertes sur le dessus et pourpres au revers. Des fleurs blanches entourées de bractées pourpres apparaissent de temps à autre à la base des feuilles inférieures, mais elles sont assez rares en intérieur.

Secrets de culture

Rempotage	De la fin de l'hiver jusqu'au cœur de l'été, dès que la plante déborde de son pot. Le substrat doit être léger et bien drainé. Mélangez un bon terreau pour plantes d'intérieur à environ 20 % de perlite.
Arrosage	Régulier, pour maintenir le sol frais mais jamais détrempé, car les racines pourrissent quand l'eau stagne. En hiver, si la plante est dans une pièce à moins de 18 °C, attendez que le substrat sèche en surface avant d'arroser.
Engrais	De mars à septembre, donnez un engrais liquide riche en azote, une fois par semaine.
Taille	Ôtez les vieilles feuilles, qui jaunissent puis se dessèchent.
Maladies et parasites	En hiver, dans un intérieur très chauffé (plus de 20 °C), mais aussi en été, les araignées rouges peuvent envahir la plante. Douchez-la, laissez sécher le feuillage et traitez avec un acaricide. À titre préventif, dès que la température est supérieure à 20 °C, augmentez l'hygrométrie en brumisant quotidiennement de l'eau non calcaire sur le feuillage.
Toxicité	La sève est astringente et, en contact avec la peau, elle peut entraîner des irritations passagères. L'ingestion des feuilles provoque une irritation des muqueuses buccales, de la langue et du tube digestif. La plante n'est toxique que si de grandes quantités sont ingérées.

La multiplication

Au printemps et en été, le bouturage du rhoéo se réalise très facilement. Prélevez des extrémités de tiges de 10 à 15 cm de longueur. Ôtez les feuilles sur le tiers inférieur et plongez la bouture dans l'eau. Les racines apparaissent en une dizaine de jours. Dès qu'elles mesurent 3 ou 4 cm, rempotez les boutures (trois par pot de 12 cm de diamètre).

Quel rhoéo choisir ?

Cette jolie plante n'est pas toujours facile à trouver, sauf la variété 'Vittata', plus vigoureuse que l'espèce type et dotée d'un feuillage vert rayé de jaune crème sur le dessous et pourpre au revers.

Rhoeo spathacea.

Chap. 10 : Cascades et grimpantes

Saxifrage-araignée* *Saxifraga stolonifera*

Cette petite vivace pleine de charme et facile à cultiver laisse pendre des stolons, au bout desquels apparaissent des rejetons miniatures. Ceux-ci ont un peu l'aspect d'araignées, d'où le surnom donné à la plante. Elle fera bon effet sur une sellette ou en suspension dans une pièce pas trop chauffée.

Originaire du Sud-Est asiatique, cette saxifrage s'étale largement et retombe sur une trentaine de centimètres. Ses petites feuilles arrondies et dentées, joliment panachées chez les variétés, sont disposées en rosettes formant une touffe. En été, elle donne de minuscules fleurs, blanches et marquées de rouge ou de jaune, en panicules retombantes. Elle peut passer l'hiver dans un jardin, à mi-ombre, et elle accepte aussi l'atmosphère d'un appartement pas trop chauffé, à lumière indirecte. Renouvelez-la systématiquement pour conserver de belles potées.

Saxifraga stolonifera.

Secrets de culture

Rempotage	Tous les ans ou tous les deux ans, au printemps, dans un mélange de terreau et de terre de bruyère. Manipulez la plante avec précaution pour ne pas casser les stolons.
Arrosage	Maintenez la terre fraîche du printemps à l'automne, en arrosant une ou deux fois par semaine. En hiver, espacez un peu les apports.
Engrais	Administrez une fois par semaine un engrais pour plantes vertes, d'avril à septembre.
Taille	Aucune. Contentez-vous d'éliminer les feuilles fanées et les stolons et plantules desséchés.
Maladies et parasites	En hiver, quand l'atmosphère est sèche, les araignées rouges ou les mouches blanches s'installent parfois. Traitez à l'acaricide ou à l'insecticide.

Vos questions / Nos réponses

Ma plante se dégarnit et les plantules, au bout des stolons, se dessèchent.

Renouvelez la saxifrage. Recueillez les plantules encore vives et installez-les en pot.

La multiplication

Il vaut mieux renouveler régulièrement cette plante, les jeunes sujets étant plus vigoureux. Il suffit de recueillir les plantules, au bout des stolons, et de les fixer avec un cavalier en métal ou en bois, sur un pot individuel, dans le terreau de rempotage. Vous pouvez aussi les faire raciner dans le pot avant de les sevrer.

Quelle saxifrage-araignée choisir ?

Saxifraga stolonifera, à feuilles vertes, légèrement veinées de blanc ; ses variétés 'Harvest Moon', à feuilles panachées de rouge, et 'Tricolor', à feuilles plus petites, vertes bordées de blanc rosé.

Séneçon-lierre** *Senecio macroglossus*

min. 10 °C
max. 18 °C

Senecio macroglossus 'Variegata'.

Malgré sa ressemblance avec le lierre, le séneçon-lierre ne lui est pas apparenté, ce qui devient évident lors de sa ravissante floraison. Vous pourrez le palisser sur un support ou le faire retomber gracieusement d'un panier suspendu. Facile à entretenir, il peut vivre très longtemps.

Originaire d'Afrique du Sud, le séneçon-lierre peut adopter un port grimpant, retombant ou rampant, selon le mode de culture. Ses tiges volubiles atteignent 2 m de longueur. Les fleurs jaunes s'épanouissent principalement en été. Cette plante supporte bien la chaleur et la sécheresse, mais apprécie de passer l'hiver dans une pièce un peu fraîche.

Secrets de culture

Rempotage	Tous les ans au printemps, dans un terreau pour plantes d'intérieur additionné d'un peu de terre franche et de sable pour assurer un bon drainage. Emballez la plante dans du papier journal pour ne pas casser les tiges lors de la manipulation.
Arrosage	Régulier, du printemps à la fin de l'été, afin que le substrat reste en permanence frais, mais non détrempé. En hiver, laissez sécher la motte sur 3 ou 4 cm de profondeur entre deux arrosages. Bassinez les feuilles de temps à autre, notamment en période de canicule.
Engrais	Apportez régulièrement un engrais pour plantes vertes du printemps jusqu'à la fin septembre. Attendez un mois après le rempotage.
Taille	En fin d'hiver ou au début du printemps, vous pouvez tailler les tiges grêles pour que la plante en produise de nouvelles. Palissez-les au fur et à mesure de leur croissance si vous élevez la plante en grimpante. Vous pouvez aussi limiter son développement à tout moment, en pinçant les tiges trop longues.
Maladies et parasites	Les pucerons attaquent parfois les jeunes pousses et les boutons floraux. Pulvérisez un insecticide.
Toxicité	La sève peut provoquer des dermatites de contact ainsi que des troubles digestifs par ingestion. Tenez la plante hors de portée des enfants et des animaux de compagnie.

La multiplication

Assez facile, elle s'opère par bouturage de tiges à la fin du printemps ou en été. Prélevez des boutures de 10 cm de longueur et plantez-les dans un mélange de tourbe et de sable légèrement humide. Placez à l'étouffée, à 20 °C, jusqu'à enracinement.

Quel séneçon-lierre choisir ?

Senecio macroglossus (également appelé « lierre du Cap »), à feuilles luisantes vert sombre et fleurs en marguerites jaune pâle ; *S. macroglossus* 'Variegatus', à tiges pourpres et feuilles panachées de crème.

Vos questions / Nos réponses

Les feuilles ramollissent, jaunissent et finissent par tomber.
Cette plante est sensible à l'excès d'humidité. Veillez au bon drainage du substrat et videz la soucoupe après chaque arrosage.

Chap. 10 : Cascades et grimpantes

Syngonium* *Syngonium podophyllum*

*min. 15 °C
max. 22 °C*

À CROISSANCE RAPIDE, APTE À VIVRE DE LONGUES ANNÉES ET FACILE À MULTIPLIER, CETTE LIANE TROPICALE SE DÉVELOPPE SANS PROBLÈME EN APPARTEMENT, QU'ELLE SOIT PALISSÉE SUR UN SUPPORT OU INSTALLÉE DANS UN PANIER SUSPENDU.

Originaire d'Amérique centrale, le syngonium émet des tiges pouvant atteindre 2 m de longueur. Celles-ci portent des feuilles persistantes en forme de fer de lance quand elles sont jeunes, comportant de sept à onze lobes une fois adultes. Les variétés panachées apprécient une lumière vive indirecte, les variétés unies tolèrent une exposition un peu plus ombragée. La température normale d'un intérieur leur convient, à condition de maintenir un taux d'humidité ambiante élevé.

SECRETS DE CULTURE

REMPOTAGE	Tous les ans ou tous les deux ans, en mars-avril, dans un mélange de terreau de feuilles (2/3) et de tourbe (1/3), additionné d'un peu de sable. Drainez le fond du pot avec des tessons ou des billes d'argile. Surfacez les sujets très développés.
ARROSAGE	Maintenez le substrat humide, mais non détrempé, pendant toute la période de végétation. En hiver, attendez que la surface sèche sur 2 ou 3 cm avant d'arroser à nouveau. Bassinez le feuillage quotidiennement, tout au long de l'année.
ENGRAIS	D'avril à août, effectuez un apport bimensuel d'engrais liquide pour plantes vertes.
TAILLE	Vous pouvez pincer les tiges au-dessus d'un nœud pour maintenir un port plus compact.
MALADIES ET PARASITES	Les cochenilles et les araignées rouges colonisent la plante si l'atmosphère est trop sèche. Traitez avec un insecticide ou un acaricide et augmentez l'hygrométrie.
TOXICITÉ	La sève contient des substances irritantes pour la peau et les muqueuses. Prenez les précautions nécessaires pour éviter tout contact et toute ingestion par les enfants et les animaux de compagnie.

Syngonium podophyllum 'Pixie' et 'Arrow'.

LA MULTIPLICATION

Au printemps ou en été, prélevez des boutures de pousses de 10 cm de longueur et ôtez les feuilles inférieures. Plantez les boutures dans un mélange de tourbe et de sable, puis placez-les à l'étouffée, dans un endroit mi-ombragé, maintenu à 22 °C.

QUEL SYNGONIUM CHOISIR ?

S. podophyllum, à feuilles vert moyen lavé de vert plus clair ; les variétés 'Jenny', à feuilles vert très pâle panachées de blanc argenté ; 'Pink Allusion', à feuilles vert clair nervurées de rose ; 'Tricolor', à feuilles vert foncé panachées de vert pâle et de crème ; 'White Butterfly', à larges feuilles d'un vert presque blanc ; 'Arrow', à grandes feuilles vertes à nervures blanches.

Tillandsia *** Tillandsia usneoides

À L'INSTAR DE NOMBREUSES ORCHIDÉES, LES TILLANDSIAS VIVENT DE L'AIR DU TEMPS ET CONSTITUENT DE VASTES COLONIES SI LES CONDITIONS LEUR CONVIENNENT. CETTE ESPÈCE PARTICULIÈRE FORME DES RIDEAUX INSOLITES, MOUSSEUX ET ARGENTÉS, DÉCOR PARFAIT POUR UNE SALLE DE BAINS SANS SOLEIL DIRECT, MAIS TRÈS LUMINEUSE.

Ses surnoms de « barbe-de-vieillard » et de « mousse espagnole » disent assez l'aspect de cette espèce filiforme, dont les souples rosettes argentées s'enchaînent les unes aux autres, colonisant le moindre support. Vous devrez tout au plus la fixer sur le support choisi (branche, écorce, etc.) à l'aide d'un fil discret (en fer, ou un vieux bas).
À la différence de nombreux autres tillandsias, ses fleurs verdâtres, microscopiques, n'ont guère d'intérêt : c'est le graphisme et la couleur de son feuillage qui font tout son charme. Originaire d'Amérique tropicale, il est exigeant en humidité atmosphérique. Il restera beau quatre à cinq ans, atteignant, adulte, 1 m de longueur et 50 cm d'étalement.

SECRETS DE CULTURE

REMPOTAGE	Aucun. Cette « fille de l'air » n'a pas besoin de terre.
ARROSAGE	Bassinez votre colonie trois ou quatre fois par jour, à l'eau tiède. Ne soyez pas tenté de la baigner : elle retiendrait trop d'eau et pourrirait à coup sûr.
ENGRAIS	Une fois par mois, entre mars et septembre, appliquez en bassinage un engrais foliaire pour orchidées, en réduisant la dose de moitié.
TAILLE	Réduisez votre plante, si elle devient trop envahissante, en détachant délicatement les rejets à la main, au printemps.
MALADIES ET PARASITES	Le manque d'humidité peut faire se racornir les feuilles et arrêter la pousse ; augmentez les bassinages. Les pucerons s'y attaquent parfois, en été ; un insecticide de base, si possible organique (pyréthrines) vous en débarrassera.
TOXICITÉ	Ses écailles, poudreuses, peuvent irriter les bronches.

LA MULTIPLICATION
Détachez les rejets excédentaires. Une fois placés sur un nouveau support, ils s'y accrochent et recommencent une colonie.

QUEL TILLANDSIA CHOISIR ?
Seul *T. usneoides* forme ces colonies « en rideau ».

Vos questions / Nos réponses

Mon tillandsia ternit ou se ratatine…
Bassinez-le cinq à six fois par jour pour provoquer l'apparition de repousses en un mois environ.

Tillandsia usneoides (en haut à droite) et d'autres espèces de tillandsias : *T. aeranthos, T. caput-medusae, T. stricta…*

Chap. 10 : Cascades et grimpantes

Vigne-marronnier*** *Tetrastigma voinierianum*

Si vous cherchez une plante géante à la croissance phénoménale, procurez-vous un pied de vigne-marronnier. Réservez-lui de grands espaces très clairs, comme une mezzanine, où elle grimpera et s'étalera à loisir, car cette liane vigoureuse peut atteindre 15 m de longueur et vivre très longtemps.

Dans la maison, cette vigne originaire du Viêt Nam peut émettre des nouvelles pousses de 1,50 m à 2,50 m dans l'année. Les feuilles persistantes, palmées, avec trois ou cinq lobes dentés et veloutés, peuvent atteindre 30 cm de longueur et de largeur. À l'opposé de chaque feuille se développe une grande vrille, qui s'agrippe solidement sur tout support à sa portée. Attention, les plantes voisines peuvent être rapidement étouffées.

SECRETS DE CULTURE

Rempotage	Dès que les racines ont envahi le pot, dans un contenant un peu plus large. Le substrat doit être léger et bien drainé : utilisez un mélange à parts égales de terreau de fumier, de tourbe et de sable de rivière. Si la potée est déjà très volumineuse, contentez-vous de surfacer au début du printemps.
Arrosage	L'excès et les manques doivent être évités. En hiver, laissez sécher la surface de la terre entre deux apports d'eau non calcaire, mais en été maintenez le substrat toujours frais.
Engrais	De mars à septembre, donnez tous les quinze jours un engrais liquide riche en azote.
Taille	Rabattez les tiges qui vous gênent, en les coupant juste au-dessus d'une feuille.
Maladies et parasites	Sensible à une atmosphère trop sèche, cette plante est souvent attaquée par les araignées rouges, qui provoquent une spectaculaire chute des feuilles et des tiges. Comme il n'est pas facile de doucher une liane, seul un traitement acaricide peut les exterminer. Essayez d'augmenter l'hygrométrie de la pièce avec des humidificateurs. Surveillez aussi les attaques de cochenilles, toujours difficiles à éliminer.

Tetrastigma voinierianum.

LA MULTIPLICATION

En été, prélevez des boutures semi-aoûtées comportant au moins deux feuilles chacune. Placez-les dans une mini-serre sur chaleur de fond (substrat maintenu à 25 °C). L'enracinement s'effectue en un mois environ. Dès que de nouvelles feuilles apparaissent, rempotez chaque bouture dans un pot de 12 cm de diamètre.

QUELLE VIGNE-MARRONNIER CHOISIR ?

Inutile d'acheter une énorme potée, vous l'avez compris. Les tiges doivent porter des feuilles de la base jusqu'en haut et ces dernières ne doivent pas pendre lamentablement, signe d'un manque d'arrosage.

Vos questions / Nos réponses

Ma plante fait des pousses mais les feuilles tombent.

Plusieurs causes peuvent provoquer la chute des nouvelles feuilles et des vrilles : une température trop basse, un manque d'éclairage, un manque ou un excès d'arrosage, une attaque d'acariens. Il suffit de remédier au problème pour voir de nouvelles tiges vigoureuses apparaître et se développer correctement.

Vignes d'appartement * Cissus sp.

min. 13 °C
max. 21 °C

Ces fausses vignes sont appréciées pour leur végétation dense et vigoureuse, comme pour leur longévité. Les jeunes sujets sont parfaits en suspensions, tandis que les plantes plus développées se montrent capables de s'accrocher à n'importe quel support, grâce à leurs vrilles.

Originaires de différentes régions tropicales, ces plantes à croissance rapide atteignent vite 2 à 3 m de hauteur et 50 à 80 cm d'envergure. Leurs longues tiges portent des feuilles persistantes vernissées, simples ou composées, selon l'espèce. Les vignes d'appartement apprécient une vive lumière indirecte, mais s'accommodent de la mi-ombre comme du soleil doux du matin ou de la fin d'après-midi. Si la température normale d'un intérieur (18 à 21 °C) leur convient du printemps à l'automne, elles apprécient un repos au frais (13 à 16 °C) en hiver.

Secrets de culture

Rempotage	Tous les ans au printemps, dans un mélange de terreau et de terre franche additionné d'un peu de sable.
Arrosage	Copieux du printemps à l'automne, mais en laissant toujours le substrat sécher sur quelques centimètres entre deux apports. Modéré en hiver, si les plantes séjournent au frais. Posez le pot sur une soucoupe remplie de billes d'argile humides et bassinez le feuillage de temps à autre (surtout dans une pièce chauffée).
Engrais	Effectuez un apport bimensuel d'engrais liquide pour plantes vertes, d'avril à septembre.
Taille	Pour maintenir un port dense, pincez régulièrement les jeunes pousses. Pour rajeunir une plante dégarnie à la base, vous pouvez rabattre les tiges du tiers de leur longueur.
Maladies et parasites	Dès l'apparition de pucerons, cochenilles ou araignées rouges, traitez à l'aide d'un insecticide ou d'un acaricide.
Toxicité	Portez des gants pour manipuler ces plantes : leur sève peut provoquer des irritations cutanées.

La multiplication

Elle est facile. Au printemps, prélevez des boutures de tiges de 8 à 10 cm de longueur, comportant de une à trois feuilles adultes et un nœud. Trempez la base dans des hormones de bouturage et plantez les boutures dans un mélange de tourbe et de sable. Placez à l'étouffée et maintenez une humidité constante et une température de 20 à 23 °C.

Cissus antarctica.

Chap. 10 : Cascades et grimpantes

QUELLE VIGNE D'APPARTEMENT CHOISIR ?

Cissus antarctica porte des feuilles persistantes vernissées en forme de cœur à bord denté.

Cissus rhombifolia (syn. *Rhoicissus rhomboidea*), à feuilles composées de trois folioles en forme de losange, à bord festonné, se trouve rarement dans le commerce ; *C. rhombifolia* 'Ellen Danica' présente des folioles plus profondément découpées en « feuilles de chêne ».

Rare et délicate, *Cissus discolor* a des feuilles vert foncé largement tachées de blanc et de pourpre.

Cissus rhombifolia 'Ellen Danica'.

Cissus discolor.

Vos questions / Nos réponses

Les feuilles sont ternes, flasques, et pendent.

En hiver, c'est le symptôme d'un excès d'eau ou d'une température trop basse. Espacez les arrosages et maintenez la température au-dessus de 12 °C.

En période de végétation, c'est probablement le contraire : arrosez plus copieusement et bassinez les feuilles plus souvent.

Chapitre 11

Des fleurs toute l'année

Couleurs éclatantes, formes étonnantes ou suaves parfums, la séduction des plantes à fleurs est infinie. Certaines, éphémères, compensent leur fugacité par le nombre des fleurs qui se succèdent. D'autres jouent les prolongations, offrant des semaines, voire des mois de floraison.

Avec des plantes à feuillages décoratifs souvent hauts en couleur, une seule potée fleurie est parfois suffisante. Ici, la couleur blanche des spathes du spatiphyllum s'accorde avec toutes les teintes des autres végétaux. Une fenêtre bien éclairée assure une bonne croissance aux sujets, disposés pour recevoir le maximum de lumière.

Voici un emplacement idéal pour les saintpaulias, notamment au cœur de l'hiver : une petite commode située à l'aplomb d'une fenêtre ensoleillée seulement le matin ou le soir.

Quelques potées fleuries suffisent à enjoliver une pièce où l'essentiel du décor végétal est composé de plantes vertes. En disposant les végétaux, veillez à ce que chacun d'entre eux reçoive suffisamment de lumière. Les plantes à fleurs, comme le médinilla et les phalænopsis, doivent baigner dans une clarté maximale, tout en étant à l'abri des courants d'air.

Votre intérieur est baigné d'une lumière vive et le style de votre mobilier est contemporain ? Achetez quelques potées de vriéséas, au graphisme résolument moderne et aux couleurs toniques d'une grande gaieté.

Un grand nombre de plantes d'intérieur à port retombant ne prennent leur aspect pleureur qu'avec l'âge. Ces petites potées d'æschynanthus nanifiés et forcés à fleurir vont peu à peu s'étoffer. Elles formeront des buissons de plus en plus lâches, les tiges ayant tendance à s'étaler de part et d'autre du pot puis à retomber au fur et à mesure de leur croissance.

Chap. 11 : Des fleurs toute l'année

min. 10 °C
max. 22 °C

Æchméa* *Aechmea fasciata*

PLANTE FACILE À ENTRETENIR EN APPARTEMENT, ROBUSTE ET PEU EXIGEANTE EN SOINS, C'EST L'UNE DES MEILLEURES ESPÈCES POUR LES DÉBUTANTS. PLACEZ-LA EN SITUATION ISOLÉE, DE PRÉFÉRENCE SUR UN FOND CLAIR POUR METTRE EN ÉVIDENCE SA FORME JAILLISSANTE ET SES COULEURS.

Cette plante originaire du Brésil offre, comme toutes les Broméliacées, une belle rosette de larges feuilles charnues d'où surgit le gros épi coloré des bractées. Après cette floraison, qui dure de longs mois, la rosette meurt, mais des rejets apparaissent à la base. Dépassant souvent 50 cm d'étalement, l'æchméa a besoin d'espace. Avec ses feuilles coriaces, cette espèce épiphyte résiste à l'air sec des intérieurs chauffés, mais demande une bonne luminosité.

SECRETS DE CULTURE

REMPOTAGE	On ne rempote pas la rosette de feuilles ; quand elle se dessèche, après la floraison, il convient de récupérer les rejets (drageons), il s'agit donc d'une multiplication.
ARROSAGE	Arrosez modérément en été et espacez les apports en hiver. Contrairement à une idée reçue, il n'est pas souhaitable de verser de l'eau dans le cœur de la rosette car cela favorise l'apparition de la pourriture. En revanche, il est bon de bassiner le feuillage avec une eau non calcaire.
ENGRAIS	Effectuez quelques apports d'un produit liquide pour plantes à fleurs au printemps et en été, afin de favoriser la croissance des rejets.
TAILLE	Aucune.
MALADIES ET PARASITES	Les cochenilles farineuses forment parfois des amas blanchâtres sur le feuillage ; éliminez-les avec un Coton-tige imbibé d'insecticide.

LA MULTIPLICATION

Prélevez les rejets périphériques sur une vieille rosette, lorsqu'ils sont bien développés : ils doivent posséder leur propre réseau de racines. Plantez-les dans un mélange bien drainé de terreau et de terre de bruyère, et placez-les en situation chaude, en maintenant l'humidité, mais sans excès.

QUEL ÆCHMÉA CHOISIR ?

Aechmea fasciata, à feuilles marquées de blanc, en large entonnoir et à inflorescence rose et violette, est le plus cultivé. Parmi les autres espèces : *Aechmea ramosa* x *Aechmea fulgens*, à feuilles vert pâle, porte une inflorescence rouge foncé ; *Aechmea chantinii* a des feuilles zébrées de blanc et une inflorescence en épi rouge vif, parfois rose.

Aechmea fasciata.

Aechmea chantinii.

Ananas** *Ananas comosus*

Pour l'ornement, on élève les variétés à feuillage panaché de cette plante qui, par ailleurs, fait l'objet de cultures fruitières. Néanmoins, elles portent l'inflorescence typique, rose ou rouge, des Broméliacées. Elles exigent une hygrométrie assez forte.

Comme les autres Broméliacées, cette plante d'origine brésilienne forme une rosette de feuilles, du centre de laquelle surgissent l'inflorescence et la fructification – réceptacle charnu portant les véritables fruits, surmonté d'une couronne de feuilles. Toutefois, comme elle est terrestre et non épiphyte, elle demande beaucoup de lumière et ne craint pas le soleil direct, même ardent. Elle dure de longs mois avant de se dessécher, en produisant généralement des rejet, que vous prélèverez. Attention, la plante présente des feuilles assez raides, à bords garnis d'épines, dont il convient de se méfier.

Secrets de culture

Rempotage	On ne rempote plus la rosette de feuilles une fois que l'inflorescence est desséchée.
Arrosage	Modéré du printemps à l'automne et faible en hiver. Ne versez pas l'eau dans le cœur de la rosette car cela favorise l'apparition de la pourriture. Bassinez le feuillage avec une eau non calcaire.
Engrais	Effectuez quelques apports d'un produit liquide pour plantes à fleurs au printemps et en été, afin de favoriser la croissance des rejets.
Taille	Elle n'est pas nécessaire.
Maladies et parasites	Les cochenilles farineuses ou à bouclier forment parfois des amas blanchâtres sur le feuillage ; éliminez-les avec un coton imbibé d'insecticide.

La multiplication

Prélevez sur une vieille rosette les rejets périphériques qui ont leur propre réseau de racines. Plantez-les dans un mélange bien drainé de terreau et de terre de bruyère, et placez-les en situation chaude et humide, mais sans excès. Vous pouvez aussi couper la couronne de feuilles située au sommet du fruit, en ôtant le plus possible de pulpe. Après l'avoir laissée sécher 24 h, posez-la sur un mélange de tourbe et de sable, à une température de 25 °C et à l'étouffée.

Quel ananas choisir ?

Attention : on ne cultive pas en plante d'intérieur *Ananas comosus*, aux feuilles vert uni, dont on consomme le fruit. Parmi ses variétés, 'Variegatum', à feuilles vertes marginées de crème, est la plus cultivée ; 'Porteanus' présente des feuilles vertes marquées au centre d'une bande crème.

Ananas comosus 'Variegatum'.

Vos questions / Nos réponses

Les pointes des feuilles brunissent et sèchent…
Il s'agit sans doute d'une asphyxie des racines. Diminuez les apports d'eau.

Chap. 11 : Des fleurs toute l'année

Anthuriums** Anthurium sp.

Ces plantes sont appréciées pour leurs grandes feuilles brillantes et leur inflorescences colorées, présentes toute l'année. Relativement faciles à cultiver (surtout *A. scherzerianum*), elles méritent d'être isolées sur un meuble ou sur une sellette, voire suspendues en corbeille.

A. scherzerianum présente des feuilles allongées et pointues, coriaces et d'un beau vert foncé, pouvant atteindre 25 cm de longueur ; ses inflorescences se composent d'une spathe ovale, rouge écarlate, et d'un spadice jaune ou rougeâtre, tordu ou en spirale. C'est une plante solide et facile. *A. andraeanum* se distingue par des feuilles plus larges, en forme de pointe de flèche, vert soutenu et vernissées ; la spathe est gaufrée et rouge orangé, tandis que le spadice, un peu courbé, est jaune puis blanc ivoire. Les deux espèces viennent d'Amérique tropicale.

Secrets de culture

Rempotage	Au printemps, seulement quand la plante remplit son pot. Utilisez un terreau très poreux, dans un pot en terre dont vous drainerez le fond avec des tessons, car les racines n'aiment pas l'eau stagnante. Un mélange pour orchidées peut convenir.
Arrosage	Été comme hiver, arrosez régulièrement, avec de l'eau non calcaire à température ambiante, pour garder la motte humide, mais sans laisser d'eau dans la soucoupe. En hiver, placez le pot sur des billes d'argile pour éviter un excès d'humidité. Vaporisez le feuillage, surtout pour *A. andreanum*.
Engrais	Donnez un engrais pour plantes à fleurs de mars à octobre, surtout si la plante est rempotée dans un mélange pour orchidées.
Taille	Supprimez régulièrement les fleurs fanées.
Maladies et parasites	Cochenilles et acariens s'implantent parfois sur les feuilles. Traitez à l'aide de produits appropriés. En cas d'humidité excessive, surtout en hiver, la plante peut être touchée par la pourriture des racines, et mourir.
Toxicité	La sève peut être irritante pour la peau, et toutes les parties de la plante sont toxiques.

Anthurium scherzerianum.

La multiplication
Divisez la touffe en plusieurs sujets au moment du rempotage. Placez chaque éclat en pot individuel, en situation chaude, et surveillez les arrosages.

Quel anthurium choisir ?
Les nombreux cultivars (surtout ceux d'*A. andraeanum*) se distinguent essentiellement par les dimensions et les couleurs des spathes : rose, saumon, rouge, crème piqueté de rose ou de rouge, rouge piqueté de blanc, jaune...

Anthurium andraeanum.

Azalées *** Rhododendron hyb.

Les azalées d'intérieur sont essentiellement des hybrides, à grandes fleurs en entonnoirs (non parfumées), simples ou doubles, dans des coloris très divers ; elles sont forcées pour donner leur floraison en hiver. Originaire de Chine et du Japon, ces plantes à port buissonnant et feuillage persistant atteignent 80 cm de hauteur et d'étalement. De mai à septembre, elles peuvent séjourner à l'extérieur dans un endroit ombragé. Ensuite, elles apprécieront un ensoleillement indirect dans une pièce peu chauffée (entrée ou jardin d'hiver). Il leur faudra alors des arrosages modérés, et une augmentation progressive de la température, jusqu'à l'apparition des boutons floraux. Attention, à 20 °C, la floraison est éphémère et le soleil direct endommage les fleurs.

Un superbe sujet cultivé sur tige.

L'azalée est sans doute la plus populaire des plantes d'intérieur à fleurs. Entre septembre et mai, selon les variétés, elle se couvre de fleurs simples ou doubles aux coloris vifs ou tendres. Réputée, à tort, difficile à conserver, elle peut vivre de nombreuses années.

Secrets de culture

Rempotage	Après la floraison, tous les deux ou trois ans, dans un mélange drainant, composé de terreau riche en tourbe et de terre de bruyère.
Arrosage	Attendez que la base du tronc sèche avant d'arroser copieusement, avec une eau non calcaire et à température ambiante. Si la pièce est chaude, vaporisez le dessous du feuillage, mais pas les fleurs. Placez le pot sur des billes d'argile à demi immergées pour qu'il ne trempe pas dans l'eau.
Engrais	D'avril à septembre, apportez deux fois par mois un engrais organique ou un engrais liquide pour plantes fleuries. Cessez les apports durant la floraison : trop de nourriture fait chuter les boutons.
Taille	Éventuellement pour équilibrer la silhouette. Aussitôt après la floraison, éliminez les corolles fanées et coupez les tiges au-dessus d'un bourgeon pour favoriser la ramification. Au printemps, pincez les jeunes pousses vertes pour qu'elles ne concurrencent pas les boutons.
Maladies et parasites	Les jeunes pousses sont parfois envahies par les pucerons. Douchez la plante ou vaporisez un insecticide.
Toxicité	Les feuilles sont toxiques (émétiques) par ingestion.

La multiplication

Délicate, elle se fait au printemps par bouturage de pousses semi-ligneuses. Utilisez des hormones et placez les boutures sur chaleur de fond (25 °C).

Quelle azalée choisir ?

Des hybrides de *Rhododendron simsii* : 'Perle de Noisy', à fleurs rose pâle bordées de blanc ; 'Mevr Gerard Kint', à fleurs simples saumon liserées de blanc ; 'Witte Vogel' et 'Mont Blanc', à fleurs doubles blanc pur ; 'Friedhelm Scherrer', à fleurs doubles rouge carmin ; 'Sina', à fleurs doubles blanches marginées de carmin ; *R. obtusum* 'Kirin', à petites fleurs doubles rose vif.

Chap. 11 : Des fleurs toute l'année

Rhododendron Simsii-Hybrides 'Mevr Gerard Kint'.

Deux variétés d'azalées.

Vos questions / Nos réponses

Mon azalée ne pousse plus, ses feuilles jaunissent et tombent…

L'eau d'arrosage trop calcaire est sans doute responsable. Utilisez de l'eau de pluie ou, à défaut, de l'eau du robinet que vous aurez laissé décanter quelques jours pour diminuer son alcalinité. En l'absence d'amélioration, rempotez la plante dans un mélange terreux plus acide.

PARTIE III   LES PLANTES DE LA MAISON

Bégonias à fleurs ** à **** *Begonia hyb.*

MINIATURES OU GÉANTS, GRIMPANTS, TAPISSANTS, RETOMBANTS OU BUISSONNANTS, À FLEURS BLANCHES, ROSES, MAIS AUSSI ROUGES, ORANGE OU JAUNE BOUTON-D'OR, LES BÉGONIAS RÉSERVENT D'AGRÉABLES SURPRISES À QUI VEUT LES DÉCOUVRIR. CHOISISSEZ-LES BIEN, CAR ILS NE SONT PAS TOUS FACILES À CULTIVER.

De très nombreux hybrides constituent l'essentiel de l'offre. Ils ont été créés à partir d'espèces originaires d'Amérique, d'Asie et d'Afrique tropicale. Les feuillages, glabres ou poilus, offrent une grande diversité de ports, de coloris et d'aspects, avec des tailles comprises entre 5 cm et plus de 2 m de hauteur. Certains bégonias sont très difficiles à cultiver dans la maison et ne poussent que dans un terrarium, une véranda ou une serre chauffée. D'autres se montrent robustes pendant des années dans une pièce et périclitent en quelques semaines dans une autre… Pour mettre toutes les chances de votre côté, réservez à votre bégonia un emplacement très clair, à l'abri du soleil direct et des courants d'air. Et changez-le très vite de place s'il montre des signes de dépérissement.

SECRETS DE CULTURE

REMPOTAGE	Au début du printemps, si la plante déborde de son pot, dans un contenant en terre cuite, plus large que haut, d'un diamètre supérieur de 2 cm seulement. Utilisez un terreau très léger et humifère, mélangé à 20 % de perlite.
ARROSAGE	Régulier mais très modéré, avec une eau non calcaire, en laissant la terre sécher en surface entre deux apports. Ne laissez jamais d'eau stagner dans la soucoupe.
ENGRAIS	De mars à septembre, donnez tous les quinze jours un engrais liquide complet, en diminuant les doses de moitié. Vous pouvez aussi utiliser un engrais pour géraniums ou pour tomates.
TAILLE	Éliminez les tiges et les feuilles jaunies ou mortes, et les grappes de fleurs fanées. Les bégonias buissonnants et de type bambusiforme peuvent être rabattus sévèrement en fin d'hiver si la base des tiges se dégarnit.
MALADIES ET PARASITES	Le blanc, ou oïdium, attaque fréquemment les bégonias, dès qu'il fait trop frais ou trop chaud. Surveillez régulièrement vos potées, et traitez dès que vous apercevez une tache poudreuse gris blanchâtre sous et sur les feuilles, ainsi que sur les tiges.

Begonia 'Elithe'.

LA MULTIPLICATION
La plupart des bégonias, et surtout les hybrides, se multiplient par bouturage. Prélevez des tronçons d'extrémités de tiges feuillées sur les bégonias bambusiformes et buissonnants. Placez-les dans un verre d'eau, en pleine lumière. Les racines se forment en quelques semaines au printemps ou en été.

Pour les bégonias rhizomateux, prélevez une feuille saine avec un fragment de pétiole, en le coupant net avec un cutter. Puis placez-la soit dans un verre d'eau, soit dans une terrine remplie de perlite humide et couverte d'un film ou d'un couvercle en plastique transparent. En quelques semaines, les racines vont se former et se développer.

Chap. 11 : Des fleurs toute l'année

Begonia 'Cleopatra'.

QUEL BÉGONIA CHOISIR ?

Malgré un nombre étonnant d'espèces et d'hybrides, les bégonias à fleurs sont plutôt rares dans les points de vente, hormis chez quelques rares pépiniéristes collectionneurs. En général, les bégonias à fleurs orange ou jaunes sont plus délicats et difficiles à conserver dans un intérieur.

Pour débuter, choisissez un hybride robuste, comme *B.* 'Comte de Miribel' ou *B.* 'Cleopatra'. Si votre premier bégonia vient à dépérir, faites un nouvel essai, avec une espèce ou une variété très différente. Enfin, sachez que tous les bégonias à feuillage décoratif (*cf.* fiche pages 219 à 221) fleurissent. Certains ont une floraison vraiment spectaculaire, au cœur de l'hiver ou au tout début du printemps, comme *B.* 'Cleopatra', à grosses grappes de fleurs roses perchées au-dessus du feuillage.

Bambous fleuris

Ces bégonias forment de grosses touffes de tiges érigées, qui ressemblent à celles des bambous, avec des feuilles en forme d'aile d'ange, plus ou moins larges. *Begonia* 'Comte de Miribel' est un vieil hybride très florifère, qui se couvre de grappes de fleurs rose vif du printemps à l'automne.

En quelques années, *B.* 'Lucerna' se développe : ses tiges bien droites peuvent dépasser 2 à 3 m de hauteur ; du printemps à la fin de l'automne, il donne d'énormes grappes de grandes fleurs rose vif, devenant presque rouges au soleil. Toute l'année, *B.* 'Honey Suckle' porte des grappes de fleurs roses très parfumées ; il ne dépasse pas 60 cm à 1 m de hauteur. *B.* 'Orpha C. Fox' a non seulement de grandes feuilles vert foncé maculées d'argent, mais aussi une abondante et incessante floraison rose vif ; il atteint 1 m de hauteur.

Si vous n'avez pas beaucoup de place, achetez *B.* 'Elithe', au feuillage pourpre et à la floraison blanche (photo page de gauche), ou *B.* 'Thimothee', au feuillage bronze et vert clair sur lequel se détache une abondante floraison rose.

B. 'Orange Rubra', *B.* 'Mandarin' et *B.* 'Orangeade' donnent des fleurs orange.

Begonia 'Comte de Miribel'.

Begonia radicans.

Begonia solananthera.

Jolies cascades

Deux espèces à port retombant sont proposées dans les jardineries et chez les fleuristes, au cœur de l'hiver, période de leur floraison : *Begonia solananthera*, aux fleurs blanches à cœur rouge qui dégagent un parfum suave, et *Begonia radicans*, aux grosses grappes de fleurs corail.

Jaune bouton-d'or

La couleur jaune vif est l'apanage de quelques rares espèces africaines et de leurs hybrides, tous difficiles à cultiver. Réservés aux collectionneurs passionnés, ces bégonias doivent être installés dans un terrarium.
Begonia microsperma (syn. *B. ficicola*) a de larges feuilles vert vif et gaufrées. *B. prismatocarpa* reste une miniature au port traçant qui ne dépasse pas 4 cm de hauteur, avec des petites feuilles lobées. Il a donné deux hybrides aux feuilles gaufrées et un peu plus robustes : *B.* 'Gold Coast' et *B.* 'Buttercup', très florifères.

Begonia 'Gold Coast'.

Vos questions / Nos réponses

Mon bégonia pousse mais ne fleurit pas.

Plusieurs causes peuvent être à l'origine de cette croissance excessive et de l'absence de fleurs : une terre trop riche en éléments azotés, l'apport d'un engrais trop riche en azote, ou un manque de lumière. Rapprochez votre bégonia d'une fenêtre plus ensoleillée, tout en le préservant du soleil de midi. Donnez-lui un engrais plus fortement dosé en phosphore (P) et en potassium (K). Un fertilisant pour géraniums, fraisiers ou tomates fait très bien l'affaire.

Chap. 11 : Des fleurs toute l'année

Billbergias* Billbergia hyb.

Le genre *Billbergia* compte quelque 50 espèces originaires d'Amérique centrale et du Sud. Si les feuillages sont assez banals, les fleurs et bractées, diversement colorées, sont spectaculaires. Ces plantes vigoureuses s'accommodent facilement à l'intérieur.

De 40 à 60 cm de hauteur pour 30 à 50 cm d'envergure, les billbergias émettent des feuilles rubanées réunies en rosette. Au bout de trois ans environ, celle-ci arrive à maturité. De longues hampes florales s'élèvent alors du centre, portant des bractées roses ou rouges et des fleurs tubulaires en épis pendants, qui durent de longs mois. Chaque rosette ne fleurit qu'une fois, mais la plante produit des rejetons. Une température de 18 à 25 °C l'été, de 16 à 21 °C l'hiver, lui convient parfaitement.

Billbergia nutans.

Billbergia pyramidalis 'Striata'.

Secrets de culture

Rempotage	Après chaque floraison, à la fin du printemps, dans un mélange riche en humus, poreux et acide. Le mélange pour orchidées peut convenir, à condition de donner de l'engrais à la plante.
Arrosage	Copieux, avec une eau non calcaire et à température ambiante, en laissant le substrat sécher entre deux arrosages, hiver comme été. En été, versez de l'eau dans la rosette, mais pas en hiver. Diminuez les apports si la température descend au-dessous de 16 °C.
Engrais	De la fin du printemps à l'automne, pour favoriser la formation des rejetons, apportez un engrais liquide pour plantes vertes toutes les quatre à six semaines, en réduisant la dose indiquée de moitié.
Taille	Aucune. Coupez à la base les feuilles abîmées, ainsi que les hampes à la fin de la floraison.
Maladies et parasites	Les cochenilles farineuses et à bouclier se fixent au revers des feuilles âgées. Éliminez-les en tamponnant les feuilles avec un coton imbibé d'alcool dénaturé et traitez avec un insecticide systémique.

La multiplication

Elle ne pose pas de difficulté. À l'aide d'un couteau, séparez les rejetons atteignant 10 à 15 cm, en veillant à ce qu'ils soient dotés de quelques racines. Mettez-les en pot individuellement, dans le terreau de rempotage.

Quel billbergia choisir ?

B. nutans, à feuilles étroites vert olive pâle, bractées roses et fleurs vertes bordées de bleu ; *B.* x *windii*, à feuilles au revers marqué de rayures grises, bractées rouge rosé et fleurs vert, rouge et bleu ; *B. pyramidalis*, à feuilles vert foncé à revers zébré de gris, bractées vermillon et fleurs rouge et blanc.

Vos questions / Nos réponses

Mon billbergia dégage une odeur désagréable.

L'eau de la rosette est putride. Il faut la renouveler souvent : retournez la plante pour la vider, et remettez de l'eau fraîche. ∎

Cactus de Noël ** Schlumbergera hyb.
Pattes-d'écrevisse

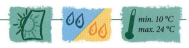

Drôles de cactus ! Ils ne piquent pas et ils fleurissent quand les autres espèces de cactus sont au repos. La floraison, qui dure plusieurs semaines, est spectaculaire au bout de quelques années, quand la plante forme une large touffe.

Pour la plupart, ces cactus sont des hybrides de deux espèces épiphytes originaires du sud-est du Brésil. Ils ont des tiges vertes très cassantes qui ressemblent à des feuilles charnues, découpées en segments aplatis. Les pousses sont d'abord érigées, puis se courbent et finissent par retomber. Une plante de quelques années peut atteindre 60 à 80 cm d'envergure, pour environ 50 à 60 cm de hauteur. Les horticulteurs produisent des plantes prêtes à fleurir dès la fin de l'été. Mais dans la maison leur période normale de floraison se situe plutôt en fin d'automne ou au début de l'hiver (d'où leur appellation). En effet, ces cactus fleurissent après une période de six semaines avec des jours de huit à dix heures, la température idéale étant de 15 °C la nuit et 20 °C le jour. Une fois installée, ne déplacez plus votre potée. Évitez-lui la proximité des sources de chaleur et les zones de grand passage.

Secrets de culture

Rempotage	Au printemps, après la floraison, uniquement lorsque les fines racines blanches ont envahi toute la motte et que la plante semble disproportionnée par rapport au pot. Dans un substrat très léger et bien drainé : un mélange de cinq parts de terreau pour plantes d'intérieur et une part de perlite, ou de 60 % de tourbe blonde et de 40 % de perlite.
Arrosage	Régulier, avec une eau non calcaire, pour maintenir le substrat légèrement humide. Si la température de la pièce est fraîche (15-16 °C), laissez le terreau sécher légèrement en surface, mais jamais complètement, avant d'arroser. Videz l'eau restant dans la soucoupe ou le cache-pot deux heures après l'arrosage.
Engrais	Donnez un engrais liquide complet (N-P-K = 5-5-5), une fois par semaine, de la fin de la floraison jusqu'au début du mois de septembre, environ trois mois avant la nouvelle floraison.
Taille	Les fleurs apparaissent uniquement sur les tiges de l'année précédente. Il est donc préférable de ne pas tailler si vous voulez obtenir une floraison abondante.
Maladies et parasites	Les racines sont très sensibles à la pourriture, fréquente dès que l'arrosage est excessif. Surveillez aussi les attaques de cochenilles pour éliminer les premiers parasites avec un Coton-tige imbibé d'alcool.

Schlumbergera hybride.

La multiplication

Le bouturage s'effectue toute l'année, sauf pendant la floraison de la plante, mais la reprise est plus facile au printemps et en été. Prélevez des extrémités de tiges composées de un à quatre segments. Laissez-les sécher quelques heures pour permettre la cicatrisation et ainsi éviter la pourriture, puis piquez-les dans un mélange composé à parts égales de tourbe blonde, de sable de rivière et de perlite.

Chap. 11 : Des fleurs toute l'année

Pour mieux apprécier le port retombant du cactus de Noël, installez-le dans un pot plus haut que large.

QUEL CACTUS DE NOËL CHOISIR ?

La plupart des cactus de Noël proposés dans le commerce sont des hybrides de *Schlumbergera truncata* (syn. *Zygocactus truncatus*) et *S. russelliana*, mais ils sont rarement identifiés. Laissez-vous tenter par un coloris particulier, le jaune d'or étant le plus rare... Et ne vous étonnez pas si les fleurs blanches ou jaunes se teintent de rose. Cela est dû à une température trop fraîche. Choisissez une potée couverte de boutons bien formés et déjà colorés, avec au moins une ou deux fleurs épanouies, pour être sûr du coloris. Délaissez les plantes aux feuilles plissées, symptôme d'un excès ou d'un manque d'eau.

Vos questions / Nos réponses

Mon cactus de Noël a perdu ses boutons.

Ce phénomène peut survenir en diverses circonstances. Si vous avez déplacé votre plante alors qu'elle formait ses boutons (c'est le cas le plus fréquent, notamment quand on achète un nouveau cactus de Noël), si vous avez oublié de l'arroser (un seul oubli et c'est la catastrophe) ou si vous l'avez installée dans une pièce trop chauffée (20 °C et plus), elle réagit en perdant ses boutons floraux. Mais avec de bons soins, elle refleurira l'année suivante.

Schlumbergera 'Limelight'.

Cactus de Pâques*

Rhipsalidopsis gaertneri (syn. Hatiora gaertneri)

C'est à sa remarquable et longue floraison printanière que le cactus de Pâques doit son nom vernaculaire. Croulant sous le poids des fleurs, il prend souvent un port retombant, ce qui en fait un bon sujet pour la culture en suspension. Bien soigné, il peut vivre et fleurir durant de longues années.

À port en touffe, très ramifié, ce cactus de 15 à 25 cm de hauteur et 30 à 40 cm de diamètre est originaire du Brésil. Ses tiges s'articulent en segments plats, verts à bord teinté de rouge. Les fleurs, aux pétales étroits, pointus et incurvés, s'épanouissent à l'extrémité des tiges. Cette espèce épiphyte apprécie une exposition sud-est ou sud-ouest, avec un soleil tamisé aux heures chaudes. La température habituelle d'un intérieur convient à ce rhipsalidopsis, mais pendant sa période de repos, d'octobre à janvier, il apprécie une certaine fraîcheur (autour de 13 °C).

Secrets de culture

Rempotage	En été, après la floraison, dans un terreau pour cactées ou dans un mélange poreux composé de terreau riche en tourbe (2/3) et de perlite (1/3).
Arrosage	Régulier, de la formation des boutons jusqu'à la fin de la floraison, afin que le substrat soit constamment humide, mais non détrempé. Notablement réduit durant la période de dormance de la plante, en veillant à ce que le substrat ne sèche jamais complètement.
Engrais	De mars à septembre, hors repos hivernal, apportez un engrais pour cactées.
Taille	Les nouveaux boutons floraux se forment sur les segments de l'année précédente. Il ne faut donc pas tailler, sous peine de remettre la floraison à l'année suivante.
Maladies et parasites	Les cochenilles farineuses envahissent souvent les sujets âgés. Éliminez-les avec un Coton-tige imbibé d'alcool à brûler, puis rincez. Dans les cas graves, traitez avec un insecticide au malathion.

La multiplication

Ce cactus est l'un des plus faciles à multiplier, et les jeunes plantes poussent vite. Prélevez des boutures composées de deux ou trois segments de tiges après la floraison. Laissez sécher la plaie un ou deux jours. Piquez-les dans un mélange à parts égales de sable, de tourbe et de perlite, et conservez à 20 °C. L'enracinement prend entre deux et quatre semaines.

Quel cactus de Pâques choisir ?

R. gaertneri, à port plus ou moins retombant et fleurs écarlates, et ses variétés : 'Purple Pride', à fleurs rose violacé, et 'Red Pride', à fleurs rouge orangé ; R. rosea, à fleurs roses.

Rhipsalidopsis gaertneri.

Chap. 11 : Des fleurs toute l'année

Calathéa crocata** <small>Calathea crocata</small>

min. 15 °C
max. 22 °C

COMPARÉ AUX FEUILLAGES ZÉBRÉS OU TACHÉS DES AUTRES ESPÈCES DU GENRE, CELUI DE *CALATHEA CROCATA* PEUT SEMBLER UN PEU TERNE, MAIS IL CONSTITUE UN ÉCRIN PARFAIT POUR SES SPLENDIDES BRACTÉES FLAMBOYANTES. EN OUTRE, CE CALATHÉA SE CULTIVE PLUS FACILEMENT QUE SES CONGÉNÈRES.

Cette plante vivace originaire d'Amérique du Sud atteint 50 à 70 cm de hauteur et 30 à 50 cm d'envergure. À port en touffe dressée, elle émet de grandes feuilles lancéolées à long pétiole et bord ondulé, vert foncé ou bronze sur le dessus, pourpres au revers. Couronnées d'un bouquet de bractées orange vif, les hampes florales se dressent au centre de la touffe, au printemps et en été. Placez ce calathéa à bonne lumière indirecte, près d'une fenêtre orientée au nord ou à l'est. La température idéale se situe entre 20 et 22 °C, du printemps à l'automne, et ne doit jamais descendre au-dessous de 15 °C.

SECRETS DE CULTURE

REMPOTAGE	Il est à faire au printemps, tous les ans ou tous les deux ans, dans un terreau très poreux à base de tourbe, de terre de bruyère et de sable. Drainez le fond du pot avec une bonne couche de billes d'argile.
ARROSAGE	Arrosez régulièrement et modérément de façon que le sol soit toujours un peu humide, mais non détrempé. Ne laissez jamais d'eau dans la soucoupe ou le cache-pot pour éviter le pourrissement des racines.
ENGRAIS	Apportez un engrais pour plantes vertes de mars à septembre, toujours après un arrosage pour ne pas griller les racines. Réduisez la dose indiquée de moitié. Attendez un mois après le rempotage pour commencer les apports.
TAILLE	Contentez-vous de couper à la base les hampes défleuries.
MALADIES ET PARASITES	Des feuilles ternes indiquent la présence d'acariens. Traitez à l'aide d'un acaricide.

Calathea crocata.

LA MULTIPLICATION

Elle est assez facile et s'effectue au printemps (en même temps que le rempotage, par exemple) par division de la touffe. Chaque éclat doit comporter trois ou quatre pousses et des racines saines. Mettez-les en pot dans le terreau de rempotage et placez les potées au chaud, à 18 °C, pour favoriser la reprise.

QUEL CALATHÉA CHOISIR ?

Calathea crocata n'a pas donné de variétés. D'autres espèces du genre, à feuillages ornementaux, sont décrites au chapitre 9.

Vos questions / Nos réponses

Les feuilles s'enroulent sur elles-mêmes.

Si cette espèce est moins exigeante en humidité que les autres calathéas, elle n'en apprécie pas moins une hygrométrie assez élevée et constante. Bassinez le feuillage aussi souvent que possible, avec une eau non calcaire pour éviter de maculer les feuilles, et à température ambiante pour ne pas occasionner de choc thermique.

Clivias** *Clivia hyb.*

Un feuillage toujours resplendissant, une floraison longue et spectaculaire à la fin de l'hiver, une très grande longévité : ces plantes robustes ont bien des atouts, qui compensent largement leur coût élevé. Installez votre clivia dans une pièce très claire, et pas trop chauffée en hiver.

Dans leur milieu naturel, en Afrique du Sud, les cinq espèces de clivias identifiées poussent à l'ombre des arbres, dans les forêts. Avec l'âge, ils forment de grosses touffes de feuilles rubanées, vert foncé et brillantes, plus ou moins longues et larges selon les variétés. Un clivia d'une dizaine d'années et plus peut atteindre 90 cm d'envergure pour 60 cm de hauteur. En février ou mars, une ou plusieurs hampes florales solides se dressent au-dessus du feuillage, portant chacune une ombelle d'une douzaine de fleurs en trompette.

Secrets de culture

Rempotage	En fin d'été, seulement quand les racines remplissent le contenant et finissent par en sortir. Utilisez un mélange pour orchidées ou un mélange à parts égales de tourbe blonde, de sable et de fins graviers de granite.
Arrosage	Très modéré, car un excès d'eau entraîne le jaunissement des feuilles de la base et la pourriture des racines. Attendez que la terre du pot sèche entre deux arrosages et ne laissez jamais d'eau dans la soucoupe ou le cache-pot.
Engrais	De mars à septembre, donnez tous les quinze jours un engrais liquide composé d'azote (N), de phosphore (P) et de potassium (K) en proportion 3-1-4.
Taille	Aucune, si ce n'est d'ôter les vieilles feuilles qui jaunissent et se dessèchent. Si vous ne voulez pas récolter de graines, coupez la hampe florale à la base dès la fin de la floraison.
Maladies et parasites	Les cochenilles sont difficiles à éliminer, car elles se dissimulent au cœur de la touffe de feuilles. Il faut traiter avec un insecticide dès l'apparition des premiers parasites.

La multiplication

Seule la division d'une grosse touffe permet d'obtenir des plants robustes, vite prêts à fleurir. Prélevez les plus beaux rejets, pourvus de grosses racines charnues (attention, elles cassent facilement). Rempotez-les dans des petits pots juste assez larges pour contenir les racines.

Vous pouvez aussi semer les grosses graines qui se forment après la floraison, dans les baies d'abord vertes, puis rouges à maturité. Mais le semis donne souvent des plantes très différentes du pied mère. Et il faut plusieurs années avant que les jeunes pieds fleurissent, quand ils ont au moins douze à quatorze feuilles.

Quel clivia choisir ?

En France, l'offre est réduite, la plupart des plantes du commerce étant des hybrides issus de *Clivia miniata*. Chaque année, en fin d'automne et en hiver, des coloris très classiques (orange plus ou moins foncé, jaune) sont proposés. Choisissez une plante portant déjà une ou deux fleurs épanouies, pour connaître le coloris.

Clivia hybride.

Chap. 11 : Des fleurs toute l'année

Crossandra***
Crossandra infundibuliformis (syn. Crossandra undulifolia)

min. 16 °C
max. 21 °C

Crossandra infundibuliformis.

S'il atteint 70 cm à 1 m dans son milieu naturel, le crossandra ne dépasse guère 45 cm dans nos appartements. Originaire du sud de l'Inde et de Sri Lanka, il porte des feuilles persistantes, ovales à bord plus ou moins ondulé, vert foncé et brillantes. Réunies en petits épis terminaux, les fleurs s'épanouissent successivement à partir de la base de l'épi. Maintenez une température de 18 à 21 °C durant la période de végétation, de 16 à 18 °C en hiver, période de semi-repos.

SECRETS DE CULTURE

REMPOTAGE	Au début du printemps, dans un mélange de terreau horticole et de terre de bruyère. Placez une bonne couche de billes d'argile au fond du pot.
ARROSAGE	Copieux en été, plus modéré en hiver, toujours avec une eau douce et à température ambiante. Le substrat doit être humide, mais non saturé d'eau. Posez le pot dans une soucoupe remplie de billes d'argile humides. Bassinez fréquemment le feuillage, mais évitez de mouiller les fleurs.
ENGRAIS	Du printemps à la fin de l'été, faites un apport bimensuel d'engrais pour plantes fleuries.
TAILLE	Ôtez les fleurs fanées au fur et à mesure et coupez la hampe florale au-dessus de la première paire de feuilles, quand l'épi est entièrement défleuri. Pincez les pousses trop longues pour encourager la ramification. Rabattez à un tiers de sa hauteur un sujet dégarni pour le rajeunir.
MALADIES ET PARASITES	Les pucerons apprécient les jeunes pousses et les boutons floraux. Pulvérisez un insecticide adapté.

CET ARBUSTE UN PEU CAPRICIEUX OFFRE UNE FLORAISON LUMINEUSE D'AVRIL À SEPTEMBRE. PLACEZ-LE DANS UN ENDROIT CLAIR MAIS SANS SOLEIL DIRECT, ET ÉVITEZ LES COURANTS D'AIR ET LES ATMOSPHÈRES CONFINÉES. DANS DE BONNES CONDITIONS, CETTE PLANTE SOUVENT CONSIDÉRÉE COMME ÉPHÉMÈRE PEUT VIVRE UN OU DEUX ANS.

LA MULTIPLICATION
Le crossandra dégénère souvent au bout de deux ans. Le bouturage, effectué en mai, permet de remplacer la plante mère. Prélevez des boutures herbacées (encore tendres) de 6 à 10 cm sur des rameaux latéraux. Trempez la base dans des hormones de bouturage. Plantez à l'étouffée et conservez à 20-22 °C. L'enracinement intervient en deux à quatre semaines.

QUEL CROSSANDRA CHOISIR ?
Crossandra infundibuliformis, à fleurs rouge orangé, et ses variétés : 'Lutea', à fleurs jaunes, et 'Mona Walhead', à port bien compact et fleurs rose saumon.

Vos questions / Nos réponses

Les feuilles noircissent.
La plante souffre du froid ou d'un excès d'humidité. La température ne doit pas descendre au-dessous de 16 °C en hiver et l'eau ne doit pas stagner sous le pot. Proscrivez les produits de lustrage.

PARTIE III   LES PLANTES DE LA MAISON

min. 18 °C
max. 25 °C

Épiscias ** à *** Episcia hyb., Alsobia dianthiflora

DIFFICILE DE NE PAS AIMER CES PETITES BEAUTÉS VÉGÉTALES ! MAIS ELLES SONT DES PLUS CAPRICIEUSES, NE POUSSANT BIEN QUE DANS UNE ATMOSPHÈRE TOUJOURS CHAUDE ET HUMIDE.

Originaires d'Amérique centrale et du Sud, les épiscias poussent en couvre-sol dans la nature. Ils forment des rosettes de feuilles ovales aux couleurs souvent chatoyantes qui ne dépassent guère 20 cm de hauteur pour 30 cm d'étalement. Les nombreux stolons qu'ils émettent leur donnent un joli port retombant quand ils sont cultivés en suspension. Frileux, exigeants en humidité atmosphérique, ils sont difficiles à cultiver, craignant le moindre courant d'air et le chauffage central. Mais ils poussent très bien dans un terrarium éclairé douze à quatorze heures par jour avec des tubes fluorescents.

SECRETS DE CULTURE

REMPOTAGE	Uniquement quand la plante paraît disproportionnée par rapport au pot. Utilisez un substrat très léger, poreux et bien drainé. Ajoutez 20 à 30 % de perlite à un bon terreau pour plantes d'intérieur.
ARROSAGE	Régulier toute l'année, avec une eau non calcaire, pour maintenir le substrat toujours frais, mais pas détrempé.
ENGRAIS	À chaque arrosage, faites un apport d'engrais liquide complet (N-P-K = 10-10-10), en donnant le quart de la dose conseillée. Une fois par mois, arrosez avec de l'eau pure pour éliminer les sels accumulés dans le substrat.
TAILLE	Ôtez les vieilles feuilles qui se dessèchent. Si la plante s'étale trop, éliminez les nouveaux stolons en les coupant à la base.
MALADIES ET PARASITES	Cochenilles farineuses et araignées rouges provoquent de graves dégâts, d'autant que les produits de traitement brûlent les feuilles. En cas de faible attaque, essayez d'éliminer les parasites en douchant le feuillage.

Épiscia hybride.

LA MULTIPLICATION

On opère par repiquage des stolons. Séparez-les des tiges qui les portent en coupant net près de la petite rosette de feuilles. Gardez vos godets sous serre jusqu'aux premiers signes de reprise. Vous pouvez aussi bouturer une feuille avec pétiole ou une rosette de feuilles au printemps ou en été, dans une petite serre à 20 °C au moins. Plongez la base des boutures dans de la perlite humidifiée. La reprise est rapide.

QUEL ÉPISCIA CHOISIR ?

La plupart du temps, vous trouverez dans les points de vente des hybrides sans identification, aux feuillages vivement colorés bronze, argentés ou cuivrés, avec des fleurs orange ou rouge vif. *Alsobia dianthiflora* (syn. *Episcia dianthiflora*) présente des rosettes de feuilles veloutées vert vif et des petites fleurs tubulaires blanc pur, aux contours ciliés. Choisissez un pied doté de feuilles saines, sans taches brunes ou zones desséchées ; les tiges portant les stolons doivent être entièrement vertes.

Vos questions / Nos réponses

Les feuilles de mon épiscia se dessèchent.
Cette plante souffre d'un manque d'humidité. Elle exige une hygrométrie d'au moins 70 %. Installez-la sur un large plateau rempli de billes d'argile expansée et d'eau, ou dans un terrarium.

Chap. 11 : Des fleurs toute l'année

Gardénia*** Gardenia augusta (syn. Gardenia jasminoides)

min. 10 °C
max. 24 °C

SA BLANCHE FLORAISON ET SON FEUILLAGE SOMBRE ET VERNISSÉ OFFRENT UN SOMPTUEUX CONTRASTE. SON PARFUM EST PUISSANT. MAIS, DIFFICILE À CONSERVER, SOUVENT CONSIDÉRÉ COMME TEMPORAIRE, LE GARDÉNIA DOIT ÊTRE INSTALLÉ DANS UNE VÉRANDA OU DANS UNE CHAMBRE D'AMI MODÉRÉMENT CHAUFFÉE.

Contrairement à ce que l'on serait tenté de croire, le nom de cette plante ne vient pas de l'anglais *garden* (« jardin ») mais a été donné en hommage à un botaniste écossais… nommé Garden. Dans sa région d'origine, en Chine, ce gardénia est un arbuste buissonnant de 2 m ; en pot, il forme une touffe arrondie de 30 à 50 cm de hauteur. Les feuilles ovales, assez grandes (10 cm et plus), sont vert foncé lustré. Les fleurs blanc ivoire, en coupe et souvent doubles, atteignent 5 à 8 cm de diamètre. Cette plante exige une température hivernale de 10 à 16 °C, et un bon niveau d'humidité. Durant la belle saison, elle peut être placée sur un balcon, mais à l'ombre.

SECRETS DE CULTURE

REMPOTAGE	Tous les deux ou trois ans, au printemps, dans un mélange de terreau et de terre de bruyère.
ARROSAGE	En période de croissance, c'est-à-dire du printemps à l'automne, arrosez à l'eau douce deux fois par semaine, en vidant la soucoupe. Pendant le repos hivernal, arrosez tous les quinze jours.
ENGRAIS	Au printemps et en été, appliquez tous les quinze jours un engrais pour plantes à fleurs ; cessez les apports en septembre.
TAILLE	Supprimez les fleurs fanées. Si la plante prend trop d'ampleur, taillez-la après la floraison pour la limiter et équilibrer sa silhouette.
MALADIES ET PARASITES	Une aération insuffisante et un excès d'eau provoquent la pourriture grise. Un feuillage terne et des petites masses blanches sous les feuilles indiquent une attaque de cochenilles farineuses. Éliminez-les avec un Coton-tige trempé dans un insecticide ou, si elles sont nombreuses, traitez à l'aide d'un insecticide systémique.

Gardenia augusta 'Veitchii'.

LA MULTIPLICATION

Elle est difficile. En septembre, prélevez des boutures semi-ligneuses et faites-les raciner dans un mélange de tourbe et de sable, à l'étouffée et sur chaleur de fond.

QUEL GARDÉNIA CHOISIR ?

Les variétés de *Gardenia augusta* : 'Fortuniana', à grandes fleurs blanches puis crème, épanouies au printemps et en été ; 'Mystery', à port compact, feuillage sombre et fleurs semi-doubles ; 'Veitchii', qui fleurit de janvier à mai, avec de petites feuilles et des fleurs doubles très parfumées.

Vos questions / Nos réponses

Les boutons floraux tombent sans s'épanouir.

La plante est soumise aux courants d'air ou est exposée à de brusques variations de température. Changez-la de place.

Guzmanias** *Guzmania hyb.*

DANS LA NATURE, LES GUZMANIAS SE DÉVELOPPENT DANS LES DÉBRIS VÉGÉTAUX ACCUMULÉS AUX FOURCHES DES ARBRES OU DANS LES CAVITÉS DU BOIS. CES BELLES PLANTES PEU EXIGEANTES S'ADAPTENT DONC BIEN AUX CONDITIONS DE CULTURE EN APPARTEMENT, SI L'ATMOSPHÈRE N'Y EST PAS TROP SÈCHE.

Ces épiphytes des forêts tropicales d'Amérique centrale et du Sud forment des rosettes de feuilles en entonnoir d'où surgit, sur une hampe dressée, une inflorescence très colorée. Les feuilles en ruban, assez souples, d'un beau vert qui peut être rayé de rouge ou de brun, atteignent 20 à 60 cm de longueur selon les espèces. Les fleurs allongées sont jaunes ou blanches et entourées de bractées de couleur vive ou blanche. Placez la plante dans un endroit lumineux, en la protégeant d'un soleil trop intense. Sa floraison dure de longs mois. La plante se multiplie par ses rejets.

SECRETS DE CULTURE

REMPOTAGE	Après la floraison, repiquez les rejets.
ARROSAGE	Gardez une hygrométrie élevée. Si la plante est en pot, maintenez la motte humide mais sans excès, avec de l'eau douce. Les sujets cultivés en épiphytes seront vaporisés quotidiennement.
ENGRAIS	Apportez de l'engrais pour plantes à fleurs une fois par mois, pour favoriser la formation des rejets ; vous pouvez donner aux sujets cultivés en épiphytes un engrais à libération lente ou un engrais liquide.
TAILLE	Aucune.
MALADIES ET PARASITES	La pourriture s'installe en cas d'arrosage excessif. Il est inutile de laisser de l'eau dans la rosette. Dépotez la plante, éliminez les parties touchées et rempotez-la dans un substrat sain. On observe parfois des attaques de pucerons et de cochenilles, à traiter avec un insecticide spécifique.

LA MULTIPLICATION

Comme toutes les Broméliacées, le guzmania meurt après sa floraison, en produisant des rejets, qu'il faut prélever lorsqu'ils sont suffisamment développés. Repiquez-les dans un mélange bien sain de terreau et de terre de bruyère (ou dans un substrat pour plantes épiphytes), et placez-les en situation chaude. Maintenez humide, mais sans excès.

QUEL GUZMANIA CHOISIR ?

G. lingulata, à feuilles vert foncé, rayées de rouge violacé, atteignant 40 cm, et inflorescence à bractées rouge intense ou roses ; *G. lingulata* 'Cardinalis', à feuillage rayé et bractées rouge vif ; *G. lingulata* var. *minor*, compact (25 cm), à bractées rouges ; *G.* 'Amaranthe', à feuilles vertes rayées de brun et inflorescence à fleurs jaunes et bractées rouges ; *G.* 'Caroline', à bractées rose-rouge.

Guzmanias hybrides.

Hybrides de *Guzmania lingulata*.

Impatientes de Nouvelle-Guinée**

Impatiens Hawkerii-Hybrides

Les impatientes de Nouvelle-Guinée offrent une floraison vive et lumineuse qui s'étend tout au long de l'été. Bien qu'elles puissent vivre plusieurs années, on les traite en annuelles car elles tendent à se dégarnir à la base et ne tolèrent pas les températures inférieures à 12 °C.

À croissance rapide, comme leur nom l'indique, elles atteignent 40 à 50 cm de hauteur et d'étalement. Bien ramifiées, les tiges charnues portent des feuilles ovales et pointues, unies ou panachées, à nervures marquées. Les fleurs, simples ou doubles, sont dotées d'un éperon. Si ces hybrides supportent un peu d'ombre, ils préfèrent une bonne luminosité dans la maison et apprécient un séjour sur un balcon, à l'abri du plein soleil et du vent. Ce sont des plantes à courte durée de vie, que l'on peut jeter ou renouveler par boutures.

Secrets de culture

Rempotage	Elles aiment être à l'étroit dans un mélange de terreau de feuilles et de terre de bruyère ou dans du terreau à géraniums, riche en éléments nutritifs et bien drainé.
Arrosage	Régulier mais modéré, de façon à conserver le substrat humide, mais non détrempé.
Engrais	Apportez régulièrement un engrais liquide pour géraniums, tout l'été. Si vous avez produit vous-même vos plants, attendez un mois après la plantation avant de commencer les apports.
Taille	Au départ de la végétation, pincez à plusieurs reprises l'extrémité des nouvelles pousses pour obtenir des plantes compactes et denses. Supprimez les fleurs et les feuilles fanées au fur et à mesure.
Maladies et parasites	Luttez contre les araignées rouges en augmentant le degré d'humidité. Dans les cas graves, traitez à l'acaricide.

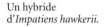

Un hybride d'*Impatiens hawkerii*.

La multiplication

En mars, semez les graines sur un terreau à semis humide. Couvrez d'une plaque de verre pour conserver l'humidité et placez à 21 °C, à bonne lumière indirecte. Ôtez la vitre dès l'apparition des premières feuilles vraies et repiquez en godets individuels. Aussi facilement, vous pouvez prélever des boutures de tête de 10 cm à la fin du printemps. Piquez-les dans un mélange de terreau et de sable ou faites-les raciner dans l'eau.

Vos questions / Nos réponses

Ma plante a beaucoup de feuilles mais fleurit peu.
Elle manque de lumière, de chaleur et/ou d'engrais. Prenez les mesures adaptées.

Chap. 11 : Des fleurs toute l'année

Impatiente de Nouvelle-Guinée hybride à feuillage bicolore.

QUELLE IMPATIENTE DE NOUVELLE-GUINÉE CHOISIR ?

'Tango', à grandes fleurs rouge orangé ; 'Jungle Mix', à feuilles bronze et fleurs rouges, corail, pourpres ou saumon ; 'Pearl', à fleurs blanc rosé ; 'Arabesque', à grandes fleurs roses et feuilles vertes maculées de jaune et nervurées de rouge.

La gamme des hybrides d'impatiente de Nouvelle-Guinée est de plus en plus importante, les horticulteurs créant régulièrement de nouvelles séries. Parmi les nouveautés, deux hybrides se distinguent : 'Fanfare', d'un fuchsia lumineux, très florifère et très ramifié, à port rampant et retombant ; 'Yellow Vision', au surprenant et rare coloris jaune citron, avec un cœur teinté de rouge.

Les impatientes de la série Java ont de très grandes fleurs et un feuillage bronze. La série Sonic propose des plantes à port compact, avec des feuillages et de grandes fleurs aux coloris très variés. Super Sonic se caractérise par une végétation plus forte que Sonic.

Un hybride d'*Impatiens hawkerii*.

Impatiente de Nouvelle-Guinée 'Yellow Vision'.

Ixora **** *Ixora coccinea*

Ixora coccinea.

À port arrondi et buissonnant, l'ixora peut atteindre 1,50 m de hauteur et d'étalement, mais il est plus petit en pot. Il porte des feuilles persistantes ovales, d'un vert sombre et brillant qui contraste joliment avec ses petites fleurs à quatre pétales, réunies en inflorescences sphériques. Originaire d'Inde et de Sri Lanka, il demande une hygrométrie élevée, de la chaleur et beaucoup de lumière. Évitez de le déplacer sous peine de voir les boutons tomber et protégez-le des courants d'air, qui font chuter les feuilles. Bien traité, il restera beau pendant des années.

SECRETS DE CULTURE

REMPOTAGE	Au printemps, tous les ans, dans un terreau riche, bien drainé, frais et légèrement acide, additionné d'un peu de sable.
ARROSAGE	Régulier et modéré, été comme hiver. Laissez le substrat s'assécher sur quelques centimètres entre deux arrosages. Utilisez de l'eau douce à température ambiante. Maintenez une hygrométrie élevée en bassinant souvent le feuillage et en plaçant le pot sur une soucoupe remplie de galets à demi immergés dans l'eau.
ENGRAIS	D'avril à septembre, apportez régulièrement un engrais liquide pour plantes fleuries.
TAILLE	En automne ou en hiver, après la floraison, taillez légèrement afin de maintenir un port compact.
MALADIES ET PARASITES	Enrayez les attaques de cochenilles en traitant à l'aide d'un insecticide systémique.

Ce petit arbuste offre une floraison spectaculaire, en petits bouquets, entre la fin du printemps et le début de l'automne. Dans une véranda ou une salle de bains ensoleillée, à l'ouest ou au sud, cette plante exigeante pourra trouver les conditions dont elle a besoin.

LA MULTIPLICATION

Difficile, elle s'opère en avril par bouturage de tiges ligneuses, avec des hormones. Placez les boutures à l'étouffée, à bonne lumière et au chaud (25 °C).

QUEL IXORA CHOISIR ?

Ixora coccinea, à fleurs écarlates en gros bouquets lâches, et ses variétés : 'Vulcanus', à fleurs jaunes ; 'Etna', à fleurs orangées ; 'Rachel Pink', à fleurs rose bonbon ; 'Maui', à grosses feuilles rondes et fleurs orangées en bouquets compacts.

Vos questions / Nos réponses

La plante produit des feuilles mais ne fleurit pas.
Elle souffre d'une carence nutritive ou d'un éclairement insuffisant. Fertilisez-la tous les quinze jours et placez-la près d'une fenêtre exposée à l'ouest ou au sud.

Chap. 11 : Des fleurs toute l'année

min. 12 °C
max. 24 °C

Jacobinia** *Justicia carnea*

Lorsqu'il fleurit, le jacobinia ne passe pas inaperçu : de grands panaches ébouriffés, dressés au-dessus de larges feuilles brillantes, apportent leur note de fantaisie à cette belle plante au port un peu raide. Attention, l'humidité de l'air doit être d'au moins 50 %, l'idéal étant 60 %.

Le jacobinia forme un buisson vert foncé luisant, qui peut atteindre 90 cm à plus de 1,50 m de hauteur, sur 60 cm à 1 m de diamètre. Originaire du Brésil, il exige un emplacement très lumineux, de préférence ensoleillé, même en plein été. La floraison, exubérante, dure du début de l'été jusqu'à l'automne. Les fleurs tubulaires sont réunies en gros épis, aux extrémités des tiges.

Secrets de culture

Rempotage	Chaque année en mars ou avril. Si vous rabattez la touffe, réduisez le volume des racines et gardez le même pot. Sinon, prévoyez un contenant beaucoup plus grand. Utilisez un mélange très riche : 30 % de terreau pour géraniums, 20 % de compost très décomposé ou d'Or brun, 20 % de sable de rivière, 10 % de perlite et 20 % de terre de jardin tamisée.
Arrosage	D'avril à septembre, maintenez le sol frais, en arrosant avec une eau douce non calcaire. Videz ensuite la soucoupe ou le cache-pot. Dès octobre, laissez sécher le substrat en surface entre deux apports d'eau.
Engrais	De mars à septembre, donnez à cette plante gourmande un engrais liquide complet (10-10-10), une fois par semaine.
Taille	Il a tendance à pousser en hauteur, sans se ramifier et en se dégarnissant à la base. Au printemps, quand de nouvelles pousses pointent, rabattez-le sévèrement avant de le rempoter, en coupant juste au-dessus d'une feuille.
Maladies et parasites	Les araignées rouges peuvent provoquer de sérieux dégâts, avec une chute de feuilles importante. Douchez fortement la plante pour éliminer la plupart des parasites et leurs toiles ; quand le feuillage est sec, traitez avec un acaricide. Attention aussi aux cochenilles à bouclier ou farineuses, d'autant que les produits de traitement abiment le feuillage.

La multiplication

Au printemps ou en été, prélevez des extrémités de tiges de 15 à 25 cm de longueur. Ôtez les feuilles basses et trempez la base des boutures dans une poudre ou un gel d'hormones de bouturage. Enfoncez les boutures sur 5 à 6 cm dans un mélange à 70 % de tourbe blonde et à 30 % de perlite. Placez dans une mini-serre à 20-25 °C.

Quel jacobinia choisir ?

Les variétés diffèrent par la couleur des fleurs : rose de divers tons, rouge, orange ou blanc pur (variété 'Alba'). Vous trouverez surtout celles à fleurs rose vif, parfois celle à floraison blanche. Choisissez un pied touffu, aux feuilles non pendantes (signe d'un manque d'eau), avec un ou deux épis floraux déjà épanouis et d'autres en boutons pour profiter de la floraison.

Justicia carnea.

Jatropha** Plante-bouteille *Jatropha podagrica*

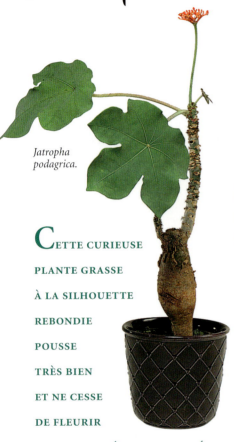

Jatropha podagrica.

CETTE CURIEUSE PLANTE GRASSE À LA SILHOUETTE REBONDIE POUSSE TRÈS BIEN ET NE CESSE DE FLEURIR DANS LES INTÉRIEURS BAIGNÉS DE SOLEIL TOUTE L'ANNÉE. ELLE MÉRITE UN EMPLACEMENT DÉGAGÉ POUR POUVOIR S'ÉTALER ET... ÊTRE ADMIRÉE.

Originaire d'Amérique centrale, du Honduras et du Guatemala, le jatropha forme un buisson peu ramifié, au tronc très renflé à la base. Dans sa partie supérieure, il développe de larges feuilles vertes et coriaces. Les sujets vendus ne dépassent guère 30 à 50 cm de hauteur, mais ils peuvent atteindre 1,50 m. La floraison se produit tout au long de l'année si la plante est maintenue au chaud et au soleil en hiver. Les petites fleurs rouge corail sont réunies en cyme à l'extrémité de longs pétioles de la même couleur. De grosses baies vertes peuvent ensuite apparaître.

SECRETS DE CULTURE

REMPOTAGE	Quand les racines ont envahi tout le pot, en mars ou avril, installez la plante dans un contenant d'un diamètre supérieur de 2 cm. Utilisez un substrat léger et bien drainé, mélange à parts égales de tourbe blonde, sable de rivière et terreau.
ARROSAGE	Régulier d'avril à septembre, pour maintenir le sol frais, mais jamais détrempé. En hiver, si la température de la pièce est inférieure à 16 °C, attendez que la terre sèche complètement avant d'arroser.
ENGRAIS	D'avril à septembre, donnez un engrais liquide complet tous les quinze jours.
TAILLE	Elle est inutile. De plus, chaque plaie de taille provoque un écoulement important de sève. Aussi, quand une feuille commence à jaunir, ne la coupez pas, attendez qu'elle tombe toute seule.
MALADIES ET PARASITES	Les cochenilles raffolent des jatrophas. Éliminez-les – traitez aussi les plantes environnantes – avec un insecticide approprié. Elles provoquent la chute des feuilles et l'avortement des hampes florales. Quand l'invasion est importante, elles retardent ou arrêtent la croissance de la plante.
TOXICITÉ	La sève et les baies sont toxiques par ingestion.

LA MULTIPLICATION

Seules les plantes bien ramifiées peuvent être bouturées au printemps ou en été. Prélevez des tronçons d'extrémités de tiges. Laissez sécher la plaie de coupe plusieurs jours avant d'enfoncer la base de la bouture dans un mélange de sable et de tourbe à peine humide. Une chaleur de fond (25 °C) favorise l'enracinement.

QUEL JATROPHA CHOISIR ?

Préférez un sujet au tronc déjà renflé à la base. Si vous achetez une plante sans feuille, vérifiez que le tronc est ferme et bien fixé au substrat. Si la plante a des feuilles, elles doivent être bien vertes, sans marque jaune ni flétrissure.
Jatropha multifida a un tronc moins renflé et plus droit, avec de larges feuilles vert foncé très découpées. Les fleurs rouge vif sont groupées en bouquet à l'extrémité des tiges. Cette plante, qui a les même exigences de culture que *J. podagrica*, prend des proportions vite imposantes (1 m et plus de hauteur et d'envergure) si elle se plaît chez vous.

Fleurs et fruits de *Jatropha podagrica*.

Chap. 11 : Des fleurs toute l'année

Kalanchoé * *Kalanchoe blossfeldiana*

DANS SON HABITAT D'ORIGINE, CETTE JOLIE PETITE PLANTE SUCCULENTE FLEURIT NORMALEMENT DE LA FIN DE L'HIVER JUSQU'AU DÉBUT DE L'ÉTÉ. MAIS, EN MAÎTRISANT LEUR DURÉE D'EXPOSITION À LA LUMIÈRE, LES HORTICULTEURS PARVIENNENT À PRODUIRE DES SUJETS EN FLEURS TOUTE L'ANNÉE.

Originaire de Madagascar, ce kalanchoé est une vivace durable, qui atteint 50 cm de hauteur et d'étalement en pot. Il porte de larges feuilles charnues, arrondies et dentelées. Ses petites fleurs sont réunies en bouquets denses. Il supporte bien la température ambiante d'un appartement (18 à 20 °C), mais n'aime pas les écarts brusques de température. Pour qu'il reste bien vert et fleurisse abondamment, choisissez-lui une place où la lumière du soleil est tamisée. Après la floraison, gardez-le à mi-ombre, dans une pièce fraîche (15 °C), pendant quatre à six semaines, et cessez les arrosages.

SECRETS DE CULTURE

REMPOTAGE	Chaque année au printemps, dans un terreau léger, pour cactées par exemple. Drainez le fond du pot avec des billes d'argile de petit calibre.
ARROSAGE	Toutes les semaines du printemps à l'automne, et seulement une fois par quinzaine en hiver, avec de l'eau non calcaire à température ambiante. Ne bassinez pas le feuillage, car cette espèce préfère une atmosphère sèche.
ENGRAIS	De mars à octobre, donnez une fois par mois un engrais liquide pour plantes fleuries.
TAILLE	Coupez les fleurs fanées et, au besoin, rabattez les tiges trop longues pour équilibrer la silhouette.
MALADIES ET PARASITES	Éliminez les cochenilles farineuses à l'aide d'un Coton-tige imbibé d'alcool dénaturé ; en cas d'invasion importante, traitez avec un insecticide adapté.

LA MULTIPLICATION

Elle est facile et s'effectue par boutures terminales de tiges de 6 cm, prélevées après la floraison. Plantez-les dans un mélange de tourbe et de sable à peine humide et placez-les dans une mini-serre ou sur chaleur de fond à 25 °C. Arrosez très peu.

QUEL KALANCHOÉ CHOISIR ?

Kalanchoe blossfeldiana, à petites fleurs en bouquets dressés rouge sombre, écarlates, roses, jaunes, orange ou blanches selon les hybrides. Parmi les autres espèces, *Kalanchoe manginii*, à fleurs en clochettes pendantes rouges.

Vos questions / Nos réponses

Les feuilles jaunissent et tombent.

Ce phénomène est généralement dû à des arrosages excessifs, qui risquent en outre d'entraîner la pourriture des racines. Réduisez les apports d'eau, en quantité comme en fréquence, surtout en hiver.

Kalanchoe blossfeldiana.

Kohlérias★★★★ *Kohleria sp., Kohleria hyb.*

LES KOHLÉRIAS SONT RECHERCHÉS POUR LEURS FLEURS MOUCHETÉES ET VELOUTÉES, QUI SONT DE DIFFÉRENTES COULEURS SELON LES ESPÈCES ET VARIÉTÉS. CES PLANTES SONT HÉLAS ASSEZ EXIGEANTES ET DIFFICILES À CONSERVER.

Ces vivaces sont originaires des régions tropicales d'Amérique centrale et du Sud. Les rhizomes écailleux émettent des tiges dressées, de 30 à 75 cm de hauteur, portant des feuilles caduques, ovales et vert sombre. Les fleurs tubulaires pendantes s'épanouissent vers la fin de l'été. Toute la plante – tiges, feuilles, fleurs – est couverte d'un fin duvet. Elle craint les courants d'air et demande une température constante de 20 à 24 °C, ainsi qu'une forte hygrométrie pendant toute la période de végétation. D'octobre à février, période de dormance, conservez les pots dans un endroit frais (12-15 °C).

SECRETS DE CULTURE

REMPOTAGE	En février-mars, dans un terreau standard pour plantes d'intérieur, additionné de perlite (20 %).
ARROSAGE	Deux fois par semaine au printemps et en été. Bassinez fréquemment les feuilles avec de l'eau à température ambiante et non calcaire. Une fois par semaine à partir de septembre, quand les feuilles jaunissent : la plante entre en période de repos végétatif.
ENGRAIS	D'avril à août, effectuez un apport bimensuel d'engrais liquide pour plantes fleuries.
TAILLE	Rabattez les tiges jaunies en automne.
MALADIES ET PARASITES	Les araignées rouges s'installent quand l'hygrométrie est insuffisante. Augmentez celle-ci et traitez avec un acaricide.

Kohléria hybride.

LA MULTIPLICATION

Profitez du rempotage printanier pour diviser les rhizomes bien développés. Mettez-les dans une caissette remplie de tourbe placée au-dessus d'un radiateur. Attendez que les premières pousses apparaissent pour les placer dans des pots peu profonds.

QUEL KOHLÉRIA CHOISIR ?

Kohleria eriantha, aux fleurs vermillon à gorge jaunâtre ponctuée de rouge (cette espèce a de nombreux hybrides) ; *K. warszewiczii* (syn. *K. digitaliflora*), aux fleurs rose pourpré à gorge crème ou verdâtre ponctuée de pourpre ; *K. bogotensis*, aux grandes fleurs rouges à gorge jaune ponctuée de rouge foncé.

Vos questions / Nos réponses

Les feuilles jaunissent et tombent.
Vous arrosez probablement trop : attention à la pourriture des rhizomes. Laissez sécher le substrat avant d'arroser à nouveau, et diminuez l'abondance et la fréquence des arrosages.

Chap. 11 : Des fleurs toute l'année

min. 15 °C
max. 30 °C

Médinilla ★★★★ Medinilla magnifica

MAJESTUEUX, LE MÉDINILLA À LA FLORAISON SOMPTUEUSE EST UN TRÈS BEL ORNEMENT. UNE BAIE VITRÉE OU UNE VÉRANDA, VOILÉE AUX HEURES CHAUDES PENDANT L'ÉTÉ, CONVIENDRONT À CETTE PLANTE DE SERRE, TRÈS DURABLE, MAIS EXIGEANT TEMPÉRATURE ET HYGROMÉTRIE ÉLEVÉES, ET BEAUCOUP DE LUMIÈRE.

Cet arbuste à port dressé et étalé pousse sur les arbres, en épiphyte, dans les forêts philippines dont il est originaire. Il peut dépasser 2 m, mais reste généralement plus bas lorsqu'il est cultivé en pot. Les tiges quadrangulaires portent de grandes feuilles (25 cm de longueur) ovales, coriaces, vert foncé, aux nervures très claires ; au printemps, apparaissent de grosses inflorescences en grappes pendantes de fleurs roses à étamines jaune vif, avec de grandes bractées roses. Le médinilla a besoin d'une chaleur humide et d'une température entre 15 et 18 °C en hiver.

SECRETS DE CULTURE

REMPOTAGE	Tous les deux ou trois ans, au printemps, dans un mélange de terreau, de tourbe et d'écorce de pin.
ARROSAGE	Deux fois par semaine en été, avec de l'eau douce : la motte doit rester humide. Tous les dix jours environ en hiver. Augmentez dès que les boutons floraux commencent à se former. Bassinez le feuillage chaque jour, également à l'eau douce.
ENGRAIS	De mars à fin août, appliquez tous les quinze jours de l'engrais pour plantes à fleurs.
TAILLE	Taillez après la floraison si la plante a besoin d'être restructurée. Supprimez les fleurs fanées.
MALADIES ET PARASITES	Les cochenilles à bouclier s'implantent au revers des feuilles. Éliminez-les avec un Coton-tige trempé dans l'alcool et traitez à l'aide d'un insecticide systémique.

Medinilla magnifica.

LA MULTIPLICATION

En août, prélevez des boutures semi-ligneuses comportant deux feuilles. Appliquez des hormones et placez à l'étouffée, sur chaleur de fond. On pratique également le marcottage aérien (voir chap. 6 p. 145).

QUEL MÉDINILLA CHOISIR ?

Achetez cette plante quand elle est en boutons, sur le point de fleurir. Vérifiez que le feuillage est brillant (pas de parasites).

Vos questions / Nos réponses

Mon médinilla garde un très beau feuillage, mais il ne fleurit pas.

C'est souvent le problème. Il lui faut une relative fraîcheur en hiver et, surtout, beaucoup de chaleur, de lumière et d'humidité durant tout l'été. Augmentez les bassinages et apportez de l'engrais pour plantes à fleurs.

Néorégélia * Neoregelia carolinae

CETTE BROMÉLIACÉE EST UNE PLANTE ÉPHÉMÈRE, MAIS ELLE SE PERPÉTUE PAR SES REJETS. SPECTACULAIRE, ELLE N'EN EST PAS MOINS TRÈS FACILE À ENTRETENIR. LES FLEURS À PROPREMENT PARLER SONT DISCRÈTES, MAIS ELLES SONT ENTOURÉES DE SOMPTUEUSES BRACTÉES CRAMOISIES.

Originaire du Brésil, le néorégélia présente de longues feuilles rubanées et vernissées, à bord denté. Il atteint environ 30 cm de hauteur et 40 à 60 cm d'étalement. À l'approche de la floraison, le cœur de la rosette de feuilles se colore de pourpre ou de rouge vif. De petites fleurs bleu violacé émergent à peine au milieu des bractées. Quoiqu'elle redoute le plein soleil, cette plante demande une bonne luminosité, ainsi qu'une forte hygrométrie. La floraison dure de longs mois.

SECRETS DE CULTURE

REMPOTAGE	Il est inutile de rempoter la plante, qui meurt après la floraison. En revanche vous rempoterez les rejets dans un substrat riche en humus, acide et poreux.
ARROSAGE	Arrosez copieusement du printemps à l'automne – réduisez en hiver, surtout si la température descend au-dessous de 16 °C – en laissant le substrat sécher entre deux apports d'eau. Durant les mois chauds, remplissez le cœur de la rosette d'eau, que vous renouvellerez toutes les semaines. En hiver, videz le cœur pour éviter la pourriture. Bassinez le feuillage de temps en temps.
ENGRAIS	Pour favoriser l'émission des rejets, apportez un engrais liquide pour plantes vertes toutes les deux ou trois semaines d'avril à septembre, en réduisant la dose indiquée de moitié.
TAILLE	Elle est inutile.
MALADIES ET PARASITES	Les cochenilles peuvent poser problème. Éliminez-les avec un tampon d'ouate imbibé d'alcool ; dans les cas graves, traitez avec un insecticide systémique.

LA MULTIPLICATION

Prélevez les rejets quand ils atteignent environ 10 cm de hauteur. Plantez-les dans un mélange de tourbe, de terre de bruyère et de sable. Placez-les sur une couche chauffée pour assurer la reprise.

QUEL NÉORÉGÉLIA CHOISIR ?

Neoregelia carolinae, à feuilles vert olive et cœur rouge ; *N. carolinae* 'Tricolor', à feuilles vert vif rayées de crème, virant presque totalement au rose vif. On compte en outre de nombreuses variétés hybrides, qui se distinguent par les couleurs de leur feuillage.

Neoregelia carolinae 'Meyendorffii'.

Vos questions / Nos réponses

La base de la plante pourrit.
Ce phénomène, qui peut être fatal, est dû à un excès d'eau, parfois combiné à une température trop basse. Videz la rosette et laissez le substrat sécher en espérant l'éventuel rétablissement de la plante.

Chap. 11 : Des fleurs toute l'année

Nidulariums* Nidularium sp.

min. 12 °C
max. 22 °C

Le nom botanique des nidulariums fait référence à leurs feuilles en rosette, qui forment un « nid » autour de leurs remarquables inflorescences. Ces plantes vivaces n'ont qu'une durée de vie assez courte après la floraison, mais les bractées persistent longtemps.

Ces Broméliacées, pour la plupart originaires de l'ouest du Brésil, atteignent 30 à 40 cm de hauteur et 35 à 50 cm d'envergure. Elles forment de larges rosettes étalées de feuilles rubanées, brillantes ou veloutées, à bord lisse ou denté et parfois très joliment colorées. L'inflorescence se développe au centre de la rosette en fin d'été ou en automne. Les fleurs, plutôt insignifiantes, sont entourées de grandes bractées aux superbes coloris. Ces plantes demandent une bonne luminosité, une certaine humidité ambiante et une température assez fraîche (16 °C). Elles craignent les courants d'air.

Secrets de culture

Rempotage	Il est inutile car ces plantes meurent après avoir fleuri. En revanche, les rejets peuvent être prélevés et rempotés.
Arrosage	Régulier en été. Laissez de l'eau dans la rosette, en la renouvelant tous les huit à dix jours pour éviter le pourrissement. Bassinez régulièrement le feuillage à l'eau douce. En hiver, réduisez les arrosages et videz la rosette.
Engrais	D'avril à septembre, apportez un engrais liquide pour plantes vertes toutes les deux ou trois semaines, pour favoriser l'émission des rejets.
Taille	Aucune.
Maladies et parasites	Les cochenilles à bouclier sont les parasites les plus fréquents. Éliminez-les avec un Coton-tige imbibé d'alcool ; dans les cas graves, traitez avec un insecticide systémique.

Nidularium innocentii.

La multiplication

Prélevez les rejets qui se forment à la base de la plante mère dès qu'ils atteignent environ 10 cm. Plantez-les dans un mélange bien drainé de terreau et de terre de bruyère.

Quel nidularium choisir ?

Nidularium innocentii, à grandes feuilles vert sombre lavées de brun-rouge sur le dessus et pourpres sur le revers, petites fleurs blanches et bractées brun-rouge ; *N. billbergioides* 'Citrinum', à feuilles vertes et luisantes et grandes bractées jaunes ; *N. fulgens*, à feuilles vert-jaune tachetées de vert sombre, petites fleurs blanches et bractées écarlates.

Vos questions / Nos réponses

Ma plante ne fleurit pas.

Elle manque probablement de lumière. Placez-la près d'une fenêtre mieux éclairée, en la protégeant toutefois du soleil direct. Par ailleurs, ne la mettez pas dans un pot trop grand : les nidulariums préfèrent être à l'étroit.

Pachystachys *** — Pachystachys lutea

Le pachystachys est apprécié pour sa longue et spectaculaire floraison estivale. Les petites fleurs blanches émergent de bractées jaune d'or. Il peut vivre longtemps, à condition de bénéficier d'une humidité atmosphérique élevée.

Natif des régions tropicales d'Amérique centrale et du Sud, ce petit arbuste à port érigé atteint 1 m de hauteur et 50 cm d'étalement. Ses tiges ligneuses portent des feuilles persistantes lancéolées vert vif à nervures marquées. Les inflorescences en épis terminaux se développent de la fin du printemps à la fin de l'été. Maintenez une température de 18 à 20 °C durant la période de végétation, de 14 à 16 °C durant la dormance hivernale. Cette plante demande une lumière tamisée et une forte hygrométrie en toutes saisons.

Secrets de culture

Rempotage	Tous les ans, au printemps, dans un mélange de tourbe et de terreau universel, avec un bon drainage (sable ou perlite).
Arrosage	Régulier mais modéré au printemps et en été, de façon que le substrat reste humide en permanence, sans jamais être détrempé ; en hiver, laissez-le sécher sur 2 ou 3 cm entre deux apports. Bassinez le feuillage en évitant de mouiller les inflorescences et placez le pot sur un lit de galets humides.
Engrais	D'avril à fin juillet, apportez un engrais pour géraniums une fois par semaine.
Taille	Au tout début du printemps, rabattez les tiges à 10 ou 15 cm, en coupant juste au-dessus d'une paire de feuilles. Éliminez les inflorescences flétries en fin de floraison.
Maladies et parasites	La plante est parfois envahie par les pucerons verts et les cochenilles. Traitez avec un insecticide systémique.

Pachystachys lutea.

La multiplication

Au printemps, lors du rempotage, prélevez des boutures de 10 cm sur des rameaux situés à la base, ne portant pas de boutons floraux. Supprimez les feuilles inférieures. Trempez la base dans des hormones de bouturage, et plantez dans un mélange à parts égales de tourbe et de sable légèrement humide. Placez un sac en plastique sur les godets et maintenez à 16-18 °C jusqu'à enracinement. Pincez les jeunes plants une ou deux fois pour qu'ils se ramifient.

Quel pachystachys choisir ?

Pachystachys lutea, à bractées jaune vif et fleurs blanches ; *P. coccinea*, à bractées et fleurs rose-rouge.

Vos questions / Nos réponses

Les feuilles sèchent et se crispent.
La température est trop élevée et l'atmosphère trop sèche. Maintenez une température inférieure à 21 °C. Regroupez les plantes pour élever le taux d'humidité et augmentez la fréquence des bassinages.

Chap. 11 : Des fleurs toute l'année

Pentas *** Pentas lanceolata

min. 7 °C
max. 25 °C

LE PENTAS OFFRE DE SUPERBES BOUQUETS DE FLEURS ÉTOILÉES – ON LE SURNOMME PARFOIS « BOUQUET D'ÉTOILES ». VENDU AU MOMENT DE SA FLORAISON, IL EST CONSIDÉRÉ COMME UNE PLANTE TEMPORAIRE, CAR ON LE FAIT DIFFICILEMENT REFLEURIR.

Cette plante vivace à souche ligneuse est originaire d'une zone qui s'étend du Yémen à l'Est africain tropical. Atteignant 50 cm de hauteur et d'envergure, elle forme une touffe de grandes feuilles duveteuses vert intense, qui mettent en valeur les corymbes bombés de petites fleurs étoilées, à tube allongé. Celles-ci s'épanouissent en été mais la plante ne refleurira qu'avec beaucoup d'humidité et une certaine fraîcheur (10 à 15 °C) en hiver, conditions réalisables dans une serre tempérée ou une véranda à hygrométrie élevée. En outre, elle exige beaucoup de soleil et apprécie de passer l'été sur un balcon.

SECRETS DE CULTURE

REMPOTAGE	Il n'est pas nécessaire. Mieux vaut prélever des boutures et jeter la plante mère après deux ou trois ans, car elle devient moins florifère.
ARROSAGE	Maintenez la motte humide en arrosant deux fois par semaine du printemps à l'automne ; en hiver, n'effectuez qu'un apport tous les quinze jours.
ENGRAIS	D'avril à août, appliquez toutes les semaines un engrais pour plantes fleuries.
TAILLE	En février-mars, raccourcissez les tiges des deux tiers pour favoriser l'apparition de nouvelles pousses florifères.
MALADIES ET PARASITES	Les araignées rouges s'installent parfois, la plante prenant alors un aspect terne. Augmentez l'humidité et pulvérisez un acaricide.

Pentas lanceolata 'Balata'.

LA MULTIPLICATION

Elle est facile. Prélevez des boutures de tiges et faites-les raciner dans l'eau, ou en godet, à l'étouffée, dans un mélange maintenu humide de tourbe et de sable. Repiquez deux ou trois boutures par pot dans un mélange de tourbe et de terreau universel ou pour géraniums, et pincez les jeunes plants pour qu'ils se ramifient.

QUEL PENTAS CHOISIR ?

Pentas lanceolata, à longues feuilles elliptiques et duveteuses, et fleurs roses ; ses variétés 'Avalanche', à feuilles panachées de blanc et fleurs blanches ; 'Kermesina', à fleurs rose foncé à centre rouge ; 'New Look Rose', à fleurs rose clair ; 'Butterfly Cherry Red', à fleurs rouges.

Vos questions / Nos réponses

La plante perd ses feuilles et ne fleurit pas.

Mieux vaut prélever des boutures de tiges, qui s'enracinent facilement, et jeter la plante mère. En effet, les jeunes sujets sont plus florifères.

Phalænopsis** *Phalaenopsis hyb.*
Orchidées-papillons

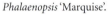
Phalaenopsis 'Marquise'.

Originaires d'Asie et d'Océanie, les phalænopsis sont des plantes épiphytes dans la nature : leurs racines épaisses et charnues se plaquent au support (branche, écorce d'arbre) et produisent de larges feuilles épaisses et vert foncé, à la nervure centrale profondément marquée. Les fleurs sont groupées sur une ou plusieurs hampes florales rigides, qui peuvent persister plusieurs mois après la fin de la floraison et se ramifier. Ces orchidées redoutent la fraîcheur, les courants d'air froid et les arrosages trop copieux. Peu encombrantes et guère exigeantes, elles seront à l'aise dans la salle à manger, le salon, la chambre ou le bureau, ou une salle de bains très claire.

Secrets de culture

Rempotage	Au printemps ou au début de l'été, quand la plante devenue trop grande déborde du pot et ne fleurit plus, rempotez-la dans un mélange pour orchidée (plutôt celui proposé par les producteurs spécialisés). Démêlez les racines avec précaution pour ne pas les casser. Coupez celles qui sont desséchées. Replacez la plante dans un contenant propre et désinfecté, et calez-la bien dans le substrat.
Arrosage	Avec de l'eau du robinet à température de la pièce, prélevée quelques heures auparavant pour ôter le chlore. Attention, un arrosage trop abondant est une cause importante d'échec pour cette culture. Après un rempotage, n'arrosez plus pendant deux ou trois semaines mais vaporisez la plante tous les matins jusqu'à l'apparition de nouvelles racines.
Engrais	Donnez un engrais liquide pour orchidée une fois par mois d'octobre à février, deux ou trois fois par mois le reste de l'année, en respectant les doses indiquées.
Taille	Ne coupez pas la hampe florale quand les fleurs sont toutes fanées : une autre floraison peut se produire sur cette tige. Attendez qu'elle se dessèche toute seule (pour certaines variétés, cela peut demander plusieurs années).
Maladies et parasites	Cochenilles (farineuses ou à bouclier) et araignées rouges peuvent provoquer d'important dégâts. Il faut essayer d'éliminer les parasites le plus tôt possible (en douchant vivement le feuillage par exemple), en employant les produits chimiques appropriés en dernier recours.

En fleurs au moins six mois par an, les phalænopsis sont certainement les orchidées les plus faciles à cultiver dans la maison. Si votre intérieur est clair et bien chauffé, laissez-vous tenter par cette plante splendide.

Quel phalænopsis choisir ?

La plupart des sujets vendus dans les jardineries et chez les fleuristes sont des hybrides sans nom. Ils sont parfaits pour tenter la culture d'une orchidée. Laissez-vous séduire par un coloris particulier. Seuls les producteurs spécialisés proposent des phalænopsis dénommés : chez eux, vous trouverez des espèces botaniques (difficiles à cultiver dans la maison) et des hybrides aux couleurs plus originales.

Un beau phalænopsis doit avoir des racines charnues, vertes, couvertes d'une pruine blanchâtre sauf à la pointe, sans traces de pourriture ou dessèchement.

Chap. 11 : Des fleurs toute l'année

Les feuilles ne doivent pas comporter de points ou de taches brunes ou noires. Délaissez les pieds avec une ou plusieurs feuilles jaunies. Préférez une potée avec deux ou trois hampes florales, comportant déjà quelques fleurs épanouies et de nombreux boutons, gage d'une longue floraison.

Blanc, rose ou jaune ?
Un grand nombre d'hybrides donnent des fleurs unicolores. Les plus communs arborent des tons de blanc (avec un peu de jaune au cœur) ou de rose, plus ou moins vif ou foncé.

À pois
Toute une gamme d'hybrides ont des fleurs ponctuées. Les points sont plus ou moins nombreux et plus ou moins gros selon les croisements réalisés.

Rayés
Autre gamme de phalænopsis hybrides très décoratifs : ceux à fleurs striées. Les lignes peuvent être plus ou moins épaisses et nombreuses.

Phalænopsis hybrides.

Toujours plus…
Les horticulteurs ne cessent de créer de nouveaux hybrides, aux fleurs plus originales les unes que les autres. Vous trouverez ainsi des fleurs qui sont à la fois ponctuées et striées, avec des répartitions très variables pour les points et les stries, selon le croisement réalisé.

LA MULTIPLICATION
Certaines variétés donnent des rejets, qu'il suffit de séparer de la plante mère quand ils ont des racines bien développées. D'autres phalænopsis produisent de jeunes plants sur les hampes florales. Appelés « keikis », ceux-ci sont séparés quand leurs racines mesurent deux ou trois centimètres.

Phalænopsis hybride strié et ponctué.

Plante-crevette ***
Justicia brandegeana (syn. Beloperone guttata)

Ce petit arbuste doit son nom à ses inflorescences en épis recourbés, qui s'épanouissent de la fin du printemps à la fin de l'été, voire de l'automne. Redoutant aussi bien le froid que la chaleur excessive, il demande des soins attentifs pour rester beau.

Originaire du Mexique, la plante-crevette atteindra 30 à 70 cm de hauteur et 20 à 50 cm d'envergure en pot, et jusqu'à 1,50 m en pleine terre. Ses tiges dressées portent des feuilles persistantes ovales, fortement nervurées et légèrement duveteuses. Les inflorescences sont composées de bractées imbriquées rose saumon abritant des petites fleurs blanches peu visibles. La température idéale se situe autour de 20 °C du printemps à l'été, mais un séjour au frais (15 °C) est recommandé en hiver.

Secrets de culture

Rempotage	Tous les ans, au printemps, dans un mélange au tiers de terreau pour plantes vertes, de bonne terre de jardin et de sable.
Arrosage	Du printemps à la fin de l'été, arrosez généreusement sans laisser d'eau sous le pot. Par temps chaud, bassinez le feuillage en évitant de mouiller les inflorescences et placez le pot dans une soucoupe remplie de billes d'argile humides. À partir de l'automne, diminuez la quantité et la fréquence des apports, pour maintenir le substrat à peine humide. Reprenez doucement fin février.
Engrais	Apportez un engrais liquide pour géraniums deux fois par mois, d'avril à fin août.
Taille	À la fin de l'hiver, rabattez les tiges des deux tiers de leur hauteur pour que la plante reste compacte et repousse avec vigueur. Éliminez les inflorescences en pinçant juste au-dessus d'une paire de feuilles quand les bractées commencent à se dessécher.
Maladies et parasites	Surveillez les attaques éventuelles de pucerons ou d'araignées rouges. Au besoin, traitez avec un insecticide systémique, ou un acaricide.

Justicia brandegeana.

La multiplication
Elle est nécessaire, car cette plante dégénère au bout de quelques années. Prélevez au printemps des boutures de tiges d'environ 8 cm de longueur. Plantez-les dans un mélange de tourbe et de sable. Placez-les à l'étouffée, dans une mini-serre chauffée à 20 °C. Rempotez dès la reprise. Pincez les jeunes plants pour qu'ils se ramifient.

Quelle plante-crevette choisir ?
Justicia brandegeana, à bractées rose orangé ; *J. brandegeana* 'Yellow Queen', à bractées jaunes.

Chap. 11 : Des fleurs toute l'année

Plante-zèbre *** Aphelandra squarrosa

min. 13 °C
max. 21 °C

Ce petit arbuste natif des zones tropicales du Brésil atteint 40 à 60 cm de hauteur et 30 à 40 cm d'étalement. Ses tiges épaisses et ramifiées portent des grandes feuilles ovales, pointues et brillantes, vert foncé nervurées d'ivoire. Composées de bractées d'un jaune éclatant, les inflorescences en épis se développent à partir de juin et durent longtemps. Maintenez une température de 18 à 21 °C durant toute la période de croissance et de floraison, puis placez le pot dans un endroit frais (15 °C), pendant six à huit semaines.

Aphelandra squarrosa.

SECRETS DE CULTURE

REMPOTAGE	Chaque année, au printemps, dans un pot de la taille immédiatement supérieure. Utilisez un mélange de terreau et de tourbe additionné de sable, en prévoyant une bonne couche de tessons ou de billes d'argile pour le drainage.
ARROSAGE	Régulier du printemps à la fin de la floraison, le substrat devant rester constamment humide, mais non détrempé. Posez le pot dans une soucoupe emplie de billes d'argiles humides, et bassinez les feuilles quotidiennement, en évitant de mouiller les inflorescences. Après la floraison, respectez la période de repos en réduisant les apports d'eau.
ENGRAIS	De mars à août, effectuez toutes les deux semaines un apport d'engrais pour plantes fleuries.
TAILLE	Aucune. Coupez les inflorescences flétries à deux feuilles de la base.
MALADIES ET PARASITES	Cette plante est assez sensible aux cochenilles et aux pucerons. Traitez sans attendre avec un insecticide systémique.

LA PLANTE-ZÈBRE OFFRE UN INTÉRÊT CONSTANT, CAR SON FEUILLAGE VEINÉ DE BLANC EST AUSSI REMARQUABLE QUE SES ÉTRANGES FLEURS JAUNES. MALGRÉ SON ASPECT VIGOUREUX, ELLE EST DIFFICILE À CONSERVER, DEMANDE UNE BONNE HUMIDITÉ ATMOSPHÉRIQUE ET REDOUTE LES COURANTS D'AIR.

LA MULTIPLICATION

Assez délicate, elle s'opère par bouturage de jeunes pousses latérales, prélevées en avril-mai. Plantez-les dans un mélange de tourbe et de sable, maintenez à peine humide et placez à l'étouffée sur chaleur de fond (25 °C), jusqu'à la reprise.

QUELLE PLANTE-ZÈBRE CHOISIR ?

Aphelandra squarrosa, et ses variétés : 'Dania', à port plus compact, feuilles plus petites à nervures saillantes et bractées jaune orangé ; 'Louisae', à feuilles plus grandes, à nervures ivoire très marquées.

Vos questions / Nos réponses

Les feuilles s'affaissent et chutent.

La plante est placée dans un endroit trop chaud ou trop sec, ou dans un courant d'air. Évitez les températures supérieures à 21 °C et la proximité d'une fenêtre ou d'une porte. Élevez le taux d'humidité et bassinez régulièrement le feuillage. Attention : ne laissez jamais d'eau sous le pot, sous peine de provoquer la pourriture des racines.

Plectranthus * Plectranthus hyb.

Plus de 350 espèces composent ce vaste genre de vivaces et sous-arbrisseaux au port très variable et mesurant de quelques centimètres à plus de 1 m de hauteur. Le feuillage de certaines, argenté, gaufré, vert à revers pourpre ou diversement panaché, a fait tout leur succès. C'était oublier leur floraison, souvent très belle, et de nouveaux hybrides sont particulièrement généreux sur ce point. La culture de ces plantes, qui poussent vite et vivront une dizaine d'années chez vous, ne présente guère de problème pourvu que la lumière ne puisse brûler leurs feuilles.

Plectranthus Cape Angel.

CES COUSINS DE NOS SAUGES, AU FEUILLAGE TOUJOURS FORTEMENT AROMATIQUE, SONT ISSUS DE RÉGIONS SEMI-TROPICALES, TROPICALES OU MÉDITERRANÉENNES DU GLOBE. ROBUSTES, AMATEURS DE SOLEIL, ILS ONT PRODUIT DES HYBRIDES À LA RAVISSANTE FLORAISON HIVERNALE, TRÈS FACILES À CULTIVER.

SECRETS DE CULTURE

REMPOTAGE	Tous les deux ou trois ans, au printemps, après la floraison. Employez un substrat drainant, à base de terreau, de terre de jardin et de sable très grossier. Manipulez ces plantes cassantes avec précaution.
ARROSAGE	Une à deux fois par semaine entre avril et octobre, voire plus si la plante est au soleil. Une fois par semaine en hiver, même pendant la floraison.
ENGRAIS	Entre avril et octobre, apportez une fois par mois un engrais complet, à dose légèrement réduite.
TAILLE	Au printemps, rabattez de moitié les plantes en pleine force afin de faire apparaître des pousses denses et florifères. La repousse a lieu en un mois.
MALADIES ET PARASITES	Généralement aucun.

LA MULTIPLICATION

Le bouturage est à la portée d'un enfant, le moindre rameau s'enracinant dans un substrat sableux à n'importe quelle période de l'année, et donnant une plante florifère dans la saison.

QUEL PLECTRANTHUS CHOISIR ?

La série Cape Angel offre trois cultivars assez proches, de 30 à 40 cm de hauteur environ, au feuillage épais et luisant. Les fleurs en épis, très abondantes, apparaissent longuement en hiver et sont bleues, roses ou blanches.

Vos questions / Nos réponses

Les tiges se ramollissent soudainement…
Certaines pourritures du collet affectent parfois les plectranthus. Réduisez les arrosages. Bouturez des tiges saines pour reconstituer une potée.

Chap. 11 : Des fleurs toute l'année

min. 14 °C
max. 22 °C

Reinwardtia** Reinwardtia indica

Cet arbuste égaie l'hiver de sa floraison lumineuse. C'est une plante relativement facile, qui a besoin de lumière et d'une certaine fraîcheur hivernale pour donner ses fleurs. Installez-la dans une chambre peu chauffée, une entrée, un séjour clair et aéré ou, mieux, dans une véranda.

Originaire des flancs de l'Himalaya, notamment en Inde et au Pakistan, le reinwardtia y mesure plus de 1 m, taille qu'il atteindra chez vous si vous le placez dans un grand bac. Il forme une touffe dense, avec de petites feuilles (environ 5 cm de longueur) vert franc, à revers grisâtre. Du milieu de l'automne au début du printemps, il donne des fleurs jaune intense en entonnoirs, regroupées en petits bouquets. Il est solide, mais exige une bonne lumière tamisée et une température modérée en hiver – pas plus de 18 °C, et de préférence 14 ou 15 °C.

Secrets de culture

Rempotage	Tous les ans au printemps, dans un mélange de terreau universel et de tourbe.
Arrosage	La motte doit toujours être un peu humide. Réduisez les apports d'eau après la floraison. Bassinez le feuillage régulièrement.
Engrais	Donnez au reinwardtia de l'engrais pour plantes à fleurs une fois par semaine, puis une fois tous les dix à quinze jours pendant les deux ou trois mois qui suivent la floraison.
Taille	Rabattez légèrement après la floraison, pour que la plante conserve une forme régulière.
Maladies et parasites	Les araignées rouges s'implantent parfois sur les feuilles, donnant un aspect terne à la plante. Augmentez l'hygrométrie et, si nécessaire, appliquez un acaricide.

La multiplication
Elle se réalise par boutures de tiges au début de l'été. Plantez à l'étouffée, dans un mélange de tourbe et de sable, à 18 °C.

Quel reinwardtia choisir ?
Achetez la plante en automne, quand elle est en boutons, pour profiter pleinement de sa floraison.

Vos questions / Nos réponses

Ma plante a un beau feuillage, mais ne refleurit pas.
La chaleur est peut-être trop forte, ou l'humidité atmosphérique trop faible. En outre, évitez les engrais trop fortement dosés en azote.

Reinwardtia indica.

Ruellias** Ruellia amoena, Dipteracanthus devosianus

Dipteracanthus devosianus.

Il est des plantes, comme les ruellias, que les modes oublient. Pourtant, leur feuillage élégant, agrémenté d'une floraison longue et abondante, en fait d'excellentes plantes d'intérieur à découvrir sans tarder !

Ruellia amoena.

Originaires d'Amérique du Sud tropicale, les ruellias se plaisent dans les intérieurs très clairs, voire ensoleillés quelques heures le matin ou le soir. Amateurs de lumière, de chaleur régulière mais modérée, ces belles plantes d'intérieur au développement très raisonnable trouvent leur place dans la salle à manger ou le salon. Évitez-leur la proximité d'un radiateur et les courants d'air froid.

Secrets de culture

Rempotage	Dès que les racines sortent du pot ou que les dimensions de la plante sont disproportionnées par rapport à celles du contenant. La croissance de ces plantes étant rapide, il peut être nécessaire une ou deux fois par an. Utilisez un terreau pour géraniums, léger et bien drainant.
Arrosage	Régulier pour maintenir le sol toujours frais, sans laisser d'eau stagner dans la soucoupe ou le cache-pot.
Engrais	De mars à septembre, donnez tous les quinze jours un engrais liquide complet, pour favoriser la croissance du feuillage et de la floraison.
Taille	Si votre plante se dégarnit à la base, rabattez-la sévèrement au début du printemps, en coupant les tiges au-dessus d'une feuille ou de bourgeons de feuilles prêts à se développer. Pincez l'extrémité des nouvelles pousses dès qu'elles mesurent 5 à 10 cm de longueur pour les forcer à se ramifier.
Maladies et parasites	Une attaque d'araignées rouges peut entraîner la chute des feuilles et le dépérissement de la plante. Maintenez une hygrométrie supérieure à 50 %, douchez souvent le feuillage. Si les parasites persistent, traitez avec un acaricide. Les cochenilles farineuses sont éliminées avec un insecticide systémique.

La multiplication

Au printemps ou en été, bouturez des tronçons d'extrémités de tiges de 10 à 15 cm de longueur. L'enracinement se fait dans l'eau ou dans de la perlite humidifiée, en maintenant les boutures à 20-25 °C et à l'étouffée. *Ruellia amoena* produit en permanence des graines, qui sont expulsées quand elles sont mûres. Le semis est facile et souvent spontané.

Quel ruellia choisir ?

Dipteracanthus devosianus (syn. *D. makoyanus* ou *Ruellia makoyana*) offre un séduisant feuillage vert foncé nervuré de jaune crème et des fleurs en trompette rose lilas. Il ne dépasse pas 50 cm de hauteur mais a un port très étalé. Cette espèce est souvent proposée dans les assortiments de miniplantes, parfois en suspension. Moins fréquent, *Ruellia amoena* (syn. *R. graecizans*) forme un petit buisson de moins de 1 m de hauteur, aux grandes feuilles ovales vert vif. Les petites fleurs rouge écarlate se succèdent toute l'année sans interruption. La variété 'Alba' a des fleurs blanches.

Chap. 11 : Des fleurs toute l'année

Sabots-de-Vénus** Paphiopedilum hyb.

min. 15 °C
max. 30 °C

À LA DIFFÉRENCE DE BEAUCOUP D'AUTRES ESPÈCES, CES ORCHIDÉES VIVENT EN TERRE ET TOLÈRENT DE NETTES DIFFÉRENCES DE TEMPÉRATURE. ELLES SONT ASSEZ FACILES À CULTIVER. LA FORME SURPRENANTE DE LEURS FLEURS AUX COLORIS ÉTRANGES FAIT TOUT LEUR ATTRAIT.

Généralement terrestres, ces plantes asiatiques tropicales poussent parfois dans des fissures de rochers et, rarement, sur les arbres. Les fleurs apparaissent généralement en hiver, à l'aisselle des feuilles. Elles sont caractérisées par leur labelle inférieur en forme de godet, qui a valu au genre son surnom de « sabot-de-Vénus ». Chaque fleur, solitaire ou par deux ou trois sur chaque tige, dure presque un mois. Ces plantes de 20 à 40 cm de hauteur, qui apprécient une bonne luminosité mais craignent le soleil direct, vivront chez vous entre cinq et dix ans.

SECRETS DE CULTURE

REMPOTAGE	À la fin de la floraison, généralement en cours d'hiver, quand la plante marque un certain repos. Ne composez pas votre propre mélange, mais procurez-vous un substrat adapté chez un spécialiste. Ne rempotez que si la plante a envahi son logement et arrosez-la à peine durant un mois pour laisser les racines reprendre.
ARROSAGE	Abondant entre avril et octobre, en laissant bien égoutter le pot ; plus modéré en hiver. Maintenez une forte humidité atmosphérique, mais évitez la brumisation en hiver.
ENGRAIS	Tous les trois ou quatre arrosages, entre mars et octobre, apportez un engrais liquide spécial pour orchidées.
TAILLE	Aucune. Supprimez rosettes et feuilles mortes, ainsi que les fleurs fanées.
MALADIES ET PARASITES	Les pucerons s'attaquent parfois aux fleurs. Ils sont vecteurs de viroses mortelles. Traitez avec un insecticide général. Traitez contre les éventuelles cochenilles avec un insecticide spécifique.

Groupe de paphiopédilums hybrides.

LA MULTIPLICATION

Elle reste délicate, les souches des paphiopédilums n'aimant pas les traumatismes, qui les font pourrir. Détachez éventuellement, avec précaution, les rosettes externes au moment du rempotage.

QUEL SABOT-DE-VÉNUS CHOISIR ?

À moins d'être un amateur averti, ne vous laissez pas tenter par les espèces botaniques, ni par les formes blanches, vertes, roses ou striées, de culture délicate. Préférez les gros hybrides à fleurs rondes, généralement colorées d'acajou, avec des cernes blancs et des marques vertes, ou vert chartreuse et blanc.

Vos questions / Nos réponses

Mon paphiopédilum n'a produit aucune pousse nouvelle après sa floraison.

Réduisez fortement les arrosages pour provoquer un repos forcé, qui induira presque à coup sûr la formation de bourgeons.

Saintpaulias** <small>Saintpaulia hyb.</small>
Violettes du Cap

LEUR PETITE TAILLE, LEUR ABONDANTE FLORAISON ET LEUR FACILITÉ DE CULTURE SONT LES PRINCIPALES RAISONS DU SUCCÈS DES SAINTPAULIAS. IDÉALES POUR LES PETITS INTÉRIEURS TRÈS CLAIRS, CES PLANTES ROBUSTES ET PEU EXIGEANTES VOUS DONNERONT DES FLEURS PENDANT DES ANNÉES.

Les espèces de saintpaulias sont originaires d'Afrique du Sud, mais vous ne trouverez que des hybrides dans le commerce. Un coin de table ou de commode, un petit guéridon ou le rebord intérieur d'une fenêtre constituent des places de choix pour disposer une ou plusieurs potées bien en vue. L'emplacement doit être baigné de lumière, mais à l'abri du soleil direct, qui brûle les feuilles. Évitez au saintpaulia les pièces où les écarts de température peuvent être brusques, et la proximité d'un évier ou d'une baignoire car mieux vaut ne pas mouiller son feuillage. En hiver, attention à ne pas laisser les feuilles toucher la vitre de la fenêtre car, par fortes gelées, elles souffriraient d'un coup de froid.

SECRETS DE CULTURE

REMPOTAGE	Quand les racines sortent du pot, rempotez votre saintpaulia dans un contenant d'un diamètre de 2 cm supérieur. La plante doit être défleurie, aussi il est préférable d'attendre la fin de l'hiver. Utilisez un substrat très léger et poreux, par exemple un mélange de terreau pour géraniums et de 20 % de perlite.
ARROSAGE	Pendant la belle saison, maintenez le sol toujours frais, en veillant à ne pas mouiller les tiges et le feuillage. En hiver, réduisez les apports d'eau. Attendez que la terre sèche en surface avant d'arroser.
ENGRAIS	Pour obtenir une floraison abondante, il faut donner un engrais liquide complet (6-6-6 ou 10-10-10) tous les quinze jours de mars à fin septembre.
TAILLE	Éliminez les fleurs fanées.
MALADIES ET PARASITES	Un excès d'arrosage peut entraîner la pourriture des racines et du collet de la plante, qui dépérit. Surveillez les attaques de cochenilles farineuses, à éliminer dès qu'elles apparaissent en douchant le feuillage. Évitez les insecticides : les feuilles les supportent bien plus mal que le douchage.

LA MULTIPLICATION

Au printemps ou en été, prélevez une belle feuille avec son pétiole, coupé le plus nettement possible avec un cutter. L'enracinement est facile dans l'eau ou dans de la perlite humidifiée. Maintenez alors la bouture au chaud (20 à 25 °C) et à l'étouffée. Repiquez-la dans un substrat plus riche quand des petites feuilles apparaissent à la base du pétiole. Ce procédé ne permet pas de multiplier les saintpaulias Chimera, qui sont reproduits par microbouturage des minuscules bractées situées sous les fleurs.

Saintpaulia hybride à fleurs doubles.

Chap. 11 : Des fleurs toute l'année

Saintpaulia Chimera.

Saintpaulia 'Lavender Delight'.

QUEL SAINTPAULIA CHOISIR ?

Le choix des coloris est souvent plutôt restreint, alors qu'il existe dans le monde des centaines d'hybrides, faisant notamment l'objet de collections importantes aux États-Unis et au Canada. Les fleurs peuvent être simples, semi-doubles ou doubles. Choisissez une potée bien fournie présentant une large rosette de feuilles saines et sans taches, quelques fleurs épanouies et de nombreux boutons prêts à s'ouvrir. Préférez les plantes emballées dans une collerette, car celle-ci maintient les feuilles, très cassantes.

Couvert d'étoiles

Les hybrides de la série Chimera se distinguent par leurs grandes fleurs simples aux pétales traversés d'une large rayure longitudinale. La fleur semble étoilée.

Mini mais costauds

Les hybrides miniatures ressemblent à une petite violette ou à un saintpaulia plus classique mais ils ne dépassent pas 10 cm de diamètre et 5 ou 6 cm de hauteur. À fleurs simples, semi-doubles ou doubles, à feuillage vert clair, vert au revers pourpre, ou vert panaché de crème et de rose, ils sont aussi résistants que les hybrides plus grands.

Saintpaulia hybride.

Vos questions / Nos réponses

Mon saintpaulia ne fleurit plus…

Un manque de lumière en est souvent la cause principale : le saintpaulia demande au moins dix heures d'éclairage par jour. Si vous le pouvez, rapprochez votre plante d'une fenêtre, exposée de préférence à l'est ou au nord. Vous pouvez aussi l'installer derrière une baie vitrée plus ensoleillée, avec la protection d'un voilage. Pensez également à bien nourrir votre plante, avec un engrais enrichi en phosphore (P) et potassium (K).

Scutellaire*** *Scutellaria costaricana*

VÉRITABLEMENT SOMPTUEUSE, CETTE SCUTELLAIRE, QUI OFFRE UNE FLORAISON FLAMBOYANTE SUR UN BEAU FEUILLAGE, ORNERA DÉLICIEUSEMENT UNE SALLE DE SÉJOUR. DIFFICILE À CONSERVER, ELLE EST SOUVENT CONSIDÉRÉE COMME ÉPHÉMÈRE. POURTANT, IL N'EST PAS IMPOSSIBLE DE LA FAIRE REFLEURIR.

Originaire du Costa Rica, cette petite vivace atteint environ 30 cm de hauteur. La tige dressée et velue porte des feuilles ovales et dentées (8 à 15 cm de long), vert intense, mettant bien en valeur la floraison. Généralement estivale, celle-ci se déploie en un bouquet terminal (racème) de fleurs allongées, rouge orangé, ou parfois jaune orangé. La scutellaire a besoin de chaleur et de lumière indirecte toute l'année, ainsi que d'une forte humidité. Elle apprécie un séjour estival sur un balcon, à mi-ombre.

min. 15 °C
max. 30 °C

SECRETS DE CULTURE

REMPOTAGE	Tous les deux ans, au printemps, dans un mélange de terreau universel et de terre de bruyère.
ARROSAGE	Maintenez la motte humide durant toute la période de croissance, du printemps à l'automne, espacez les apports d'eau en hiver. Utilisez de l'eau non calcaire et à température ambiante, et n'arrosez jamais les feuilles. Placez le pot sur une soucoupe remplie de billes d'argile humides.
ENGRAIS	Une fois par semaine, d'avril à août, apportez de l'engrais pour plantes à fleurs, sur terre humide.
TAILLE	Dès le départ de la végétation, pincez les jeunes pousses pour que la plante se ramifie. Après la floraison, supprimez les inflorescences fanées.
MALADIES ET PARASITES	En hiver, quand l'atmosphère est sèche, les araignées rouges ou les mouches blanches s'installent parfois. Traitez à l'acaricide ou à l'insecticide.

Scutellaria costaricana.

LA MULTIPLICATION

Elle est difficile. En mars, prélevez des boutures de tiges de 10 cm, que vous effeuillerez à la base. Piquez-les dans un mélange léger et conservez-les à l'étouffée, à la chaleur – de préférence sur chaleur de fond. Aérez régulièrement.

QUELLE SCUTELLAIRE CHOISIR ?

Parmi les autres espèces, *Scutellaria villosa* est proche de *S. costaricana*, avec des feuilles dentées un peu plus petites et des inflorescences écarlates, selon les variétés.

Vos questions / Nos réponses

Des taches apparaissent sur les feuilles.

Si les taches sont sèches, elles indiquent une atmosphère trop sèche ; si elles sont humides, c'est le signe d'une pourriture due à un excès d'arrosage. Dans le premier cas, humidifiez l'air de la pièce ; dans le second, laissez la motte s'assécher et réduisez les arrosages en hiver.

Chap. 11 : Des fleurs toute l'année

Smithianthas*** Smithiantha hyb.

Smithiantha 'Orange King'.

Ces petites plantes vivaces rhizomateuses, originaires du Mexique, atteignent 40 à 50 cm de hauteur. Leurs tiges dressées et velues portent des feuilles en forme de cœur à bord denté, d'un vert velouté. Les fleurs en trompettes pendantes, orange ou rouge orangé à gorge de diverses couleurs, s'épanouissent en grappes vers la fin de l'été. Un mois après la fin de la floraison, la plante doit observer une période de repos hivernal dans une pièce fraîche (13-15 °C), jusqu'à la remise en végétation des rhizomes. Une température de 22 °C, une forte humidité ambiante et une lumière indirecte mais vive sont alors nécessaires.

SECRETS DE CULTURE

REMPOTAGE	En février, enterrez les rhizomes à plat, sous 1,5 cm d'un mélange léger à base de tourbe, de terreau de feuilles et de sable. Placez les pots dans un terrarium ou une mini-serre chauffée à 22 °C.
ARROSAGE	Réduit au départ de la végétation, puis s'intensifiant au fur et à mesure de la croissance de la plante, nul pendant l'hivernage. Il se fait par capillarité, en posant le pot dans une soucoupe remplie d'eau à température ambiante, que l'on vide au bout de trente minutes. Ne vaporisez pas les feuilles ; à défaut d'un terrarium ou d'une mini-serre, maintenez un taux d'humidité élevé en posant le pot dans une soucoupe remplie de billes d'argile humides.
ENGRAIS	Du printemps à l'ouverture des fleurs, apportez deux fois par mois un engrais liquide pour plantes fleuries, en divisant la dose par deux.
TAILLE	Aucune. Ôtez simplement les fleurs et feuilles fanées avant l'hivernage.
MALADIES ET PARASITES	Un arrosage trop copieux ou par le haut entraîne la pourriture des tiges, des feuilles et des rhizomes.

AVEC LEURS FEUILLES VELOUTÉES ET LEURS FLEURS EN TROMPETTES ORANGÉES, LES SMITHIANTHAS ONT TOUT POUR SÉDUIRE. MAIS ILS SONT EXIGEANTS EN CHALEUR ET EN HUMIDITÉ. VOUS POURREZ ÉVENTUELLEMENT LES CULTIVER EN MINI-SERRE OU EN TERRARIUM.

LA MULTIPLICATION

Elle se fait par division des rhizomes après l'hivernage, lors du rempotage. Chaque tronçon doit présenter un bourgeon. Vous pouvez également bouturer les feuilles adultes en été : raccourcissez le pétiole, trempez-le dans des hormones de bouturage et insérez-le dans un pot rempli d'un mélange de tourbe et de sable à peine humide. Coiffez le pot d'un sac en plastique transparent pour conserver l'humidité. Maintenez une température de 20-22 °C. Aérez de temps en temps pour éviter la pourriture.

QUEL SMITHIANTHA CHOISIR ?

Smithiantha 'Orange King' atteint 50 cm. Ses feuilles vert franc portent des nervures pourprées et ses fleurs rouge brique ont la gorge blanche ; *S. zebrina*, aux fleurs rouge orangé à gorge jaune.

Spatiphyllums** Spatiphyllum hyb.
Fleur-de-lune

Ces cousins du pothos et des philodendrons séduisent par leur élégant feuillage luisant et par leur floraison blanche qui se prolonge toute l'année. Très résistants et peu exigeants, les spatiphyllums s'installeront chez vous pour très longtemps. Ils forment une touffe imposante avec l'âge.

Toutes les plantes du commerce sont issues de *Spatiphyllum wallisii*, originaire du Costa Rica, de Panama, de Colombie et du Venezuela. De nos jours, la gamme des spatiphyllums offre une belle diversité, depuis la petite plante de 30 cm jusqu'au gros spécimen de 2 m de hauteur. Toutes ces variétés présentent un feuillage vert plus ou moins foncé, le plus souvent très brillant, et des spathes blanc verdâtre à blanc pur, effilées ou larges, et concaves. Toutes les pièces de la maison peuvent accueillir une potée de spatiphyllum si elles sont suffisamment claires. Attention au pollen qui s'échappe en abondance des fleurs à maturité : éloignez la plante des fauteuils et canapés en tissus ou des tapis délicats.

Secrets de culture

Rempotage	Chaque année au début du printemps, tant que les dimensions de la plante le permettent. Le substrat doit être léger et poreux : mélangez du terreau pour plantes vertes et 20 % de perlite, et ajoutez de la corne torréfiée et du sang desséché.
Arrosage	Régulier pour maintenir le substrat toujours frais. Attention, un excès d'arrosage provoque la pourriture des racines. Ne laissez pas d'eau stagner dans la soucoupe ou le cache-pot plus d'une heure après l'arrosage.
Engrais	De mars à septembre, donnez un engrais liquide complet tous les quinze jours.
Taille	Aucune. Éliminez les spathes qui verdissent en les coupant à la base.
Maladies et parasites	Robuste, le spatiphyllum peut toutefois être attaqué par des cochenilles, faciles à éliminer avec un insecticide approprié.

Spatiphyllum 'Mauna Loa'.

La multiplication
En fin d'hiver ou au printemps, on peut diviser la touffe quand la plante est suffisamment volumineuse. Prélevez les plus beaux rejets situés le plus à l'extérieur de la touffe, avec quelques feuilles et des racines. Rempotez-les immédiatement dans un terreau léger, enrichi de corne torréfiée et de sang desséché, avec 20 % de perlite.

Quel spatiphyllum choisir ?
Les plantes proposées dans le commerce sont rarement nommées. Si vous avez peu de place, préférez les variétés touffues à petites feuilles effilées, moins vigoureuses. Toutes les feuilles doivent être dressées (si elles ont l'air molles et ont tendance à s'avachir, la plante souffre d'un manque d'eau). Choisissez une potée avec au moins une ou deux spathes bien épanouies et de nombreuses autres qui pointent.

Chap. 11 : Des fleurs toute l'année

Spatiphyllum hybride.

Une fragrance vanillée

Lancé en avril 2003, 'Sweet Paco' est le premier spatiphyllum parfumé : chaque fleur mature dégage une douce senteur de vanille le matin jusque vers 2 heures de l'après-midi.

De subtiles différences

Entre 'Chopin', 'Cupido', 'Figaro', 'Quatro' ou 'Vivaldi', vous ne verrez guère de différences mais tous ces spatiphyllums forment de grosses touffes vigoureuses avec des larges feuilles et des grandes spathes blanc pur.
Parmi les spatiphyllums à port plus fourni et aux nombreuses spathes plus étroites, blanc verdâtre à blanc pur, vous avez le choix entre 'Sweet Pablo', 'Sweet Chico', 'Sweet Benito' ou 'Calando'.
Le spatiphyllum 'Domino' se distingue par son feuillage aux feuilles d'un vert foncé plus ou moins éclaboussé de blanc.

Du plus petit aux plus grands…

Le spatiphyllum 'Petite' est parfait pour ceux qui manquent de place. Il n'excède pas 30 cm de hauteur et donne des feuilles et des spathes effilées.
Si vous recherchez une plante imposante et spectaculaire, achetez 'Mauna Loa', qui forme une touffe de 1 m d'envergure, avec d'immenses spathes blanc pur de plus de 20 cm de longueur. 'Supreme' lui ressemble beaucoup, mais ne dépasse pas 80 cm de hauteur, avec des spathes presque aussi grandes (15 à 17 cm de longueur). Gigantesque, 'Sensation' peut atteindre 2 m de hauteur.

Vos questions / Nos réponses

Mon spatiphyllum ne fleurit plus…

Une lumière insuffisante, un excès d'eau ou un manque de nourriture peut entraîner l'arrêt de la floraison. Placez votre plante près d'une fenêtre exposée de préférence au nord ou à l'est, ou à l'ouest mais avec un voilage léger qui la protégera des rayons du soleil. Donnez un engrais pour plantes fleuries (surtout pas un engrais pour plantes vertes, trop riche en azote).
Si votre plante est vigoureuse et pousse bien, attendez que la terre du pot sèche et que le feuillage commence à s'affaisser, puis arrosez. Ce petit stress hydrique provoque souvent la floraison dans les semaines qui suivent.

Streptocarpus**

Streptocarpus hyb., Streptocarpella sp. et hyb.

Streptocarpus hybride.

De mars jusqu'au début de l'hiver, la floraison des streptocarpus est généreuse. De plus, ces plantes ne sont guère encombrantes.

Streptocarpus à feuille unique.

Certaines espèces du genre *Streptocarpus* n'ont qu'une seule feuille (qui peut atteindre 60 cm de longueur), à la base de laquelle s'élève une hampe florale aux fleurs en trompettes. Les hybrides les plus communs forment des rosettes de feuilles vertes et gaufrées, de 20 à 30 cm de longueur, avec des fleurs en cornet plus ou moins vivement colorées. Les streptocarpus à tiges sont classés par les botanistes dans le sous genre *Streptocarpella*. Ils prennent un port étalé à retombant, qui permet de les cultiver en suspension. Ces plantes apprécient une lumière vive, sans soleil direct, et une hygrométrie supérieure à 50 %.

Secrets de culture

Rempotage	Chaque année au printemps, dans un pot légèrement plus grand et toujours peu profond. Faites un mélange de tourbe (pour moitié), de terreau (un quart) et de perlite (un quart).
Arrosage	Attendez que le substrat soit sec en surface avant d'arroser. Un excès d'arrosage entraîne la pourriture des racines et le dépérissement rapide de la plante.
Engrais	De mars à septembre, donnez un engrais liquide riche en potassium (K), tous les quinze jours.
Taille	Coupez les fleurs fanées et les vieilles feuilles qui sèchent.
Maladies et parasites	Éliminez les cochenilles farineuses avec un insecticide.

La multiplication

Au printemps ou au début de l'été, bouturez des feuilles ou des tronçons de tiges. Ces derniers reprennent facilement dans un verre d'eau. Prenez une jeune feuille au centre de la rosette, enfoncez-la dans un mélange humide de tourbe blonde et de perlite à parts égales. Couvrez avec un sac plastique et placez la bouture dans un endroit très lumineux, à l'abri du soleil. Si vous désirez un plus grand nombre de plantes, coupez la feuille en plusieurs tronçons.

Quel streptocarpus choisir ?

Les hybrides au feuillage en rosettes donnent des fleurs à l'aspect velouté, simples ou doubles, petites et nombreuses ou plus rares mais opulentes. Les coloris déclinent des tons de rose, de rouge, de bleu, de violet ou de blanc. Si votre intérieur est très ensoleillé, préférez le petit *Streptocarpella saxorum* ou des hybrides plus grands ('Blue Moon', 'Boysenberry Delight'), aux tiges et petites feuilles charnues et aux fleurs bleues ou mauves très abondantes, portées par de longs pétioles. Les streptocarpus à une seule feuille sont très délicats et difficiles à conserver dans la maison.

Chap. 11 : Des fleurs toute l'année

Vriéséas* *Vriesea hyb.*

min. 16 °C
max. 22 °C

LES VRIÉSÉAS SÉDUISENT PRESQUE AUTANT PAR LEUR FEUILLAGE QUE PAR LEUR INFLORESCENCE. CELLE-CI DURE DEUX À TROIS MOIS, PUIS LA PLANTE MEURT. ON PEUT DONC TRAITER LES VRIÉSÉAS COMME DES PLANTES ÉPHÉMÈRES, À RENOUVELER PAR LA MULTIPLICATION.

Natif d'Amérique centrale et du Sud, *Vriesea splendens* présente de longues feuilles rubanées à rayures pourprées. Celles-ci sont disposées en rosette évasée atteignant 50 à 60 cm de hauteur et 30 à 40 cm d'envergure. Les sujets âgés de deux ou trois ans portent au-dessus de la rosette une hampe couronnée d'une inflorescence, de formes et de couleurs variées, selon les variétés et les hybrides. Ensuite, la plante dépérit naturellement. Elle demande une humidité ambiante élevée et une température de 20 à 22 °C en été, de 16 à 18 °C en hiver.

SECRETS DE CULTURE

REMPOTAGE	Il est inutile de rempoter la plante mère, qui meurt après avoir fleuri et émis des rejets. Vous rempoterez ces derniers lors de la multiplication.
ARROSAGE	Copieux, mais en laissant toujours le substrat sécher entre deux apports. En été, remplissez d'eau le cœur de la rosette, et renouvelez-la chaque semaine. En hiver, videz le cœur pour éviter la pourriture. Vaporisez le feuillage de temps en temps.
ENGRAIS	D'avril à septembre, apportez toutes les deux ou trois semaines un engrais liquide pour plantes vertes, en réduisant de moitié la dose indiquée.
TAILLE	Coupez simplement la hampe florale à la base en attendant le dépérissement naturel de la plante.
MALADIES ET PARASITES	Les cochenilles se fixent volontiers sous les feuilles quand l'atmosphère est trop sèche. Délogez-les à l'aide d'un coton imbibé d'alcool dénaturé, pour que les rejets ne soient pas colonisés à leur tour.

LA MULTIPLICATION

Prélevez les rejets bien formés à la fin du printemps, en veillant à ne pas abîmer leurs racines. Plantez-les dans un substrat pour orchidées. Placez les pots à l'étouffée, sur couche chauffée à 24 °C, et maintenez une forte hygrométrie.

QUEL VRIÉSÉA CHOISIR ?

Vriesea splendens et ses variétés et hybrides : 'Major', à feuilles plus longues et plus larges ; 'Tiffany', à feuilles vert uni et grosse inflorescence jaune et orangé ; 'Splenriet', à feuilles vert foncé largement zébrées de brun et inflorescence orangée ; 'Favoriet', à feuilles zébrées de crème et inflorescence rouge orangé.

Vos questions / Nos réponses

La base de la plante pourrit.
Ce phénomène est dû à un excès d'eau, parfois associé à une température trop basse. Videz la rosette, laissez le substrat sécher avant d'arroser à nouveau et placez plus au chaud.

Il existe plusieurs centaines d'hybrides de vriéséas, aux aspects très divers. Toutes ces plantes ont les mêmes exigences de culture.

Chapitre 12

Les bonsaïs d'intérieur

Ces plantes nanifiées ne laissent jamais indifférent. Si vous êtes attiré par l'Orient et ses mystères, vous « craquerez » pour ces arbres miniaturisés. Réservez-leur un emplacement de choix dans votre intérieur pour pouvoir les admirer en toute sérénité. Mais sachez qu'ils doivent être l'objet de soins très réguliers. Leur survie et leur beauté en dépendent.

Banian de Malaisie**
Ficus retusa (syn. Ficus microcarpa)

Ce figuier banian atteint 30 mètres de hauteur dans son pays d'origine, la Malaisie. Sa miniaturisation a permis de le faire entrer dans la maison. C'est l'un des bonsaïs d'intérieur les plus faciles à cultiver, parfait point de départ pour commencer une collection.

À port d'abord érigé puis étalé, ce ficus, qui atteint environ 50 cm en bonsaï, est capable de vivre plus d'un siècle. Il est doté d'un tronc puissant et de racines imposantes. Bien ramifié, il porte de petites feuilles persistantes pointues et coriaces. S'il demande un bon éclairement, il n'aime pas le soleil direct. Il apprécie la chaleur et peut séjourner à l'extérieur durant la belle saison, à l'ombre et à l'abri du vent. En hiver, éloignez-le des radiateurs.

Secrets de culture

Rempotage	Tous les deux ans, en avril-mai, dans un terreau pour bonsaï ou dans un mélange à parts égales de terreau, de terre de bruyère, de sable et de terre végétale. Démêlez les racines et rabattez-les de moitié. Replacez dans le même pot ou dans un pot de taille légèrement supérieure.
Arrosage	Laissez sécher la terre entre deux arrosages. Le ficus supporte un sol un peu sec, surtout en hiver. Arrosez plus copieusement au printemps et en été. Bassinez le feuillage tous les jours et placez le pot sur un plateau rempli de billes d'argile humides à demi immergées dans l'eau.
Engrais	En automne, effectuez un apport d'engrais organique à décomposition lente. D'avril à septembre, donnez un engrais liquide pour bonsaï.
Taille	Pour que l'arbre reste petit, rabattez les nouvelles pousses à trois feuilles lorsqu'elles en ont émis six ou sept ; répétez l'opération pendant la période de végétation. Si les feuilles deviennent trop grandes, coupez la moitié du limbe.
Maladies et parasites	Avec un Coton-tige trempé dans l'alcool, délogez les cochenilles à bouclier, qui s'implantent sur les branches ou le dessous des feuilles. Répétez l'opération.
Toxicité	Le latex contient des substances irritantes pour la peau et les muqueuses. Portez des gants pour tailler la plante et empêchez les jeunes enfants ou les animaux domestiques de mâchonner une feuille.

Ficus retusa.

La multiplication
Prélevez des boutures de tiges lignifiées de 6 cm environ. Mettez-les en terre et maintenez-les au chaud (25 °C), dans une mini-serre. Vous obtiendrez aisément des plants, mais devrez patienter longtemps avant de les former en bonsaï.

Quel banian de Malaisie choisir ?
L'espèce type est robuste, peu touchée par les maladies. *Ficus retusa* 'Hawaii', à feuilles vernissées, panachées de gris et de blanc, est sa seule variété.

Vos questions / Nos réponses
Les feuilles tombent, alors qu'elles sont bien vertes.
Identifiez-en la cause (manque de lumière, courant d'air, baisse subite de la température ou arrosage avec une eau trop froide) et remédiez-y.

Chap. 12 : Les bonsaïs d'intérieur

Carmona*** *Carmona retusa* (syn. *Ehretia microphylla*)

min. 5 °C
max. 20 °C

Bonsaï d'extérieur en Chine et au Japon, ce grand arbuste ne peut rester dehors qu'en été sous nos climats. Se prêtant bien à la taille, il adopte volontiers la plupart des formes traditionnelles.

Persistant, le carmona redoute le froid en dessous de – 2 °C. Il craint aussi la chaleur sèche et persistante de nos intérieurs, en hiver, d'autant plus que la lumière manque à cette époque. Une véranda ou, à défaut, une pièce claire l'accueilleront avec succès pendant ce passage difficile. Entre les périodes de froid, un appui de fenêtre, mais sans soleil direct, lui convient parfaitement. Les feuilles spatulées, vert vif, brillantes, mesurent de 1 à 3 cm de longueur. Elles servent à parfumer les thés traditionnels. La taille régulière favorise l'apparition de pousse faibles, courtes et denses, donc l'aspect « nanifié ». Quelques formes « battues par les vents » sont disponibles, mais on trouve surtout des formes « en nuage ».

Secrets de culture

Rempotage	Tous les ans ou tous les deux ans, au printemps, au moment de la reprise de la végétation. Utilisez un substrat comportant au moins une moitié de terre de jardin. Réduisez la motte d'un cinquième environ avant de replacer la plante dans le même pot.
Arrosage	À l'eau tiédie, deux fois par jour d'avril à octobre, réduit de moitié en hiver.
Engrais	N'employez que des engrais à diffusion lente, aux doses prescrites par les spécialistes, deux fois l'an, en avril et en juin.
Taille	La taille des rameaux principaux (branches maîtresses) a lieu en mars ; celle des pousses de l'année s'effectue en juin.
Maladies et parasites	Les cochenilles, à éliminer avec un insecticide spécifique, s'installent parfois quand l'atmosphère est sèche.
Toxicité	Les fruits bruns de cet arbuste peuvent causer des troubles digestifs, mieux vaut les supprimer si de jeunes enfants risquent d'être tentés.

Carmona retusa.

La multiplication
Elle n'est pas à la portée de l'amateur.

Quel carmona choisir ?
Seule l'espèce type est disponible. Optez pour un sujet à la ramure bien formée, régulière. Faites tourner le sujet, qui aura forcément une « face » et un « dos », mais restera équilibré de tous côtés. Quelques spécialistes des bonsaïs proposent parfois de jeunes plants, à former soi-même avec art et patience.

Vos questions / Nos réponses

Il ne fleurit pas…
Si votre carmona pousse bien mais ne fleurit guère, c'est qu'il manque de lumière, ou qu'il est trop nourri ou… les deux ! L'excès de nourriture, et surtout d'azote, inhibe la floraison et provoque une pousse turbulente, qui déforme le bonsaï. Rééquilibrez la nourriture et taillez la plante pour favoriser l'apparition de pousses nombreuses, courtes, qui fleuriront plus volontiers.

Murraya** *Murraya paniculata*

Également appelé « oranger-jasmin », « buis de Chine » et « bois-satin », le murraya présente le triple intérêt d'offrir un feuillage persistant aromatique, des fleurs au parfum délicieux et des petits fruits orangés très décoratifs. Il fait partie des bonsaïs d'intérieur les plus faciles à cultiver.

Cet arbuste très ramifié, à port compact arrondi, mesure 3 m de hauteur dans son habitat d'origine, l'Asie tropicale. Cultivé en bonsaï, il ne dépasse pas 75 cm de hauteur et d'étalement. Ses feuilles sont composées de trois à cinq paires de folioles d'un vert sombre luisant. Ses petites fleurs blanches, groupées en bouquets terminaux, s'épanouissent en plusieurs vagues à partir du printemps et sont suivies de baies ovoïdes. Le murraya préfère une exposition très lumineuse. Il a besoin de chaleur et craint les courants d'air. Comme pour tous les bonsaïs, sa durée de vie se compte en siècles, ou au moins en décennies.

Secrets de culture

Rempotage	Tous les deux ans, en mars, dans un terreau pour bonsaï ou un mélange de terreau (50 %), de tourbe (20 %), de terre (20 %) et de sable (10 %). Démêlez les racines et raccourcissez-les d'un tiers de leur longueur. Si l'arbre ne s'est pas beaucoup développé, gardez le même pot.
Arrosage	Avec de l'eau non calcaire, à température ambiante, et très régulièrement, pour que la motte soit toujours humide. Bassinez souvent le feuillage et placez le pot sur un plateau rempli de billes d'argile humides.
Engrais	Donnez de l'engrais pour bonsaï tout au long de l'année, mais réduisez la concentration en hiver.
Taille	En mars-avril pour structurer l'arbuste. De mai à septembre, pendant toute la période de végétation, pour l'entretenir. Taillez les branches à deux entre-nœuds lorsqu'elles en ont émis cinq ou six.
Maladies et parasites	Traitez avec un insecticide systémique les attaques des aleurodes et des pucerons. Le murraya est parfois touché par le mildiou.
Toxicité	Cet arbuste n'est pas toxique, mais attention, ses baies ne sont pas comestibles.

Murraya paniculata.

La multiplication

On peut procéder par semis, aussitôt après avoir extrait la graine de la pulpe du fruit, ou par bouturage d'extrémités de tiges de 10 cm. Les deux opérations, délicates, se font à l'étouffée et sur chaleur de fond (28-30 °C).

Quel murraya choisir ?

Murraya paniculata n'a pas de variétés mais on trouve une espèce proche, *Murraya koenigii*, à feuilles divisées en petites folioles aromatiques à pointe allongée et à inflorescences blanches.

Vos questions / Nos réponses

Des taches poudreuses blanches maculent les feuilles.
Votre bonsaï est probablement touché par le mildiou. Ôtez les feuilles très atteintes et traitez avec un fongicide adapté. Placez la plante plus au soleil, bassinez les feuilles (plutôt le matin) et évitez de trop serrer vos plantes si elles sont en groupe.

Chap. 12 : Les bonsaïs d'intérieur

Pourpier en arbre* *Portulacaria afra*

Cette plante succulente adopte naturellement un port arbustif dès son plus jeune âge. Les Chinois la nomment « arbre de jade » parce que ses feuilles épaisses et luisantes ont la couleur de cette pierre. Solide, elle se cultive facilement en bonsaï.

Originaire d'Afrique du Sud, le pourpier en arbre pousse lentement, mais finit par dépasser 3 m dans son milieu naturel. Cultivé en bonsaï, il peut atteindre 1 m de hauteur et 60 cm d'envergure. Bien ramifié, il est doté d'un tronc et de tiges cylindriques rougeâtres. Celles-ci portent des feuilles opposées, arrondies, lisses et charnues. Des petites fleurs roses, suivies de fruits ailés, se développent parfois au début du printemps. Cette plante s'accommode bien de l'atmosphère sèche des intérieurs, mais apprécie de passer l'hiver au frais (14 °C). Elle ne demande que le plein soleil en toutes saisons pour prospérer et vivre très longtemps.

Secrets de culture

Rempotage	Au début du printemps, tous les deux ans, quand la plante est à l'étroit dans son pot. Dans un terreau pour cactées, additionné de sable pour un drainage parfait.
Arrosage	Environ tous les quinze jours du printemps à l'automne, une fois par semaine en cas de canicule, une fois par mois en hiver, en laissant toujours le substrat sécher entre deux apports d'eau.
Engrais	Effectuez un apport mensuel d'engrais pour cactées de mai à septembre.
Taille	Pour inciter la plante à se ramifier, coupez les pousses en ne laissant que trois ou quatre paires de feuilles à partir du tronc.
Maladies et parasites	Les cochenilles farineuses ou à bouclier s'installent parfois sur les tiges quand l'atmosphère est confinée et trop chaude. Éliminez-les avec un Coton-tige imbibé d'alcool, ou traitez avec un insecticide systémique.

La multiplication

Très facile, elle s'opère par bouturage de tiges de 5 à 10 cm de longueur, prélevées au printemps ou en été. Laissez sécher la plaie de coupe pendant trois jours, puis plantez dans du sable à peine humidifié. Rempotez après enracinement, au bout de quatre à six semaines.

Quel pourpier en arbre choisir ?

Portulacaria afra, à petites feuilles d'environ 2 cm de diamètre ; les variétés 'Microphylla', à feuilles plus petites, et 'Variegata', à tiges plus sombres et feuilles vertes bordées de blanc crème.

Portulacaria afra.

Vos questions / Nos réponses

Ma plante est dégingandée, les feuilles sont pâles et espacées.
Elle manque de lumière. Mettez le pot toute l'année dans un endroit mieux éclairé, si possible au soleil.

Sagérétia** Sageretia thea (syn. S. theezans)

min. 10 °C
max. 25 °C

ACHETER LE 28/1/09 SAGARETHIA.

Les origines tropicales de cette plante de Chine du Sud lui donnent une certaine tolérance à la chaleur de nos appartements. Il lui faut toutefois une bonne hygrométrie et une très forte luminosité pour croître harmonieusement et ne pas perdre ses feuilles. Il est sage de le placer sur une terrasse ou un appui de fenêtre entre la fin avril et la fin octobre, en moyenne. Évitez-lui cependant les expositions brûlantes et ombrez-le si nécessaire. Le port est fonction de la forme donnée par l'éleveur. La forme « en nuage » est assez répandue. La floraison est inégale chez les sujets d'intérieur. Elle se présente sous forme de myriades de petites fleurs blanches, au printemps le plus souvent.

Sageretia thea de 110 ans.

EN CHINE, CET ARBUSTE EST EMPLOYÉ POUR REMPLACER LE THÉ, COÛTEUX, MAIS CHEZ NOUS, SEUL L'ASPECT DÉCORATIF DE SES PETITES FEUILLES LUISANTES LUI VAUT SA PLACE. SE PRÊTANT BIEN À LA TAILLE, C'EST UN CLASSIQUE PARMI LES BONSAÏS.

SECRETS DE CULTURE

REMPOTAGE	Au moment de la reprise de la végétation, au printemps, tous les ans ou tous les deux ans. Utilisez un substrat comportant au moins une moitié de terre de jardin. Réduisez la motte d'un cinquième environ avant de replacer la plante dans le même pot.
ARROSAGE	Arrosez la plante tous les jours entre avril et novembre, un jour sur deux en hiver. Bassinez le feuillage deux fois par jour.
ENGRAIS	N'employez que des engrais à diffusion lente, aux doses prescrites par les spécialistes, deux fois l'an, en avril et en juin.
TAILLE	Effectuez la taille des branches charpentières en fin d'hiver, celle des jeunes pousses en juin, quand elles ont achevé leur croissance.
MALADIES ET PARASITES	Les cochenilles à bouclier peuvent se développer en été, ou en hiver dans une atmosphère trop sèche. Augmentez les bassinages et appliquez un insecticide spécifique.

LA MULTIPLICATION
Elle n'est pas à la portée de l'amateur ; la plupart des sujets proposés sont directement importés de Chine.

QUEL SAGÉRÉTIA CHOISIR ?
Seule l'espèce *thea* est disponible. Le feuillage doit être brillant, abondant, et bien réparti le long des branches. Méfiez-vous des plantes dont les branches maîtresses portent des traces de grosses coupes, à peine cicatrisées : ils ont été « bonsaïfiés » à la hâte et récemment. À l'inverse, refusez les plantes dont les tiges sont fortement marquées par les liens métalliques, qui ont entamé l'écorce : ils ont été négligés trop longtemps.

Vos questions / Nos réponses

Mon sagérétia a perdu ses feuilles…
Une chute brutale de toutes les feuilles est presque à coup sûr l'indice d'un excès d'eau et donc d'une asphyxie. Placez la plante à l'abri du soleil et laissez-la s'égoutter jusqu'à ce que le sol soit sec au toucher. Reprenez alors les arrosages à toutes petites doses, jusqu'à l'apparition d'un nouveau feuillage. Ne remettez l'arbuste en pleine lumière que quand il est pleinement développé.

Chap. 12 : Les bonsaïs d'intérieur

Sérissa** *Serissa foetida*

Surnommé « arbre aux mille étoiles » ou « neige de juin », le sérissa est l'un des bonsaïs d'intérieur les plus répandus. Très gracieux avec son abondante floraison blanche, il est, de plus, d'un entretien assez facile.

Originaire du Sud-Est asiatique, il atteint 70 cm de hauteur. Il porte des petites feuilles ovales, coriaces et persistantes, qui dégagent une odeur désagréable quand on les froisse, d'où son nom d'espèce. D'un vert sombre luisant, elles mettent bien en valeur les minuscules fleurs blanches qui s'épanouissent sporadiquement tout au long de l'année, mais plus densément au début de l'été. Il apprécie une situation très lumineuse, à l'abri du soleil direct, une température de 16 à 18 °C en hiver, et de 18 à 22 °C en été. Il craint les variations brutales de température, les courants d'air et les changements de place.

SECRETS DE CULTURE

Rempotage	Tous les deux ou trois ans, au début du printemps, dans un mélange à parts égales de terreau pour bonsaï et de terreau pour plantes vertes, après avoir démêlé et raccourci les racines du tiers de leur longueur.
Arrosage	Copieux, en laissant la surface du substrat sécher sur 1 ou 2 cm d'épaisseur entre deux apports d'eau. Diminuez la fréquence si le bonsaï hiverne au frais ; la motte doit néanmoins rester humide en permanence. Bassinez le feuillage quotidiennement (pas les fleurs), et posez le pot sur une soucoupe remplie de billes d'argile humides.
Engrais	Apportez un engrais liquide pour bonsaï deux fois par mois, de mars à octobre.
Taille	Rabattez les jeunes pousses à une ou deux paires de feuilles lorsqu'elles en ont émis trois ou quatre. Pour maintenir un port compact, rabattez sérieusement, jusqu'au vieux bois, tous les deux ans. Supprimez les fleurs fanées au fur et à mesure, pour encourager la production de nouveaux boutons.
Maladies et parasites	Attention, une atmosphère trop sèche favorise la prolifération des araignées rouges. Bassinez souvent.

Serissa foetida (à gauche, style tachiki, 12 ans ; à droite, style hokidachi, 14 ans).

LA MULTIPLICATION

Elle est facile. Prélevez au printemps des boutures de tiges de 5 ou 6 cm de longueur. Plantez-les à l'étouffée dans un mélange de tourbe et de sable, et maintenez à 20 °C.

QUEL SÉRISSA CHOISIR ?

Serissa foetida, à petites feuilles ovales vert sombre et fleurs blanches ; les variétés 'Flore Pleno', à fleurs blanches doubles, et 'Variegata', à feuilles finement lisérées de blanc crème.

Vos questions / Nos réponses

Les feuilles de mon sérissa jaunissent et tombent.
Un manque ou un excès d'eau, une saute de température ou un changement de place entraînent un stress, qui se traduit presque toujours par une chute des feuilles.

Chapitre 13

Les fausses plantes d'intérieur

L'évolution du confort, au fil du temps, a permis à divers végétaux de s'introduire dans les habitations. Il y a moins de cent ans, les végétaux accueillis dans la maison, où une seule pièce était chauffée, entre 12 et 15 °C, étaient adaptés à ces conditions. Ainsi, des plantes de plein air se voyaient offrir à l'intérieur une place qu'elles continuent parfois d'occuper aujourd'hui.

Des plantes de passage

À côté des plantes auxquelles le confort moderne des habitations permet de durer, certains végétaux peuvent embellir les appartements de façon éphémère. Mais il faut connaître leurs besoins et leurs limites.

Un avant-goût de printemps

Les plantes à bulbe figurent parmi les invitées de courte durée. Elles sont destinées au jardin, mais le forçage les met à notre portée plus tôt. En plein hiver, comment résister aux narcisses et aux jacinthes qui s'offrent, tout fleuris et parfumés ?

Une mode venue d'ailleurs

De nos jours, certains végétaux (hortensias, cyclamens, azalées d'Inde) gagnent à n'effectuer qu'un bref séjour à l'intérieur, pour rejoindre ensuite des lieux plus cléments tels que le jardin ou la véranda, suivant le cas. Faute de quoi, ils s'étiolent, se dessèchent et meurent.
Les raisons de leur présence chez le fleuriste au XXIe siècle tiennent, d'une part, à une habitude acquise (pour les cyclamens et les azalées, par exemple), d'autre part, à la provenance de beaucoup de ces plantes. Les Pays-Bas, la Belgique et d'autres pays du Nord comptent en effet parmi les plus gros producteurs. Dans ces pays, la mode germanique des « blumenfenster » (bow-windows avec jardinières intérieures) et les foyers très peu chauffés ont maintenu une gamme de plantes peu adaptées chez nous.

Au chaud, oui, mais…

Les végétaux à vie limitée (bisannuels, le plus souvent) ou issus de climats méditerranéens constituent une autre catégorie de plantes à court séjour dans la maison.
Ils sont diversement amateurs de chaleur, mais les températures et la sécheresse constante des appartements ne conviennent à aucun. Ce n'est pas très grave pour les bisannuels, dont la floraison représente l'apothéose, mais aussi le chant du cygne. Pour les autres, si vous voulez les conserver, vous aurez, là encore, intérêt à leur trouver rapidement un asile mieux adapté, plus frais et lumineux.

Collection d'amaryllis.

Chap. 13 : Les fausses plantes d'intérieur

Un séjour dans la maison

Certaines plantes décoratives d'extérieur ou de véranda acceptent un petit séjour à l'intérieur, au moment de leur apogée. Faites entrer le jardin chez vous, avant de les laisser regagner un lieu moins chaud et moins sec.

Calamondin *Citrus madurensis*

Cet hybride forme un arbuste réduit, au feuillage persistant, luisant, et aux fleurs blanches parfumées, suivies d'oranges en réduction, non comestibles mais longuement décoratives.

Période dans la maison	On peut l'installer à tout moment de l'année. Quand il n'est pas fleuri, l'arbuste porte des fruits, ce qui le rend aussi décoratif.
Culture	Il lui faut beaucoup de lumière, mais pas de soleil brûlant. Évitez de le déplacer quand il est en fleur. Arrosez régulièrement en laissant sécher la terre entre deux passages. Dès le début de la chute des fruits, apportez deux fois par mois un engrais pauvre en azote ou « spécial agrumes ». Surfacez une fois par an, en mars, avec du fumier très décomposé.
Après la floraison	Autant que possible, dirigez-le vers une véranda ou une serre froide, et placez-le dehors dès qu'il fait doux.

Campanules
Campanula sp., Campanula hyb.

Parmi ces plantes d'aspects très divers, on trouve surtout en potées les espèces courtes, telles que la campanule des Carpates. Elles forment des touffes de grosses fleurs bleu lavande ou blanches, en cloches dressées. Divers hybrides à fleurs doubles font périodiquement leur apparition.

Période dans la maison	Elles y prennent place en mai-juin et restent épanouies une semaine à dix jours.
Culture	Elles se plaisent en lieu frais (10 à 17 °C) et aéré, en pleine lumière mais pas au soleil. Comptez un arrosage léger par jour. En fin de floraison, taillez les fleurs fanées aux ciseaux. De mars à juillet, donnez-leur un engrais liquide complet une fois par semaine, en divisant les doses par deux.
Après la floraison	De culture aisée et dotées d'une grande vitalité, elles rejoindront le jardin ou le balcon, en pleine terre ou en pots un peu plus grands. Elles y réapparaîtront chaque année.

Hortensia *Hydrangea macrophylla*

Les grosses têtes bleues, blanches ou roses de ces arbustes de terre humifère surmontent des tiges minces aux larges feuilles. Ces potées sont traditionnelles lors de la fête des mères et pour les communions.

Période dans la maison	La saison idéale est mai-juin. La floraison dure de trois semaines à un mois.
Culture	Attention aux courants d'air, qui fanent les fleurs et font tomber les potées, souvent trop petites pour la plante. L'hortensia apprécie les endroits frais (14-17 °C), très lumineux, mais peu ensoleillés, et une terre toujours fraîche. Arrosez-le deux fois par jour sans laisser d'eau stagner dans la coupelle. Soutenez la floraison par un apport, une fois par semaine, d'engrais riche en oligoéléments, que vous cesserez dès la fanaison.
Après la floraison	Supprimez les têtes fanées et mettez la plante dehors en terre, dans un coin abrité du soleil brûlant.

Jasmin *Jasminum polyanthum*

Dotée de rameaux fins et d'une végétation beaucoup plus réduite que le jasmin officinal, cette espèce est également plus frileuse. Couramment vendue en pots, elle se couvre de masses de fleurs blanches en étoile, très parfumées.

Période dans la maison	On peut l'installer en mai-juin, mois pendant lesquels il fleurit durant une quinzaine de jours.
Culture	Il apprécie la fraîcheur (12-15 °C). Donnez-lui de la lumière, voire du soleil, et faites-le séjourner dehors pendant la nuit (s'il ne gèle pas). Laissez le substrat sécher en surface avant d'arroser. De janvier à fin août, une fois par semaine, apportez un engrais pauvre en azote.
Après la floraison	En climat doux, il ira au jardin, dans un coin ensoleillé mais pas brûlant ; sinon, il rejoindra la véranda. Prévoyez un palissage de petite taille pour le soutenir.

Petits... et fugaces

La devanture du fleuriste ou du rayon spécialisé des grandes surfaces voit apparaître par vagues **des plantes « miniatures » : mini-hortensias, mini-azalées, mini-hibiscus...** Dans un pot minuscule, une tige de quelques centimètres de haut porte en général une seule fleur de taille presque normale. Ces nains de jardin ne correspondent pas à une race spéciale, mais sont le fruit de traitements répétés à l'aide de nanifiants. Incapables de s'adapter, ils meurent en général rapidement et ne doivent être tenus que pour ce qu'ils sont, de simples gadgets. Notez qu'**ils n'ont rien à voir avec les petites formes de certaines espèces, telles que les cyclamens, rosiers ou calcéolaires**, d'ailleurs plus élevées, et qui sont de vraies sélections viables, de plus petite taille que les formes classiques.

Chap. 13 : Les fausses plantes d'intérieur

Mimosa Acacia paradoxa (syn. A. armata)

Les jeunes sujets de ce très gros arbuste à croissance rapide fleurissent abondamment en se couvrant de pompons mousseux, jaune d'or, parfumés. Le feuillage plumeux, vert, est également décoratif.

Période dans la maison	Il y prend place entre décembre et février, et reste épanoui une dizaine de jours.
Culture	Il redoute plus que tout la sécheresse atmosphérique. Placez-le dans le coin le plus frais de la maison (10-12 °C dans l'idéal) et faites-lui faire de longs séjours dehors, s'il ne gèle pas. Arrosez-le régulièrement en laissant sécher la terre entre deux passages. N'apportez pas d'engrais entre mai et octobre.
Après la floraison	En climat doux, il rejoindra un coin abrité et ensoleillé du jardin, en terre non calcaire. Ailleurs, il pourra aller un temps en véranda, sinon, vous devrez le donner.

Pélargonium des fleuristes
Pelargonium x domesticum

Distincte des « géraniums » à massifs, cette race d'hybrides se caractérise surtout par ses grandes fleurs dans tous les tons de blanc, de rose et de rouge sombre, diversement agencés sur la fleur. On en a créé autrefois des centaines de variétés, dont certaines fleurissaient très peu de temps. Seules les meilleures refont surface.

Période dans la maison	Ils y sont présents de mai à octobre. Leur floraison dure de un à trois mois, en moyenne.
Culture	Le soleil, accompagné d'un arrosage léger une fois par jour, est le garant d'une floraison soutenue. Entre mai et octobre, la température idéale est celle de l'extérieur : entre 18 et 40 °C. Donnez un engrais liquide, du type « plantes à fleurs », deux fois par mois d'avril à août.
Après la floraison	Réduisez les arrosages, sans laisser les pélargoniums au sec complet. Rabattez vos plantes de moitié en mars. Elles vivent fort bien toute l'année en véranda.

Rosiers miniatures *Rosa hyb.*

Répliques en réduction des rosiers à massifs, ces arbrisseaux sont issus de races particulières, appréciant la chaleur jusqu'à un certain point. On en trouve sous forme de cultivars à fleurs jaunes, rouges ou roses, parfois bicolores. Ils mesurent de 20 à 30 cm de hauteur. Ils sont très populaires dans les pays nordiques.

Période dans la maison	Ils y prennent place entre mai et septembre, et restent fleuris de dix à quinze jours.
Culture	Conservez-les le plus au frais possible (10-15 °C) pour les voir durer. Arrosez-les et bassinez-les deux fois par jour sans laisser d'eau stagner dans la coupelle. Apportez-leur un engrais complet, en poudre, une fois par mois d'avril à septembre.
Après la floraison	Peu rustiques, ils prospèrent en véranda plutôt qu'au jardin. Une taille légère après la floraison précédera le rempotage dans un mélange consistant et riche. Bien soignés, ils peuvent vivre dix à vingt ans.

Des saveurs sous la main

Vous pouvez accueillir chez vous brièvement des plantes condimentaires et aromatiques, que vous aurez ainsi à portée de main au moment de l'emploi. Multipliez-les vous-même à partir de boutures ou de semis, sinon, vous les trouverez couramment en godets. Elles s'adaptent diversement à la culture en pot à l'intérieur. Dans tous les cas, maintenez leur terre fraîche et donnez-leur d'autant plus de soleil que la température est élevée (entre 10 et 20 °C).
• La ciboulette et la menthe sont les plus robustes, et peuvent tenir trois semaines ;
• l'estragon résistera une quinzaine de jours ;
• les annuelles telles que persil, cerfeuil ou basilic acceptent le plus souvent de rester le temps de leur utilisation ;
• les sous-arbrisseaux (thym, sauge, sarriette...) sont les moins adaptés et ne dépassent guère la huitaine ;
• Mieux vaut renoncer au laurier, intolérant.

Chap. 13 : Les fausses plantes d'intérieur

Des bouquets longue durée

Si courte que soit leur vie à l'intérieur, quelques plantes, vendues en bouton, dureront au moins le temps de leur floraison, souvent longue. Après quoi, mieux vaudra, la plupart du temps, les jeter et les remplacer, d'autant que leur prix reste modique en général.

Bégonia des fleuristes
Begonia Elatior-Hybrides

Ces hybrides se couvrent sans interruption de fleurs doubles, moyennes à petites rouges, jaunes, blanches, roses, ou bien bicolores.

Période dans la maison	Fleuris, ils sont disponibles surtout en demi-saison, de septembre à novembre, puis de mars à juin. Vous garderez la plante en fleurs de quinze jours à un mois et demi.
Culture	Donnez-leur un endroit clair, loin du soleil et des courants d'air ; la température doit osciller entre 13 et 16 °C, dans l'idéal. La sécheresse atmosphérique et le soleil racornissent les feuilles et favorisent l'oïdium. Arrosez-les une fois par semaine, voire moins : la terre doit sécher entre deux arrosages. Apportez-leur un engrais liquide complet une fois par mois d'avril à septembre.
Après la floraison	Si vous avez la main verte, vous pourrez conserver ces bégonias en véranda durant un ou deux ans et les faire refleurir. Ils reprendront alors place momentanément dans la maison. Mais sachez qu'ils ne seront jamais aussi beaux que la première fois.

Calcéolaire Calceolaria herbeohybrida

Sur des feuilles triangulaires peu nombreuses, la tige porte une large ombelle de fleurs en forme de gros sacs de la taille d'une noix, de couleur jaune, crème, cuivre ou rouge.

Période dans la maison	C'est surtout l'automne qui voit apparaître ces potées colorées en vente. Elles restent fleuries une quinzaine de jours environ.
Culture	Elles apprécient un coin lumineux mais peu ensoleillé, pas trop chaud (12-15 °C) et, si possible, les nuits au frais, à la cave ou au garage, par exemple. Arrosez-les deux fois par jour sans les laisser tremper. Ne mouillez pas les fleurs, qui retiennent l'eau et pourrissent. Les engrais sont inutiles.
Après la floraison	Jetez sans remords cette bisannuelle, qui termine sa vie en fleurissant.

Exacum *Exacum affine*

Cette plante herbacée très ramifiée, couverte de petites feuilles lisses et luisantes, porte au sommet des tiges des myriades de fleurs étoilées, violet clair ou blanc crème, avec un œil or.

Période dans la maison	Cette espèce est disponible en fleur toute l'année, mais plus particulièrement en hiver. Elle s'épanouit durant un mois à un mois et demi environ.
Culture	Elle supporte bien les conditions moyennes d'un intérieur (18-20 °C). Elle apprécie la lumière, voire le soleil, mais redoute la sécheresse atmosphérique. Bassinez-la souvent. Arrosez-la deux fois par jour, sans la laisser tremper. Soutenez la floraison par des apports d'engrais liquide complet, à demi-dose, que vous cesserez dès que la floraison s'arrête.
Après la floraison	Bien qu'officiellement vivace, cette plante ne vit guère plus de quelques mois, même dans la nature.

Gloxinias *Sinningia sp.*

Ces plantes tubéreuses produisent quelques grandes feuilles duveteuses, ovoïdes, et de grosses fleurs en cloche simple ou double, veloutées, bleu-violet, blanches, roses ou rouges, bordées ou non de blanc.

Période dans la maison	On les installe au printemps, entre mars et juin ; la floraison dure de quinze jours à deux mois.
Culture	Placez vos gloxinias au chaud (18-20 °C), loin du soleil, dans un endroit très clair. Ne mouillez jamais le feuillage, ni les fleurs, qui se tachent et pourrissent aussitôt. Placez la plante dans une soucoupe emplie de graviers maintenus humides ; la base du pot ne doit pas tremper. Arrosez une fois par semaine, légèrement.
Après la floraison	En leur faisant subir un mois de sécheresse totale dès la fin de la floraison puis en les arrosant à nouveau, il est possible de les faire fleurir deux fois dans l'année, au printemps d'abord, puis en automne. Le tubercule peut vivre une dizaine d'années.

Chap. 13 : Les fausses plantes d'intérieur

Oiseau-de-paradis
Strelitzia reginae

Cette forte plante vivace produit un large éventail de feuilles coriaces. Portées par de hautes tiges lisses, les fleurs évoquent les grues couronnées, avec un « crâne » vert et une crête de fleurs orange et bleu alternés.

Période dans la maison	De décembre à avril. Comptez deux à trois mois de floraison à partir de la fin de l'hiver, suivant la force de la plante.
Culture	La plante apprécie le plein soleil toute l'année. Elle ne craint pas la sécheresse atmosphérique, mais demande de copieux arrosages, sauf de novembre à février (laissez alors la terre sécher en surface). Apportez un engrais complet (10-10-10) deux fois par mois de mars à fin août.
Après la floraison	Poursuivez les arrosages abondants tout l'été. Dès octobre, n'arrosez plus que tous les huit jours. Reprenez le rythme normal à l'apparition des boutons à fleurs. Installez-la dès que possible en véranda. Elle peut passer l'été au jardin.

Primevère de Chine
Primula obconica

Cette vivace à courte durée de vie (un ou deux ans, au plus) est plutôt cultivée comme une bisannuelle. De la rosette de feuilles larges, gaufrées, montent plusieurs tiges portant de une à cinq couronnes de grandes fleurs aux coloris brillants : rose, abricot, rouge, blanc ou bleu.

Période dans la maison	On la trouve en fleurs entre novembre et mars et sa floraison dure de un à deux mois.
Culture	Éloignez-la de toute source de chaleur. Placez-la en pleine lumière, au frais (10-15 °C), et mettez-la à la cave pour la nuit. Arrosez-la et bassinez-la deux fois par jour, en évitant de mouiller les fleurs. Réduisez les arrosages de moitié après la floraison et reprenez-les en automne. Apportez un engrais complet une fois par semaine durant la floraison.
Après la floraison	Maintenue difficilement en vie, la plante ne donne par la suite qu'une floraison discrète. Mieux vaut la jeter pour en racheter d'autres.

PARTIE III LES PLANTES DE LA MAISON

Belles mais éphémères

Les bulbes à fleurs entrent très souvent dans la maison, en général à l'occasion des fêtes de fin d'année. Pas du tout adaptés à l'intérieur, sauf exceptions, ce sont surtout de vraies plantes de jardin, fleurissant d'ordinaire au printemps. Ils apportent pour un temps fraîcheur et couleurs.

Amaryllis *Hippeastrum hyb.*

Ces gros bulbes tropicaux produisent un éventail de larges feuilles rubanées et de une à trois hautes tiges portant entre deux et six fleurs en trompette ouverte, très grandes. Les amaryllis sont rouges, orange, roses, blanches, diversement striées ou bordées.

Période dans la maison	Elles sont disponibles surtout entre octobre et avril. Chaque fleur dure de huit à dix jours, selon la température.
Culture	Placez les plantes au soleil ou en pleine lumière, au chaud (18-20 °C), en arrosant bien. Tournez-les d'un demi-tour tous les jours pour éviter que les tiges ne se courbent.
Après la floraison	Arrosez la plante tous les jours et engraissez-la chaque semaine avec des engrais pauvres en azote. En octobre, laissez-la au sec pendant trois mois. Dans de bonnes conditions, un bulbe peut vivre indéfiniment et même se reproduire abondamment. Une véranda pas trop froide (5 à 10 °C au minimum) les accueillera avec bonheur.

Arums *Zantedeschia sp.*

Ces rhizomes sud-africains donnent de grandes feuilles en fer de lance, parfois piquetées de blanc. Les tiges, de 30 à 100 cm de haut, portent des cornets blancs, roses, jaunes, orange ou acajou, et même verts.

Période dans la maison	De juin à septembre, pour les plantes fleuries ; dès le mois de mai pour les bulbes secs. Chaque pousse produit entre un et trois cornets, chacun durant deux à trois semaines. Les bulbes secs s'épanouissent au bout de deux mois environ.
Culture	La période d'utilisation de ces plantes permet d'éviter les sources de chaleur, qu'elles détestent. Donnez-leur le plein soleil et beaucoup d'eau. Elles poussent bien entre 15 et 20 °C. Apportez un engrais pauvre en azote une fois par semaine entre mai et octobre.
Après la floraison	Maintenez les arrosages jusqu'à la mi-novembre, puis placez la plante au sec complet. Reprenez les arrosages début mai.

Chap. 13 : Les fausses plantes d'intérieur

Crocus *Crocus vernus*

Ces petits bulbes de printemps produisent de grandes corolles en cloche dressée, blanches, jaunes, violettes, bleu lavande ou diversement striées de ces tons.

Période dans la maison	Les bulbes doivent être mis en place en septembre ; les potées toutes fleuries sont disponibles dès novembre. Même au frais, ne comptez pas sur plus de huit jours de floraison.
Culture	Les crocus apprécient un maximum de fraîcheur (8 à 12 °C). Placez-les près d'une fenêtre, en maintenant la terre à peine humide. Les crocus pourrissent facilement. Ne laissez jamais d'eau dans la coupelle. En pot, les engrais sont plus néfastes qu'utiles.
Après la floraison	Jetez les potées si vous n'avez pas de jardin. Sinon, placez les plantes en pleine terre si la température est clémente, en sol drainé et au soleil. Elles pourront alors réapparaître pendant des années si elles se plaisent.

Iris nains
Iris reticulata hyb. ; *I. danfordiae*

Ces petits iris bulbeux émettent des tiges de 10-15 cm de haut, portant une fleur solitaire. La couleur va de l'améthyste vif à divers bleus, avec des marques or et noires. L'espèce à fleurs jaunes (*I. danfordiae*) est plus courte.

Période dans la maison	Plantez les bulbes en pot courant septembre. On trouve les potées toutes fleuries entre novembre et février ; elles resteront épanouies cinq à six jours.
Culture	Ils exigent un coin frais (10-15 °C) et lumineux, et un sol maintenu à peine humide. Ils demandent les mêmes précautions pour l'eau que les crocus. En pot, les engrais sont plus néfastes qu'utiles.
Après la floraison	Sitôt qu'ils fanent, installez-les au jardin s'il ne gèle pas, ou jetez les potées. Tous demandent une plantation profonde, sous 15 cm de terre légère. En terre, ces bulbes durent des années et se reproduisent.

Jacinthe Hyacinthus orientalis

Les jacinthes donnent des hampes trapues de grosses clochettes allant du violet au rose, à tous les tons de bleu, au rouge, au jaune, au saumon et au blanc.

Période dans la maison	Plantez les bulbes dès septembre. Les potées toutes prêtes sont disponibles dès octobre et jusqu'en mars-avril. Comptez une huitaine de jours de floraison.
Culture	Cette plante printanière de jardin aime la relative fraîcheur (8-12 °C). Épargnez-lui la proximité des sources de chaleur, placez-la en pleine lumière mais loin du soleil. Un séjour nocturne à la cave ou au garage, ou dehors s'il ne gèle pas, prolongera de trois à quatre jours la durée normale (quatre-cinq jours) des fleurs. Arrosez les potées une fois par jour, parcimonieusement. L'engrais (« spécial bulbes » ou pauvre en azote) n'est utile qu'aux plantes installées au jardin.
Après la floraison	Jetez-les ou replantez-les au jardin, où elles peuvent refleurir pendant des années.

Lis Lilium hyb.

Divers hybrides pas trop élevés de ces plantes spectaculaires se prêtent à la culture en pot. Leurs fleurs s'habillent de blanc, divers roses et rouges, ou d'orange. La hauteur des tiges varie de 50 à 100 cm.

Période dans la maison	Plantez les bulbes entre novembre et mars, en pots profonds et stables. On trouve les potées surtout de mai à septembre. La floraison dure de dix à quinze jours.
Culture	La saison de disponibilité des potées les met à l'abri du chauffage. Placez-les en pleine lumière, loin du soleil direct et arrosez-les tous les jours. Ne laissez jamais d'eau stagnante dans la coupelle. Jusqu'à l'automne, où vous pourrez les installer en pleine terre, apportez à vos potées, une fois par semaine, une pincée d'engrais en poudre « spécial bulbes ».
Après la floraison	Arrosées et engraissées jusqu'à la maturité du feuillage, elles passeront en pleine terre en automne. Elles y persisteront des années durant.

Chap. 13 : Les fausses plantes d'intérieur

Narcisses *Narcissus sp., Narcissus hyb.*

Les narcisses forcés pour l'intérieur se répartissent en deux groupes : les uns inodores, du type jonquille, jaunes, à courtes tiges ; les autres odorants, blancs, à fleurs en bouquets denses sur des tiges hautes.

Période dans la maison	En septembre, plantez les jonquilles en pot. Pour les autres narcisses, faites-le un mois et demi avant la date de floraison choisie. Les potées forcées et fleuries sont disponibles entre novembre et février. Comptez sur huit-dix jours de floraison.
Culture	Donnez-leur la pleine lumière et tournez les potées des formes élevées d'un demi-tour chaque jour. Maintenez-les au frais (entre 5 et 15 °C), autant que possible. Arrosez-les tous les jours sans laisser d'eau dans la coupelle. Réservez les engrais aux plantes installées par la suite au jardin.
Après la floraison	Les formes multiflores, gélives, iront au jardin en climat doux seulement. Les formes jonquilles s'adaptent partout. Une fois au jardin, toutes ces plantes y vivront très longtemps.

Tulipes *Tulipa hyb.*

Seules les formes courtes, aux couleurs vives, le plus souvent rouges ou jaunes, sont disponibles. Les tiges, de 20 à 30 cm de haut, portent des fleurs globuleuses, assez petites.

Période dans la maison	Les bulbes plantés par vos soins doivent l'être dès septembre. Les potées forcées et fleuries apparaissent en décembre-janvier. Elles restent fleuries de cinq à huit jours environ. Quant aux potées toutes faites, leur feuillage est toujours assez pâle.
Culture	Donnez-leur le plus de fraîcheur possible (8-12 °C). Placez-les à la lumière, mais pas au soleil et, la nuit, faites-les séjourner le plus possible à la cave ou dehors, si les conditions le permettent. Arrosez-les deux fois par semaine mais peu, les tulipes étant très sensibles à la pourriture. Les engrais sont inutiles.
Après la floraison	Mieux vaut les jeter sans remord et les renouveler, les bulbes épuisés n'ayant plus aucunes réserves.

Comment forcer un bulbe ?

Suivant les espèces, le forçage va du simple au compliqué.
Les tulipes, les narcisses du type jonquille et les lis seront tout au plus hâtés si vous les mettez en pot dans un mélange léger, pas trop riche, et si vous placez le tout sous châssis froid ou en cave.
Les narcisses Tazetta ('Totus Albus' ou 'Paperwhite') demandent une mise en pot un mois et demi avant floraison. Placez-les aussitôt à la lumière et à la chaleur.
Les jacinthes, sur l'eau ou en pot, sont mises au frais (10-12 °C) et dans le noir. Vous les sortirez quand la pousse atteint 8 cm de haut, pas avant. Il faudra ensuite environ trois mois pour les voir fleurir.
Les crocus et les iris subissent le même régime. Il leur faut un sol très drainé, car ils pourrissent aisément. Capricieux, ils fleurissent au mieux avec un mois d'avance.

BIBLIOGRAPHIE

En français

A. Bärtels, *Guide des plantes tropicales*, trad. D. Brunet et M. E. Gerner, Les Éditions Eugen Ulmer, Paris, 1993, 3e édition revue et corrigée.

P.-O. Albano, *La Connaissance des palmiers (culture et utilisation)*, Édisud, Aix-en-Provence, 2002.

G. Bellair et L. Saint-Léger, *Les Plantes de serre*, Octave Doin fils et Librairie agricole de la maison rustique, Paris, 1900.

P. Blanc, *Être plante à l'ombre des forêts tropicales*, Nathan, Paris, 2002.

A. Da Lange et G. Métailié (sous la direction de), *Dictionnaire de biogéographie végétale*, CNRS Éditions, Paris, 2000.

Y. Delange, *Traité des plantes tropicales*, Actes Sud, Arles, 2002.

A. Delavie, *Les Plantes de la maison*, coll. « La Vie en vert », Éditions Rustica, Paris, 2003.

B. Grandjean, *La Connaissance du bonsaï*, tome 1 : « Physiologie et structure, 150 questions/réponses », Édisud, Aix-en-Provence, 1998.

B. Grandjean, *La Connaissance du bonsaï*, tome 2 : « Techniques et méthodes de formation,100 questions/réponses », Édisud, Aix-en-Provence, 2000.

B. Grandjean, *La Connaissance du bonsaï*, tome 3 : « Esprit et esthétique, 100 questions/réponses », Édisud, Aix-en-Provence, 2003.

J. Hüner et S. Kroll, *Plantes extra-larges pour la décoration intérieure* (photographies de D. Straatemeier), Les Éditions Eugen Ulmer, Paris, 2002.

J.-J. Labat, *Plantes carnivores*, Les Éditions Eugen Ulmer, Paris, 2002.

J. Parisot, A. et C. Roguenant, *La Culture des Orchidées et des Broméliacées (Le gouvernement des serres tempérées et chaudes)*, coll. « Tropicalia », Belin, Paris, 2002.

A. Roguenant, *Les Tillandsia et les Racinaea*, Belin, Paris, 2001.

N. et P. Tourmente, *Des plantes pour la maison*, Éditions Rustica, Paris, 2002.

Su Chin Ee, *Bonsaï, jardins miniatures*, trad. É. Wessberge, Hachette Pratique, 2004.

En anglais (pour les collectionneurs)

Ouvrage collectif, *Plants from Holland 2003-2004*, Flower Council of Holland, 2003.

Ouvrage collectif, *The Hibiscus Handbook*, The American Hibiscus Society Publications, Lake Worth (Floride), États-Unis, 2003.

D. Bown, *Aroids Plants of the Arum Family*, Timber Press, Portland (Oregon), États-Unis, 2e édition, 2000.

J. Doorenbos, M. S. M. Sosef et J. J. F. E. de Wilde, *The Sections of Begonia*, Wageningen Agricultural University Papers, Pays-Bas, 1998.

A. Byrd Graf, *Tropica : Color Cyclopedia of Exotic Plants and Trees*, Roehrs Company, East Rutherford (New Jersey), États-Unis, 2003, 5e édition revue et corrigée.

D. Ellison, *Cultivated Plants of the World*, Flora Publications International, Pty Ltd, Brisbane (Queensland), Australie, 1995.

D. et A. Ellison, *Cultivated Palms of the World*, University of New South Wales Press, Hongkong, 2001.

L. P. Griffith, *Tropical Foliage Plants : A Grower's Guide*, Ball Publishing, Batavia (Illinois), États-Unis, 1997.

O. M. Hilliard et B. L. Burtt, *Streptocarpus, An African Plant Study*, Pietermaritzburg University of Natal Press, République sud-africaine, 1971.

D. Kloppenburg, *Hoya Basics ; A Beginner's Guide to Growing and Caring for Hoyas*, 1999.

H. Koopowitz, *Clivias*, Timber Press, Portland (Oregon), États-Unis, 2002.

B. E. et L. G. Martin, *Logee's Greenhouses Spectacular Container Plants : How to Grow Dramatic Flowers for Your Patio, Sunroom, Windowsill, and Outdoor Spaces*, Willow Creek Press, Minocqua (Wisconsin), États-Unis, 2001.

Y. Okita et J. Leyland Hollenberg, *The Miniature Palms of Japan*, Weatherhill, Tokyo, 1991.

S. J. Palmer, *Palmer's Hibiscus in color*, Lancewood Publishing, Runaway Bay (Queensland), Australie, 1997.

M. L. Thompson et E. J. Thompson, *Begonias, The Complete Reference Guide*, Times Books, New York, États-Unis, 1981.

F. Virginie et G. A. Elbert, *The Miracle Houseplants : The Gesneriad Family*, Crown Publishers, New York, États-Unis, 1984.

B. C. Wolverton, *How to Grow Fresh Air : 50 Houseplants That Purify Your Home or Office*, Penguin Books, New York, États-Unis, 1997.

F. Süpplie et D. Van der Zee, *Schlumbergera, A Guide to Cultivation*, Epiphytic Plant Research and Information Center, Nijmegen, Pays-Bas, 2004.

Adresses utiles

Horticulteurs et pépiniéristes spécialisés en plantes exotiques

Bulbes d'opale
384, Boerenweg Ouest, 59284 Buysscheure. Tél. : 03 28 43 04 67 et 03 28 27 83 26.
(Bulbes et tubercules pour cultures en pots : achimènes, caladiums, etc.)

Dibleys Nurseries
Llanelidan, Ruthin, North Wales LL15 2LG, United Kingdom.
Tél. 01978 790677. Site : http://www.dibleys.com
(Bégonias, streptocarpus et autres Gesnériacées.)

Établissements horticoles Daubas
418, avenue du Bérange, 34160 Saint-Drezery. Tél. : 04 67 86 92 36.
Site : www.daubas.fr.st

Établissement horticole du Prieuré (Claude de Lachaisserie)
Le Prieuré, 26120 Ourches. Tél. : 04 75 60 31 26.

Hodnik
Le Bourg, 45700 Saint-Maurice-sur-Fessard. Tél. : 02 38 97 84 59.

Jardin de Rochevieille (Dominique Permingeat)
L'Ubac, 07360 Saint-Fortunat. Tél. : 04 75 65 22 98.
Site : http://perso.club-internet.fr/jaroche
(Bégonias de collection.)

Le Jardin naturel
Colimaçons, 97436 Saint-Leu, La Réunion (France).
Tél. / fax : 0 262 247 130 ou 00 262 262 247 130.
Site : http://www.baobabs.com

Pépinière Issa des Hauts de Valcyre (Brigitte et Jo Issa)
67, avenue de Grenache, 34270 Valflaunes. Tél. : 04 67 55 37 43.

Tropic Flore
Arcizac-ez-Angles, 65100 Lourdes. Tél. : 05 62 42 92 26.
Site : http://www.tropicflore.com
(Tillandsias, plantes épiphytes et Broméliacées.)

TropicaFlore
Les Serres du Bois-Piget, 77130 Dormelles. Tél. : 01 60 73 47 47.
Site : http://www.tropicaflore.com

Jardineries

Botanic (42 magasins en France)
Tél. : 04 50 95 99 50. Site : http://www.botanic.com

Delbard (19 magasins en France)
Tél. : 0820 310 345. Site : www.delbard.com

Gamm Vert (635 libres-services agricoles)
Site : www.gammvert.fr

Jardiland (113 magasins en France)
Site : http://www.jardiland.fr

Truffaut (41 magasins en France)
N° Azur : 0 810 810 698. Site : http://www.truffaut.com

Éclairages, matériel et produits pour cultures hydroponiques

Magasins Les Jardins suspendus :
- 14, avenue des Tuilières, Cagnes-sur-Mer (06). Tél. : 04 92 02 75 67.
- 44, rue Victor-Hugo, Pamier (09). Tél. : 05 34 01 21 70.
- 15, rue Pastoret, Marseille (13). Tél. : 04 96 12 63 11.
- 26, rue des Arènes, Bourges (18). Tél. : 02 48 70 02 38.
- 8, rue de la Bride, Périgueux (24). Tél. : 05 53 35 47 23.
- 6, rue de la Poëlle-Percée, Chartres (28). Tél. : 02 37 36 05 69.
- 24, rue de l'Agau, Nîmes (30). Tél. : 04 66 26 93 75.
- 38, avenue Léon-Blum, Toulouse (31). Tél. : 05 34 25 11 63.
- 59, rue du Mirail, Bordeaux (33). Tél. : 05 56 31 32 90.
- 21, rue de Verdun, Montpellier (34). Tél. : 04 67 58 04 47.
- 2 *bis*, boulevard Paul-Painlevé, Rennes (35). Tél. : 02 23 20 55 37.
- 3 *bis*, rue Gabriel-Péri, Grenoble (38). Tél. : 04 76 50 72 84.
- 199, avenue Jean-Jaurès, Reims (51). Tél. : 03 26 88 52 67.
- 17, rue de Jussieu, Paris (75). Tél. : 01 43 36 79 70.
- 62, rue de La Rochefoucauld, Paris (75). Tél. : 01 48 78 59 90.
- 56, rue Alexandre-Dumas, Paris (75). Tél. : 01 44 93 41 73.
- 8-10, rue Flatters, Amiens (80). Tél. : 03 22 72 47 36.
- 68, rue de l'Observance, Draguignan (83). Tél. : 04 94 68 22 59.
- 23, rue Pierre-Semard (route de Marseille), Avignon (84). Tél. : 04 90 85 14 04.
- 15 *bis*, rue Carnot, Boulogne (92). Tél. : 01 46 04 51 34.
- 21, avenue Outrebon, Villemonble (93). Tél. : 01 48 94 74 95.
- 134, boulevard de Créteil, Saint-Maur-des-Fossés (94). Tél. : 01 42 83 54 93.
- 39, boulevard de la Gare, Saint-Gratien (95). Tél. : 01 34 05 04 94.

Vente par correspondance et informations sur le site : http://www.lesjardinssuspendus.com

Magasins CityPlantes :
- 161, rue Saint-Pierre, Marseille (13). Tél. : 04 91 42 13 91.
- 7, rue de la Miséricorde, Caen (14). Tél. : 02 31 50 26 12.
- 4, rue Berlier, Dijon (21). Tél. : 03 80 66 83 97.
- 3, rue de Dôle, Besançon (25). Tél. : 03 81 21 24 15.
- 73, cours Balguerie-Stuttenberg, Bordeaux (33). Tél. : 05 56 43 19 73.
- Centre commercial Berlioz, rue Berlioz, Pau (64). Tél. : 05 59 30 68 82.
- 14, rue Houdon, Paris (75). Tél. : 01 42 59 02 03.
- 43, rue Camille-Saint-Saëns, Rouen (76). Tél. : 02 35 15 04 03.
- 52, rue Pasteur (RN3), Saint-Jean-les-Deux-Jumeaux (77). Tél. : 01 60 61 45 22.
- 348 *bis*, avenue de Paris, Niort (79). Tél. : 05 49 24 18 86.
- 150, boulevard Pierre-Semard, Avignon (84). Tél. : 04 90 87 18 90.
- 8, boulevard Henri-Dunand, Corbeil-Essonnes (91). Tél. : 01 60 88 48 31.
- 175, rue Henri-Ravera, Bagneux (92). Tél. : 01 45 47 31 63.
- Boutique Web, 175, rue Henri-Ravera, Bagneux (92). Tél. : 01 46 64 83 59.
- 33, rue des Arts, Colombes (92). Tél. : 01 56 05 36 32.
- 125-127, avenue Pasteur, Bagnolet (93). Tél. : 01 43 60 95 68.

Vente par correspondance et informations sur le site : http://cityplantes.com

LEXIQUE

Acaricide : produit de traitement qui agit spécifiquement sur les acariens en les exterminant.

Acariens : minuscules animaux (arachnides), souvent parasites. En horticulture, par ce terme on désigne le plus souvent les araignées rouges et jaunes.

Adventives (racines) : racines apparues secondairement sur une tige, par exemple des racines aériennes ou des racines sur un rhizome.

Annuelle : se dit d'une plante qui effectue son cycle vital (germer, croître, fleurir et donner des graines, puis mourir) en moins d'une année.

Aoûtées (pousses) : jeunes tiges de l'année dont les tissus se sont lignifiés. En général, l'aoûtement se fait pendant l'été.

Bassinage : opération qui consiste à vaporiser un fin brouillard d'eau douce non calcaire sur le feuillage et les tiges d'une plante, pour la rafraîchir ou pour augmenter l'hygrométrie.

Bisannuelle : se dit d'une plante qui effectue tout son cycle vital (germer, croître, fleurir et donner des graines, puis mourir) en deux années.

Bouture de pousse : synonyme de bouture de tronçon de tige.

Bouture de pousse avec talon : bouture réalisée à partir d'un fragment de tige comportant un bout d'écorce à sa base.

Bouture de tête : bouture réalisée à partir d'un fragment d'extrémité de tige.

Bractée : feuille, parfois très modifiée et décorative, attenante à une fleur ou à une inflorescence.

Broméliacées : famille de plantes réparties dans les régions tropicales, tempérées et chaudes, en Amérique principalement. Elle comprend environ 50 genres et 2 000 espèces, un grand nombre de genres étant épiphytes. La plupart de ces végétaux sont herbacés (c'est-à-dire d'une consistance souple, ne formant pas de bois) et présentent des tiges courtes avec des feuilles disposées en rosettes basales.

Bulbe : organe souterrain que possèdent certaines plantes (dites « à bulbe »). Il est formé d'écailles charnues, imbriquées et insérées sur un plateau (c'est-à-dire une tige très courte, en général plate et large).

Chaleur de fond : chaleur diffusée dans le substrat pour le chauffer (modérément). Cet effet peut être obtenu soit en posant la terrine sur un radiateur, soit en plaçant un câble chauffant dans le substrat de la terrine, soit avec une résistance incorporée à la terrine.

Cladode : tige de forme aplatie ressemblant à une feuille et ayant les mêmes fonctions (elle se rencontre, par exemple, chez les asparagus).

Collet : zone de transition entre les racines et la tige, le plus souvent située au niveau de la surface du sol.

Cultivar : population de plantes cultivées obtenues par sélection. Synonyme : variété horticole ou agricole. Dans le langage courant, un cultivar désigne aussi un individu de cette population.

Drageon : rejet d'un arbre ou d'un arbuste, qui apparaît le plus souvent sur le tronc ou sur les racines.

Engrais : substance chimique ou organique, solide ou liquide, utilisée en général pour enrichir le sol en éléments minéraux assimilables par les végétaux. Les engrais foliaires sont appliqués directement sur les feuilles et les tiges des végétaux, dans lesquelles ils pénètrent et se diffusent rapidement, d'où une efficacité plus grande avec des doses plus faibles. Pour leur bon développement, les plantes ont besoin principalement d'azote (symbole N), de phosphore (symbole P), de potassium (symbole K) et d'oligoéléments. L'azote, assimilé sous forme de nitrates, stimule la croissance des tiges et des feuilles. Le phosphore, assimilé sous forme d'anhydride phosphorique ou d'acide phosphorique, favorise la croissance des fleurs et des racines tout en augmentant la résistance des plantes aux maladies. Le potassium, assimilé sous forme de potasse (hydroxyde de potassium), renforce la solidité des tiges, favorise la mise à fruits et le développement des organes de réserve.
La plupart des engrais du commerce associent ces trois éléments (d'où la formulation « NPK »), dans des proportions variables. On parle alors d'engrais complets. Les engrais universels comportent ces trois éléments en pourcentages égaux. Les engrais pour plantes vertes sont plus riches en azote. Les engrais pour plantes fleuries sont plus fortement dosés en phosphore et en potassium.

Étouffée (à l') : condition d'un végétal maintenu dans une atmosphère confinée, en général chaude et très humide.

Évaporateur : appareil qui permet de diminuer l'hygrométrie d'une pièce en asséchant l'air ambiant.

Fronde : feuille d'une fougère.

Gesnériacées : famille de plantes herbacées ou arbustives, rarement arborescentes, réparties essentiellement dans la zone comprise entre les deux tropiques, mais aussi dans les régions tempérées du globe. Les fleurs ont cinq sépales et cinq pétales soudés en un tube basal. Cette famille comprend environ 125 genres et 1 400 espèces.

Guttation : élimination par la plante de son excès d'eau, sous forme de gouttelettes. Ce phénomène se produit au niveau de pores particuliers (dont la seule fonction est d'excréter de l'eau), en général situés sur le bord ou au sommet des feuilles.

Hampe florale : longue tige dénuée de feuilles, portant une fleur ou une inflorescence.

Hémi-épiphyte : se dit d'une plante qui, dans un premier temps, vit en épiphyte sur une autre plante qui lui sert de support, puis qui émet des racines vers le sol où elle puise des substances nutritives et l'eau dont elle a besoin.

Hybride : végétal qui résulte de la fécondation de deux plantes appartenant à des espèces différentes (hybride interspécifique) ou à deux genres différents (hybride intergénérique).

Inflorescence : groupe de fleurs portées par des tiges où il n'y a que des bractées.

Lancéolée (feuille) : en pointe aux deux extrémités, avec une partie centrale plus large.

Liane : plante grimpante.

Limbe : partie plate et souvent très élargie d'une feuille, d'un sépale ou d'un pétale.

Maladie cryptogamique : maladie provoquée par un champignon parasite.

Nœud : zone d'insertion d'une feuille sur une tige.

Pérenne : se dit d'une plante qui peut vivre plusieurs années. Synonyme : vivace.

Pinnule : un des nombreux petits fragments de limbe qui forment une feuille composée ou une fronde découpée, par exemple sur de nombreuses fougères, notamment des adiantums et des dryoptéris.

Pipéracées : famille de plantes grimpantes ligneuses, d'arbustes et de petits arbres qui poussent dans la zone tropicale du globe. Elle comprend 5 genres et environ 2 000 espèces. Ces végétaux ont des feuilles alternes et des fleurs minuscules.

Rachis : fragment de tige qui prolonge le pétiole et sur lequel s'insèrent les folioles d'une feuille composée.

Racine aérienne : racine qui apparaît secondairement sur une tige, en dehors du sol.

Racine traçante : racine qui croît horizontalement.

Recépage : opération qui consiste à rabattre la tige principale d'une plante arbustive ou d'un arbre pour provoquer l'apparition de nombreux rejets au niveau de la souche.

Rejet : nouvelle pousse qui apparaît sur une plante au niveau de la souche ou d'une tige.

Ressuyer : opération qui permet au sol de sécher en expulsant l'excédent d'eau après un arrosage.

Rhizome : tige souterraine, le plus souvent épaissie, qui émet des racines et d'autres tiges dressées.

Rosette : groupe de feuilles réparties en cercle, insérées presque toutes au même niveau (en général, au collet de la plante).

Saturateur : appareil plus ou moins sophistiqué qui permet d'augmenter l'hygrométrie dans une pièce.

Sellette : petit meuble, plus ou moins haut et étroit, sur lequel on pose une plante d'intérieur.

Semi-aoûtées (tiges) : jeunes pousses de l'année dont les tissus se sont partiellement lignifiés. Synonyme : tiges semi-ligneuses.

Serre : construction vitrée, plus ou moins chauffée pendant la mauvaise saison, servant à cultiver des plantes exotiques qui ne supportent pas les gelées.

Sous-arbrisseau : petite plante ligneuse dont la taille est inférieure à 1 m de hauteur.

Spathe : grande bractée qui enveloppe plus ou moins une inflorescence.

Sphaigne, ou *Sphagnum* : genre de plantes appartenant à la famille des Bryophytes (les mousses), qui se rencontrent dans différents milieux très humides, notamment dans des tourbières acides.

Stipe : tige d'un palmier ou d'une fougère arborescente, ressemblant à un tronc sans avoir la capacité de ce dernier à s'accroître en diamètre.

Stolon : tige rampante ou retombante émettant à son extrémité une nouvelle plante, susceptible de se développer après s'être affranchie de la plante mère.

Transpiration : phénomène qui permet aux plantes d'évacuer dans l'air ambiant un excès d'eau à l'état de vapeur.

Tubéreuse : se dit d'une plante à racines ou tiges renflées parce qu'elles sont gorgées de substances de réserve apportées par la sève.

Vaporisation : action de projeter de l'eau à l'état de très fines gouttelettes sur le feuillage des végétaux.

Variété : subdivision d'une espèce ou d'une sous-espèce, qui regroupe des plantes vivant dans une même aire géographique et présentant de faibles différences morphologiques. Dans la classification systématique, c'est le rang immédiatement inférieur à celui de l'espèce. En horticulture, les variétés obtenues par sélection sont appelées cultivars.

Vivace : se dit d'une plante qui peut vivre plusieurs années.

Index

A

Abutilon 14, 39, 140, 165
Abutilon megapotamicum 136
Abutilon pictum 167
    A. pictum 'Thompsonii' 167
Abutilon striatum 167
Acacia armata 379
Acacia paradoxa 379
Acariens 153, 156
Achimène 22, 32, 34, 277
Achimenes coccinea 277
Achimenes erecta 277
Achimenes longiflora 277
    A. longiflora 'Ambroise Verschaffelt' 277
    A. longiflora 'Little Beauty' 277
    A. longiflora 'Paul Arnold' 277
    A. longiflora 'Stan's Delight' 277
Adansonia digitata 84
Adenium obesum 17, 18
Adiantum capillus-veneris 225
Adiantum caudatum 225
Adiantum cuneatum 225
Adiantum hispidulum 225
Adiantum raddianum 225
Æchméa 12, 22, 27, 40, 319
Aechmea chantinii 319
Aechmea fasciata 12, 319
Æschynanthus 12, 275, 278
Aeschynanthus marmoratus 278
Aeschynanthus radicans 278
    A. radicans 'Ara' 278
    A. radicans 'Mona' 278
    A. radicans 'Mona Lisa' 278
Aechmea ramosa x Aechmea fulgens 319
Aeschynanthus speciosus 278
    A. speciosus 'Carina' 278
    A. speciosus 'Rigel' 278
Aglaonéma 32, 42, 143, 213
Aglaonema commutatum 213
    A. commutatum 'Maria' 213
    A. commutatum 'Silver Queen' 213
Aldrovanda 112
Aleurodes 156
Alocasia 12, 22, 32, 34, 192
Alocasia longiloba "lowii" 192
Alocasia macrorrhizos 192
    A. macrorrhizos 'Variegata' 192
Alocasia sanderiana Hort. 12, 192
Alpinia 78
Alpinia purpurata 78
Alpinia tonkinensis 78
Alpinia zerumbet 78
Alsolbia dianthiflora 334
Alyogyne huegelii 86
Amaryllis 96, 384
Amorphophallus 22

Ananas 12, 320
Ananas comosus 320
    A. comosus 'Porteanus' 320
    A. comosus 'Variegatum' 320
Angélonia 96
Angelonia gardneri 96
Anguillules 156
Anigozanthos flavidus 102
Anthurium 12, 34, 321
Anthurium andraeanum 321
Anthurium scherzerianum 321
Aphélandra 40, 353
Aphelandra squarrosa 353
    A. squarrosa 'Dania' 353
    A. squarrosa 'Louisae' 353
Aracées 60
Araignées rouges 156
Aralia du Japon 39, 143, 193
Araucaria 12, 39, 42
Araucaria heterophylla 168
    A. heterophylla 'Glauca' 168
Arbre à tomates 84
Arbre-parapluie 184, 185
Ardisia 34, 39, 42
Ardisia crenata 169
    A. crenata 'Alba' 169
    A. crenata 'Variegata' 169
Ardisia crispa 169
Aréca 12, 42, 194
Arécacées 118
Arrosage 21, 23, 27, 46, 129, 150, 151
Arum 384
Asarina erubescens 89
Asparagus 18, 23, 139, 146, 214, 215
Asparagus densiflorus 'Myersii' 214
Asparagus densiflorus 'Sprengeri' 214
Asparagus falcatus 214, 215
Asparagus plumosus 214
Asparagus setaceus 16, 214
Aspidistra 12, 17, 18, 32, 146, 216
Aspidistra elatior 216
    A. elatior 'Variegata' 216
Asplénium 42, 191, 217
Asplenium musifolium 217
Asplenium nidus 12, 217
    A. nidus var. *plicatum* 217
Auxines 14
Avocatier 12
Azalée 12, 18, 39, 42, 93, 322, 323, 376
Azalée des fleuristes 93
Azalée d'Inde 376

B

Bac à réserve 50, 150
Bactériose 154
Balisier 78
Bambou d'appartement 218

Bananier nain 84
Banian de Malaisie 368
Baobab 12, 84
Basilic 380
Bassinage 23, 44, 129
Beaucarnéa 12, 190, 195
Beaucarnea recurvata 195
Begonia bowerae 'Magnifolia' 220
Begonia bowerae var. *rubra* 220
Begonia 'Buttercup' 326
Begonia 'Cleopatra' 219, 220, 325
Begonia 'Comte de Miribel' 109, 325
Begonia conchifolia var. *rubromacula* 220
Bégonia des fleuristes 381
Begonia Elatior-Hybrides 381
Begonia 'Elithe' 324, 325
Begonia 'Erythrophylla' 109, 219, 220
Begonia 'Escargot' 220, 276
Begonia 'Gold Coast' 326
Begonia Hiemalis 108
Begonia 'Honey Suckle' 325
Begonia 'Immense' 219, 221
Begonia imperialis 'Smaragdina' 109
Begonia listada 221
Begonia 'Lospe-Tu' 109
Begonia 'Lucerna' 325
Begonia 'Mabel Corvin' 221
Begonia 'Mandarin' 325
Begonia microsperma 326
Begonia 'Northern Light' 109
Begonia 'Orangeade' 325
Begonia 'Orange Rubra' 325
Begonia 'Orpha C. Fox' 325
Begonia pavonina 109
Begonia prismatocarpa 326
Begonia radicans 326
Begonia rex 109, 220
Begonia 'Ricinifolia' 221
Begonia Rieger 108, 109
Begonia solananthera 14, 326
Begonia 'Thimothee' 325
Begonia 'Tiger Paw' 220
Begonia x tuberhybrida 80, 108
Bégonias 12, 16, 18, 21, 22, 25, 26, 32, 34, 40, 42, 60, 80, 141, 142, 148, 154, 155, 156, 157, 219, 220, 221, 324, 325, 326, 381
Bégonias à feuillage décoratif 219, 220, 221
Bégonias à fleurs 324, 325, 326
Bégonias-bambous 32, 34, 140
Bégonias tubéreux 80
Beloperone guttata 352
Billbergia 22, 34, 40, 42, 327
Billbergia nutans 327
Billbergia pyramidalis 327
    B. pyramidalis 'Striata' 327
Billbergia x windii 327
Blechnum 42, 222

Blechnum brasiliensis 222
Blechnum gibbum 222
Bonsaïs 170, 171, 185, 110, 111, 366 à 373
Bougainvillée 96
Bouturage 139 à 143
    de feuilles 141
    de feuilles avec pétiole 142
    de tiges 140
    de tronçons de tiges 143
Bouvardia 92
Bouvardia ternifolia 92
Bowiea 43
Brachychiton 43, 170
Brachychiton acerifolius 170
Brachychiton populneus 170
Brachychiton rupestris 170
Breynia 32
Brocchinia 112
Brocchinia reducta 113
Broméliacées 113, 147 ; voir aussi 232, 310, 319, 320, 327, 336, 337, 346, 347, 365
Browallia speciosa 92
Browallie 92
Brugmansia 98
Brûlures 38, 160
Byblis 112

C

Cache-pot 51
Cactus de Noël 14, 16, 17, 22, 35, 40, 328, 329
Cactus de Pâques 16, 17, 22, 40, 330
Cæsalpinia 85
Caesalpinia gilliesii 85
Caesalpinia pulcherrima 85
Caféier 32, 34, 42
Caladium 12, 85
Caladium bicolor 85
Calamondin 85, 377
Calathéa 12, 32, 34, 146, 223, 331
Calathea crocata 321
Calathea insignis 223
Calathea lancifolia 223
Calathea majestica 'Roseolineata' 223
Calathea makoyana 223
Calathea ornata 223
Calathea roseopicta 223
Calathea zebrina 223
Calcéolaire 381
Calceolaria herbeohybrida 381
Calendrier des soins 122 à 125, 150, 151
Callisia repens 295
Callistémon 97
Callistemon laevis 97
Callistemon viminalis 97
Campanula isophylla 103
Campanule étoile-du-marin 103
Campanule des Carpates 377

Campanules 377
Canne chinoise 224
Caoutchouc 12, 23, 172
Capillaire 12, 39, 42, 225, 276
Cardamome 42, 226
Carmona 369
Carmona retusa 369
Cassia 97
Cassia corymbosa 97
Cassia didymobotria 97
Catopsis 112
Cattleya 117
Cephalotus 112
Cerfeuil 380
Ceropegia woodii 279
Cestrum nocturnum 98
Chaleur 18 à 20, 54, 66, 160, 161
Chaîne-des-cœurs 42, 279
Chamaedorea costaricana 251
Chamaedorea elegans 12, 119, 251
Chamaedorea glaucifolia 251
Chamaedorea metallica 119, 251
Chamaedorea seifrizii 119
Chenilles 157
Chirita 21, 25, 26
Chlorophylle 13, 14
Chlorophytum 144, 299
Chlorophytum comosum 299
    C. comosum 'Variegatum' 299
    C. comosum 'Vittatum' 299
Chlorose 46
Chrysalidocarpus lutescens 194
Ciboulette 380
Cissus 40, 159, 312, 313
Cissus antarctica 312, 313
Cissus discolor 313
Cissus quadrangularis 16, 22
Cissus rhombifolia 313
    C. rhombifolia 'Ellen Danica' 313
Citronnier 97
Citrus limon 97
Citrus madurensis 85, 377
Citrus sinensis 101
Clérodendron 32, 34, 98, 144, 173, 280
Clérodendron de Java 173
Clerodendrum speciosissimum 173
Clerodendrum splendens 280
Clerodendrum thomsoniae 280
Clerodendrum ugandense 98
Clivia 12, 23, 32, 39, 157, 158, 333
Clivia miniata 332
Clusia 26, 174, 175
Clusia major 174, 175
Clusia rosea 174, 175
Cochenilles
    à bouclier 157
    farineuses 157

Cocos nucifera 227
Cocotier 32, 227
Codiaeum variegatum var. *pictum* 230
    C. variegatum 'Albert Truffaut' 230
    C. variegatum 'Gold Finger' 230
    C. variegatum 'Petra' 230
    C. variegatum 'Reidii' 230
    C. variegatum 'Tortile' 230
x *Codonatanthus* 'Aurora' 281
Codonanthe 281
Codonanthe crassifolia 281
Columnéa 32, 190, 275, 282
Columnea x *banksii* 282
Columnea gloriosa 282
Columnea hirta 282
Columnea microphylla 282
    C. microphylla 'Variegata' 282
Condimentaires (plantes) 380
Cordyline 12, 14, 42, 140, 143, 144, 155, 228, 229
Cordyline fruticosa 228
    C. fruticosa 'Kiwi' 228, 229
    C. fruticosa 'Red Edge' 228
    C. fruticosa 'Tricolor' 228
Cordyline stricta 228
Corne-de-cerf 283
Corne-d'élan 12, 283
Costus 78
Costus barbatus 78
Costus lucanusianus 78
Costus speciosus 78
Crocus 385, 387
Crocus vernus 385
Crossandra 34, 333
Crossandra infundibuliformis 333
    C. infundibuliformis 'Lutea' 333
    C. infundibuliformis 'Mona Walhead' 333
Crossandra undulifolia 333
Croton 12, 34, 42, 164, 230, 231
Cryptanthe 40, 42, 60, 232
Cryptanthus bivittatus 232
    C. bivittatus 'Pink Starlight' 232
Cryptanthus zonatus 232
    C. zonatus 'Zebrinus' 232
Cténanthe 233
Ctenanthe burle-marxii 233
Ctenanthe lubbersiana 233
Ctenanthe oppenheimiana 233
    C. oppenheimiana 'Tricolor' 23
Ctenanthe setosa 16
Cycas 12, 17, 32, 34, 39, 42, 190, 196, 197
Cycas revoluta 196, 197
Cyclamen des fleuristes 103, 376
Cyclamen persicum 12, 103
Cymbidium 92
Cypérus 23, 39, 43, 234, 235
Cyperus albostriatus 234, 235

Cyperus alternifolius 39, 141, 234, 235
Cyperus haspan 234, 235
Cyperus papyrus 204, 205, 235
Cyphomandra betacea 84
Cyrtanthus elatus 105
Cyrtomium falcatum 241

D

Darlingtonia 112
Datura arborescent 98, 159
Davallia fejeensis 242
   D. fejeenis 'Major' 242
Dentelaire du Cap 86
Dicksonia antarctica 104
Dicksonia fibrosa 104
Dicksonia squarrosa 104
Didymocarpus 25
Dieffenbachia 12, 32, 34, 42, 54, 55, 143, 157, 236
Dieffenbachia seguine 236
   D. seguine 'Amoena' 236
   D. seguine 'Camilla' 236
   D. seguine 'Compacta' 236
   D. seguine 'Exotica' 236
   D. seguine 'Pia' 236
   D. seguine 'Tropic Snow' 236
Dionaea 112
Dionaea muscipula 113
Dipladénia 32, 34, 39, 42, 284
Dipladenia sanderi 284
   D. sanderi 'Janell' 284
   D. sanderi 'Rosea' 284
   D. sanderi 'Rubiniana' 284
   D. sanderi 'Scarlet Pimpernel' 284
Dipteracanthus devosianus 356
Dipteracanthus makoyanus 356
Division 146, 147
Dizygothéca 143, 237
Dizygotheca elegantissima 237
   D. elegantissima 'Castor' 237
Dombeya 93
Dombeya burgessiae 93
Dombeya x cayeuxii 93
Dracæna 12, 143, 144, 164, 238, 239
Dracæna odorant de Massange 12
Dracaena deremensis 239
   D. deremensis 'Compacta' 239
   D. deremensis 'Kanzi' 239
   D. deremensis 'Lemon Lime' 239
   D. deremensis 'Warneckei' 239
   D. deremensis 'White Jewel' 239
   D. deremensis 'White Stripe' 239
   D. deremensis 'Yellow Stripe' 239
Dracaena fragrans 'Massangeana' 12, 165, 210
Dracaena godseffiana 239
Dracaena marginata 17, 239
   D. marginata 'Bicolor' 239

   D. marginata 'Colorama' 239
   D. marginata 'Magenta' 239
   D. marginata 'Tricolor' 239
Dracaena reflexa 258
Dracaena sanderiana 224
Dracaena surculosa 238, 239
Dragonniers 25, 238, 239
Drainage 47, 126
Drosera 112
Drosera aliciae 113
Drosera binata 113
Drosera capensis 113
Drosera rotundifolia 113
Droséracées 112
Drosophyllum 112

E

Eau 21 à 23, 27, 42, 43, 45, 129, 161
Éclairages 36, 37, 60, 61
Écorce broyée 47, 48, 49
Ehretia microphylla 369
Elatostema repens 298
Elettaria cardamomum 226
Engrais 27, 46, 63, 130, 131, 161
Épiphyllum 93
Epipremnum aureum 303
Epipremnum pinnatum 'Aureum' 303
Epipremnum pinnatum 'Marble Queen' 303
Epipremnum pinnatum 'Neon' 303
Epipremnum pictum 'Argyraeum' 303
Épiscia 18, 25, 42, 78, 334
Episcia dianthiflora 334
Erythrina crista-galli 86
Érythrine 86
Erythrorhipsalis pilocarpa 305
Estragon 380
Étiolement 14, 38
Euphorbia pulcherrima 259
   E. pulcherrima 'Angelika' 259
   E. pulcherrima 'Marble' 259
   E. pulcherrima 'Regina' 259
Euphorbe 140
Euphorbe tirucalli 32, 42
Exacum 382
Exacum affine 382

F

Fatsia 32, 140
Fatsia japonica 193
   F. japonica 'Marginata' 193
   F. japonica 'Moseri' 193
   F. japonica 'Variegata' 193
Fatshédéra 32, 39, 143, 240
x *Fatshedera lizei* 240
   x *F. lizei* 'Anna Mikkels' 240
   x *F. lizei* 'Annemieke' 240
   x *F. lizei* 'Pia' 240

   x *F. lizei* 'Variegata' 240
Faux hibiscus 86
Fibre de coco 49
Ficus 17, 26, 32, 34, 42, 57, 140, 144, 158
Ficus benjamina 12, 111, 161, 164, 176, 177
   F. benjamina 'Barok' 176, 177
   F. benjamina 'Danielle' 176, 177
   F. benjamina 'De Gantel' 176, 177
   F. benjamina 'Exotica' 176, 177
   F. benjamina 'Foliole' 176, 177
   F. benjamina 'Golden King' 176, 177
   F. benjamina 'Monique' 176, 177
   F. benjamina 'Nastasja' 176, 177
   F. benjamina 'Pandora' 176, 177
   F. benjamina 'Petite Danielle' 176, 177
   F. benjamina 'Reginald' 176, 177
   F. benjamina 'Starlight' 176, 177
   F. benjamina 'Variegata' 176, 177
   F. benjamina 'Wyandii' 176, 177
Ficus elastica 172
   F. elastica 'Decora' 172
   F. elastica 'Doescheri' 172
   F. elastica 'Robusta' 172
   F. elastica 'Schryveriana' 172
   F. elastica 'Variegata' 172
Ficus lyrata 198
   F. lyrata 'Bambino' 198
Ficus microcarpa 368
Ficus pumila 285
   F. pumila 'Minima' 285
   F. pumila 'Quercifolia' 285
   F. pumila 'Sunny' 285
   F. pumila 'Variegata' 285
Ficus rampant 22, 39, 285
Ficus repens 285
Ficus retusa 110, 111, 368
   F. retusa 'Hawaii' 368
Figuier-lyre 198
Figuier pleureur 12, 164, 176, 177
Fittonia 32, 40, 42, 60, 286
Fittonia verschaffeltii 286
   F. verschaffeltii 'Pearcei' 286
   F. verschaffeltii var. *argyroneura* 286
Fougères 17, 32, 34, 39, 60, 104, 146, 148, 191, 217, 241, 242
Fougère arborescente 104
Fougère-houx 17, 18, 39, 241
Fougère nid-d'oiseau 12, 217
Fougère patte-de-lapin 39, 242
Frangipanier 87
Froid 20, 41, 54, 160
Fuchsia 104
Fumagine 154

G

Galant-de-nuit 98
Gardénia 12, 34, 40, 42, 335

Gardenia augusta 335
    G. augusta 'Fortuniana' 335
    G. augusta 'Mystery' 335
    G. augusta 'Veitchii' 335
Gardenia jasminoides 335
Genlisea 112
Géranium de Madère 99
Geranium maderense 99
Géranium zonale 99
Gesnériacées 25, 139, 141, 142, 159 ; voir aussi 277, 278, 282, 344, 358, 359, 361, 364, 382
Globba 22
Gloriosa 87
Gloriosa rothschildiana 87
Gloxinia 32, 34, 141, 154, 155, 382
Grenadier 99
Greyia 87
Greyia sutherlandii 87
Guzmania 22, 27, 40, 336, 337
Guzmania 'Amaranthe' 336
Guzmania 'Caroline' 336
Guzmania lingulata 336, 337
    G. lingulata 'Cardinalis' 336
    G. lingulata var. *minor* 336
Gynura 32, 287
Gynura aurantiaca 287
    G. aurantiaca 'Purple Passion' 287
Gynura sarmentosa 287

H

Hæmanthus 105
Haemanthus albiflos 105
Haemanthus coccineus 105
Haemanthus sanguineus 105
Hæmaria 16
Hatiora gaertneri 330
Heliamphora 112
Heliconia 78
Helxine 34, 42, 111, 243
Heptapleurum arboricola 184, 185
Hibiscus 32, 34, 35, 40, 43, 114, 115, 144, 156, 158, 178, 179, 180, 181
Hibiscus-cigarette 181
Hibiscus Rosa-sinensis-Hybrides 178, 179, 180
    H. Rosa-sinensis-Hybrides 'Alicante' 178
    H. Rosa-sinensis-Hybrides 'Almeria' 179
    H. Rosa-sinensis-Hybrides 'Athènes' 179
    H. Rosa-sinensis-Hybrides 'Barcelona' 179
    H. Rosa-sinensis-Hybrides 'Bordeaux' 179
    H. Rosa-sinensis-Hybrides 'Cadiz' 179
    H. Rosa-sinensis-Hybrides 'Camdenii' 178
    H. Rosa-sinensis-Hybrides 'Cannes' 179

    H. Rosa-sinensis-Hybrides 'Como' 179
    H. Rosa-sinensis-Hybrides 'Cooperi' 180
    H. Rosa-sinensis-Hybrides 'El Capitolio' 180
    H. Rosa-sinensis-Hybrides 'Paramaribo' 178
    H. Rosa-sinensis-Hybrides 'Surinam' 180
Hippeastrum 96, 384
Hortensia 159, 376, 378
Howea forsteriana 199
Hoya 15, 17, 34, 42, 55, 136, 144, 157, 275, 288, 289
Hoya bella 288, 289
Hoya carnosa 289
    H. carnosa 'Compacta' 288, 289
    H. carnosa 'Variegata' 289
Hoya lanceolata ssp. *bella* 288, 289
Hyacinthus orientalis 386
Hydrangea macrophylla 378
Hygrométrie 21 à 23, 44, 45, 67
Hypocyrta 290
Hypocyrta radicans 290
    H. radicans 'Black Magic' 290
    H. radicans 'Christmas Holly' 290
    H. radicans 'Herens' 290
Hypoestès 32, 42, 244
Hypoestes phyllostachya 244
    H. phyllostachya 'Bettina' 244
    H. phyllostachya 'Pink Splash Select' 244
    H. phyllostachya 'Rubina' 244
    H. phyllostachya 'Witana' 244

I

Ibicella 112
Impatiens Hawkerii-Hybrides 338, 339
    I. Hawkerii-Hybrides 'Arabesque' 339
    I. Hawkerii-Hybrides 'Fanfare' 339
    I. Hawkerii-Hybrides 'Jungle Mix' 339
    I. Hawkerii-Hybrides 'Pearl' 339
    I. Hawkerii-Hybrides 'Tango' 339
    I. Hawkerii-Hybrides 'Yellow Vision' 339
Impatiens Java 339
Impatiens niamniamensis 80
Impatiens Sonic 339
Impatiens Super Sonic 339
Impatiens walleriana 21
Impatiente 17, 18, 21, 22, 26, 34, 43, 80, 155, 338, 339
Impatiente de Nouvelle-Guinée 21, 43, 338, 339
Intoxication 55
Iochroma 100
Iochroma coccinea 100
Iochroma cyanea 100
Iris danfordiae 385
Iris nain 385, 387
Iris reticulata 385

Ixora 34, 144, 340
Ixora coccinea 340
    I. coccinea 'Etna' 340
    I. coccinea 'Maui' 340
    I. coccinea 'Rachel Pink' 340
    I. coccinea 'Vulcanus' 340

J

Jacinthe 386, 387
Jacobinia 34, 40, 341
Jardin d'hiver 74 à 81
Jasmin 100, 378
Jasmin de Madagascar 14, 136, 291
Jasminum polyanthum 100, 378
Jatropha 17, 23, 43, 88, 342
Jatropha multifida 88, 342
Jatropha podagrica 342
Justicia brandegeana 352
    J. brandegeana 'Yellow Queen' 352
Justicia carnea 341
    J. carnea 'Alba' 341

K

Kalanchoé 17, 23, 32, 39, 146, 343
Kalanchoe blossfeldiana 14, 343
Kalanchoe manginii 343
Kentia 12, 42, 199
Kohléria 22, 141, 344
Kohleria bogotensis 344
Kohleria digitaliflora 344
Kohleria eriantha 344
Kohleria warszewiczii 344

L

Langue-de-belle-mère 42
Lantana 100
Lantana camara 100
Lapagéria 93
Lapageria rosea 93
Laurier 380
Laurier-rose 101, 159
Lééa 42, 245
Leea coccinea 245
    L. coccinea 'Rubra' 245
Leea guineensis 245
Léonotis 88
Leonotis leonurus 88
Liane de jade 79
Licuala 200
Licuala chinensis 200
Licuala grandis 200
Licuala ramsayi 200
Licuala spinosa 200
Lierre du Cap 308
Lilium 386
Limaces 158
Lis 386, 387

Livistona 201
Livistona australis 201
Livistona chinensis 201
Livistona mariae 201
Ludisia discolor 16
Lumière 13 à 17, 32, 34 à 38, 54, 56, 57, 66, 67, 160

M

Maladies 61, 152, 153, 154, 155
Malvaviscus 32, 34, 42, 140
Malvaviscus arboreus var. *mexicanus* 181
Mandevilla sanderi 284
Manettia 32, 34, 42, 88
Manettia luteorubra 88
Maranta 32, 42, 246, 247
Maranta bicolor 246
Maranta leuconeura 246, 247
    M. leuconeura 'Erythroneura' 246, 247
    M. leuconeura 'Kerchoveana' 246, 247
    M. leuconeura 'Massangeana' 246
    M. leuconeura 'Tricolor' 246
Marcottage 144, 145
Maurandya 89
Maurandya erubescens 89
Médinilla 12, 32, 34, 345
Medinilla magnifica 345
Mégasképasma 32, 34, 42, 140
Menthe 380
Mikania 292
Mikania scandens 292
Mikania ternata 292
Mildiou 154
Miltonia 117, 119
Mimosa 101, 379
Mimosa dealbata 101
Mimosa retinodes 101
Mineuses 158
Miniatures (plantes) 378
Misère 12, 22, 39, 40, 42, 140, 276, 293, 294, 295
Monstera deliciosa 14, 16, 43, 160, 206
    M. deliciosa 'Variegata' 206
Mouches blanches 156
Multiplication 138 à 149
Mur végétal 62, 63
Murraya 370
Murraya koenigii 370
Murraya paniculata 370
Musa velutina 84

N

Narcisse 387
Narcissus 387
Nécrose du collet 155
Nemathanthus gregarius 290
Néorégélia 22, 27, 34, 346

Neoregelia carolinae 27, 346
    N. carolinae 'Meyendorffii' 346
    N. carolinae 'Tricolor' 346
Népenthès 26, 40, 43, 112, 113, 296
Nepenthes alata 296
Nepenthes x *coccinea* 296
Nepenthes rafflesiana 296
Nepenthes x *ventrata* 113, 296
Néphrolépis 16, 190, 191, 212, 248
Nephrolepis exaltata 248
    N. exaltata 'Aurea' 248
    N. exaltata 'Bostoniensis' 248
    N. exaltata 'Hillii' 248
    N. exaltata 'Verona' 248
Nerium oleander 101
Nertéra 12, 26, 34, 39, 42, 249
Nertera granadensis 26, 249
Nettoyage 132, 133
Nidularium 40, 347
Nidularium billbergioides 'Citrinum' 347
Nidularium fulgens 347
Nidularium innocentii 347
Nolina recurvata 195

O

Oïdium 155
Oiseau-de-paradis 101, 383
Oligoéléments 46, 63, 130
Oranger 101
Orchidées 32, 34, 60, 116, 117 ; voir aussi 92, 350, 351, 357
Otiorrhynques 159

P

Pachira 40, 43, 166, 182
Pachira aquatica 166, 182
Pachypodium 43
Pachystachys 34, 40, 348
Pachystachys coccinea 348
Pachystachys lutea 348
Paepalanthus 112
Palisota 16, 250
Palisota pynaertii 'Elizabethae' 250
Palissage 136, 137
Palmacées 118
Palmier de Californie 105
Palmier nain 12, 25, 251, 276
Palmiers 118, 119 ; voir aussi 105, 194, 199, 200, 201, 207, 227, 251, 264
Pandanus 43, 190, 202, 203
Pandanus baptistii 202
Pandanus sanderi 'Variegata' 203
Pandanus veitchii 202
Paphiopédilum 32, 34, 357
Paphiopedilum 'Pinocchio' 117
Papyrus 23, 32, 34, 43, 146, 204, 205
Parasites 61, 152, 153, 156, 157, 158, 159

Passiflora caerulea 102, 297
    P. caerulea 'Constance Elliott' 297
    P. caerulea 'Grandiflora' 297
Passiflora coccinea 40
Passiflora coriacea 40
Passiflora mollissima 39, 40
Passiflora quadrangularis 40
Passiflora racemosa 89
Passiflora violacea 39, 40
Passiflora vitifolia 89
Passiflore 32, 34, 39, 40, 89, 144, 102, 297
Passiflore bleue 102, 297
Patchouli 12, 39, 252
Pavonia 140, 183
Pavonia multiflora 183
Pélargonium des fleuristes 379
Pelargonium x *domesticum* 379
Pellaea rotundifolia 253
Pelléa 40, 253
Pellionia 40, 42, 298
Pellionia daveauana 298
Pellionia pulchra 298
Pellionia repens 298
Pentas 34, 40, 349
Pentas lanceolata 349
    P. lanceolata 'Avalanche' 349
    P. lanceolata 'Butterfly Cherry Red' 349
    P. lanceolata 'Kermesina' 349
    P. lanceolata 'New Look Rose' 349
Pépéromia 16, 21, 22, 40, 42, 60, 141, 142, 155, 254, 255
Peperomia argyreia 254, 255
Peperomia caperata 255
    P. caperata 'Emerald Ripple' 255
    P. caperata 'Helios' 255
    P. caperata 'Lilian' 255
    P. caperata 'Nigra' 255
    P. caperata 'Orange Lady' 255
    P. caperata 'Pink Lady' 255
    P. caperata 'Red Luna' 255
    P. caperata 'Shumi' 255
    P. caperata 'Shumi Red' 255
    P. caperata 'Theresa' 255
    P. caperata 'Tricolor' 255
    P. caperata 'White Lady' 255
Peperomia obtusifolia 255
    P. obtusifolia 'Green Gold' 255
    P. obtusifolia 'Variegata' 255
Perlite 49
Persil 380
Phalangère 12, 17, 39, 40, 42, 144, 157, 275, 299
Phalænopsis 40, 42, 154, 350, 351
Phalaenopsis 'Lady Amboin' 116
Phalaenopsis 'Lorraine Kenny' 117
Philodendron 16, 17, 18, 22, 32, 34, 40, 43, 140, 143, 144, 206, 276, 300, 301, 302

Philodendron bipinnatifidum 302
Philodendron 'Emerald Duke' 301
Philodendron 'Emerald Queen' 301
Philodendron 'Imperial Red' 300
Philodendron 'Red Emerald' 301
Philodendron scandens 301
Philodendron selloum 302
Phœnix 12, 32, 34, 39, 42, 207
Phoenix canariensis 207
Phoenix roebelenii 207
Phormium 102
Photosynthèse 13, 14, 25
Phototropisme 14, 38
Pied-d'éléphant 43
Piléa 16, 21, 256, 257
Pilea cadierei 256, 257
Pilea grandifolia 256, 257
Pilea involucrata 256
    P. involucrata 'Moon Valley' 256, 257
Pilea libaneus 274
Pilea microphylla 256
Pinguicula 112
Piper nigrum 81
Pipéracées 60
Plante-corail 89
Plante-crevette 39, 352
Plante-kangourou 102
Plante-tortue 43
Plante-zèbre 353
Plantes carnivores 26, 61, 112, 113, 298
Platycerium alcicorne 283
Platycerium bifurcatum 283
Platycerium superbum 283
Plectranthus 42, 140, 354
Plectranthus Cape Angel 354
Pléomèle 32, 143, 213, 258
Pleomele reflexa 258
    P. reflexa 'Song of India' 258
    P. reflexa 'Variegata' 258
Plumbago capensis 86
Plumeria rubra 87
Pogonatherum paniceum 218
    P. paniceum 'Extase' 218
    P. paniceum 'Monica' 218
Pogostemon patchouli 252
Poinsettia 14, 34, 35, 40, 42, 259
Poivrier 81
Polyscias filicifolia 260
    P. filicifolia 'Marginata' 260
Polyscias guilfoylei 260
    P. guilfoylei 'Victoriae' 260
Polystichum 261
Polystichum acrostichoides 261
Polystichum polyblepharum 261
Polystichum tsusimense 261
Pommier d'amour 186
Portucalaria afra 42, 371

P. afra 'Microphylla' 371
P. afra 'Variegata' 371
Pot 50, 51
Pothos 12, 22, 40, 43, 303
Pothos aureus 303
Pourpier en arbre 371
Primevère de Chine 32, 34, 157, 383
Primula obconica 383
Protéa 90
Protea cynaroides 90
Protea eximia 90
Protea neriifolia 90
Protea repens 90
Ptéris 191, 262
Pteris cretica 262
    P. cretica 'Albolineata' 262
    P. cretica 'Mayi' 262
    P. cretica 'Parkeri' 262
    P. cretica 'Wimsettii' 262
Pucerons 159
Punica granatum 99

R

Radermachera 263
Radermachera sinica 263
    R. sinica 'Crystal Doll' 263
Reinwardtia 355
Reinwardtia indica 355
Rempotage 126, 127
Rhapis 32, 39, 264
Rhapis excelsa 119, 264
    R. excelsa 'Variegata' 264
    R. excelsa 'Zuikonishiki' 264
Rhapis humilis 119, 264
Rhapis multifida 119
Rhipsalidopsis gaertneri 330
    R. gaertneri 'Purple Pride' 330
    R. gaertneri 'Red Pride' 330
Rhipsalidopsis rosea 330
Rhipsalis 16, 22, 304, 305
Rhipsalis baccifera 305
Rhipsalis baccifera ssp. *baccifera* 16, 305
Rhipsalis pilocarpa 304, 305
Rhododendron 93, 322, 323
Rhododendron obtusum 'Kirin' 322
Rhododendron Simsii-Hybrides 322, 323
    R. Simsii-Hybrides 'Friedhelm Scherrer' 322
    R. Simsii-Hybrides 'Mevr Gerard Kint' 322, 323
    R. Simsii-Hybrides 'Mont Blanc' 322, 323
    R. Simsii-Hybrides 'Perle de Noisy' 322
    R. Simsii-Hybrides 'Sina' 322
    R. Simsii-Hybrides 'Witte Vogel' 322
Rhoéo 40, 306
Rhoeo discolor 306

Rhoeo spathacea 306
    R. spathacea 'Vittata' 306
Rhoicissus 39, 312, 313
Rhoicissus rhomboidea 313
Rosa 380
Rose de Chine 12, 14, 17, 18, 114
Rose du désert 43
Rosier miniature 380
Ruellia 34, 40, 356
Ruellia amoena 356
    R. amoena 'Alba' 356
Ruellia graecizans 356
Ruellia makoyana 356
Russelia equisetiformis 89

S

Sable 49
Sabots-de-Vénus 357
Sagérétia 111, 372
Sagretia thea 372
Sagretia theezans 372
Saintpaulia 12, 14, 17, 22, 26, 32, 35, 40, 141, 154, 155, 358, 359
Saintpaulia Chimera 359
Sansevieria 23, 25, 141, 146, 265
Sansevieria trifasciata 265
    S. trifasciata 'Golden Hahnii' 265
    S. trifasciata 'Hahnii' 265
    S. trifasciata 'Laurentii' 265
    S. trifasciata 'Silver Hahnii' 265
Sarracenia 112
Sarriette 380
Sauge 380
Sauge géante 173
Saxifrage-araignée 39, 307
Saxifraga stolonifera 307
    S. stolonifera 'Harvest Moon' 307
    S. stolonifera 'Tricolor' 307
Schefflera 12, 16, 26, 32, 42, 184, 185
Schefflera actinophylla 184
Schefflera arboricola 184, 185
    S. arboricola 'Carolien' 185
    S. arboricola 'Compacta' 185
    S. arboricola 'Covette' 185
    S. arboricola 'Gerda' 185
    S. arboricola 'Gold Capella' 185
    S. arboricola 'Janine' 185
    S. arboricola 'Nora' 185
    S. arboricola 'Renate' 185
    S. arboricola 'Sofia' 185
    S. arboricola 'Sonette' 185
    S. arboricola 'Trinette' 185
    S. arboricola 'Variegata' 185
Schefflera elegantissima 237
Scirpe 23
Schlumbergéra 32, 34, 328, 329
Sclumbergera russelliana 329

Sclumbergera truncata 329
Scindapsus aureus 303
Scindapsus pictus 303
   S. pictus 'Argyraeus' 303
Scutellaire 360
Scutellaria costaricana 360
Scutellaria villosa 360
Selaginella kraussiana 266
Selaginella lepidophylla 266
Selaginella martensii 266
Selaginella uncinata 266
Selaginella willdenowii 266
Sélaginelle 16, 25, 39, 111, 266
Semis 148, 149
Séneçon 40
Séneçon-lierre 308
Senecio macroglossus 308
   S. macroglossus 'Variegatus' 308
Sérissa 111, 373
Serissa foetida 373
   S. foetida 'Flore Pleno' 373
   S. foetida 'Variegata' 373
Sève
   brute 13
   élaborée 13
Sinningia 382
Smithiantha 361
Smithiantha 'Orange King' 361
Smithiantha zebrina 361
Solandra 90
Solandra grandiflora 90
Solandra longiflora 90
Solandra maxima 90
Solanum pseudocapsicum 186
   S. pseudocapsicum 'Ballon' 186
   S. pseudocapsicum 'Red Giant' 186
Solanum rantonnetii 103
Soleirolia soleirolii 243
   S. soleirolii 'Argentea' 243
   S. soleirolii 'Aurea' 243
Sonérila 21, 40, 42
Sparrmannia africana 166, 187
   S. africana 'Flore Pleno' 187
   S. africana 'Variegata' 187
Spathiphyllum 12, 14, 17, 25, 32, 34, 40, 42, 276, 362, 363
Spathiphyllum 'Chopin' 363
Spathiphyllum 'Figaro' 363
Spathiphyllum 'Calando' 363
Spathiphyllum 'Cupido' 363
Spathiphyllum 'Domino' 363
Spathiphyllum 'Mauna Loa' 363
Spathiphyllum 'Petite' 363
Spathiphyllum 'Quatro' 363
Spathiphyllum 'Sensation' 363
Spathiphyllum. 'Supreme' 363
Spathiphyllum 'Sweet Benito' 363

Spathiphyllum 'Sweet Chico' 363
Spathiphyllum. 'Sweet Pablo' 363
Spathiphyllum 'Sweet Paco' 363
Spathiphyllum 'Vivaldi' 363
Spathiphyllum wallisii 362
Sphagnum 49
Stephanotis floribunda 140, 291
Stereospermum sinicum 263
Strelitzia reginae 101, 383
Streptocarpella saxorum 364
   S. saxorum 'Blue Moon' 364
   S. saxorum 'Boysenberry Delight' 364
Streptocarpus 22, 26, 42, 141, 364
Streptosolen 91
Streptosolen jamesonii 91
Strobilanthe 81, 267
Strobilanthes dyeriana 81, 267
Stromanthe 268
Stromanthe jacquinii 268
Stromanthe sanguinea 268
   S. sanguinea 'Multicolor' 268
   S. sanguinea 'Stripestar' 268
Strongylodon macrobotrys 79
Substrat 26, 27, 47, 60, 126, 127, 128
Surfaçage 128
Suspensions 51, 58
Suzanne-aux-yeux-noirs 91
Syngonium 22, 309
Syngonium podophyllum 309
   S. podophyllum 'Arrow' 309
   S. podophyllum 'Jenny' 309
   S. podophyllum 'Pink Allusion' 309
   S. podophyllum 'Pixie' 309
   S. podophyllum 'Tricolor' 309
   S. podophyllum 'White Butterfly' 309

T

Tacca chantrieri 12, 81
Taches 54
Taille 134, 135
Température 66, 68
Terrarium 60, 61
Terre 47, 49
Terreau 48
Tétrastigma 39, 143, 310
Tetrastigma voinierianum 310
Thrips 159
Thunbergia alata 91
Thym 380
Tibouchina 91
Tibouchina urvilleana 91
Tillandsia 32, 34, 40, 42, 310
Tillandsia usneoides 310
Tillandsia xerografica 190
Tilleul d'appartement 32, 34, 39, 42, 166, 187
Tolmiea 39, 269, 276

Tolmiea menziesii 269
   T. menziesii 'Taff's Gold' 269
   T. menziesii 'Variegata' 269
Tourbe blonde 47, 48
Tourbe brune 48
Toxicité 55
Tradescantia fluminensis 294, 295
   T. fluminensis 'Quadricolor' 294, 295
   T. fluminensis 'Variegata' 295
   T. fluminensis 'Yellow Hill' 295
Tradescantia spathacea 306
Trempage 129
Triplochlamys multiflora 183
Triphyophyllum 112
Tulipa 387
Tulipe 387
Tuteurs 136, 137

U

Utricularia 112

V

Vallota 105
Vanilla fragrans 79
Vanillier 79
Véranda 41, 65 à 105
Vermiculite 49
Vigne-marronnier 311
Vignes d'appartement 190, 275, 312, 313
Virose 155
Vriéséa 22, 27, 40, 365
Vriesea splendens 365
   V. splendens 'Favoriet' 365
   V. splendens 'Major' 365
   V. splendens 'Splenriet', 365
   V. splendens 'Tiffany' 365

W

Washingtonia filifera 105

X

Xanthosoma 79
Xanthosoma violaceum 79

Y

Yucca 12, 17, 23, 32, 34, 39, 42, 57, 118, 143, 154, 213, 270
Yucca elephantipes 270
   Y. elephantipes 'Variegata' 270

Z

Zamioculcas 12, 271
Zamioculcas zamiifolia 271
Zantedeschia 384
Zygocactus truncatus 329

CLASSEMENT DES PLANTES PAR DIFFICULTÉ DE CULTURE

Le classement de ce tableau reprend les cotes de difficulté (* à ****) des plantes cultivées dans la maison (chapitres 7 à 12). Les végétaux cultivés en jardin d'hiver ou en véranda font l'objet d'une autre cotation (voir chapitre 4). Certaines plantes, regroupées par genre (ex. : *Begonia*), sont de difficultés variables selon les espèces ou les cultivars.

*

- Æchméa (*Aechmea fasciata*)
- Aglaonéma (*Aglaonema commutatum*)
- Ardisia (*Ardisia crenata*)
- Aralia du Japon (*Fatsia japonica*)
- Asparagus (*Asparagus* sp.)
- Billbergias (*Billbergia* hyb.)
- Cactus de Pâques (*Rhipsalidopsis gaertneri*)
- Caoutchouc (*Ficus elastica*)
- Cordylines (*Cordyline* sp.)
- Corne-d'élan (*Platycerium bifurcatum*)
- Cryptanthes (*Cryptanthus* sp.)
- Cycas (*Cycas revoluta*)
- Figuier-lyre (*Ficus lyrata*)
- Fougère patte-de-lapin (*Davallia fejeensis*)
- Hoyas (*Hoya* sp.)
- Hypocyrta (*Nematanthus gregarius*)
- Kalanchoé (*Kalanchoe blossfeldiana*)
- Kentia (*Howea forsteriana*)
- Misères (*Callisia* sp., *Tradescantia* sp.)
- Néorégélia (*Neoregelia carolinae*)
- Néphrolépis (*Nephrolepis exaltata*)
- Nidulariums (*Nidularium* sp.)
- Palmier nain (*Chamaedorea elegans*)
- Pelléa (*Pellaea rotundifolia*)
- Phalangère (*Chlorophytum comosum*)
- Philodendron (*Monstera deliciosa*)
- Plectranthus (*Plectranthus* hyb.)
- Polystichums (*Polystichum* sp.)
- Pothos (*Epipremnum* sp.)
- Pourpier en arbre – bonsaï (*Portucalaria afra*)
- Rhoéo (*Rhoeo spathacea*)
- Sansevière (*Sansevieria trifasciata*)
- Saxifrage-araignée (*Saxifraga stolonifera*)
- Syngonium (*Syngonium podophyllum*)
- Tolmiea (*Tolmiea menziesii*)
- Vignes d'appartement (*Cissus* sp.)
- Vrieséas (*Vriesea* hyb.)
- Yucca (*Yucca elephantipes*)
- Zamioculcas (*Zamioculcas zamiifolia*)

**

- Abutilon (*Abutilon pictum*)
- Alocasias (*Alocasia* sp.)
- Ananas (*Ananas comosus*)
- Anthuriums (*Anthurium* sp.)
- Araucaria (*Araucaria heterophylla*)
- Aréca (*Chrysalidocarpus lutescens*)
- Aspidistra (*Aspidistra elatior*)
- Asplénium (*Asplenium nidus*)
- Banian de Malaisie – bonsaï (*Ficus retusa*)
- Beaucarnéa (*Beaucarnea recurvata*)
- Bégonias à feuillage décoratif (*Begonia* sp., *Begonia* hyb.)
- Bégonias à fleurs (*Begonia* hyb.)
- Blechnums (*Blechnum* sp.)
- Brachychiton (*Brachychiton rupestris*)
- Cactus de Noël (*Schlumbergera* hyb.)
- Calathéa crocata (*Calathea crocata*)
- Canne chinoise (*Dracaena sanderiana*)
- Chaîne-des-cœurs (*Ceropegia woodii*)
- Clérodendron de Java (*Clerodendrum speciosissimum*)
- Clivias (*Clivia* hyb.)
- Clusia (*Clusia major*)
- Columnéas (*Columnea* sp.)
- Cypérus (*Cyperus* sp.)
- Dieffenbachia (*Dieffenbachia seguine*)
- Dizygothéca (*Dizygotheca elegantissima*)
- Dracænas (*Dracaena* sp.)
- Épiscias (*Episcia* hyb., *Alsobia dianthiflora*)
- Fatshédéra (x *Fatshedera lizei*)
- Ficus rampant (*Ficus pumila*)
- Figuier pleureur (*Ficus benjamina*)
- Fougère-houx (*Cyrtomium falcatum*)
- Guzmanias (*Guzmania* hyb.)
- Gynura (*Gynura aurantiaca*)
- Helxine (*Soleirolia soleirolii*)
- Hibiscus (*Hibiscus* Rosa-sinensis-Hybrides)
- Hypoestès (*Hypoestes phyllostachya*)
- Impatientes de Nouvelle-Guinée (*Impatiens* Hawkerii-Hybrides)
- Jacobinia (*Justicia carnea*)
- Jasmin de Madagascar (*Stephanotis floribunda*)
- Jatropha (*Jatropha podagrica*)
- Lééas (*Leea* sp.)
- Livistona (*Livistona chinensis*)
- Malvaviscus (*Malvaviscus arboreus* var. *mexicanus*)
- Marantas (*Maranta* sp.)
- Mikania (*Mikania ternata*)
- Murraya – bonsaï (*Murraya paniculata*)
- Pachira (*Pachira aquatica*)
- Pandanus (*Pandanus veitchii*)
- Papyrus (*Cyperus papyrus*)
- Passiflore bleue (*Passiflora caerulea*)
- Patchouli (*Pogostemon patchouli*)
- Pépéromias (*Peperomia* sp.)
- Phalænopsis (*Phalaenopsis* hyb.)
- Philodendrons (*Philodendron* sp.)
- Phœnix (*Phoenix roebelenii*)
- Piléas (*Pilea* sp.)
- Pléomèle (*Pleomele reflexa*)
- Ptéris de Crète (*Pteris cretica*)
- Radermachera (*Radermachera sinica*)
- Reinwardtia (*Reinwardtia indica*)
- Rhapis (*Rhapis excelsa*)
- Rhipsalis (*Rhipsalis* sp.)
- Ruellias (*Ruellia amoena*, *Dipterancanthus devosianus*)
- Sabots-de-Vénus (*Paphiopedilum* hyb.)
- Sagrétia – bonsaï (*Sagretia thea*)
- Saintpaulias (*Saintpaulia* hyb.)
- Schefflèra (*Schefflera arboricola*)
- Séneçon-lierre (*Senecio macroglossus*)
- Sérissa – bonsaï (*Serissa foetida*)
- Solanum (*Solanum pseudocapsicum*)
- Spathiphyllums (*Spathiphyllum* hyb.)
- Streptocarpus (*Streptocarpus* hyb., *Streptocarpella* sp. et hyb.)
- Stromanthes (*Stromanthe* sp.)
- Tilleul d'appartement (*Sparrmannia africana*)

***

- Æschynanthus (*Aeschynanthus* sp.)
- Azalées (*Rhododendron* hyb.)
- Bambou d'appartement (*Pogonatherum paniceum*)
- Calathéas (*Calathea* sp.)
- Capillaires (*Adiantum* sp.)
- Cardamome (*Elettaria cardamomum*)
- Carmona – bonsaï (*Carmona retusa*)
- Clérodendron (*Clerodendrum thomsoniae*)
- Codonanthe (*Codonanthe crassifolia*)
- Crossandra (*Crossandra infundibuliformis*)
- Cténanthes (*Ctenanthe* sp.)
- Dipladénia (*Dipladenia sanderi*)
- Épiscias (*Episcia* hyb., *Alsobia dianthiflora*)
- Gardénia (*Gardenia augusta*)
- Nertéra (*Nertera granadensis*)
- Pachystachys (*Pachystachys lutea*)
- Palisota (*Palisota pynaertii* 'Elizabethae')
- Pavonia (*Pavonia multiflora*)
- Pellionias (*Pellionia* sp.)
- Pentas (*Pentas lanceolata*)
- Plante-crevette (*Justicia brandegeana*)
- Plante-zèbre (*Aphelandra squarrosa*)
- Poinsettia (*Euphorbia pulcherrima*)
- Polyscias (*Polyscias* sp.)
- Scutellaire (*Scutellaria costaricana*)
- Sélaginelles (*Selaginella* sp.)
- Smithianthas (*Smithiantha* hyb.)
- Strobilanthe (*Strobilanthes dyeriana*)
- Tillandsia (*Tillandsia usneoides*)
- Vigne-marronnier (*Tetrastigma voinierianum*)

****

- Achimènes (*Achimenes* hyb.)
- Bégonias à feuillage décoratif (*Begonia* sp., *Begonia* hyb.)
- Bégonias à fleurs (*Begonia* hyb.)
- Cocotier (*Cocos nucifera*)
- Croton (*Codiaeum variegatum* var. *pictum*)
- Fittonia (*Fittonia verschaffeltii*)
- Ixora (*Ixora coccinea*)
- Kohlérias (*Kohleria* sp.)
- Licuala (*Licuala grandis*)
- Médinilla (*Medinilla magnifica*)
- Népenthès (*Nepenthes* sp.)

*Très facile   ** Facile   *pour débutants*   *** Assez difficile   **** Difficile   *pour jardiniers expérimentés*

CRÉDITS ICONOGRAPHIQUES

Pictogrammes (chapitres 7 à 12) : Arno.
Couverture : p. 1 haut gauche : Horizon/M. Viard ; haut droite : MAP/F. Strauss ; milieu : Rustica/F. Boucourt ; bas gauche : Horizon/M. Viard ; bas droite : MAP/F. Strauss ; dos haut : MAP/F. Strauss ; bas : MAP/Arnaud Descat ; p. 4 haut gauche : A. Schreiner ; haut droite : MAP/F. Strauss ; bas gauche : MAP/F. Strauss ; milieu : MAP/F. Strauss ; bas droite : MAP/N. et P. Mioulane (coll. Remi Samson). **Pages de garde :** A. Schreiner.
p. 3 : MAP/Fred Lamarque ; p. 6 : Horizon/M. Viard ; p. 7 haut : MAP/F. Strauss ; bas : P. Tourmente ; p. 8 haut : MAP/F. Strauss ; bas : MAP/N. et P. Mioulane ; p. 9 : Rustica ; p. 10 : MAP/A. Descat ; p. 11 haut : MAP/A. Descat ; bas : MAP/F. Strauss ; p. 12 : Rustica ; p. 14 : MAP/N. et P. Mioulane ; p. 15 : MAP/N. et P. Mioulane ; p. 16 haut : MAP/J. Lodé ; bas : MAP/N. et P. Mioulane ; p. 18 gauche : Horizon/M. Viard ; droite : MAP/A. Guerrier ; p. 18 gauche : Horizon/M. Viard ; droite : MAP/A. Guerrier ; p. 22 : Horizon/M. Viard ; p. 23 : M. Viard/Horizon ; p. 24 : Horizon/M. Viard ; p. 25 : MAP/A. Descat ; p. 26 gauche : MAP/J.-Y. Grospas ; droite : MAP/A. Descat ; p. 27 gauche : Horizon/M. Viard ; droite : Rustica/F. Marre ; p. 28 : The Garden Picture Library/M. O'Hara ; p. 29 haut : MAP/F. Strauss ; bas : Horizon/M. Viard ; p. 31 : MAP/F. Strauss ; p. 32 : MAP/F. Strauss ; p. 33 : P. Tourmente ; p. 34 haut : A. Schreiner ; bas :MAP/N. et P. Mioulane ; p. 35 : MAP/F. Strauss ; p. 38 : A. Schreiner ; p. 39 : Horizon/ Lamontagne ; p. 40 haut : MAP/N. et P. Mioulane ; bas : Horizon/M. Viard ; p. 41 : MAP/N. et P. Mioulane ; p. 42 : JS Sira/The Garden Picture Library ; p. 43 haut : P. Bonduel ; bas : P. Tourmente ; p. 44 : MAP/N. et P. Mioulane ; p. 45 haut : MAP/F. Lamarque ; bas : A. Schreiner ; p. 46 : MAP/N. et P. Mioulane ; p. 47 : MAP/N. et P. Mioulane ; p. 48-49 : MAP/F. Lamarque ; p. 50 : Poteries Ravel/H. Del Olmo ; p. 51 : Rustica ; p. 52 : P. Tourmente ; p. 53 haut : MAP/A. Descat ; bas : A. Schreiner ; p. 54 : A. Schreiner ; p. 55 gauche : P. Tourmente ; droite : MAP/F. Strauss ; p. 56 : MAP/F. Strauss ; p. 57 : MAP/F. Strauss ; p. 59 : MAP/F. Strauss ; p. 61 : MAP/F. Strauss ; p. 63 : P. Bonduel ; p. 64 : MAP/F. Didillon ; p. 65 : A. Schreiner ; p. 67 : A. Schreiner ; p. 71 : A. Schreiner ; p. 74 : MAP/A. Descat ; p. 75 : MAP/A. Descat ; p. 76 gauche : Rustica/A. Petzold ; droite : A. Schreiner ; p. 77 gauche : Horizon/M. Viard ; droite : MAP/N. et P. Mioulane ; p. 78 : A. Schreiner ; p. 79 : A. Schreiner ; p. 80 : A. Schreiner ; p. 81 gauche : P. Tourmente ; droite : Horizon/M. Viard ; p. 82 : Rustica/A. Petzold ; p. 83 : A. Schreiner ; p. 84 : A. Schreiner ; p. 85 gauche : Rustica/A. Petzold ; droite : A. Schreiner ; p. 86 gauche : MAP/Y. Monel ; milieu : Horizon/M. Viard ; droite : A. Schreiner ; p. 87 gauche : A. Schreiner ; droite : Horizon/M. Viard ; p. 88 gauche : Horizon/M. Viard/ ; droite : MAP/F. Strauss ; p. 89 gauche : MAP/A. Descat ; droite : Horizon/M. Viard ; p. 90 : A. Schreiner ; p. 91 gauche : A. Schreiner ; droite : A. Petzold/Rustica ; p. 92 : A. Schreiner ; p. 93 : Horizon/M. Viard ; p. 94 : A. Schreiner ; p. 95 : A. Schreiner ; p. 96 gauche : P. Tourmente ; milieu : A. Schreiner ; droite : Horizon/A. Guerrier ; p. 97 gauche : A. Schreiner ; milieu : Horizon/M. Viard/; droite : A. Schreiner ; p. 98 : Horizon/M. Viard ; p. 99 : A. Schreiner ; p. 100 gauche : Horizon/A. Guerrier ; droite : A. Schreiner ; p. 101 gauche : A. Schreiner ; droite : M. Viard/Horizon ; p. 102 gauche : Horizon/A. Guerrier ; droite : A. Schreiner ; p. 103 : A. Schreiner ; p. 104 gauche : MAP/N. et P. Mioulane ; droite : A. Schreiner ; p. 105 : MAP/N. et P. Mioulane ; p. 106 : A. Schreiner ; p. 107 haut : E. Brenckle/Rustica (stylisme M. Marcat) ; bas : Rustica ; p. 109 haut gauche : Rustica/F. Marre ; milieu : Rustica ; droite A. Schreiner ; bas droite : Rustica/F. Marre ; p. 110 : MAP/N. et P. Mioulane ; p. 111 gauche : MAP/N. et P. Mioulane ; milieu : Horizon/M. Viard ; droite : MAP/N. et P. Mioulane ; p. 113 haut gauche : MAP/A. Descat ; milieu : Horizon/M. Viard ; droite : MAP/A. Descat ; bas : MAP/A. Descat ; p. 115 : F. Marre/Rustica ; p. 116 haut : MAP/A. Descat ; bas : Rustica/F. Marre (coll. Vacherot et Lecoufle) ; p. 117 gauche : MAP/A. Descat ; droite : Horizon/M. Viard ; p. 118 : MAP/F. Strauss ; p. 119 gauche : MAP/A. Descat ; droite : MAP/N. et P. Mioulane ; p. 120 : MAP/N. et P. Mioulane ; p. 121 : A. Schreiner ; p. 122 haut : A. Schreiner ; milieu : P. Tourmente ; bas : A. Schreiner ; p. 123 : A. Schreiner ; p. 124 : A. Schreiner ; p. 125 haut : reprise MAP/F. Strauss ; milieu : MAP/N. et P. Mioulane ; bas : A. Schreiner ; p. 126 à 151 : A. Schreiner ; p. 152 : MAP/F. Strauss ; p. 153 haut : MAP/N. et P. Mioulane ; bas : Horizon/Lamontagne ; p. 154 haut : MAP/A. Descat ; milieu : MAP/N. et P. Mioulane ; bas : P. Bonduel ; p. 155 haut : P. Bonduel ; milieu : A. Schreiner ; bas : P. Bonduel ; p. 156 haut : MAP/N. et P. Mioulane, MAP/M. Duyck ; milieu : MAP/P. Aversenq ; bas : A. Schreiner ; p. 157 haut : P. Aversenq ; milieu et bas : A. Schreiner ; p. 158 haut : MAP/N. et P. Mioulane ; bas : MAP/F. Strauss ; p. 159 haut : P. Aversenq ; milieu : MAP/F. Didillon ; bas gauche : P. Bonduel ; bas droite : P. Aversenq ; p. 160 : MAP/F. Strauss ; p. 161 haut : A. Schreiner ; bas : MAP/F. Strauss ; p. 167 : MAP/N. et P. Mioulane ; p. 163 (haut) : MAP/F. Strauss ; bas : Rustica ; p. 164 gauche : MAP/N. et P. Mioulane ; droite : A. Schreiner ; p. 165 haut : MAP/F. Strauss ; bas : F. Marre/Rustica ; p. 166 : MAP/F. Strauss ; p. 167 : MAP/F. Strauss ; p. 168 : The Garden Picture Library/S. Wooster ; p. 169 : P. Tourmente ; p. 170 : The Garden Picture Library/D. Cline ; p. 171 : MAP/F. Strauss ; p. 172 : MAP/F. Strauss ; p. 173 : MAP/F. Strauss ; p. 174 : MAP/N. et P. Mioulane ; p. 175 gauche : Horizon/M. Viard ; droite : MAP/A. Descat ; p. 176 : MAP/F. Strauss ; p. 177 : MAP/F. Strauss ; p. 178 : MAP/A. Descat ; p. 179 : MAP/A. Descat ; p. 180 haut : Rustica/A. Petzold ; bas : Horizon/M. Viard ; p. 181 : MAP/N. et P. Mioulane ; p. 182 : A. Schreiner ; p. 183 : Horizon/M. Viard ; p. 184 : P. Tourmente ; p. 185 : MAP/N. et P. Mioulane ; p. 186 : MAP/F. Strauss ; p. 187 : The Garden Picture Library/Lamontagne ; p. 188 : MAP/A. Descat ; p. 189 : MAP/F. Strauss ; p. 190 gauche : A. Schreiner ; droite : P. Tourmente ; p. 191 haut : Rustica/E. Brenckle (stylisme M. Marcat) ; bas : Rustica/F. Marre ; p. 192 : MAP/ F. Strauss ; p. 193 : MAP/ F. Strauss ; p. 194 : MAP/ F. Strauss ; p. 195 : MAP/F. Strauss ; p. 196 : The Garden Picture Library/Lamontagne ; p. 197 haut : Horizon/J.-M. Solichon ; bas : Horizon/Lamontagne ; p. 198 : MAP/F. Strauss ; p. 199 : MAP/N. et P. Mioulane ; p. 200 : MAP/F. Strauss ; p. 201 : A. Schreiner ; p. 202 : MAP/F. Strauss ; p. 203 : MAP/N. et P. Mioulane ; p. 204 : A. Schreiner ; p. 205 : The Garden Picture Library/E. Craddock ; p. 206 : MAP/A. Descat ; p. 207 : MAP/F. Strauss ; page 208 : A. Schreiner ; page 209 : MAP/A. Descat ; page 210 gauche : Rustica/F. Marre ; droite : MAP/F. Strauss ; page 211 gauche : MAP/N. et P. Mioulane ; droite : The Garden Picture Library/R. Sutherland ; page 212 gauche : A. Schreiner ; droite : MAP/F. Strauss ; p. 213 : MAP/A. Descat ; p. 214 : MAP/F. Strauss ; p. 215: MAP/F. Strauss ; p. 216 : A. Schreiner ; p. 217 : MAP/F. Strauss ; p. 218 : MAP/F. Strauss ; p. 219 : Horizon/M. Viard ; p. 220 haut : MAP/N et P Mioulane ; bas : MAP/F. Strauss ; p. 221 haut : MAP/A. Descat ; bas : MAP/F. Strauss ; p. 222 : The Garden Picture Library/JS Sira ; p. 223 : The Garden Picture Library/S. Wooster ; p. 224 : Horizon/Lamontagne ; p. 225 : MAP/F. Strauss ; p. 226 : MAP/N. et P. Mioulane ; p. 227 : MAP/F. Strauss ; p. 228 : Horizon/M. Viard ; p. 229 : MAP/A. Descat ; p. 230 : The Garden Picture Library/J. Pavia ; p. 231 : Horizon/P. Tourmente ; p. 232 : P. Tourmente ; p. 233 : MAP/F. Strauss ; p. 234 : MAP/F. Strauss ; p. 235 gauche : Horizon/P. Tourmente ; droite : A. Schreiner ; p. 236 : P. Tourmente ; p. 237 : MAP/A. Descat ; p. 238 : MAP/F. Strauss ; p. 239 haut : A. Schreiner ; bas : The Garden Picture Library/H. Rice ; p. 240 : MAP/Noun ; p. 241 : A. Schreiner ; p. 242 : MAP/N. et P. Mioulane ; p. 243 : P. Tourmente ; p. 244 : MAP/A. Descat ; p. 245 : MAP/F. Strauss ; p. 246 haut : MAP/F. Lamarque ; bas : Horizon/Perdereau ; p. 247 gauche : Horizon/M. Viard ; droite : P. Tourmente ; bas : MAP/A. Descat ; p. 248 : A. Schreiner ; p. 249 : MAP/F. Strauss ; p. 250 : MAP/A. Descat ; p. 251 : MAP/A. Descat ; p. 252 : Horizon/M. Viard ; p. 253 : MAP/A. Descat ; p. 254 : MAP/F. Strauss ; p. 255 haut : MAP/F. Strauss ; bas : Horizon/P. Tourmente ; p. 256 : MAP/A. Descat ; p. 257 haut et bas : MAP/A. Descat ; milieu : The Garden Picture Library/JS Sira ; p. 258 : MAP/F. Lamarque ; p. 259 : P. Tourmente ; p. 260 gauche : MAP/N et P Mioulane ; droite : MAP/A. Descat ; p. 261 : MAP/Noun ; p. 262 : MAP/F. Strauss ; p. 263 : MAP/A. Descat ; p. 264 : The Garden Picture Library/S. Wooster ; p. 265 haut : The Garden Picture Library/J. Greene ; bas : Horizon/M. Viard ; p. 266 : MAP/A. Descat ; p. 267 : MAP/A. Descat ; p. 268 : MAP/A. Descat ; p. 269 : MAP/N. et P. Mioulane ; p. 270 : The Garden Picture Library/M. O'Hara ; p. 271 : Rustica/F. Boucourt ; p. 272 : P. Tourmente ; p. 273 haut : MAP/A. Descat ; bas : Horizon/M. Viard ; p. 274 : MAP/F. Strauss ; p. 275 gauche : A. Schreiner ; droite : The Garden Picture Library/S. Wooster ; p. 276 : Rustica/E. Brenckle (stylisme M. Marcat) ; p. 277 : MAP/F. Strauss ; p. 278 : MAP/F. Strauss ; p. 279 gauche : MAP/A. Descat ; droite : Horizon/M. Viard ; p. 280 : MAP/N. et P. Mioulane ; p. 281 : MAP/F. Strauss ; p. 282 : MAP/A. Descat ; p. 283 : A. Schreiner ; p. 284 : MAP/F. Strauss ; p. 285 : MAP/F. Strauss ; p. 286 : MAP/ F. Strauss ; p. 287 : Rustica ; p. 288 haut : MAP/A. Descat ; bas : MAP/F. Strauss ; p. 289 gauche : MAP/A. Descat ; droite : A. Schreiner ; p. 290 : MAP/F. Strauss ; p. 291 : The Garden Picture Library/J. Glover ; p. 292 : Rustica ; p. 293 : MAP/F. Strauss ; p. 294 haut : P. Tourmente ; bas : MAP/A. Descat ; p. 295 haut : MAP/F. Strauss ; bas gauche : MAP/F. Strauss ; bas droite : A. Schreiner ; p. 296 : A. Schreiner ; p. 297 : MAP/F. Strauss ; p. 298 : MAP/A. Descat ; p. 299 : A. Schreiner ; p. 300 : MAP/F. Strauss ; p. 301 : MAP/F. Strauss ; p. 302 : MAP/N. et P. Mioulane ; p. 303 : P. Tourmente ; p. 304 : MAP/A. Descat ; p. 305 : MAP/A. Descat ; p. 306 : MAP/F. Strauss ; p. 307 : MAP/F. Strauss ; p. 308 : MAP/F. Strauss ; p. 309 : MAP/F. Strauss ; p. 310 : A. Schreiner ; p. 311 : MAP/F. Strauss ; p. 312 : MAP/F. Strauss ; p. 313 haut : A. Schreiner ; bas : MAP/A. Descat ; p. 314 : MAP/A. Descat ; p. 315 haut : P. Tourmente ; bas : Rustica ; p. 316 : Rustica/E. Brenckle/ (stylisme M. Marcat) ; p. 317 gauche : MAP/F. Strauss ; droite : MAP/N. et P. Mioulane ; p. 318 : MAP/F. Strauss ; p. 319 gauche : P. Tourmente ; droite : Horizon/M. Viard ; p. 320 : MAP/Y. Monel ; p. 321 : MAP/A. Descat ; p. 322 : A. Schreiner ; p. 323 haut : Horizon/P. Tourmente ; bas gauche et droite : P. Tourmente ; p. 324 : MAP/E. Ossart ; p. 325 haut : MAP/A. Descat ; bas : MAP/N. et P. Mioulane ; p. 326 haut gauche et droite : MAP/A. Descat ; bas : MAP/N. et P. Mioulane ; p. 327 haut : The Garden Picture Library/H. Rice ; bas : The Garden Picture Library/JS Sira ; p. 328 : MAP/A. Descat ; p. 329 haut : MAP/F. Strauss ; bas : MAP/A. Descat ; p. 330 : MAP/F. Strauss ; p. 331 : Rustica ; p. 332 : MAP/F. Strauss n° 4890 ; p. 333 : MAP/F. Strauss ; p. 334 : MAP/F. Strauss ; p. 335 : The Garden Picture Library/H. Rice ; p. 336 : MAP/F. Strauss ; p. 337 : The Garden Picture Library/S. Wooster ; p. 338 : MAP/F. Strauss ; p. 339 haut : P. Tourmente ; milieu : MAP/F. Strauss ; bas : pelfi® Fisvision (© Fischer) ; p. 340 : A. Schreiner ; p. 341 : MAP/F. Strauss ; p. 342 haut : Rustica ; bas : Rustica/A. Petzold ; p. 343 : MAP/F. Strauss ; p. 344 : MAP/F. Strauss ; p. 345 : MAP/F. Strauss ; p. 346 : P. Tourmente ; p. 347 : The Garden Picture Library/JS Sira ; p. 348 : MAP/F. Strauss ; p. 349 : The Garden Picture Library/H. Rice ; p. 350 : Horizon/M. Viard ; p. 351 haut : MAP/F. Strauss; bas : Horizon/P. Tourmente ; p. 352 : The Garden Picture Library/J. Ferro Sims ; p. 353 : MAP/F. Strauss ; p. 354 : Rustica/F. Marre ; p. 355 : MAP/F. Strauss ; p. 356 haut : MAP/F. Strauss ; bas : MAP/É. Ossart ; p. 357 : MAP/F. Strauss ; p. 358 : Horizon/M. Viard ; p. 359 haut : A. Schreiner ; milieu : MAP/A. Descat ; bas : MAP/N. et P. Mioulane ; p. 360 : MAP/F. Strauss ; p. 361 : MAP/A. Descat ; p. 362 : P. Tourmente ; p. 363 : MAP/F. Strauss ; p. 364 haut : MAP/F. Strauss ; bas : MAP/N. et P. Mioulane ; p. 365 : A. Schreiner ; p. 366 : MAP/N. et P. Mioulane (coll. R. Samson) ; p. 367 haut : MAP/N. et P. Mioulane (coll. R. Samson) ; bas : MAP/F. Strauss ; p. 368 : P. Tourmente ; p. 369 : P. Tourmente ; p. 370 : P. Tourmente ; p. 371 : MAP/N. et P. Mioulane ; p. 372 : Horizon/M. Viard ; p. 373 : MAP/N. et P. Mioulane (coll. R. Samson) ; p. 374 : Horizon/P. Tourmente ; p. 375 : MAP/F. Strauss ; p. 376 : A. Schreiner ; page 377 : MAP/F. Strauss ; p. 378 haut : MAP/F. Strauss ; bas : MAP/A. Descat ; p. 379 haut : MAP/F. Strauss ; bas : A. Schreiner ; p. 380 haut : MAP/A. Descat ; bas : MAP/F. Strauss ; page 381 haut : A. Schreiner ; bas : MAP/F. Strauss ; p. 382 haut : MAP/F. Strauss ; bas : P. Tourmente ; p. 383 haut : MAP/F. Strauss ; bas : P. Tourmente ; p. 384 : MAP/F. Strauss ; p. 385 : MAP/F. Strauss ; p. 386 haut : P. Bonduel ; bas : A. Schreiner ; p. 387 haut : A. Schreiner ; bas : MAP/F. Strauss.

Achevé d'imprimer par STIGE, Turin - (Italie)